제 2 판

4차 산업혁명시대의

마케팅 공부

내일컨설팅(주)

박영사

저자 서문_제2판

「4차 산업혁명시대의 마케팅 공부」를 출간한 지 벌써 2년이 지났다. 그동안 많은 변화가 있었다. 출간 이후 여러 대학교에서 교재로 채택하여 많은 대학생들로부터 사랑을 받은 것이 첫 번째요, 그 결과 2년 만에 초판의 재고가 소진되어 제2판을 출간하게 된 것이 두 번째요, 제2판을 출간하면서 '더 좋은 책'이 되도록 여러 부분을 수정하여 출간하게 된 것이 세 번째다. 그리고 책의 내용을 145개 동영상을 제작하여 유튜브에 게재하고 많은 학생들에게 무료로 제공한 것이 네 번째다.

그동안 「4차 산업혁명시대의 마케팅 공부」를 공부한 많은 대학생들, 그리고 교재로 채택하여 주신 교수님들께 먼저 감사의 말씀을 드리며, 이번에 '더 좋은 책'이 되도록 개정한 내용은 다음과 같다.

첫째, 그동안 학생들의 혼동이 많았던 '브랜드 용어'를 쉽게 이해할 수 있도록 다시 정리하였다. 브랜드 이름, 브랜드 마크, 트레이드 이름 등 많은 용어들이 엇비슷하여 혼동이 많았으리라 생각된다.

둘째, 최근 청년 창업자가 많이 태어나면서 캐즘 마케팅에 대한 관심이 증대함에 따라 캐즘 마케팅을 다시 정리하였다. 첨단기술 신제품을 개발한 이후 완전 동화까지 6단계의 과정을 거치면서 4번의 위기에 봉착하게 된다는 내용을 간단명료하게 정리하였다.

셋째, 이 책과 유튜브 동영상을 함께 공부하는 학생들을 위하여 유튜브 동영상 제목을 <부록> 마케팅 용어(유튜브 동영상)와 일치하도록 수정하였다. 유튜브에서 내일컨설팅㈜을 구독 클릭하거나, 유튜브 검색창에서 내일컨설팅과 마케팅 용어를 입력하여 검색하면, 쉽게 찾을 수 있도록 배려하였다.

그 밖에 필자는 이 책을 여러 번 읽고 오자, 탈자, 표현이 어색한 부분 등 많은 부분을 세심하게 수정하였다.

필자는 이번 개정판 출간에 만족하지 않는다. 앞으로 더 많은 학생들이 더 쉽게, 더 다양하고 깊이 있게 공부할 수 있도록 마케팅 공부에 게을리하지 않으려 한다. 특히 4차 산업혁명시기에 향후 시장환경과 학생들의 니즈는 더욱 크게 변화될 것이며, 마케팅 기법 또한 격변할 것으로 예상한다. 이에 맞게 「4차 산업혁명시대의 마케팅 공부」의 3차 개정을 바로 준비하려고 한다. 이를 위해 집필진을 현재 김태룡·김영식 교수에서 내일컨설팅(주)으로 이전하여 마케팅을 더욱 심도 있게 연구하고 분석하여 전문화시켜 나갈 예정이다. 그리고 현재 145개 유튜브 동영상은 더 많이 제작하여 학생들의 목마름을 채워 나갈 계획이다.

또한 글로벌 시대를 맞이하여 학생들이 마케팅 공부를 하면서 영어 공부도 함께 할 수 있도록 유튜브 한글 동영상에 English Version을 추가할 예정이다. 이미 "Marketing Study"이란 이름으로 60개 English Version 동영상을 유튜브 채널에 게재하였다. 조만간 145개 한글 동영상 모두를 영어 동영상으로 만들어 함께 게재할 예정이다.

앞서 밝힌 바와 같이, 앞으로 내일컨설팅㈜은 마케팅 연구를 전문적으로 주관하여 지속적으로 저서 발간, 유튜브 동영상 제작, 유튜브 및 블로그 운영 등을 추진할 계획이다. 앞으로도 학생들, 그리고 교수님들께서 많은 관심을 가져 주시고, 아낌없는 지도편달을 부탁하는 바이다.

2023년 7월
내일컨설팅㈜ 일동 드림

저자 서문

『4차 산업혁명시대의 마케팅 공부』 본서는 저자가 수십 년 동안 대학교에서 마케팅을 강의하면서 느낀 점을 총정리하고, 마케팅 입문자들이 가능하면 쉽게 마케팅을 배우고, 가능하면 쉽게 현실에 적용할 수 있도록 집필한 책이다.

사실 그동안 무수히 많은 마케팅 책들이 발간되는 것을 보면서 '집필 무용론'을 지켜왔다. 하지만 국책은행에서 수십 년 동안 근무한 동료교수와 함께 공동집필한다면, 학문의 세계에 실무적인 감각이 덧붙여지고 지식이 지혜의 옷을 입게 되어 이제 대학 강단을 마무리해 나가는 과정에서 큰 의미가 있지 않을까 라는 생각에서 집필하게 되었다.

따라서 『4차 산업혁명시대의 마케팅 공부』 본서는 다른 책과는 다른 측면이 많다. 첫째, 각 장은 초보자들이 가질 수 있는 수많은 의문점을 던지면서 시작하고, 전체 흐름을 쉽게 파악할 수 있도록 전체 프로세스를 설명하면서 시작한다. 예컨대 제1장에서 '마케팅은 누가 하는가?', 제2장에서 '마케팅은 어떤 상황에서 어떤 절차로 추진되는가?' 등과 같이 각 장은 의문점을 던지면서 시작한다. 그리고 모든 장에서 학생들이 전체 내용을 머릿속에 담을 수 있도록 집필하는데 주력하였다.

둘째, 『4차 산업혁명시대의 마케팅 공부』 본서는 전체 19장이 '한권의 책'으로 서로 연결되고, 중요이론을 반복 설명하여 초보자들이 자연스럽게 마케팅 용어와

친해질 수 있도록 집필하였다. 예컨대 제2장에서 설명한 17개 기본용어 중 '인지 –
감정 – 행동' 이론은 제4장, 제12장, 제13장, 제15장, 제17장에서 반복 설명하고, 내
용도 조금씩 확장시켰다.

셋째, 각 장의 끝에는 연습문제(향상학습과 심화학습)를 수록하여 학생들이
각 장에서 배운 이론을 더욱 향상시키고 심화할 수 있도록 도왔다. 특히 향상학습
에는 유튜브, 블로그에서 알기 쉽게 설명한 동영상이나 자료를 소개함으로써 다른
각도에서 한 번 더 학습할 수 있도록 하였으며, 심화학습에는 마케팅 이론을 현실
에 적용할 수 있도록 실용적인 문제를 출제하여 이론과 현실이 접목되도록 하였
다. 따라서 교수들에게는 매주 과제물로 활용할 수 있어 좋고, 자율학습자에게는
각 장에서 배운 내용을 복습할 수 있어 좋을 것으로 생각한다.

넷째, 본서는 국가직무능력표준(NCS)에 기반을 두고 집필하였다. NCS는 대학
강의와 취업이 연결되도록 2013년 교육부와 고용노동부가 공동으로 만든 것이다.

❙ 국가직무능력표준(NCS)과 본서의 체제 비교

NCS 체제	본서에 포함된 내용
(1) 신상품 기획	제13장 신제품 개발 마케팅
(2) 신 유통경로 마케팅	제18장 디지털 마케팅
(3) 전략적 제휴	제1장 ~ 제19장에 포함
(4) 마케팅전략 계획수립	제7장 마케팅 목표 설정
(5) 마케팅시장 환경분석	제5장 마케팅 환경 분석
(6) STP전략 수립	제8장 마케팅 전략(STP)
(7) STP전략 타당성 분석	
(8) 마케팅믹스전략 수립	제9장 ~ 제12장
(9) 마케팅믹스전략 실행계획 수립	제14장 제품수명주기 전략 제16장 서비스 마케팅
(10) 마케팅 성과관리	제1장 ~ 제19장에 포함
(11) 마케팅 성과파악	
추가된 부분	제3장, 제4장, 제6장, 제17장, 제19장

정부가 NCS를 만든 배경은 학교 교육이 곧 산업체의 직무와 연결되도록 하는 것이다. 따라서 NCS에 기반을 둔 본서는 현장-교육 및 훈련-자격이 서로 연계되어 현장이 원하는 인재를 희망하는 학생들에게 도움이 될 것으로 기대한다.

마케팅과 관련하여 NCS는 모두 11개의 능력단위로 구성되어 있다(앞장 표 참조). 이 중에서 ⑶ 전략적 제휴, ⑽ 마케팅 성과관리, ⑾ 마케팅 성과파악의 세 단위는 별도의 독립된 장에서 다루지 않고 제1장 ~ 제19장에 포함시켰다. 그리고 제3장 마케팅조사, 제4장 소비자행동 분석, 제6장 경쟁력 분석, 제17장 새로운 마케팅, 제19장 4차 산업혁명시대의 마케팅은 NCS에는 포함되어 있지 않지만, 중요한 내용이라 본서에는 포함시켰다.

다섯째, 본서는 각종 자격증 취득시험의 준비교재로 활용할 수 있도록 집필하였다. 각종 자격증 시험에 출제되는 마케팅 분야를 포함시켜 마케팅 공부를 하면서 자격증 취득시험을 준비할 수 있는 일석이조 효과를 얻도록 하였다. 마케팅이 포함되는 자격증은 산업인력공단에서 주관하는 사회조사분석사·텔레마케팅 관리사·물류관리사 등이 있으며, 상공회의소에서 주관하는 유통관리사, 그리고 국가평생교육진흥원에서 주관하는 독학학위 취득 시험이 있다.

▌주요 자격증 취득과정별 마케팅 출제범위

주요 자격증 종류	주관기관	마케팅 관련 출제범위
사회조사분석사	산업인력공단	마케팅조사, 설문지
텔레마케팅 관리사		마케팅조사, 마케팅믹스, 서비스마케팅, CRM
물류관리사		유통관리
유통관리사	상공회의소	유통마케팅, 고객관리
경영학 독학학위제	국가평생교육진흥원	소비자행동이론을 포함한 마케팅 개론

따라서 본서는 NCS의 내용을 기본으로 하면서 각종 자격증 시험도 준비할 수 있도록 기존 마케팅 이론과 최신 이론을 모두 아울러 매우 실용적인 마케팅 개론

서가 되도록 노력하였다.

　『4차 산업혁명시대의 마케팅 공부』 본서는 모두 6편 19장으로 구성되어 있다. 제1편에서 마케팅을 소개한 이후 제2편부터 제5편까지는 실제 마케팅이 진행되는 순서대로 설명하였으며, 제6편에는 4차 산업혁명시대의 마케팅 이론을 수록하여 최근 트렌드를 포함하였다. 각 장에는 다양한 사례를 간단명료하게 포함시켜 현장의 생생한 상황을 담을 수 있도록 실무자의 입장에서 집필하였다.

　본서는 저자가 수십 년 동안 대학교에서 마케팅을 강의하면서 느낀 점을 총정리한 책이다. 가능하면 학생들의 부담을 덜어주고자 어려운 이론은 쉽게, 쉬운 내용은 깊게, 깊은 논리는 재미있게 설명하고자 노력하였다. 본서를 읽는 모든 독자들이 실질적인 도움을 받는 마케팅 개론서가 되었으면 한다.

　마지막으로 본서가 나올 수 있도록 많은 도움을 주신 동서울대학교 유광섭 총장님과 유창승 부총장님께 감사를 드린다. 그리고 본서 출판을 기꺼이 수락하여 주신 박영사 안종만 사장님과 임재무 상무님, 김한유 대리님, 그리고 명작이 되도록 놀라운 솜씨를 발휘하여 주신 전채린 과장님께 감사를 드린다.

2021년 봄

김태룡·김영식 드림

차례

PART 03
마케팅 목표 및
마케팅 전략
수립

PART 04
마케팅 실행전략

4차 산업혁명시대의

마케팅 공부

PART 01

마케팅 소개

마케팅은 어떻게 하는가?

제1편에서는 마케팅의 기초에 대하여 설명한다.

제1장에서 마케팅이 무엇이며, 어떻게 발전되어 왔는지,

마케팅의 범위는 어디까지인지, 그리고 마케팅공부에서

빈번하게 언급되는 마케팅 기본용어에 대하여 설명한다.

제2장에서는 실무에서 마케팅이 어떻게 진행되는지를

상시 마케팅과 특별 마케팅으로 구분하여 설명한다.

CONTENTS

마케팅공부 _ MARKETING

※ '향상학습 및 심화학습'의 유튜브 동영상 찾는 방법
  - 유튜브 검색창에 키워드를 입력하여 검색하면, 해당 동영상이
    상단에 노출된다.

CHAPTER 01 마케팅의 이해

1. 마케팅이란?

── 마케팅은 무엇이며 누구에게 필요한가?

여러분들은 마케팅을 무엇이라고 생각하는가? 많은 사람들은 마케팅을 단순히 '돈을 벌기 위하여 매출을 늘리려는 기업의 판매활동'이라고 알고 있다. 사실 기업은 대기업이든 중소기업이든 돈을 벌기 위하여 적극적으로 마케팅을 하고 있다. 그러나 마케팅은 단순히 돈을 벌기 위한 판매활동만을 의미하지 않으며, 기업의 전용물도 아니다.

먼저 마케팅은 기업의 전용물이 아니다. 우리 주변을 둘러봐도 대기업과 중소기업은 물론 동네 편의점, 커피 전문점, 음식점 등 많은 개인사업자들도 적극적으로 마케팅 활동을 하고 있다.

이들에게 누가 마케팅을 하라고 시켰는가? 아니다. 그렇다고 이들이 대학교에서 마케팅을 전공하였는가? 그렇지 않다. 그런데 왜 이들은 마케팅을 하는 것일까? 이들에게 마케팅은 자사 제품을 더 많이 팔고 더 많은 돈을 벌기 위한 수단인 것이다.

더욱 흥미로운 현상은 개인들도 마케팅을 열심히 한다는 것이다. 정치인, 연예인은 말할 것도 없고, 취업준비생, 샐러리맨들도 자신의 이미지 개선을 위하여 적극적으로 마케팅 수단을 활용하고 있다. 이들은 스스로 몸값을 올리거나 자기 이름을 널리 알리기 위하여 스피치학원을 다니기도 하고, 마케팅 서적을 구입하여 마케팅 공부를 하기도 하고, 심지어는 성형수술까지 한다.

최근에는 인터넷 홈페이지, 블로그, 카페 등을 만들어 자신을 PR하기도 하고 스스로 유튜버가 되어 자신의 경험과 장점을 노출시켜 적극적으로 수익 창출에 나서고 있다. 바야흐로 '현대사회는 자기 PR시대'인 것이다.

이와 같이 현대사회에서 개인이나 자영업자, 대기업 모두 마케팅을 필요로 하고 있으며, 더 나아가 마케팅에 사활을 걸기까지 한다.

─ 마케팅(marketing)과 영업(sales)의 차이점

그렇다면 마케팅이 진짜 '돈을 벌기 위한 기업의 활동'인가? 만약 그렇다면, 마케팅은 영업과 다른 점이 무엇인가? 영업sales은 자사 제품을 많이 팔기 위한 판매활동을 말한다. 판매원들은 객장을 방문하는 쇼핑객들에게 제품을 구매하도록 친절하게 설득한다. 만약 객장을 찾아오는 손님이 부족하면, 영업직원들은 직접 고객을 찾아 객장 밖으로 나서기도 한다. 이와 같이 영업은 현재 또는 가까운 시일에 돈을 벌기 위하여 매출을 늘리려는 판매행위라고 할 수 있다.

그러나 마케팅marketing은 영업과는 다르다. 마케팅은 영업활동보다 훨씬 많은 요소를 포함한다. 먼저 마케팅은 직접적인 판매행위일 뿐 아니라 판매를 지원하는 활동까지 포함한다. 기업이 판촉물을 만들고 광고를 하는 것은 판매지원활동이라고 할 수 있다.

또한 마케팅은 자사 제품이 잘 팔리도록 시장을 분석하고 판매부진 원인을 찾아내는, 단순 판매활동이 아니라 체계적이고 분석적으로 접근한다는 측면에서 수준 높은 영업활동이라고 할 수 있다.

더 나아가 마케팅은 고객이 필요로 하는 신제품을 개발하고, 적절한 가격을 책정하며, 고객들이 쉽게 제품을 구매하도록 유통채널을 확보하고, 고객들에게 널리 알리기 위한 판매촉진활동을 한다. 그리고 판매 이후에는 고객만족도를 조사하여 불만사항을 찾아내어 품질을 개선하거나 유통과정을 수정하기도 한다. '고객 만족'과 '고객가치 창출'을 위하여 접근한다는 측면에서 마케팅은 차원 높은 영업활동이라고 할 수 있다.

최근에는 마케팅의 범위가 더욱 확대되고 있다. 제품에 하자가 발생하거나 기업이 유해한 제품을 판매할 경우 소비자들은 반품을 하거나 심할 경우 소비자단체에 고발하기까지 한다. 그리고 기업의 투명성과 윤리성을 요구하며, 환경문제가 주요 관심사로 등장하면서 이제 사회적·환경적 이슈를 해결하는 활동까지 마케팅에 포함되고 있다.

▌표 1-1 마케팅과 영업활동의 차이점

영업활동	마케팅
• 고객들에게 제품을 구매하도록 설득하는 '현재의 판매행위' • 주로 현재와 가까운 미래에 초점을 둔다. • 주로 판매 증가를 고민한다.	• 고객만족과 고객가치 창출을 통하여 기업의 수익을 극대화하고 인류사회의 지속가능발전을 위한 활동 • 현재와 미래 모두에 초점을 둔다. • 판매, 판매지원, 고객만족, 고객가치 창출, 인간·사회·환경 문제를 고민한다.

이와 같이 마케팅의 범위는 생산, 판매, 고객욕구 충족의 범위를 넘어 인간과 사회, 환경문제까지 포함되고 있다. 따라서 마케팅은 고객들을 만족시켜 기업의 이익을 극대화할 뿐 아니라 고객가치를 창출하고 인류사회의 지속가능한 발전을 위하여 기업의 모든 경영활동을 지휘하는 활동이라고 할 수 있다. 요컨대, 마케팅은 '현대경영학의 종합예술'이라고 할 수 있다.

— 마케팅의 정의

마케팅은 20세기에 도입된 비교적 현대적인 학문에 해당된다. 마케팅이라는 용어가 미국 대학에 처음으로 등장한 것은 1900년대 초반이다.[1] 그 이후 제1차 세계대전과 제2차 세계대전을 거치면서 미국이 세계경제의 주역으로 등장하면서 마케팅 개념도 미국을 중심으로 발전하기 시작하였다.

따라서 마케팅 개념을 미국마케팅협회로부터 찾는 것이 현명하다. 미국마케팅협회(AMA)American Marketing Association는 1937년 설립된 이후 줄곧 마케팅과 관련한 정보를 공유하면서 마케팅 이론을 발전시키고 마케팅 전문가를 육성하는 역할을 수행하고 있다. 최근에는 마케팅 전문가 5명으로 구성된 집단에서 3년마다 마케팅 개념을 새롭게 리뷰하고 있다. 따라서 미국마케팅협회에서 내린 마케팅 정의는 마케팅의 발전과정과 그 궤를 같이 한다고 볼 수 있다.

미국마케팅협회의 전신인 마케팅교수협회는 1936년 「Journal of Marketing」을 발간하면서 "마케팅은 생산자로부터 소비자에 이르기까지 제품과 서비스의 흐름을 지휘하는 기업의 활동"이라는 1935년 정의를 인용하였다. 이러한 생산 중심의 마케팅 정의는 그 이후 50년 동안 지속되었다.

▌그림 1-1 미국마케팅협회의 마케팅 정의

---

1 1905년 University of Pennsylvania에서 처음으로 마케팅 과목이 개설되었으며, 1914년 「Marketing Methods and Salesmanship」이라는 마케팅 서적이 처음으로 발간되었다.

그러나 1985년 미국마케팅협회는 "마케팅은 교환을 통하여 개인이나 조직의 목표를 충족시키기 위하여 아이디어나 제품과 서비스를 개념화·가격·촉진·유통을 계획하고 실행하는 과정"이라고 정의를 변경하였다. 마케팅 정의에 처음으로 4P(제품product, 가격price, 유통place, 촉진promotion), 즉 판매 중심의 개념이 적용된 것이다.

그리고 2004년에는 "마케팅은 기업과 주주들에게 이득이 되도록 가치를 창조하여 고객들에게 유통하고 촉진하며 고객관계를 관리하는 일련의 과정이며 조직적인 기능"이라고 정의를 다시 변경하였다. 마케팅의 정의에 고객의 개념이 처음으로 도입되었으며, 고객 중심의 마케팅을 강조하고 있다. 마케팅의 대상도 주주, 소비자, 중간상 등 이해관계자로 확대되었다.

또한 가장 최근인 2007년에는 "마케팅은 고객들과 비영리단체, 협력업체 그리고 사회 전체를 위하여 가치 있는 제공물을 창조·촉진·유통·교환하는 일련의 활동이자, 제도이며, 과정"이라고 정의를 다시 변경하였다. 마케팅의 대상이 비영리단체, 사회로 더욱 확대되었으며, 기업은 주주와 소비자, 정부와 비정부기구(NGO), 비영리단체, 협력업체, 그리고 사회 전체에 가치 있는 제공물offerings을 제공하여야 한다고 명시함으로써 사회지향적 마케팅을 강조하였다. 이와 같은 사회 중심의 2007년 마케팅 정의는 현재까지 그대로 유지되고 있다.

2. 마케팅의 발전과정

이와 같이 미국을 중심으로 발전한 마케팅은 다음과 같이 5단계의 발전과정을 거치게 된다.

① 생산지향적 마케팅(또는 생산중심 마케팅) 단계이다. 산업혁명 이후 세계경제는 놀라우리만큼 발전하였지만, 사람들이 사용할 수 있는 제품은 절대적으로 부족하

였다. 이 시기는 "공급이 스스로 자신의 수요를 창출한다."라고 할 만큼 제품을 만들기만 하면 팔리던 시절이었다.[2] 당시 기업의 주된 관심사는 '어떻게 생산할 것인가?'였으며, 생산자가 시장을 주도하는 판매자 시장seller's market이었다.[3] 이 시기의 마케팅을 '생산'지향적 마케팅이라고 한다. 현대경제에서도 일부 기업들은 생산비 축소 등 생산에만 주력하고 있는데, 이들은 '생산' 개념에 머물러 있다고 할 수 있다.

② 제품지향적 마케팅(또는 제품중심 마케팅) 단계이다. 제품을 생산하되, 얼마나 좋은 제품을 얼마나 많이 생산하느냐가 주요 관심사가 된 시기이다. 경영학자 테일러Taylor는 작업과정을 표준화하고 과학적으로 관리하는 시스템을 제안하였으며, '자동차의 왕' 포드Ford는 생산을 표준화하고 대량생산하는 컨베이어 시스템을 개발하였다. 이 시기에 종업원들의 급여는 크게 상승하고 근로시간도 크게 단축되어 토요일 휴무제가 도입되고 마이카 시대가 개막되었다. 이제 미국 소비자들은 제품의 양적 욕구를 넘어 질적 수준을 요구하게 되었다.

따라서 기업의 관심사는 '생산' 중심에서 '제품' 중심으로 변화하였다. 즉 '어떻게 생산할 것인가?'의 문제에서 '어떻게 고품질, 고성능, 다기능의 제품을 생산할 것인가?'로 변화하게 된 것이다. 이 시기의 마케팅을 '제품'지향적 마케팅이라고 한다. 하지만 여전히 시장은 판매자가 주도하는 판매자 시장이 지속되었다.

③ 판매지향적 마케팅(또는 판매중심 마케팅) 단계이다. 제1차 세계대전과 제2차 세계대전을 거치면서 미국은 생산기술이 급속히 발달하여 대량생산이 가능해지면

---

2 프랑스 경제학자 세이(Jean B. Say)는 제품을 만들어 시장에 공급하면 동일한 규모만큼 수요가 자동으로 발생한다는 "공급이 스스로 자신의 수요를 창출한다(Supply creates its own demand)"를 주장하였다. 이를 세이의 법칙(Say's law)이라 한다.

3 시장은 항상 판매자의 힘과 구매자의 힘에 의해 움직인다. 물량이 절대적으로 부족할 때 높은 가격이 형성되고 판매자가 시장을 주도하게 된다. 반면, 물량이 풍부할 때 낮은 가격이 형성되고 구매자가 시장을 주도하게 된다. 판매자(생산자)가 주도하는 시장을 판매자 시장(seller's market)이라고 하고, 구매자(소비자)가 주도하는 시장을 구매자 시장(buyer's market)이라 한다.

서 공급이 수요를 초과하는 현상이 발생하였다. 이에 따라 기업들은 치열한 판매 경쟁을 하게 된다. 기업들은 자사 제품을 더 많이 판매하기 위하여 판매에 주력하게 되는데, 이 시기를 '판매'지향적 마케팅이라고 한다. 소비자들에게 자사 제품을 더 많이 알리기 위하여 광고, 판매촉진, 대인판매 등을 시작하였으며 '4P' 개념이 처음으로 도입되었다. 그동안 판매자가 주도하는 판매자 시장은 이제 구매자가 주도하는 구매자 시장buyer's market으로 전환되었다.

▌그림 1-2 마케팅의 발전과정

- 1단계
  - '생산' 지향적 마케팅(판매자 시장)
  - "어떻게 생산할 것인가?" 효율적인 생산과 저렴한 생산
- 2단계
  - '제품' 지향적 마케팅(판매자 시장)
  - "어떻게 품질을 개선할 것인가?" 품질 향상과 품질관리 중요
- 3단계
  - '판매' 지향적 마케팅(구매자 시장)
  - "어떻게 판매할 것인가?" 4P 개념이 처음으로 도입
- 4단계
  - '고객' 지향적 마케팅(구매자 시장)
  - "소비자들이 원하는 제품은 무엇인가?" 마케팅 개념의 마케팅
- 5단계
  - '사회' 지향적 마케팅(구매자시장)
  - "사회의 지속가능발전을 위하여 무엇을 어떻게 만들 것인가?"

④ 고객지향적 마케팅(또는 고객중심 마케팅) 단계이다. 1960년대 이후 기업들은 판매에 주력하면서 '소비자들은 무엇을 원하는가?'에 초점을 맞추기 시작했다. 기업들은 고객들의 욕구를 충족시키는 제품이 잘 팔리는 제품이라고 생각하고, 고객

욕구를 분석하고 시장을 세분화하고 세분화된 시장에서 판매를 늘리려고 노력하였다. 이 시기의 마케팅을 '고객'지향적 마케팅이라고 한다.

고객지향적 마케팅에서는 마케팅의 핵심을 기업 내부가 아닌 기업 외부(고객)에 두기 시작하였으며, 마케팅 부서의 명칭도 고객 부서 또는 고객만족 부서 등으로 바꾸기 시작하였다. 따라서 마케팅다운 마케팅이 처음으로 시작된 시기라고 할 수 있으며, 이 단계의 마케팅을 '마케팅 개념'의 마케팅이라고도 불린다.

'마케팅 개념'의 마케팅은 고객 중심적이며 고객을 만족시키는 마케팅이므로 기업의 모든 부서는 고객만족을 중심으로 통합·운영되었으며, 마케팅의 모든 수단들이 전략적으로 통합되는 '통합적 마케팅' 개념이 도입되었다.

⑤ 사회지향적 마케팅(또는 사회중심 마케팅) 단계이다. 2000년대 중반 마케팅의 개념은 기업의 관점과 고객의 관점 이외에 사회의 관점이 추가되었다. 제품을 생산하더라도 고객의 건강 관점에서 접근하고, 기업을 경영하더라도 윤리경영, 투명경영, 지역사회에 공헌하는 기업의 사회적 책임(CSR)corporate social responsibility에 중점을 두며, 환경문제가 제기되면서 '지속가능 발전'이라는 측면에서 접근하기 시작하였다. 이 시기의 마케팅을 '사회'지향적 마케팅이라고 한다.

(잠깐만!) 마케팅근시안과 더 나은 쥐덫 오류

1. 마케팅근시안(marketing myopia)

마케터들이 생산 개념과 제품 개념에만 집중하는 마케팅을 말하며, 기업의 좁은 시각, 단견, 제품의 성능과 현재에만 집착하는 마케팅 용어로 사용된다. 고객들의 욕구, 가치와 편익의 중요성을 놓치게 되므로 진정한 고객만족을 달성할 수 없다(미국 경제학자 Theodore Levitt).

2. 더 나은 쥐덫 오류(better mousetrap fallacy)

경쟁자보다 더 나은 쥐덫을 생산하면 잘 팔릴 것이라는 제품 중심적 사고의 오류를 지적한 것이다. 소비자들은 예쁘고 기능이 많은 '더 나은 쥐덫'이 아니라, '쥐가 잘 잡히는 쥐덫'을 원한다는 고객 지향적 마케팅을 마케터들이 잊어서는 안 된다(미국 시인·철학자 Ralph Waldo Emerson).

3. 마케팅의 범위

앞에서 마케팅은 '기업의 모든 경영활동을 지휘하는 활동'이라고 정의하였는데, 이번에는 마케팅의 범위를 좀 더 구체적으로 살펴보자.

먼저 기업의 경영활동을 살펴보자. 기업은 제품을 생산하고 판매하여 이익을 극대화하려고 노력한다. 제품을 생산하는 단계에서 어떤 제품을, 어떻게, 얼마나 생산할 것인가에 주안점을 두게 된다. 제품을 판매하는 단계에서는 생산된 제품을 어떻게 판매할 것인가? 많이 판매할 수 있는 방법은 무엇인가에 주안점을 둔다. 그리고 판매 이후에는 판매대금을 관리하고 고객 만족도를 조사하여 향후 더 좋은 제품을, 더 많이 판매할 수 있는 방법을 찾게 된다.

이와 같은 기업의 경영활동은 모든 기업에서 찾아볼 수 있는데, 이러한 기업의 경영활동을 연구하는 학문이 바로 경영학이다. 기업의 경영활동을 통하여 경영학의 연구범위를 살펴보자.

▌그림 1-3 마케팅의 범위

기업의 경영활동은 크게 본원적 활동과 지원활동으로 구분된다. 본원적 활동은 생산, 판매, 판매 이후 과정으로 구분할 수 있다. 생산과정은 원자재를 조달하고 제품을 생산하며 품질과 재고를 관리하는 과정으로 경영학에서는 '생산관리'라 한다. 판매과정은 생산된 제품을 판매하고 영업점을 관리하는 과정으로 경영학에서는 '영업관리'라 한다. 판매 이후 과정은 제품을 판매하는 과정과 구매한 고객들을 분석하고 장기 고객화하는 과정을 말하며 경영학에서는 '고객관리'라 한다.

그리고 지원활동은 회계, 재무관리, 경영관리, 경영정보시스템 관리로 구분할 수 있다. '회계'와 '재무관리'는 기업의 자금조달과 운용, 그리고 자금 흐름을 기록하고 분석·관리하는 업무를 담당하며, '경영관리'는 기업경영 과정에서 제기되는 인사관리, 조직 내부의 각종 이슈들을 다루는 조직관리, 장단기 전략을 수립하는 경영전략 업무를 포함한다. '경영정보시스템 관리'는 기업의 IT 시스템을 구축·운영하고 필요한 정보를 추출하는 업무를 담당한다.

이 중에서 마케팅의 범위는 어디까지일까? 좁은 의미에서 마케팅의 범위는 본원적 활동 중에서 영업관리와 고객관리만을 지칭하지만, 넓은 의미에서는 기업의 모든 경영활동을 포함한다. 왜냐하면, 마케팅은 기업의 모든 경영활동의 의사결정 과정에 참여하기 때문이다.

즉, 마케팅은 생산과정에서 시장동향과 고객들의 니즈를 분석하고 아이디어를 제시하며, 판매과정에는 효과적인 판매방법을 수립하며, 판매 후 과정에는 고객들의 반응을 분석하고 고객관리를 담당하게 된다. 그리고 최근 대부분의 기업들이 전사적으로 마케팅 계획을 수립하고 운영하는 통합적 마케팅시스템을 채택하고 있으므로 마케팅은 인사, 조직, 전략, IT 등 모든 지원활동에도 깊이 관여한다.

이러한 의미에서 마케팅을 현대경영학의 종합예술이라 지칭하는 것이다.

4. 마케팅의 기본용어

― 소비자의 욕구충족 단계

마케팅을 성공적으로 수행하기 위해서는 고객의 욕구충족단계를 정확히 이해해야 한다. 고객(소비자)은 통상적으로 '욕구 → 욕망 → 수요 → 제품 → 교환 → 거래 → 시장'의 7단계를 거쳐 욕구를 충족하게 된다.

▌그림 1-4 소비자의 욕구충족단계

욕구(또는 필요)

우리가 흔히 '배가 고프다, 목이 마르다, 졸리다'라고 할 때, 이는 인간의 근본적인 결핍상태를 표현한다. 이를 욕구needs라고 한다. 사람들이 어떤 제품을 찾을 때 제일 먼저 결핍상태를 느껴야 하므로 욕구(또는 필요)를 '1차적인 욕구' 또는 '본원적인 욕구'라고도 한다.

욕망

욕망wants은 인간의 근원적인 결핍상태를 충족하려는 '구체적인 욕구'를 말한다. 2차적인 욕구라고도 한다.[4] 배가 고플 때 어떤 사람은 밥, 김치, 라면을 찾게되고, 어떤 사람은 햄버거를 찾게 된다. 이와 같이 욕망은 구체적인 욕구이지만,

---

4 1차적·2차적 욕구에는 다른 의미도 있다. 의식주와 같은 생리적 욕구를 1차적 욕구라 하고, 지위, 명예, 사랑과 같은 사회적 욕구를 2차적 욕구라고 한다. 1차적 욕구는 모든 사람들이 가지는 공통된 욕구이지만, 2차적 욕구는 개인이 속한 사회·문화 또는 개인의 가치관 등에 따라 다른 형태로 나타나는 욕구이다.

개인의 취향, 가치관, 사회·문화적 배경 등에 따라 각기 다른 형태로 나타난다.

수요

수요demand는 욕망을 충족하기 위하여 어떤 제품을 구매하려는 의사를 말한다. 단순히 어떤 제품을 소유하고 싶다는 욕망이 아니라 구매력이 동반된 욕망을 말한다. 이를 정확하게 표현하면 유효수요라고 한다. 수요에는 유효수요, 잠재수요, 본원수요, 파생수요 등 여러 종류가 있다. 유효수요effective demand는 구매력을 갖춘 욕망이므로 실제 제품 구매로 연결된다. 따라서 마케터들은 구매력을 보유한 소비자를 유인할 필요가 있다. 반면, 잠재수요latent demand는 구매할 의사가 있으나 표면에 나타나지 않은 수요를 말한다. 즉 가격이 하락하면 구매하겠다, 월급이 인상되면 구매하겠다 등과 같이 향후 여건 변화가 있을 때 구매로 나타난다.

본원수요primary demand는 욕구를 충족하기 위하여 직접 구매하는 수요를 말하고, 파생수요derived demand는 본원수요에 의해 2차적으로 발생하는 수요를 말한다. 예컨대 목이 마를 때 생수를 찾는 수요는 본원수요에 해당되며, 생수를 생산하기 위하여 원자재를 구매하는 수요는 파생수요가 된다. 따라서 본원수요를 직접수요(또는 1차 수요)라고 하고, 파생수요는 간접수요(또는 2차 수요)라고 한다.

제품

제품product은 인간의 욕구를 충족시켜 주는 생산품을 말한다. 제품에는 유형의 재화와 무형의 서비스가 있다. 재화goods는 기계, 건물 등과 같이 형태가 있는 대상(유형재)을 말하며, 서비스service는 형태가 없는 대상(무형재)을 말한다. 따라서 제품은 재화와 서비스를 통합한 개념이라고 보면 된다.

그리고 제품과 비슷한 용어로 상품이 있다. 상품merchandise, commodity은 매매하려는 유형·무형의 대상을 말한다. 즉 생산자가 생산한 것을 제품이라 하고, 판매하기 위하여 시장에 공급한 것을 상품이라고 생각하면 된다.

한편, 미국마케팅협회에서는 제공물이라는 용어를 사용한다. 제공물offering이란 고객의 욕구를 충족시키기 위해 시장에서 제공하는 재화, 서비스, 정보, 아이디어, 경험 등을 총칭하는 개념이다.

따라서 제품, 상품, 제공물의 용어를 상황에 따라 적절히 선택하여 사용하는 것이 바람직하겠지만, 본서에서는 혼란을 방지하고자 '제품'이라는 용어를 사용하고자 한다. 다만, 제16장 서비스 마케팅에서는 제품과 '순수한 서비스'를 구별하기 위하여 '서비스 상품'이라는 용어를 사용한다. 서비스 상품은 교육, 병원 진료, 음악 등과 같이 서비스 그 자체가 제품인 것을 말한다.

▌그림 1-5 제품 · 재화 · 상품의 차이

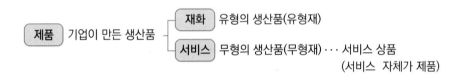

교환

교환exchange은 서로 협의하여 물건을 주고받는 행위를 말한다. 한쪽이 다른 쪽에게 무엇인가를 제공하고 자신이 원하는 무엇인가를 얻는 행위가 교환이다. 서로 필요에 의하여 교환이 이루어지므로 교환 후 만족도는 교환 이전보다 증가한다. 만족도를 효용utility, 편익(또는 효익)benefit 등으로 표현한다.

거래

거래transaction는 가치 있는 어떤 것을 서로 교환하거나 매매하는 행위를 말한다. 거래에는 물물교환과 화폐거래가 있다. 물물교환은 물건을 서로 주고받는 행위이며, 화폐거래는 물건과 화폐를 교환하는 행위를 말한다. 거래가 성립하기 위하여 가치가 있는 대상이 2개 이상 있어야 하며, 상호 간에 합의가 있어야 한다.

시장과 고객

일반적으로 시장market은 사람들이 제품을 사고파는 장소를 말한다. 동대문시장, 남대문시장이라고 하였을 때 시장은 '장소로서의 시장'market place을 말한다. 그러나 인터넷의 발달로 인터넷을 통하여 거래가 발생되므로 시장은 '공간으로서의 시장'market space이 추가된다. 따라서 시장은 거래가 이루어지는 장소 또는 공간을 의미한다.

마케팅에서 시장과 고객은 비슷한 개념으로 사용된다. 예컨대 '시장 세분화'는 시장에 존재하는 많은 고객들을 일정한 기준에 따라 세분화하는 것을 의미한다. 또한 '시장 전문화'는 시장에 존재하는 고객들을 중심으로 전문화한다는 것을 의미한다.

그러나 시장과 고객의 의미를 정확하게 설명하면, 시장은 고객보다 넓은 개념이다. 즉, 시장은 고객을 포함하여 정치·경제·사회·문화 환경, 기술 발달 등 시장에 존재하는 모든 것을 포함하는 개념이다. 따라서 마케팅에서 시장은 고객의 개념을 포함한 훨씬 넓은 개념이지만, 시장의 핵심은 고객이므로 시장과 고객을 비슷한 개념으로 생각하면 마케팅 이론을 훨씬 쉽게 이해할 수 있다.

─ 매트릭스 사고

마케팅을 공부하면 매트릭스를 많이 사용한다. 복잡하게 얽히고설킨 이슈 또는 현안들을 단순화시켜 논리적으로 사고하는 방법을 매트릭스 사고_{matrix thinking}라고 한다. 매트릭스 사고법은 개인이나 조직의 복잡한 문제를 간결하게 해결하거나 우선순위를 결정할 때 많이 사용된다.

매트릭스를 만드는 방법은 의사결정하는 기준을 2개 요소로 구분하여 하나를 가로축(또는 X축)에 놓고, 다른 하나를 세로축(또는 Y축)에 놓은 다음, 가로축과 세로축을 몇 개로 세분하느냐에 따라 2 by 2 매트릭스, 2 by 3 매트릭스, 3 by 2 매트릭스, 3 by 3 매트릭스 등으로 분류한다.

▌그림 1-6 매트릭스 분석 사례

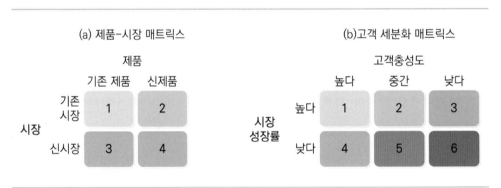

예컨대 (그림 1-6)에서 그림 (a)는 제품-시장 매트릭스이다. 2 by 2 매트릭스로서 가로축은 제품을, 세로축은 시장을 둔다. 가로축의 제품은 기존 제품과 새로운 제품으로 구분하고, 세로축의 시장은 기존 시장과 새로운 시장으로 구분할 때 셀은 모두 4개가 된다. 셀 1은 기존 제품으로 기존 시장을 공략하는 전략이 되며, 셀 2는 새로운 제품을 개발하여 기존 시장을 공략하는 전략이 된다. 셀 3은 기존 제품으로 새로운 시장을 공략하는 전략이 되며, 셀 4는 새로운 제품을 개발하여 새로운 시장을 공략하는 전략이 된다.

그리고 그림 (b)는 고객 세분화 매트릭스로 2 by 3 매트릭스이다. 가로축은 고객충성도를, 세로축은 시장성장률을 두고, 가로축을 '고객충성도가 높다, 중간, 낮다'의 3단계로 분류하고, 세로축을 '시장성장률이 높다, 낮다'의 2단계로 분류한다. 셀 1은 시장성장률이 높으면서 고객충성도도 높은 영역이므로 장기거래 고객에 해당되고, 셀 4는 시장성장률이 낮지만 고객충성도가 높은 영역이므로 현상유지 고객에 해당되며, 셀 6은 시장성장률과 고객충성도 모두 낮은 영역이므로 포기전략에 해당된다.

─ 경쟁우위·경쟁열위와 절대우위·비교우위

경쟁우위competitive advantage는 다른 기업과의 경쟁에서 우위에 놓여 있는 지위 또는 상황을 말한다. 경쟁우위는 기업이 오랜 기간 동안 축적한 우수한 자산과 역량으로부터 나온다. 여기서 자산은 생산시설, 연구개발 능력, 브랜드 가치, 자금력, 영업인력 등을 말하며, 역량은 보유자산을 활용할 수 있는 지식, 기술, 노하우 등을 말한다. 경쟁우위에 있는 기업은 경쟁사보다 우월한 성과를 얻는다.

경쟁열위competitive disadvantage는 다른 기업과의 경쟁에서 뒤쳐진 지위 또는 뒤처져 있는 상황을 말한다. 경쟁열위 기업은 오래 존속할 수 없으므로 비교우위 분야를 찾아내고 남다른 혁신, 뛰어난 경영능력과 마케팅 능력을 필요로 한다.

절대우위absolute advantage는 다른 기업보다 낮은 비용으로 생산할 수 있는 지위 또는 상황을 말한다. 낮은 비용으로 생산하는 것은 인구가 많아 근로자의 임금이 저렴하거나, 생산기술이 뛰어나 적은 원자재로 생산할 수 있거나, 부존자원이 많아 낮은 비용으로 원자재를 조달할 수 있을 때 가능하다.

비교우위comparative advantage는 상대적으로 낮은 비용으로 생산할 수 있는 지위 또는 상황을 말한다. 한 국가 또는 한 기업이 모든 제품 생산에서 절대우위를 가질 수 있으나, 상대적으로 낮은 비용으로 모든 제품을 생산할 수 없다. 따라서 상대적으로 낮은 비용으로 생산할 수 있는 제품에 특화하여 생산하고 교환한다면, 서로 이득을 얻을 있다. 이를 비교우위론이라고 한다. 현재 국제무역이 발생하는 이유, 기업들 간에 분업과 전문화가 발생하는 이유는 바로 비교우위론에 근거한다.

― 소비자의 구매의사결정단계

마케팅은 소비재 시장과 산업재 시장을 모두 포함하지만, 대부분 소비재 시장을 중심으로 연구한다. 소비재 시장은 소비자가 참여하는 시장이므로 소비자의 구매의사결정단계가 매우 중요하다. 행동심리학과 인지심리학의 이론들은 소비자행동에 많이 응용된다.

행동심리학의 자극 → 반응 이론을 소비자행동에 응용하면, '외부로부터 자극(광고 등)을 받으면, 반응(구매)한다.'가 된다. 그리고 인지심리학의 인지 → 감정 → 행동 이론을 소비자행동에 응용하면, '소비자들이 인지단계와 감정단계를 거쳐 긍정적인 느낌을 갖게 되면, 구매단계로 연결된다.'가 된다. 여기서 인지단계는 외부로부터 광고 등과 같은 자극을 받으면 이를 알게 되는 단계를 말하며, 감정단계는 외부의 자극에 대하여 긍정적 혹은 부정적인 느낌을 갖는 단계를 말한다. 그리고 행동단계는 긍정적 또는 부정적인 느낌을 행동으로 나타내는 단계를 말한다.

소비자행동, 즉 소비자의 구매의사결정단계는 신제품 개발, 광고 등에 마케팅 전략에 널리 활용되고 있으며, 이를 응용한 이론들이 다양하게 존재한다.

▌그림 1-7 소비자의 태도 형성 과정

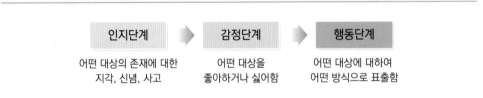

인지단계	감정단계	행동단계
어떤 대상의 존재에 대한 지각, 신념, 사고	어떤 대상을 좋아하거나 싫어함	어떤 대상에 대하여 어떤 방식으로 표출함

— 분석 수준(또는 분석단위)

마케팅 계획 수립은 마케팅 환경 분석, 마케팅 목표 수립, 마케팅 전략 수립의 순으로 진행된다. 이때 '산업 수준 – 기업 수준 – 사업부 수준 – 기능 수준'으로 구분해서 수립하여야 한다. 이렇게 분석 수준(또는 분석 단위)을 세밀하게 하는 이유는 기업이 계층적 구조로 형성되어 있어 치밀하게 대응하여야 하기 때문이다.

예컨대, 동서울전자(주)라는 기업이 존재할 때, 동서울전자(주)는 경쟁기업과 함께 전자산업에 속해 있다. 전자산업을 분석하는 것을 산업 수준industry level 분석이라 하고, 동서울전자(주)라는 개별기업 분석을 기업 수준corporate level 분석이라고 한다. 그리고 개별기업은 여러 사업부(또는 사업본부)로 구성되어 있는데, 각 사업부 분석을 사업부 수준business level 분석이라고 한다. 또한 각 사업부에는 여러 부서(또는 팀, 개별 제품)로 구성되어 있는데, 개별 부서 분석을 기능 수준functional level 분석이라고 한다.

— 가치제안과 가치사슬

가치제안value proposition이란 기업이 제품을 개발하여 소비자들에게 판매할 때 기업이 소비자들에게 제공하기로 약속한 가치를 말한다. 예컨대 매일유업(주)에서 '소화가 잘 되는 우유'라는 신제품을 개발하였을 때 소비자들에게 새로운 가치를 제공한다는 의미에서 이를 가치제안이라 한다. 매일유업(주)이 경쟁기업과 차별화되는 신제품을 개발하고 광고 등을 통하여 널리 알릴

때 가치제안을 하게 되고, 소비자들이 신제품을 구매함으로써 고객 니즈가 충족되

고 가치가 전달되게 된다.

가치사슬value chain은 어떤 제품을 생산할 때 원자재 조달부터 생산·판매에 이르기까지 많은 부문들이 서로 연계되는 과정 또는 서로 결합된 구조를 말한다. 어떤 기업도 단독으로 제품을 생산할 수 없다. 외부 기업으로부터 원재료와 중간재를 조달해야 생산이 가능하다. 그리고 기업 내부의 원료 조달부서와 생산부서, 마케팅 부서 등이 서로 연계되어야 제품을 원활히 생산·판매할 수 있다.

이와 같이 제품을 생산·판매하기 위하여 여러 기업 또는 여러 부서가 결합하는 과정 또는 서로 결합된 구조를 가치사슬이라고 한다. 여러 기업 또는 여러 부서가 결합하면, 각 기업 또는 각 부서는 새로운 부가가치를 창출하게 되고, 이러한 부가가치들이 모여 전체 가치를 창출하게 된다.

가치사슬에는 생산·마케팅·판매·물류 등과 같이 부가가치를 직접 창출하는 부문이 있고, 구매·기술개발·인사·재무 등과 같이 부가가치가 창출되도록 간접적으로 지원하는 부문이 있다. 전자를 본원적 활동primary activities이라 하고, 후자를 지원활동support activities이라고 한다. 본원적 활동을 수행하는 부서를 본원적 부서라고 하고, 지원활동을 수행하는 부서를 지원부서라고 한다.

▌그림 1-8 마이클 포터의 가치사슬

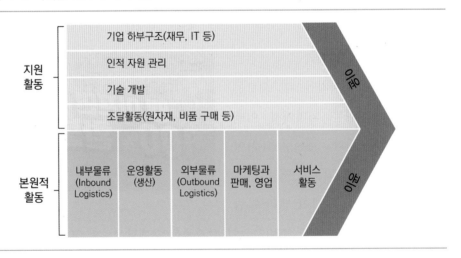

향상학습 및 심화학습

01 (향상학습) 아래 유튜브 동영상을 시청하면서 학습한 내용을 복습하시오.

(1) How to marketing, 마케팅의 정의

(2) 시대에듀, 독학사 2단계 마케팅의 기본이론 01

(3) 은종성TV, 마케팅에서 많이 사용되는 단어 – needs, wants, demands

(4) 기획재정부, 글로벌 가치사슬

02 (심화학습) 학습한 내용을 응용하여 아래의 물음에 답하시오.

(1) 백화점에서 근무하는 두 사람이 있다. 한 사람은 영업사원이고, 다른 사람은 마케팅 부서에서 근무하는 마케터이다. 두 사람의 역할이 무엇인지 학습한 내용을 중심으로 설명하고, 토론하시오.

(2) "마케팅 근시안은 고객지향적 마케팅의 문제점을 지적한 것이다."라고 하였을 때 올바른 설명인지 구체적인 이유를 들어 설명하시오.

(3) 고등학교 선생님이 학생들을 '성격'과 '학습 집중도'의 두 가지 기준으로 구분하여 학생들을 분류한 다음, 차별적으로 지도하려고 한다. 이를 매트릭스 기법으로 분석해 보고, 각 셀의 지도방법을 설명하시오.

(4) 삼성전자와 현대자동차의 우위분야를 설명하시오. 이때 우위분야는 경쟁우위 분야인가? 절대우위 분야인가? 비교우위 분야인가? 그리고 그 이유를 설명하시오.

(5) 최근 4차 산업혁명이 진행되어 어떤 분야는 가치사슬이 해체되고 어떤 분야는 새로운 가치사슬이 형성되고 있다. 가치사슬이 해체된 사례와 새로이 가치사슬이 형성된 사례를 하나씩 설명하시오.

CHAPTER

02   마케팅 추진절차

1. 상시 마케팅

'마케팅은 어떤 상황에서 어떤 절차로 추진되는가?' 제2장에서는 실제 기업에서 어떻게 마케팅 업무를 수행하는지, 마케팅 절차를 설명한다. 마케팅 실무에서는 마케팅 부서에서 일상적으로 수행하는 상시 마케팅과 특별한 경우에 실시되는 특별 마케팅으로 구분된다.

── 상시 마케팅이란?

상시 마케팅이란 마케팅 부서에서 근무하는 마케팅 담당자가 매일 출근하여 수행하는 일상적인 마케팅 업무를 말한다. 대부분의 대기업들은 자체적으로 마케팅 부서를 설치하여 매일 일상적인 마케팅 업무를 수행하고 있다. 마케팅 부서에서 근무하는 직원들을 마케터marketer 또는 마케팅 관리자marketing manager라 하며, 마케팅의 최고책임자를 CMOchief marketing officer라고 한다.

마케터들은 매일 아침 출근하자마자 자사 제품의 판매현황 등을 점검하면서 하루 일과를 시작한다. 판매상황, 재고상황, 시장점유율 추이, 주요 뉴스 등 자사 관련된 사항을 매일 점검하고 경쟁사의 매출동향과 신제품 개발현황을 포함하여 시장 상황을 분석하고, 특이한 사항을 찾아내거나 새로운 시장기회를 탐색한다.

필요한 경우 마케팅조사를 실시하고 마케팅 전략과 전술, 목표고객 등을 점검하기도 하고, 새로운 콘셉트와 신제품 개발 등을 검토하기도 한다. 마케터들은 제품, 가격, 유통, 광고, 브랜드 관리, 인터넷 마케팅 등으로 구분하여 업무를 분담한다.

또한 마케터들은 일상적인 마케팅 업무를 수행하면서 정기적으로 마케팅 실적을 분석하고 보고서를 작성하여 경영진에게 보고한다. 연말이 되면, 금년도 실적을 근거로 내년도 마케팅 계획을 수립한다.

따라서 상시 마케팅의 경우에는 업무추진절차가 별도로 존재하는 것은 아니다. 각자 주어진 일상 업무를 성실히 수행하면 된다. 그리고 CEO의 지시사항이 있으면, 빠른 시일 내 완수하여 보고를 하면 된다.

▮표 2-1 상시 마케팅에서 마케터의 역할

분 류	세 부 내 용
매출 및 시장 동향	• 자사 제품의 판매 및 재고 상황 파악 • 경쟁사 동향을 포함한 시장동향 조사
마케팅 예산	• 마케팅 예산 할당 및 비용 집행 • 마케팅 비용 대비 효과 측정
촉진활동	• 광고, 판매촉진, PR 및 홍보 계획 수립 및 추진
브랜드 관리	• 브랜드 개발 및 변경, 브랜드 자산 관리
고객 관리	• 고객 수의 증감상황 파악, 고객 분석 • 고객만족도 조사
인터넷 마케팅	• 댓글 등 다양한 고객 데이터 분석 • 콘텐츠 생산, 유입고객 및 매출연계방안 수립

― 마케팅 시스템

이와 같은 상시 마케팅 업무를 수행하는 데에는 많은 정보가 필요하다. 마케팅 부서에서 모든 정보를 파악하기 어려우므로 관련부서에 연락하여 자료를 얻기도 하지만, 매번 관련부서에 연락하여 자료를 요청하면, 번거롭고 비효율성이 발생한다. 따라서 일상적인 데이터 등은 자동적으로 수집되도록 시스템을 구축하여 운영하고 있다. 마케팅 부서에서 구축하여 사용하고 있는 마케팅 시스템은 크게 마케팅정보시스템과 마케팅의사결정지원시스템으로 구분된다.

마케팅정보시스템(MIS)marketing information system은 마케터가 필요한 시기에 필요한 정보를 수집·분류·분석·평가하고 마케팅 업무를 지원하는 체계를 말한다. 마케팅정보시스템은 마케팅정보, 생산정보, 재무정보, 시장정보, 고객정보 등으로 구성되어 있다.

마케팅정보는 판매상황, 판매계획, 판매예측, 판매촉진, 판매분석 등에 관한 정보가 있으며, 생산정보에는 생산계획, 생산량, 출하량, 재고량, 불량률 등에 관한 정보가 수록되어 있다. 재무정보에는 재무상태표, 손익계산서 등 각종 재무자료가 포함된다.

시장정보에는 GDP, 물가 등 기본적인 경제통계, 시장에 출시되어 있는 경쟁사 제품의 현황과 판매 상황 등이 있으며, 경쟁사의 마케팅 전략, 공급업체나 판매업체로부터 수집된 정보, 기밀사항 등도 수록되어 있다.

고객정보는 고객 이름, 주소록, 소득수준 등 고객의 기본정보, 구매와 관련된 정보 등이 수록되어 있어 고객 데이터를 분석하여 고객관계관리(CRM)customer relationship management를 할 수 있도록 지원해 주고 있다.

이와 같은 마케팅정보시스템은 마케터들이 효율적으로 업무를 수행하고 의사결정하는 데 큰 도움이 된다. 그러나 최근에는 마케팅정보시스템을 업그레이드한 마케팅의사결정지원시스템(MDSS)marketing decision support system이 널리 사용되고 있다. 마케팅의사결정지원시스템은 단순히 마케팅 정보를 제공하는 차원을 넘어, 마케팅 정보를 가공 처리해 주며, 마케터가 필요로 하는 보고서를 제공하여 준다.

MIS가 마케터들에게 각종 마케팅 정보를 체계적으로 수집·분석하여 제공하는 시스템이라고 한다면, MDSS는 원자료를 다양한 통계기법이나 분석모델을 활용하여 가공·처리해 주며, 의사결정자가 추가로 원하는 자료가 있을 경우 직접 컴퓨터에서 원하는 정보를 입력하고 처리를 지시하면 시나리오별로 수요예측 등 원하는 자료를 그래프나 보고서로 출력할 수 있다는 측면에서 훨씬 유용하다.

MDSS는 매출액 등 내부 정보가 수록되어 있는 내부정보시스템과 소비자, 경쟁자, 각종 시장정보가 수록되어 있는 마케팅 인텔리전스 시스템, 그리고 마케팅조사를 실시할 경우 조사 설계, 자료 수집, 자료 분석 등이 가능한 마케팅조사시스템, 고객을 특성별로 분류하여 차별적 마케팅을 할 수 있는 CRM시스템 등으로 구성되어 있으므로 마케팅 관리자들이 효율적으로 업무를 수행하고 합리적인 대안을 찾아낼 수 있도록 지원하는 시스템이라고 할 수 있다.

2. 특별 마케팅

─ 특별 마케팅이란?

특별마케팅은 상시마케팅과는 달리 특별한 상황에서 진행되는 마케팅을 말한다. 특별한 상황이란 기업이 새로운 비전과 발전계획을 만들어 새 출발하려고 하거나 신제품을 개발하여 전사적으로 영업을 확충하려고 할 때 아니면, 시장환경이 급변하여 마케팅 전략을 전반적으로 수정할 필요가 있는 상황 또는 매출이 지지부진하고 경쟁기업의 신제품 출시로 기존 제품라인 전반을 재점검하여야 하는 상황을 말한다.

특별마케팅은 마케터가 필요성을 제기하여 경영진의 승낙을 받거나 고위 경영진이 시장상황을 미리 예단하고 선제적인 결단을 내릴 때 추진된다. 통상적으로 특별마케팅은 막대한 예산이 소요되고 장기간 진행되며 추진절차가 매우 복잡할 뿐 아니라 추진결과는 기업에 막대한 영향을 미치게 되므로 최고경영자의 결재를 받아야 한다.[1]

추진방법은 기업 내부적으로 태스크포스팀(T/F, 특별전담팀)task force team을 구성하여 자체적으로 추진하거나, 외부 마케팅 전문회사에 의뢰하여 마케팅 전문회

---

1 기업에서 '결재'는 매우 중요하다. 기업에 크게 영향을 미치거나 비용이 수반되는 모든 업무는 반드시 결재를 받아야 실행에 옮길 수 있다. 물론 모든 업무를 최고경영자(CEO)까지 결재를 받는 것은 아니다. 직무전결규정에는 업무별 중요도에 따라 전결권자가 지정되어 있다. 특별마케팅의 경우 'ㅇㅇ에 관한 특별마케팅 추진계획'은 거액이 소요되고 기업에 큰 영향을 미치므로 CEO 결재를 받아야 하고, 태스크포스팀 구성 및 운영방안, 마케팅조사 실시 등은 특별마케팅 추진계획의 범위 안에서 추진되므로 결재는 하부 위임된 규정에 따라 CMO, 부장, 팀장 등이 하게 된다.

사의 주도로 실시하는 방법이 있다. 추진절차는 마케팅조사에서부터 새로운 마케팅 계획과 전략이 최종적으로 기업에 완전히 적용될 때까지 마케팅의 모든 과정이 순서에 따라 진행된다.

― 특별 마케팅 추진절차

특별마케팅을 실시하겠다는 의사결정이 내부적으로 확정되면, 제일 먼저 'ㅇㅇ에 관한 특별마케팅 추진계획'을 수립하여 결재를 받아야 한다. 특별마케팅 실시계획서에는 마케팅 실시목적, 실시범위, 추진방법, 추진일정, 소요예산 등이 포함된다.

자체적으로 T/F를 구성하여 추진할 경우에는 '태스크포스 구성 및 운영방안'을 별도로 수립하여 결재를 받아야 한다. 포함되는 내용은 태스크포스 인력 구성방법, 운영기간, 운영방법, 수행업무 등이다. 외부용역을 의뢰할 경우에는 '외부용역 실시방안'을 작성하여 결재를 받아야 한다. 포함되는 내용은 외부용역회사 선정방법, 추진일정, 용역범위, 용역금액 등이며, 외부용역회사를 선정하는 기간만 최소한 2~3주가 소요된다.

태스크포스팀 구성 또는 외부용역회사가 선정되면, 본격적으로 특별마케팅을 추진하게 된다.

특별마케팅이 추진되는 절차를 개략적으로 살펴보면, 제일 먼저 환경분석, 마케팅조사, 경쟁력 분석 등 기초적인 작업을 거쳐 마케팅 목표와 마케팅 전략을 수립하고 이를 추진할 세부적인 마케팅 실행전략을 수립하게 된다. 그리고 새로운 마케팅을 추진하기 위하여 필요한 조직 개편, 인력 재배치 등 사전에 필요한 조치를 포함한 세부실천과제가 제시되어야 한다. 그리고 최종 보고를 거쳐 실행하게 되면, 분기별 또는 반기별 이행실적을 점검하고 미비점을 보완하는 피드백이 있게 된다.

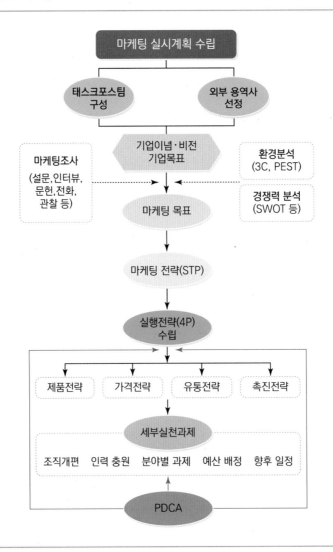

추진절차를 조금 더 구체적으로 살펴보면, 다음과 같다.

① 마케팅조사를 실시한다. 마케팅조사는 자사와 자사 제품이 현재 시장에 놓여 있는 상황과 고객들의 반응을 파악하는 일이다. '지피지기 백전백승'이므로 제일 먼저 마케팅조사가 필요하다. 마케팅조사를 실시하려면, '마케팅조사 실시방안'

을 수립하여 결재를 받아야 한다. 마케팅조사는 고객 설문조사, 임원 인터뷰, 전문가 인터뷰 등으로 이루어진다.

② 소비자행동 분석과 마케팅 환경 분석이다. 마케팅조사와 병행하여 일부 인력은 소비자행동 분석과 마케팅 환경 분석에 투입된다. 소비자행동 분석은 자사 또는 자사 제품에 대한 소비자들의 반응이므로 마케팅조사에 일부 포함되기도 한다. 마케팅 환경은 현재의 환경과 향후 환경 예측까지 모두 포함한다.

③ 경쟁력 분석이다. 마케팅조사 등 이미 실시한 내용을 토대로 자사와 자사 제품들의 현재 경쟁력은 물론, 향후 환경변화에 따른 경쟁력 예측을 포함하여 이루어진다. 경쟁력은 산업 수준, 기업 수준, 사업부 수준, 기능 수준으로 나누어 세밀하게 진행되어야 한다.

④ 마케팅 목표를 수립한다. 선행 작업을 활용하여 향후 자사 및 자사 제품들의 목표를 설정한다. 마케팅 목표를 설정할 때는 기업이념, 기업비전, 기업목표, 기업전략 등을 검토해서 반영하여야 한다. 이미 수립되어 있는 기업이념, 기업비전 등과 지향하는 방향이 동일하여야 하고 기업이념이나 기업비전을 실현할 수 있어야 한다. 만약 처음부터 기업비전과 방향성이 맞지 않거나 기업비전을 실현할 수 없으면, 무용지물이기 때문이다.

⑤ 마케팅 전략을 수립한다. 마케팅 목표를 달성하기 위한 중기 전략과 단기 전략을 말한다. 이를 STP 전략이라고 한다. STP 전략이란 마케팅 목표를 달성하기 위하여 전체 시장을 여러 세분시장으로 나누고(세분화), 여러 세분시장 중에서 목표시장을 선정하고(표적화), 목표시장에서 자사의 제품이 경쟁사 제품과 차별화되도록 이미지를 설정하는(위치화) 전략을 말한다.

⑥ 마케팅 실행전략을 수립한다. 마케팅 실행전략은 STP 전략을 실행에 옮기는 전략으로서 제품 전략, 가격 전략, 유통 전략, 촉진 전략으로 구성된다. 이를 마케팅믹스(4P) 전략이라고 한다.

⑦ 마케팅 세부실천과제를 수립한다. 전사적인 마케팅 목표를 설정하고 마케팅 전략을 실제 실행에 옮기려면, 선행되어야 할 조치들이 있다. 이를 세부실천과제라고 한다. 조직을 개편하고, 필요한 인력을 재배치하며, 제품·가격·유통·촉진 등 분야별로 실행에 옮길 과제를 제시한다. 이때 향후 추진일정, 특별 마케팅 이후 예상되는 매출액과 손익 추정, 필요한 예산 할당 등도 제시되어야 한다.

⑧ 특별 마케팅의 본격 실행과 피드백이다. 지금까지 설명한 특별마케팅 목표와 전략 수립이 완료되면, 최고경영자에게 보고하고, 실제 실행에 옮기게 된다. 필요한 경우 마케팅의사결정지원시스템(MDSS)을 비롯한 IT 시스템을 구축하게 된다. 마케팅을 실행에 옮기면, 당초 계획대로 진행되지 않을 수도 있다. 분기·반기 이행실적을 점검하고 미비점을 보완하는 피드백이 있어야 한다. PDCA 사이클에 따라 Plan(계획)→Do(실행)→Check(평가)→Action(개선)의 순서대로 마케팅 계획을 실행하면서 실행이 지연되거나 문제점이 발생되면, 그 이유와 원인을 찾아내고 필요한 조치들을 취하여 당초 계획하였던 특별마케팅의 성과를 얻을 수 있도록 하여야 한다.[2]

---

2 1950년 미국 통계학자 에드워즈 데밍(Edwards Deming)은 PDCA 사이클을 품질 개선방법으로 제안하였으며, 현재 경영이론으로 통용되고 있다. Plan → Do → Check → Action의 4단계 접근방법을 지속적으로 반복 실행하면, 사업 추진에 큰 효과를 얻을 수 있다. 데밍 사이클이라고도 한다.

향상학습 및 심화학습

01 (향상학습) 아래 유튜브 동영상을 시청하면서 학습한 내용을 복습하시오.

(1) Prover TV, 당신이 마케팅을 꿈꾸신다면 이 영상을 꼭 시청하고 가세요.

(2) UiPath, 마케팅 자동화 사례(마케팅 자동화 곧 마케팅정보시스템이다.)

(3) 담덕의 경영학, 효율적 마케팅전략을 위한 기본적인 순서(마케팅 프로세스 5단계)

(4) 담덕의 경영학, PDCA 사이클

(5) 아이디어 메이트, PDCA Cycle 활용한 일일 업무일지

02 (심화학습) 학습한 내용을 응용하여 아래의 물음에 답하시오.

(1) 기업이 마케팅정보시스템이나 마케팅의사결정지원시스템을 구축하면, 어떤 점에서 이점
이 발생하는지를 설명하시오.

(2) 기업에 큰 영향을 미치거나 비용이 수반되는 모든 업무는 반드시 결재를 받아야 한다고
설명하였다. 기업에서 그렇게 하는 이유를 설명하고, 직무전결규정, 하부 위임 등에 대
하여 친구들과 토론하시오.

(3) 특별마케팅의 추진절차에는 마케팅의 모든 과정이 포함된다. 마케팅 공부에 앞서 마케
팅 진행절차를 숙지하는 것이 필요하다. 마케팅 추진절차에 대하여 친구들과 토론하시오.

(4) 여러분들도 어떤 상황에서는 특별한 목표를 수립하고 추진하게 된다. 직접 목표를 수립
하고 PDCA Cycle을 활용하여 일일 업무일지를 작성하여 보시오.

PART 02

시장 환경 및 경쟁력 분석

마케팅은 어떻게 하는가?

제2편에서는 마케팅 계획을 수립하기 전에 반드시 검토하여야
하는 사항에 대하여 설명한다.

제3장에서 고객의 욕구와 시장 상황을 수집하는 마케팅 조사에
대하여 설명하고,

제4장에서 소비자들의 구매활동과정을 분석하는 소비자행동
분석에 대하여 설명한다.

제5장에서 기업을 둘러싼 환경을 내부환경과 외부환경으로
구분하여 설명하고,

제6장에서 마케팅 전략 수립에 중요한 경쟁력 분석을
여섯 가지 모델을 중심으로 설명한다.

CONTENTS

마케팅공부 _MARKETING

※ '향상학습 및 심화학습'의 유튜브 동영상 찾는 방법

 - 유튜브 검색창에 키워드를 입력하여 검색하면, 해당 동영상이
   상단에 노출된다.

CHAPTER

03 마케팅조사

1. 마케팅조사란?

—— 마케팅조사의 의의

마케팅 계획이나 마케팅 전략을 수립할 때 고객들이 자사 제품을 어떻게 생각하는지, 시장 반응은 어떠한지를 먼저 파악하는 것이 중요하다. 왜냐하면, 고객들의 요구사항이나 시장 상황이 반영되지 않은 마케팅 계획과 마케팅 전략은 아무리 멋있게 만들었더라도 시장과 동떨어진 탁상공론에 불과하기 때문이다.

마케팅조사marketing research는 마케팅 계획이나 마케팅 전략을 수립할 때 기업이 직면하고 있는 상황을 파악하기 위하여 고객의 욕구와 시장 상황을 수집·분석·평가하는 활동을 말한다.

대부분의 기업들은 정기적으로 마케팅조사를 실시하여 시장의 반응이나 트렌드 변화를 파악하고 있다. 또한 특별마케팅을 실시할 때 시장 상황을 파악하기 위하여 제일 먼저 실시하는 작업이 마케팅조사이다. 마케팅조사를 할 때 조사내용은 상황에 따라 달라진다. 모든 분야를 조사할 수도 있고, 매출동향이나 가격, 유통, 촉진 등 특정분야만 조사할 수도 있다.

— 마케팅조사의 절차

① 마케팅조사의 출발점은 '무엇을 조사할 것인가'라는 조사방향을 결정하는 일이다. 이를 문제 정의라고 한다. 현재의 문제점이 무엇이며 어떤 사항을 조사할 것인지 정의를 내리고 조사내용과 조사목적을 구체화하여야 한다.

② '어떻게 조사할 것인가'라는 조사방법을 결정하는 것이다. 이를 조사 설계라고 한다. 조사 설계는 탐색적 조사, 기술적 조사, 인과적 조사로 구분할 수 있다.[1]

③ 자료수집 방법을 결정하는 단계이다. 자료수집 방법에는 관찰법, 서베이법, 실험법, 면접법 등이 있으며, 수집된 자료는 1차 자료와 2차 자료로 구분된다.

④ 표본을 설계하는 단계이다. 마케팅조사를 실시할 때 시장 전체를 전수 조사할 수 없으므로 전체 중에서 일부만 추출하여 조사를 실시한다. 이를 표본조사라고 한다. 어떻게 표본을 추출하고 어느 정도의 크기로 표본을 추출할 것인지, 표본추출 방법과 표본의 크기를 결정한다.

⑤ 실제 조사를 실시하는 단계이다. 조사계획의 절차에 따라 자료를 수집하고 면접, 인터뷰, 설문조사 등의 방법으로 조사를 실시한다.

▎그림 3-1 마케팅조사 절차

---

1 마케팅조사는 신디케이트 조사, 애드호크 조사, 옴니버스 조사로 구분하기도 한다. 신디케이트 조사(syndicated survey)는 전문 조사기관이 자기 비용으로 주기적으로 실시하는 조사를 말한다. 전문기관은 조사자료를 판매하여 네일 밸류를 높이고 조사비용을 충당한다. 애드호크 조사(ad hoc survey)는 일반기업의 요청으로 실시되는, 일회성의 특정분야 조사를 말한다. 조사비용은 요청기업이 부담한다. 옴니버스 조사(omnibus survey)는 어떤 마케팅조사를 할 때 동일한 내용으로 조사할 필요성이 있는 여러 기업이 동시에 참여하는 조사를 말한다. 참여하는 기업들이 조사비용을 분담하는 대신, 각 기업이 희망하는 조사내용을 포함시켜 진행된다.

6 조사결과를 컴퓨터에 입력하고 분석하는 단계이다. 분석하기 용이하도록 수집된 자료를 코딩하고 컴퓨터에 입력하는 펀칭 작업을 하며, 각종 통계기법을 활용하여 통계분석을 하게 된다.

7 분석 작업이 완료되면, 마케팅조사의 최종단계인 조사결과 보고서 작성에 들어간다. 통계분석 결과를 해석하고, 이를 토대로 보고서를 작성하여 의사결정자에게 보고한다.

2. 조사 설계와 자료 수집방법

(1) 문제 정의

문제 정의problem definition는 현재 상황을 기술하고 무엇이 문제인지, 무엇을 조사할 것인지를 명료하게 정리하는 일이다. 예컨대 자사 제품의 판매가 부진하여 마케팅조사를 실시할 때 '왜 ○○ 제품은 판매가 부진한가?'(현상), '브랜드 충성도가 낮기 때문인가?'(문제), '소비자들의 브랜드 충성도는 어느 정도이며, 경쟁사와 비교할 때 어떠한가?'(조사)와 같이 문제를 정의하면 된다.

정의는 개념적 정의와 조작적 정의가 있다. 개념적 정의conceptual definition는 사전에서 정의하는 일반적인 정의를 말하고, 조작적 정의operational definition는 이번 조사에 적용할 구체적인 정의를 말한다. 가령 브랜드 충성도를 '어떤 브랜드에 대한 호의적인 태도'라고 정의를 한다면, 사전적 정의 또는 개념적 정의가 된다. 반면, '10번 구매 중 어떤 브랜드를 구매한 횟수'라고 정의한다면, 조작적 정의가 된다.

마케팅조사를 실시할 때 항상 개념적 정의와 조작적 정의를 먼저 밝혀야 한다. 그 이유는 독자들이 조사내용과 조사방법, 조사기준 등을 쉽게 파악할 수 있기 때문이다.

(2) 조사설계

조사설계research design는 '어떻게 조사할 것인가'라는 조사방법을 기획하는 일
이다. 조사설계는 가장 경제적이면서 효율적인 방법을 선택하면 된다. 조사방법에
는 탐색적 조사, 기술적 조사, 설명적 조사가 있다.

─ 탐색적 조사

탐색적 조사exploratory research는 본조사main survey를 실시하기 전에 조사에 대한
아이디어와 통찰력을 얻기 위하여 사전 점검용으로 실시하는 조사를 말한다. 예비
조사, 사전조사, 선행조사, 기초조사, 파일럿조사라고도 한다. 탐색적 조사의 방법
에는 문헌조사, 사례조사, 전문가 의견조사, 면접조사 등이 있다.

▎그림 3-2 마케팅조사의 분류

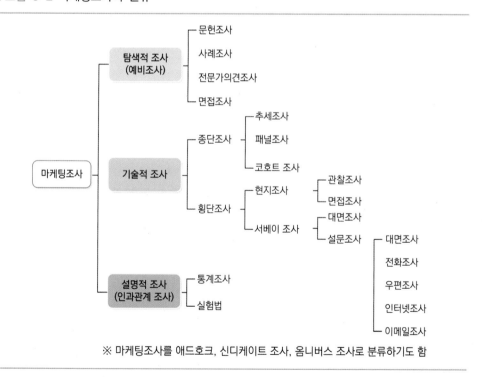

※ 마케팅조사를 애드호크, 신디케이트 조사, 옴니버스 조사로 분류하기도 함

① 문헌조사는 회사 내부 자료, 신문과 잡지 기사, 전문서적과 학술지, 학위논문, 각종 통계자료 등을 조사하는 것을 말한다. 이미 존재하는 자료를 수집하여 필요한 정보를 획득하기 매우 유용하다.

② 사례조사case study는 조사내용과 유사한 사례를 분석하여 힌트를 얻거나 참신한 아이디어를 얻고자 실시한다. 경쟁사의 상황과 전략을 비교분석하는 벤치마킹 연구가 여기에 해당된다.

③ 전문가 의견조사는 조사내용에 대한 전문적인 견해와 경험이 있는 전문가들로부터 의견을 수렴하는 것으로 본조사의 방향을 결정하는 데에 큰 도움이 된다.

④ 면접조사는 여러 명으로 구성된 집단면접 또는 1인 면접을 통하여 소비자들의 경험담과 다양한 의견, 제안사항 등을 수집하는 방법이다. 면접하는 방법에 따라 대면 면접, 전화 면접, 컴퓨터 면접 등이 있다. 특히 최근 많이 사용하고 있는 컴퓨터 보조 대면 인터뷰(CAPI)computer-assisted personal interview는 컴퓨터를 이용하여 면접하는 방법이다. 컴퓨터를 통하여 원격으로 면접하거나, 면접원들이 태블릿PC를 들고 다니면서 컴퓨터를 사용하여 면접하는 방법이다. CAPI는 신뢰도를 높이고 시간과 비용을 절약하는 효과가 있다.

─ 기술적 조사

기술적 조사descriptive research는 본조사의 하나로서 탐색적 조사의 결과를 바탕으로 더 정확한 추가정보를 얻기 위하여 실태를 조사하거나 현황을 파악하는 조사를 말한다. 기술적 조사에는 종단조사와 횡단조사가 있다.

종단조사

종단조사longitudinal studies는 동일한 조사자를 대상으로 일정기간 동안 반복 조사하여 시간이 흐름에 따라 조사자의 반응이 어떻게 변화하는가를 조사하는 방법이다. 종단조사에는 추세조사(시계열조사), 패널조사, 코호트 조사 등이 있다.

① 추세조사trend study는 일정기간 동안 시간의 흐름에 따라 조사결과의 변화추이를 파악하기 위하여 실시하는 조사이다. 예컨대, 서울시 종로구 거주자(이사로인하여 구성원이 변경될 수 있음)에 대한 소비행태 조사와 같이 동일한 집단의 소비행태가 시간의 흐름에 따라 어떻게 변화되는가를 조사하는 방법이다.

② 패널조사panel study는 패널이라는 '응답자 집단'을 구성하여 장기간 반복 조사하는 방법을 말한다. 많은 기업들이 자사 제품에 대한 소비자들의 반응을 조사하기 위하여 소비자 패널을 구성하여 일정기간 운영하는 사례가 많다.

③ 코호트 조사cohort study는 동일집단이나 동년배, 동기생들을 대상으로 장기간 동안 어떤 내용을 조사하는 방법이다. 여기서 코호트란 동일한 행동양식을 가진 집단 또는 특정한 행동양식을 공유하는 집단이라는 뜻으로 독일어이다. 흔히 의학계에서 동일한 공간에서 동일한 질병을 갖고 있는 환자와 의료진을 코호트라고 하며, 마케팅조사 또는 사회조사에서는 조작적 정의에 따라 동일한 경험을 갖거나 동질적인 구성원으로 이루어진 집단을 코호트라고 한다. 예컨대 '2020년 ○○대학교 입학생의 대학생활 만족도 조사'와 같이 2020년 입학생들(구성원이 변경되지 않음)이 대학생활에서 얻는 만족도를 일정 기간 동안 반복적으로 조사하여 만족도의 추세 변화를 분석하는 방법이 코호트 조사이다.

횡단조사

횡단조사cross-sectional studies는 특정 시점의 상황을 파악하는 방법으로 정태적 조사라고도 한다. 여론조사, 만족도조사, 시장조사 등이 횡단조사에 속한다. 횡단조사 방법에는 현지조사와 서베이 조사가 있다.

① 현지조사field study는 실제 현장에 나가서 조사하는 방법으로 관찰조사와 면접조사가 있다. 관찰조사는 조사자가 직접 시장에 나가 소비자들의 소비행위나 판매자의 판매행위를 관찰하여 자료를 수집하는 방법이다. 예컨대 특정지역의 유동

인구를 직접 세어 보거나, 어떤 매장에서 고객들의 판매 상황을 동영상으로 촬영하고 분석하는 방법이다. 그리고 면접조사는 1인 면접 또는 집단면접을 통하여 조사내용을 파악하는 방법이다.[2]

② 서베이 조사survey study는 조사대상자에게 직접 대면하여 질문하거나 설문지를 배포하여 응답자료를 받아 정보를 수집하는 방법이다. 주로 설문조사가 널리 사용된다. 설문조사는 자료의 정확성이 높고 풍부하게 자료를 수집할 수 있다는 장점이 있으나, 시간과 비용이 많이 든다는 단점이 있다. 설문지를 배포하는 방법에 따라 대면 조사, 전화 조사, 우편 조사, 인터넷 조사, 이메일 조사 등이 있다.

── 설명적 조사

설명적 조사explanatory research는 본조사의 하나로 독립변수(원인변수)와 종속변수(결과변수) 사이의 인과관계를 규명하는 조사를 말하며, 인과적 조사라고도 한다. 예컨대 가격 인하가 매출액과 시장점유율에 미치는 영향을 조사할 때 가격 인하는 원인변수(독립변수)가 되고 매출액과 시장점유율은 결과변수(종속변수)가 된다. 설명적 조사에 사용되는 방법은 통계조사와 실험법이 있다.

① 통계조사는 가격 인하와 매출액의 관계와 같이 실제 가격을 인하하였을 때 가격 인하 이전과 이후 매출액이 얼마나 변화하였는지 인과관계를 통계적으로 조사하는 방법이다.

② 실험법은 원시실험설계, 순수실험설계, 유사실험설계로 구분된다. 실험설계는 종속변수가 오직 독립변수에 의해서만 변화되도록 설계되는 실험법을 말한다. 실험설계에는 여러 방법이 있지만, 본서에서는 단일집단 사후실험설계·사전사후

---

2 면접조사는 탐색적 조사와 기술적 조사에 모두 포함되어 혼동될 수 있다. 조사내용에 따라 조사방법을 다양하게 사용되므로 조사방법은 당연히 중복된다. 여기서 탐색적 조사와 기술적 조사는 조사 종류에 해당되며, 면접조사, 관찰조사, 문헌조사 등은 조사방법에 해당된다.

실험설계, 통제집단 사전사후실험설계, 시계열실험설계를 설명한다.

① 단일집단 사후실험설계는 예컨대 광고실시 이후 실험대상자의 반응을 측정하는 방법이다. 광고실시 이전과 이후를 비교할 수 없고, 광고를 본 집단과 보지 않은 집단의 반응을 비교할 수 없다는 단점이 있다.

② 단일집단 사전사후실험설계는 하나의 집단에 광고실시 전에 제품에 대한 반응을 측정하고, 광고실시 후에 다시 반응을 측정하여 비교하는 방법이다. 단점은 반응의 차이가 광고 이외의 다른 요인에 의해 발생할 수도 있다는 점이다.

③ 통제집단 사전사후실험설계는 하나의 집단(실험집단)은 광고실시 전과 광고실시 후의 반응을 측정하고, 다른 집단(통제집단)은 광고를 보여 주지 않고 실험집단과 동일한 시기에 반응을 측정하여, 두 집단의 반응 차이를 비교하는 방법이다.

④ 시계열 실험설계는 실험대상자를 실험집단과 통제집단으로 분류할 수 없을 때 실험대상자를 패널로 구성한 다음, 패널에 대하여 광고실시 이전과 이후 제품에 대한 반응을 여러 차례 측정하여 반응의 변화를 추적 조사하는 방법이다.

▎그림 3-3 실험법의 종류

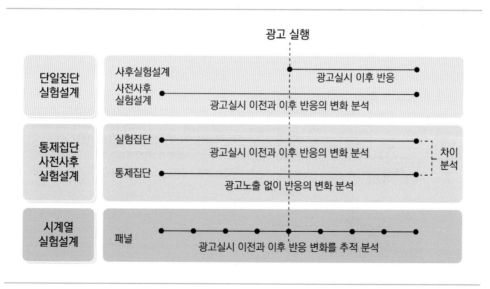

(3) 자료의 종류

─ 1차 자료

마케팅조사에서 수집하는 자료는 1차 자료와 2차 자료로 구분된다. 1차 자료 primary data는 조사자가 직접 수집한 자료로서 직접 조사자료, 원자료raw data라고도 한다. 최초로 수집된 자료가 된다. 정확성과 신뢰도, 타당성이 매우 높다는 장점이 있으나 비용, 인력, 시간 등이 많이 소요되고, 조사대상을 잘못 선정하거나 조사자가 조사내용을 왜곡시킬 가능성이 있다는 단점도 존재한다.

─ 2차 자료

2차 자료secondary data는 다른 조사자들이 다른 목적으로 이미 수집 또는 분석한 자료를 말한다. 앞서 설명한 탐색적 조사를 통하여 획득한 자료가 2차 자료에 해당된다. 따라서 마케팅조사를 실시할 때 2차 자료를 먼저 수집(탐색적 조사)하여 검토한 이후, 이를 토대로 1차 자료를 수집(기술적 또는 설명적 조사)하는 것이 올바른 순서이다.

❙그림 3-4 **자료의 종류**

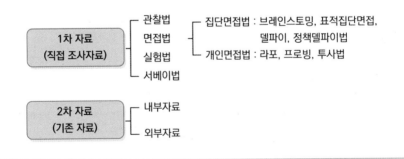

2차 자료는 크게 내부자료와 외부자료로 구분된다. 내부자료는 회사를 경영하는 과정에서 생산된 자료이다. 생산현황, 판매현황, 영업보고서, 재무제표 등이 내부자료이다. 외부자료는 다른 기관이 생산한 자료를 말한다. 정부의 통계 또는 발표자료, 연구소 보고서, 그리고 신문, 잡지에 수록된 자료 등이 외부자료이다.

2차 자료는 1차 자료보다 저렴한 비용으로 더 빨리 수집할 수 있는 장점이 있으나, 조사하고자 하는 내용과 정확하게 일치하지 않으며, 과거에 수집된 자료이므로 최신 자료가 아니다. 그리고 다른 조사자로부터 얻은 자료이므로 신뢰도와 타당성이 낮을 수 있다.[3]

(4) 자료 수집 방법

1차 자료를 수집하는 방법은 관찰법, 서베이법, 실험법, 면접법 등이 있다. 앞에서 이미 설명하였기 때문에 여기서는 면접법에 대하여 추가 설명한다. 면접법은 면접대상에 따라 개인면접과 집단면접으로 구분된다.

① 개인면접은 면접장소에서 면접자가 직접 질문하고 응답자가 답변하는 방법이다. 직접 인터뷰하는 형태이므로 상황에 따라 질문내용을 쉽게 설명하거나 질문의 양을 줄이거나 늘릴 수 있어 매우 유연하게 진행할 수 있으며, 답변내용뿐만 아니라 표정이나 반응태도를 관찰할 수 있는 장점이 있으나, 시간과 비용이 많이 든다는 단점이 있다. 개인면접을 진행하는 방법으로 라포, 프로빙, 투사법 등이 있다.

라포rapport는 면접할 때 날씨, 취미, 유머 등을 던져 긴장을 완화하고 부드러운 분위기를 조성하는 친근감 형성을 말한다.

프로빙probing은 응답자의 답변이 불분명할 때 한 번 더 질문하는 캐어묻기를

---

3 자료를 정량적 자료와 정성적 자료로 분류하기도 한다. 정량적(quantitative) 자료는 수치 자료로서 계량분석이 가능하다. 정성적(qualitative) 자료는 비계량 자료를 말한다. 정량 자료 분석을 정량 분석, 양적 연구라고 하며, 정성 자료 분석을 정성 분석, 질적 연구라고 한다.

말한다. 응답자의 말을 반복하면서 자세한 응답을 요구하거나, 고개를 끄덕이며 자연스럽게 구체적인 응답을 유도하거나, 관련된 질문을 던져 추가적인 설명을 듣는 방법이다.

투사법projective method은 특정 주제에 대하여 직접 질문하지 않고 단어, 문장, 그림, 이야기 등 간접적인 자극을 제공하여 응답자가 자신의 생각을 자유롭게 투사하도록 하여 진솔한 답변을 얻는 방법이다.

> 단어 연상법: "다음 단어를 보고 가장 먼저 떠오르는 단어를 쓰시오."
>
> 문장완성법: "나는 _____을 가장 좋아한다."
>
> 그림묘사법: "다음 그림을 보고 물음에 답변하시오."
>
> 역할 행동법: "다음 상황을 보고 물음에 답변하시오."
>
> 이야기 완성법: "다음 이야기를 읽고, 나머지 이야기를 완성하시오."

② 집단면접은 사회자가 8~12명의 응답자 집단에게 질문을 던져 다양한 답변을 수집하는 방법이다. 여기에는 브레인스토밍, 표적집단 면접, 델파이 기법, 정책 델파이 기법 등이 있다.

브레인스토밍brainstorming은 직원, 전문가, 이해관계자들이 모여서 특정 주제에 대하여 아무런 형식 없이 난상 토론하여 아이디어를 추출하는 방식이다. 일종의 아이디어 회의라고 할 수 있다. 자유롭게 의견을 발표하므로 다양한 의견을 수집할 수 있는 장점이 있으나, 참석자들이 대표성이 부족할 수 있으며, 혁신적인 아이디어를 노출하기 싫어한다는 단점이 있다.[4]

---

4   성공적인 브레인스토밍에는 4원칙이 있다. ① 비판 금지는 상대방의 아이디어를 비판하면 위축되므로 상대방의 아이디어를 평가하거나 비판하지 않는다는 원칙이며, ② 다다익선은 아이디어의 질보다는 양이 우선이므로 가능한 한 많은 아이디어를 끌어 모은다는 원칙이며, ③ 자유분방은 현재의 신분, 과거의 전통, 경험 등에 구애받지 않고 기발한 아이디어를 제시하도록 한다는 원칙이며, ④ 시너지는 한 사람의 아이디어에 다른 사람의 아이디어를 결합하거나 개선하여 새로운 아이디어를 창출하도록 하는 원칙을 말한다.

표적집단 면접(FGI)focus group interview은 응답자 집단을 다양하게 8~12명으로 구성한 다음, 특정주제에 대해 장시간 토론하여 정보를 얻는 기법이다. 브레인스토밍과 다른 점은 FGI는 전문지식을 보유한 사회자가 배석하여 토론의 방향을 제시하고 회의를 이끌어 나간다는 점이다. 신제품 개발 등과 같이 특정주제에 대하여 집중적으로 다양한 정보를 수집하고자 할 때 사용하는 조사방법이다.

델파이 기법delphi method은 특정주제에 대해 전문가 집단을 구성하여 이들에게 여러 차례 의견을 수집하는 방법이다. 첫 번째 의견을 수집할 때는 설문지를 발송하여 개별 의견을 수집하고, 두 번째 의견을 수집할 때는 1차 조사내용을 요약하여 보내주고 다시 의견을 제출하도록 하는 방식으로 진행된다.

정책델파이 기법policy delphi method은 1차 조사에서는 익명성을 보장하는 델파이 방법을 사용하지만, 2차 조사에서는 공개토론을 통하여 의견을 수집하는 방식으로 진행된다.

(5) 설문지 조사

설문지 조사는 1차 자료를 수집할 때 가장 많이 사용되는 방법이다. 설문지 조사 방법은 설문지를 직접 배부하는 방법, 우편이나 이메일로 발송하는 방법, 전화를 통하여 조사하는 방법, 인터넷을 통하여 조사하는 방법 등이 있다.

설문지 조사의 첫 번째 작업은 설문지 설계부터 시작된다. 설문지 유형은 개방형 질문, 폐쇄형 질문, 필터링을 통한 추가 질문으로 구분된다.

개방형 질문은 응답자가 자유롭게 주관식으로 응답할 수 있는 질문이다. 응답자로부터 다양한 답변을 수집하는 장점이 있으나, 응답자가 답변을 하지 않거나 소극적으로 답변할 경우 아무런 정보도 수집하지 못하는 단점이 있다.

폐쇄형 질문은 응답자가 객관식 질문에 하나 또는 다수를 선택하는 질문이다.

응답자들이 쉽게 응답할 수 있다는 장점이 있으나, 조사자가 질문 문항을 잘못 만들면 조사목적을 달성할 수 없는 위험이 존재한다.

필터링filtering을 통한 추가 질문은 어떤 질문에 대하여 응답자의 답변 내용에 따라 그 다음 질문을 서로 다르게 하여 추가적인 정보를 얻는 방법이다.

── 척도의 종류

폐쇄형 설문지를 설계할 때 '척도'라는 개념을 활용하면 효과를 극대화할 수 있다. 척도scale란 길이, 무게 또는 좋아한다, 싫어한다 등과 같이 어떤 것을 측정하거나 분류할 때 사용되는 도구를 말한다.

설문조사에서 '귀하는 대학생활에 얼마나 만족하십니까?'라는 질문의 답으로 '① 매우 불만족 ② 불만족 ③ 보통 ④ 만족 ⑤ 매우 만족'의 5지 선다 또는 7지 선다형을 제시하는데, 이를 척도라고 한다. 척도는 명목척도, 서열척도, 등간척도, 비율척도의 4종류로 분류된다.

① 명목척도nominal scale는 성별, 출생지, 출신학교, 직업 등과 같이 측정대상의 속성을 '분류'하기 위하여 사용하는 척도이다. 명목척도는 설문조사에서 가장 기초가 된다.

명목척도 예
귀하의 출신학교는 어디입니까?

② 서열척도ordinal scale는 학력, 선호도, 만족도, 소득수준 등과 같이 '순위'(서열)를 측정하기 위하여 사용되는 척도이다.

서열척도 예
귀하의 학력은 고졸, 대졸, 석사, 박사 중 어디에 해당됩니까?

③ 등간척도interval scale는 설문조사 결과를 서로 비교분석할 수 있는 척도이다. 주로 제품의 선호도나 인지도와 같이 상업적 마케팅조사에서 많이 사용된다.

등간척도 예
귀하는 삼성갤럭시 S21에 대하여 어떻게 평가하십니까?
① 매우 나쁨   ② 나쁨   ③ 보통
④ 우수함   ⑤ 매우 우수함

④ 비율척도ratio scale는 설문조사 결과를 비교분석할 수 있을 뿐 아니라 배수까지 측정할 수 있는 척도이다. 몸무게, 키, 거리, 소득, 실업률, 투표율 등과 같이 수치로 표시할 수 있는 설문에 많이 사용된다.

비율척도 예
귀하의 몸무게는 다음 중 어디에 속합니까?
① 50~60kg   ② 61~70kg   ③ 71~80kg
④ 81~90kg   ⑤ 91kg~100kg

― 척도의 구성방법

평정척도

평정척도rating scale는 응답자가 설문내용에 따라 보기 중에서 하나를 선택하는 척도이다. 선택항목이 몇 개이냐에 따라 3점 척도, 5점 척도, 7점 척도, 9점 척도, 11점 척도 등으로 구분된다.

평정척도 예

귀하는 회사의 보수수준에 대하여 얼마나 만족하십니까? (5점 척도)

① 매우 불만족   ② 불만족   ③ 보통

④ 만족   ⑤ 매우 만족

리커트 척도(총화평정척도)

리커트 척도Likert scale는 하나의 개념을 측정하기 위하여 여러 개의 설문을 사용하는 척도이다. 여러 개의 설문을 종합하여 응답자의 생각을 측정한다는 의미에서 총화(총계)평정척도summated rating scale라고도 한다. 설문은 5점 척도, 7점 척도를 많이 사용한다.

리커트 척도 예   직장생활 만족도조사

1. 귀하는 회사의 보수수준에 대하여 얼마나 만족하십니까?

 ① 매우 불만족   ② 불만족   ③ 보통

 ④ 만족   ⑤ 매우 만족

2. 귀하는 회사에서 의사소통과 관련하여 얼마나 만족하십니까?

 ① 매우 불만족   ② 불만족   ③ 보통

 ④ 만족   ⑤ 매우 만족

3. 회사에서 귀하의 의견은 얼마나 반영됩니까?

 ① 전혀 없다.   ② 일부 반영   ③ 보통

 ④ 많이 반영   ⑤ 대부분 반영

4. 귀하는 회사 이직을 고민하고 있습니까?

 ① 아주 많다.   ② 조금 있다.   ③ 보통이다.

 ④ 없다.   ⑤ 정년퇴직 예정

서스톤 척도

서스톤 척도Thurstone scale는 어떤 사항에 대하여 어떤 태도를 갖고 있는지를 조사하는 척도이다. 등현등간척도라고도 한다. 양끝 답지에 가장 우호적인 태도와 가장 비우호적인 태도를 넣고, 중간에는 등간격으로 적절한 태도를 넣어 만든다. 응답자는 척도의 좌측 또는 우측에 마련된 찬반(agree/disgaree)의 빈 칸에 ✔ 표시를 하면 된다. 즉, 응답자는 자신의 견해와 가까운 답지를 찾아 ✔ 표시를 하고, 조사자는 ✔ 표시한 답지의 점수를 합하여 답지 수로 나누어 응답자의 총점을 계산한다.

예컨대 다음 표에서 어떤 응답자가 3, 4, 6, 7을 응답하였을 때 응답자의 총점은 $\frac{(3+4+6+7)}{4} = 5$점 이 된다. 중위수가 4이므로 5점은 긍정적인 태도로 분류된다.

서스톤 척도 예
○○신문에 대하여 귀하가 찬성하는 문항에 ✔ 표시를 하시오(복수응답 가능).

찬성여부	항목	척도값
( )	1. ○○신문은 나쁜 영향을 준다.	1
( )	2. ○○신문은 정보를 얻는 데 방해가 된다.	2
(✔)	3. ○○신문은 독자들에게 큰 영향을 미치지 못한다.	3
(✔)	4. ○○신문은 좋은 정보를 제공한다.	4
( )	5. ○○신문의 기사를 자주 스크랩한다.	5
(✔)	6. ○○신문의 기사를 다른 사람에게 자주 언급한다.	6
(✔)	7. ○○신문은 사람들이 꼭 구독할 필요가 있다.	7

보가더스 척도

보가더스 척도Bogardus scale는 다른 부류의 사람들과 사회적 거리를 측정할 때 사용하는 방법이다. 사회적 거리social distancing 척도라고도 한다. 보가더스 척도는 주로 집단 간의 친근감을 측정할 때 사용되며, 개인 간의 친근감을 측정할 때는 소시오메트리를 사용한다.

보가더스 척도 예 다문화 사회에 대한 태도 측정
귀하는 아래 외국인에 대하여 어떻게 생각합니까? 0은 no, 1은 yes를 의미함

항목	영국인	스웨덴인	폴란드인	이탈리아인
1. 결혼할 수 있다.	0 1	0 1	0 1	0 1
2. 개인적인 친구가 될 수 있다.	0 1	0 1	0 1	0 1
3. 나의 이웃으로 받아들이겠다.	0 1	0 1	0 1	0 1
4. 나의 직장 동료로 받아들이겠다.	0 1	0 1	0 1	0 1
5. 한국 국적 취득을 인정하겠다.	0 1	0 1	0 1	0 1
6. 방문객으로만 받아들이겠다.	0 1	0 1	0 1	0 1
7. 한국 방문을 거부하겠다.	0 1	0 1	0 1	0 1

소시오메트리

소시오메트리 척도Sociometric scale는 구성원들의 대인관계를 측정할 때 사용하는 척도를 말한다. 예컨대 고등학교 학생들이 친구들과의 상담사례를 조사하는 것이다. 다음 그림 (a)에서 A는 B, C와 상담하였다면 아래 방향의 B와 C에 ○ 표시하고, B는 누구와도 상담하지 않았으면 아무런 표시를 하지 않으면 된다. C는 A, B, D와 상담하였으면 A, B, D에 ○ 표시를 하면 된다. 설문결과 C는 3명과 상담하였으며, B는 3명에게 상담(응답)을 해주었다. 따라서 C는 대인관계가 제일 활발하며, B는 친구들로부터 가장 신뢰받는 학생이라고 할 수 있다.

소시오메트리와 소시오그램 척도 예
고등학생들의 상담 사례

(a) 소시오메트리(Sociometric)

	A	B	C	D	응답 계
A			○		1
B	○		○	○	3
C	○				1
D			○		1
상담 계	2	0	3	1	

(b) 소시오그램(Sociogram)

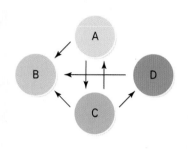

그림 (b)의 사례는 상담한 친구가 상담을 받은 친구에게 →로 표시한 경우이다. B는 3명으로부터 상담을 요청받았으며, C는 1명으로부터 상담을 요청받고 3명에게 상담을 신청한 것으로 표시되었다. 그림 (a)를 소시오메트리라고 하고, 그림 (b)를 소시오그램이라고 한다.

거트만 척도

거트만 척도Guttman scale는 어떤 설문에 대하여 주어진 답지들이 누적적으로 설계된 척도를 말한다. 예컨대 다음 사례에서 (1)~(5) 답들이 일관성 있게 서열화되어 있어 (1)번 답에 응답한 사람은 당연히 (2)~(5)번 답을 찬성한다는 것을 전제로 한다. 이를 누적적으로 설계되었다라고 한다. 응답지를 컴퓨터에 입력할 때, 만약 (1)번 답과 (5)번 답에 긍정적인 응답을 하고 나머지 답에 부정적인 응답한 응답지를 발견하면, 이 응답지는 일관성이 없어 오류가 발생한 것이므로 분석대상에서 제외하여야 한다.

전체 응답 문항 중에서 오류가 발생한 문항을 제외한 비율을 재생계수라 한다. 재생계수가 0.9 이상(오류 비율 10% 미만)일 때 바람직한 거트만 척도가 된다.

거트만 척도 예
쓰레기 처리시설의 설치 허용범위를 선택해 주십시오(복수응답 허용).

항목	A	B	C	D	E
(1) 우리 아파트에 설치를 허용하겠다.	✔				
(2) 우리 동네에 설치를 허용하겠다.	○	✔			
(3) 이웃동네에 설치를 허용하겠다.	○	○	✔		
(4) 우리 구에 설치를 허용하겠다.	○	○	○	✔	
(5) 서울시에 설치를 허용하겠다.	○	○	○	○	✔

어의차이 척도

어의차이 척도semantic differential scale는 어떤 대상 또는 정책 등을 설명하는 수식어를 여러 가지 제시하고 응답자의 생각을 측정하는 척도이다. 의미차별화 척도라고도 한다. 리커트 형식처럼 서로 상반되는 단어를 양 끝에 배치하고, 응답자의 견해를 묻는다. 보통 7점 척도를 사용한다.

어의차이 척도 예
귀하는 정부의 부동산 정책을 어떻게 생각하십니까?

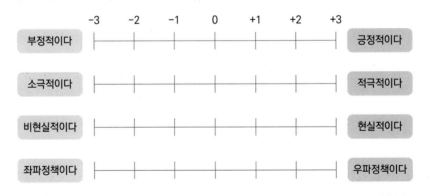

3. 표본설계 및 추출방법

― 표본설계

　자료 수집방법이 결정되면, 조사 대상자를 선정하여야 한다. 원래 조사하려면, 조사 대상자 전부를 조사하여야 하지만, 편의상 일부만 조사한다. 조사 대상자 전체를 모집단population이라 하고, 모집단 전체를 조사하는 것을 전수조사라고 한다.

　그리고 모집단에서 추출된 일부를 표본(또는 표본집단)sample이라 하고, 모집단에서 표본을 추출하는 과정을 표본추출(또는 표집)sampling이라고 하며, 표본을 추출하여 조사하는 것을 표본조사라고 한다.

　예컨대 ○○대학교 대학생들의 학교 만족도 조사에서 모집단은 ○○대학교에 소속한 학생 전체이며, 학생 전체를 조사하는 것이 전수조사이다. 반면, 표본조사는 모집단에서 일부를 추출하여 표본집단을 만들고, 표본집단을 조사하여 모집단의 특성을 추정하는 방법으로 진행된다.

▌그림 3-5 모집단과 표본집단

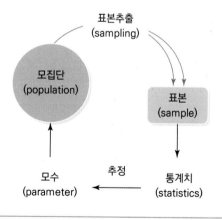

따라서 표본조사를 하려면, 먼저 모집단을 설정하고 모집단에 소속되어 있는 조사대상자 전체의 명단을 입수하고, 전체 명단 중에서 표본집단을 추출하여야 한다. 이때 모집단의 구성원 전체 명단을 표본프레임(또는 표집틀)sample frame이라고 한다. 즉, 학생명부, 전화번호부, ○○백화점 고객명단 등이 표본프레임이 된다.

— 표본추출 방법

표본추출 방법은 확률 표본추출과 비확률 표본추출로 구분한다. 확률 표본추출은 모집단에서 무작위로 추출하는 방법으로 구성원들이 표본으로 추출될 확률은 균등하여 통계분석에 많이 이용된다. 비확률 표본추출은 표본을 인위적으로 추출하는 방법으로 통계적으로 일반화하기 어렵지만, 신제품 개발이나 브랜드, 광고 테스트 등과 같이 목표고객의 반응을 보기 위해 사용된다.

확률표본추출

확률표본추출에는 단순무작위 표본추출, 체계적 표본추출, 층화 표본추출, 군집 표본추출 등이 있다.

① 단순무작위 표본추출simple random sampling은 제비뽑기, 난수표 등과 같이 무작위로 표본크기만큼 추출하는 방법이다. 모집단에 대한 사전 지식이 필요 없고 추출될 확률이 동일하므로 모집단의 대표성이 높은 장점이 있지만, 표본 크기가 커야 오차를 줄일 수 있고 모집단의 정확한 표본프레임을 얻어야 한다는 단점이 있다.

② 체계적 표본추출systematic sampling은 모집단 전체 구성원을 일정기준에 따라 정렬하여 일련번호를 부여한 다음, 첫 번째 추출만 임의로 추출하고, 두 번째 추출부터는 등간격으로 떨어져 있는 번호를 연속적으로 추출하는 방법이다. 예컨대 어느 고등학교 학생 1,000명(모집단)의 평균신장을 계산하려 할 때 표본 100명을 추

출하여 계산한다고 하자. 먼저 1,000명의 이름을 가나다순으로 정렬시켜 일련번호를 부여한 다음, 첫 번째 추출번호가 1번 학생이면, 두 번째 이후 추출은 11번, 21번 학생 등으로 10 간격으로 표본을 추출하는 방법이다. 표본추출 간격이 10인 이유는 1,000명 중에서 100명을 추출하기 때문에 추출될 확률 10%를 적용하였기 때문이다. 이와 같이 체계적 표본추출방법은 효율적으로 표본을 추출할 수 있다는 장점이 있으나, 모집단이 일정 패턴을 가지고 있을 때만 가능하다는 단점이 있다.

③ 층화표본추출stratified sampling은 모집단을 어떤 기준에 따라 몇 개의 소집단으로 분류하고 각 소집단에서 무작위로 표본을 추출하는 방법이다. 예컨대 1,000명 학생의 평균키를 조사할 때, 남학생과 여학생으로 구분하고 남학생 중에서 50명, 여학생 중에서 50명을 무작위 추출하여 평균키를 조사하는 방법이다. 층화표본추출은 단순무작위 표본추출보다 대표성과 통계적 정확성이 높은 장점이 있으나, 모집단의 특성을 정확히 알고 있어야 소집단으로 분류할 수 있고, 모집단의 정확한 표본프레임이 있어야 가능하다는 단점이 있다.

④ 군집 표본추출cluster sampling은 모집단이 여러 개의 소집단으로 구성되어 있을 때 먼저 여러 소집단 중에서 무작위로 몇 개의 소집단을 추출한 다음, 추출된 소집단 내 구성원들을 전수조사하는 방법이다. 예컨대 초등학생의 영어교육 실태를 조사할 때 전국에 있는 초등학교 몇 개를 무작위로 선정하고, 선정된 학교에서 어느 학년을 조사할 것인지를 다시 무작위 추출한 다음, 소속된 학생을 전수 조사하는 방법이다.

비확률표본추출

비확률 표본추출방법에는 편의표본추출, 유의표본추출, 할당표본추출, 눈덩이 표본추출 등이 있다.

① 편의(또는 임의)표본추출convenient sampling은 쇼핑몰, 역, 길거리 등 조사자가 편리한 장소와 시간에 임의로 표본을 선정하여 조사하는 방법이다. 자주 사용되는

방법 중 하나로서 매우 간편하지만, 대표성이 부족하다는 단점이 있다.

②　유의(또는 판단, 목적)표본추출purposive sampling은 조사목적에 가장 적합하다고 판단되는 특정인들 중에서 표본을 추출하는 방법이다. 예컨대 해당분야 전문가들 중에서 참가 희망자들을 대상으로 추출하여 조사하는 방법이다. 모집단에 대한 충분한 지식이 있을 때 유용하지만, 표본 추출과정에서 조사자의 편견이 개입될 여지가 있고 표본의 대표성을 확보하기 어렵다는 단점이 있다.

③　눈덩이(또는 누적) 표본추출snowball sampling은 먼저 몇 명의 표본을 선정한 다음, 그들로부터 다른 사람을 추천받아 마치 눈덩이를 굴리듯이 표본크기만큼 추출하는 방법이다. 추천에 의해 표본이 구성되므로 표본이 서로 동질적이며 대표성이 부족하지만, 특정사건이나 표적집단면접(FGI)와 같은 정성조사에서 흔히 사용된다.

④　할당 표본추출quota sampling은 모집단을 일정기준에 따라 몇 개의 소집단으로 분류하고, 각 소집단에서 인구통계학적 특성, 거주지 등을 기준으로 표본크기를 할당하여 표본을 추출하는 방법이다. 예컨대 1,000명 학생의 평균키를 조사할 때 남학생과 여학생의 비중이 60%와 40%이므로 남학생 60명, 여학생 40명을 할당하여 조사하게 된다. 층화 표본추출법과 유사하지만, 마지막 단계에서 조사자의 판단에 따라 표본을 임의로 추출한다는 점에서 차이가 있다. 주로 여론조사와 기업의 마케팅조사에 널리 사용된다. 표본의 대표성이 높고, 시간과 비용이 적다는 장점이 있으나, 조사자의 편견이 많이 들어가 표본오차가 크다는 단점이 있다.

─ 표본크기 결정

표본추출방법이 결정되면, 표본크기sample size를 결정하고 표본조사를 실시하게 된다. 표본크기는 모집단으로부터 추출된 표본의 수를 의미한다. 표본크기가 클수록 조사결과의 신뢰성은 높아지겠지만, 시간과 비용은 증가하게 된다.

4. 자료 분석과 보고서 작성

— 코딩과 펀칭

표본크기가 결정되면, 다음 단계는 표본집단에 대하여 실제 설문조사를 실시하고, 실시한 후 설문을 회수하는 단계이다. 설문지를 회수하면, 자료 처리와 자료 분석 작업이 진행된다. 자료 처리는 자료 편집 → 코딩 → 펀칭 → 분류 → 분석(통계분석)의 단계로 진행된다.

이 중에서 코딩(또는 부호화)coding은 설문지의 응답 자료를 숫자 또는 부호로 변환하는 작업이다. 예컨대 "귀하의 성별은 무엇입니까? ① 남자 ② 여자"의 설문에서 남자를 1, 여자를 2로 번호를 부여하는 과정이 코딩이다.

코딩이 완료되면, 이를 컴퓨터에 입력한다. 코딩 과정을 통해 수치화 또는 부호화된 조사결과를 컴퓨터에 입력하는 과정을 펀칭punching이라고 한다. 펀칭할 때 사회과학분야에서 많이 사용하는 통계 패키지인 SPSSstatistical package for the social sciences에 직접 입력하거나, 엑셀에 입력하여 SPSS에 업로드하는 방식으로 진행된다. 주관식 답변은 그대로 입력하면 된다.

펀칭하는 과정에서 설문지의 응답자료에 오류를 발견하면, 수정하는 작업이 필요하다. 이를 정제화data cleansing라고 한다. 실제 응답이 잘못되어 있다면, 전화조사를 실시하여 재확인하는 과정을 거쳐야 한다. 또한 무응답지가 있을 경우 결측값으로 처리할 것인지, 평균치를 입력할 것인지, 추세치를 입력할 것인지 등을 회의를 거쳐 결정한다.

입력된 자료 중에서 실제 분석에 사용될 수 없는 데이터 오류가 발생하는 경우도 있다. 데이터 오류란 입력 범위를 벗어난 데이터라든가, 전월 대비 변동 폭이 지나치게 큰 데이터 등과 같이 현실과 맞지 않는 엉뚱한 응답으로 실제 분석에 사용될 수 없는 데이터를 말한다.

데이터 오류를 찾고 수정하는 활동을 에디팅data editing이라고 한다. 데이터 오류를 찾아내고 원인을 규명하며, 필요시에는 재조사를 해야 한다. 오류로 판명된 데이터는 조정 등의 절차를 거쳐 데이터를 검증하고 통계를 작성한다.

▎ 표 3-6 코딩북 예시

설문지 예

ID 번호 _____

1. 귀하의 성별은? (   )

　　(1) 남자　　　　(2) 여자

2. 귀하의 고향은 다음 중 어디에 해당합니까?

　　(1) 수도권　　　(2) 충청지역　　　(3) 호남지역　　　(4) 영남지역　　　(5) 외국

3. 귀하의 학력은 어디에 해당합니까?

　　(1) 고졸이하　　(2) 전문대졸　　　(3) 대졸　　　　(4) 대학원졸

코딩북 예

설문 번호	변수명	변수 설명	응답항목 설명	결측치	비고
0	ID	일련번호		없음	
1	GENDER	성별	① 남자　② 여자 ⑨ 무응답	없음	
2	HOME TOWN	고향	① 수도권　② 충청 ③ 호남　④ 영남 ⑤ 외국　⑨ 무응답	없음	
3	EDU	학력	① 고졸 이하 ② 전문대졸 ③ 대졸　④ 대학원졸 ⑨ 무응답	없음	

— 자료 처리 및 분석

컴퓨터에 입력한 자료는 통계 프로그램에서 자동 처리된다. 이를 데이터 처리 data processing라고 한다. 데이터 처리과정에서 오류가 발생할 경우 적절하게 수정하면 된다.

컴퓨터에서 처리된 결과를 토대로 자료 분석에 들어간다. 자료 분석방법은 양적 변수, 질적 변수를 고려하여 통계분석 기법을 결정하게 된다. 통계분석에는 통계전문 패키지인 SPSS, SAS, Mini Tab, R. 통계분석 등을 사용하며, 목적에 따라 교차분석법, 분산분석법, 상관분석법, 회귀분석법 등을 선택하여 사용한다.

— 조사결과 보고서 작성

조사결과 보고서 작성은 마케팅조사의 마지막 단계이다. 조사 분석내용을 해석하여 시사점, 유의사항, 결론을 도출하고 이를 의사결정하는 경영진에게 보고하는 단계이다. 조사결과 보고서는 주로 표지, 목차, 요약문, 서론, 본문, 결언 및 제언, 부록의 순으로 구성된다.

요약문은 전체 보고서 내용을 약 5페이지 내외로 요약 정리한 것으로 독자들이 전체 내용을 쉽게 파악하도록 만든다.

본문에는 실제 조사를 할 때 사용한 조사 설계방법, 자료수집 대상, 수집방법, 표본의 특성, 표본추출방법 등 방법론을 기술하고, 자료의 통계적 분석결과를 기술하고 핵심내용이 무엇인지를 설명한다.

결론 및 제언에서는 조사결과에 대한 요약과 함께 최종적인 결론을 적시하고 조사의 한계와 전략적 대안을 제시한다. 부록에는 실제 사용하였던 설문지와 조사 분석하였던 각종 통계표를 보여주면 된다.

향상학습 및 심화학습

01 (향상학습) 아래 유튜브 동영상을 시청하면서 학습한 내용을 복습하시오.

(1) 한국방송통신대학교, 마케팅조사

(2) EBSi 고교강의, 사회·문화-실험법의 의미(박봄의 8강)

(3) 사파, 사회조사분석사-탐색적 조사(브레인스토밍, 표적집단면접, 델파이 기법)

(4) Jeongho Cha, 자료 측정 척도(명목척도, 서열척도, 등간척도, 비율척도)

(5) 논문쓰는남자, 설문지 데이터 입력(코딩)

02 (심화학습) 학습한 내용을 응용하여 아래의 물음에 대하여 답하시오.

(1) 대통령 또는 국회의원 선거에서 각 방송사가 출구조사(exit poll)를 한다. 출구조사는 마케팅조사 분류에서 어디에 속하는지, 그리고 장단점이 무엇인지를 설명하시오.

(2) 다음 1)~4) 설문은 각각 명목척도, 서열척도, 등간척도, 비율척도 중에서 어디에 해당하는지를 쓰시오.

1) 귀하의 성별은 무엇인가요?

① 남자 (　　) ② 여자 (　　)

2) 다음 전자제품 기업에 대한 귀하의 선호도를 1위, 2위, 3위, 4위, 5위의 순위를 표시하시오.

① 삼성전자 (　) ② LG전자 (　) ③ 소니 (　) ④ 지멘스 (　) ⑤ 월풀 (　)

3) 다음 전자제품 기업에 대한 귀하의 선호도를 번호로 표시하시오.

①삼성전자 (　　) ②LG전자 (　　) ③소니 (　　) ④지멘스 (　　) ⑤월풀 (　　)

4) 다음 전자제품 기업에 대한 귀하의 선호도를 0점(전혀 좋아하지 않는다)에서 10점 (매우 좋아한다) 중에서 점수를 기록하시오.

　①삼성전자 (　) ② LG전자 (　) ③소니 (　) ④지멘스 (　) ⑤월풀 (　)

(4) 우리나라 3대 통신사(SK텔레콤, KT, LG U+) 중 하나를 선정하여 회사 이미지에 대한 어의차이 척도(7점 척도)로 설문문항을 작성하시오.

(5) (사회조사분석사 2급 기출문제) A백화점에서 쇼핑을 한 후 고객들의 대금 지불방법에 대하여 다음과 같이 연구하고자 한다. 탐색조사, 기술조사, 인과조사 중에서 어떤 조사 유형에 해당되는지를 답하고, 그 조사유형의 개념과 선택한 이유에 대하여 설명하시오.

> 1. 지불방법에는 현금, 수표, 신용카드, 전자화폐가 있다.
> 2. 가장 선호하는 지불방법은 무엇인가?
> 3. 성별, 연령별, 직업별로 선호하는 지불방법에 차이가 있는가?
> 4. 사적인 구매와 공적인 구매에 대한 지불방법에 차이가 있는가?

(6) (사회조사분석사 2급 기출문제) 다음 문제는 할당표본추출법에 관한 것이다. 표본크기 를 구하여 표를 완성하시오.

> 모집단 1,000명은 남자 400명, 여자 600명로 구성되어 있으며, 연령별로는 20대 40%, 30대 40%, 40대 이상 20%로 구성되어 있을 때 표본 크기를 200명으로 한다면, 남자와 여자, 연령별로 표본 크기를 어떻게 구성하여야 하는가?

	남자	여자	합계
20대			
30대			
40대 이상			
전체			200명

CHAPTER

04 소비자행동 분석

1. 소비자행동 분석이란?

소비자행동consumer behavior 분석이란 소비자들이 어떤 동기로 제품을 구매하고, 어떤 절차를 거쳐 구매의사를 결정하고, 구매한 후에는 어떤 반응을 보이는가를 분석하여 마케팅 전략에 활용하려는 이론을 말한다.

소비자행동은 최종적으로 소비의 형태로 나타나므로 기업의 입장에서 매우 중요하다. 기업이 생산하는 제품이 소비자에게 팔리지 않는다면, 기업이 존립할 수 없기 때문이다. 따라서 현대마케팅에서 기업이 소비자들의 생각과 행동 특성을 이해하려 노력하고, 소비자지향적 마케팅을 추구하며, 고객만족(CS)customer satisfaction을 강조하는 이유도 바로 여기에 있다.

그러나 소비자행동을 파악하기는 매우 어렵다. 소비자행동은 국가별, 도시별로 다르고, 연령별, 소득별, 학력별, 종교별로도 다르고, 제품별로도 다르다. "열 길 물속은 알아도 한 길 사람 속은 모른다.", "소비자의 마음은 알 수 없는 블랙박스이다."라는 말이 있듯이 소비자들의 행동 특성을 파악하는 것은 매우 어렵다.

소비자는 크게 개인, 기업, 정부로 구분할 수 있으나, 제4장에서는 개인소비자를 중심으로 소비자 행동을 분석하고자 한다.

2. 소비자 구매의사결정단계

소비자들이 제품을 구매할 때 소비자 구매의사결정과정은 크게 3단계 또는 5단계를 거친다. 3단계는 '구매 전 행동 → 구매 결정 → 구매 후 행동'이며, 5단계는 구매 전 행동을 세분하여 '문제 인식 → 정보 탐색 → 대안 평가 → 구매 결정 → 구매 후 행동'을 말한다.

소비자 구매의사결정단계를 자세히 살펴보자. 먼저 구매 전 행동을 간략히 설명하면, 소비자들이 욕구를 충족하기 위하여 제품을 구매할 필요성을 느끼면(문제 인식), 어떤 제품이 좋은가를 탐색하게 되고(정보 탐색), 구매 후보 제품들을 서로 비교하여 평가하게 된다(대안 평가).

후보 제품 평가가 끝나면, 구매를 실행하게 되고(구매 결정), 구매한 후에는 '만족하느냐 불만족하느냐'에 따라 소비자들의 행동은 달라진다. 구매 후 만족하게 되면 재구매 또는 긍정적인 입소문을 내지만, 불만족하게 되면 부정적인 입소문을 내게 된다.

▌그림 4-1 소비자 구매의사결정단계

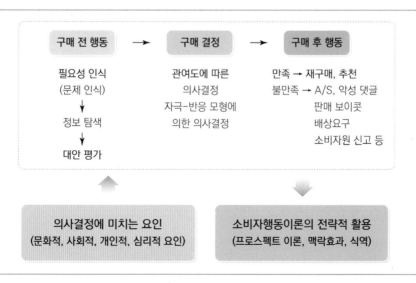

제4장에서는 소비자 구매의사결정단계를 단계별로 구체적으로 설명한다. 특히 구매결정단계에서 관여도에 따른 의사결정과 자극－반응 모형에 의한 의사결정을 설명한다. 그리고 구매의사결정에 미치는 요인을 설명하고, 소비자행동이론을 전략적으로 활용할 수 있는 프로스펙트 이론, 맥락효과, 식역 등도 설명한다.

(1) 구매 전 행동

― 문제인식

소비자들은 일상생활을 하면서 어떤 제품을 구매할 필요성을 느낀다. 이를 문제인식이라고 한다. 문제인식은 크게 2가지 요인으로부터 발생한다. 하나는 소비자 내부에서 발생하는 내적 요인이며, 다른 하나는 외부의 자극을 받아 발생하는 외적 요인이다.

내적 요인은 목이 마르다, 배가 고프다 등과 같이 본원적 욕구에 의해 발생할 수도 있고, 다른 사람들에게 과시하기 위한 욕구로부터 발생할 수도 있다. 따라서 내적 요인은 개인의 성격이나 주어진 상황에 따라 다르게 나타난다.

외적 요인은 외부의 자극을 받아 나타나는데, 외부의 자극은 외부환경에 의한 자극과 마케터들에 의한 마케팅 자극이 있다. 외부환경에 의한 자극은 정치적, 경제적, 경쟁적, 기술적, 사회·문화적 환경이 소비자들에게 영향을 미치는 자극이며, 마케팅 자극은 광고와 같이 기업의 마케팅 활동에 의하여 발생하는 자극이다.

내적 요인이든 외적 요인이든 어떤 욕구가 발생하면, 제품을 찾게 된다. 소비자가 현재 제품을 보유하고 있으면 그 제품을 사용하면 되겠지만, 제품을 보유하고 있지 않은 경우에는 제품을 구매하려고 할 것이다.

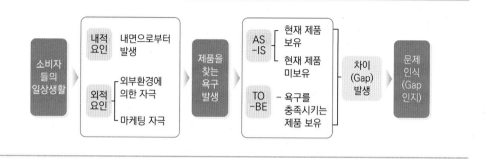

현재 제품을 보유하고 있느냐 보유하고 있지 않느냐는 현재의 상태as-is가 된다. 그리고 제품을 보유하고 있지 않아 제품을 구매하게 되면, 바람직한 상태to-be로 바뀌게 된다. 이와 같이 '현재의 상태'와 '바람직한 상태' 사이에 차이(gap)가 발생하면 제품을 구매하려 하는데, 이러한 차이를 지각하는 것을 문제 인식이라고 한다. 구매의사결정은 바로 문제 인식으로부터 시작된다고 할 수 있다.

─ 정보 탐색

소비자가 문제 인식을 하면, 구매 정보를 탐색하게 된다. 정보 탐색하는 과정에는 내적 탐색과 외적 탐색이 있다. 내적 탐색은 기억 속에 저장되어 있는 정보, 즉 과거의 경험이나 축적된 지식 중에서 의사결정에 도움이 되는 정보를 끄집어내는 과정을 말하고, 외적 탐색은 내부정보가 부족하거나 고급정보를 원할 때 외부정보를 추가로 얻는 과정을 말한다.

내적 탐색이든 외적 탐색이든 가장 크게 영향을 미치는 요소 중 하나는 상표brand이다. 상표는 우리가 제품을 구매하려고 할 때 자연스럽게 머리에 떠오르는 상표가 있고, 정보 탐색과정에서 찾아낸 상표 또는 우연히 알게 된 상표가 있다.

소비자의 기억 속에 자연스럽게 떠오르는 상표를 환기상표군evoked set이라고 한다. 소비자들이 환기상표군 중에서 하나를 선택하기도 하지만, 현명한 소비자라면 정보탐색과정을 통하여 자신이 모르는 더 좋은 상표를 탐색하게 되고, 그중에서 가장 뛰어난 상표를 선택하게 될 것이다. 이와 같이 검토 대상에 오른 상표군을 고려상표군consideration set이라고 한다. 고려상표군은 자연스럽게 떠오르는 환기상표군과 외적 탐색과정에서 발견한 상표들로 구성된다.

소비자들은 고려상표군 중에서 최종적으로 몇 개의 선택대안을 선정하게 되는데, 이를 선택집합이라고 한다. 소비자들은 선택집합에 있는 대안들을 비교 평가하여 그중 하나를 구매하게 된다.

▌ 그림 4-3 소비자의 '정보 탐색' 과정

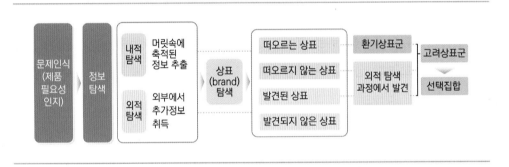

따라서 마케터들은 자사의 브랜드가 환기상표군에 들어가도록 노력하는 것이 제일 중요하고, 만약 환기상표군에 들어가지 못하면 고려상표군에는 포함되도록 하여야 할 것이다. 방법은 자사 제품이 뉴스로 많이 보도되고 인터넷 검색과정에서 많이 노출되며, 가족이나 친구들의 구전에 많이 오르내리도록 하는 것이다.

─ 대안 평가

소비자들은 고려상표군을 중심으로 대안평가 과정을 거친다. 대안평가 방식에는 휴리스틱 방식, 보완적 평가방식, 비보완적 평가방식이 있다.

① 휴리스틱 방식heuristics이란 과거의 경험이나 직관으로 의사결정하는 방식을 말한다. 대개의 경우 시간이 부족하거나 정보가 불충분하여 합리적인 판단을 할 수 없을 때 또는 굳이 복잡하게 고민할 필요가 없을 때 신속하게 어림짐작하게 된다. 휴리스틱 방식은 일상생활에서 쉽게 찾아볼 수 있다. "가격이 비싸면, 품질이 좋다." "○○ 회사에서 만들었으니, 믿을 만하다." 등이 대표적이다. 따라서 휴리스틱 방식은 신속하게 결정한다는 장점이 있으나, 비합리적이고 선입견에 의한 결정이라는 단점이 있다.

② 보완적 평가방식compensatory rule은 대안을 평가하는 기준을 만들고 중요성을 감안하여 평가기준마다 가중치를 부여하여 총점을 산출한 후 최고점을 얻은 대안을 선택하는 방식이다. 평가기준이 하나일 때 오류가 발생할 수 있으므로, 평가기준을 복수로 만들어 서로 보완이 되도록 만든 방식이 보완적 평가방식이다.

따라서 하나의 평가기준에서 낮게 평가되더라도 다른 평가기준에서 높게 평가되면 높은 점수를 받을 수 있다. 보완적 평가방식은 일상생활에서 쉽게 찾아볼 수 있다. 예컨대 "가격이 비싸지만, 음식 맛이 좋으니까 다른 사람에게 추천할 만하다."는 예가 대표적이다. 가격만으로 평가하는 것이 아니라, 가격과 음식 맛, 2가지 평가기준에 따라 평가하는 것이다. 따라서 자사 제품이 보완적 평가방식에 의하여 선택되려면, 강점분야가 있어야 하고, 소비자들이 강점분야를 인지할 수 있도록 마케팅하는 것이 필요하다.

③ 비보완적 평가방식non-compensatory rule은 여러 가지 평가기준에 따라 평가하되, 어느 한 평가기준에서 최소점수를 넘지 못하면 탈락(cut-off)시키는 방식이다. 이른바 평가기준별 '과락'제도를 도입한 것이다. 비보완적 평가방식에는 사전편집

방식, 순차적 제거 방식, 결합방식, 분리방식이 있다.

① 사전편집 방식lexicographic rule은 평가기준 중에서 가장 중요하다고 생각하는 1순위 평가기준에서 최고 점수를 받은 대안을 선택하고, 만약 동점 대안이 발생하면, 차순위 평가기준에서 최고 점수를 받은 대안을 선택하는 방식이다. ㄱ, ㄴ, ㄷ, …과 같이 중요하다고 생각하는 평가기준의 순서대로 평가하는 방식이다.

② 순차적 제거 방식elimination by aspect은 1순위 평가기준부터 순차적으로 최소점수에 미달하는 대안을 탈락시켜 나가면서 선택범위를 좁혀 나가는 방법이다. 가령 평가기준이 5개 있을 경우 1순위 평가기준으로부터 5순위 평가기준까지 순차적으로 최소점수에 미달하는 대안을 탈락시킨다. 최종 평가기준을 통과한 대안이 1개이면 선택되고, 2개 이상이면 2개를 대상으로 다른 방식으로 추가 평가한다.

③ 결합방식conjunctive rule은 평가기준 중에서 최소점수에 미달하는 평가기준이 있으면 무조건 탈락시키는 방법이다. 즉, 모든 평가기준에서 과락이 없는 대안 중 하나를 선택하는 방법이다. 만약 결합방식으로 평가하여 2개 이상 통과되면, 2차 평가에서는 다른 방식으로 평가한다.

④ 분리방식disconjunctive rule은 결합방식과는 반대로 평가하는 방식이다. 평가기준 중에서 최소점수를 넘는 평가기준이 있으면, 1차 평가에서 모두 통과시키는 방법이다. 만약 2개 이상 통과되면, 2차 평가에서는 다른 방식으로 평가한다.

이제 (사례 연습)을 통하여 대안평가방식을 공부해 보자. (표 4-1)은 홍길동이 휴대폰을 구매하기로 하고 5개 평가기준을 만들어 대안을 평가하는 사례이다.

평가기준은 가격, 데이터 용량, 음질, 브랜드, 디자인의 5가지이며, 이 중에서 '가격 → 데이터 용량 → 음질 → 브랜드 → 디자인'의 순으로 중요하다고 생각하고, 가중치를 '가격 35%, 데이터 용량 25%, 음질 20%, 브랜드 15%, 디자인 5%'로 부여하였다. 그리고 휴대폰의 종류는 A, B, C 3종류가 있으며, 최소점수(cut-off, 과락)는 모두 10점 만점에 5점이라고 하자.

(사례연습) 홍길동의 휴대폰 구매사례

홍길동은 가격, 데이터 용량, 음질, 브랜드, 디자인의 5가지 평가기준을 세우고, 중요도에 따라 가중치를 부여하였다. 다음 물음에 답하시오.

① 가중치를 적용한 대안평가(2)의 빈칸을 채우고, 총점을 계산하시오.
② 보완적 평가방식에 의하여 대안을 선택하시오.
③ 사전편집 방식에 의하여 대안을 선택하시오.
④ 순차적 제거 방식에 의하여 대안을 선택하시오.
⑤ 결합방식에 의하여 대안을 선택하시오.
⑥ 분리방식에 의하여 대안을 선택하시오.

▮ 표 4-1 대안 평가사례 – 홍길동의 휴대폰 구매 (단위: 점수)

평가기준	중요도	대안 평가(1) (10점 만점)			가중치 (100%)	대안 평가(2) (가중치 적용)		
		A제품	B제품	C제품		A제품	B제품	C제품
가격	1순위	4	8	8	35%			
데이터 용량	2순위	6	8	9	25%			
음질	3순위	7	4	5	20%			
브랜드	4순위	9	4	4	15%			
디자인	5순위	9	9	6	5%			
총점(순위) 50점 만점		35 (1)	33 (2)	32 (3)	총점(순위) 10점 만점			

먼저 홍길동은 A, B, C의 3개 제품을 평가기준에 따라 대안평가(1)를 하였다. 평가점수는 A제품이 35점으로 최고점수를 받았으며 C제품이 32점으로 최저점수를 받았다.

가중치를 감안한 대안평가(2)에서는 C제품이 6.95점으로 최고점수를 받았으며, A제품은 6.10점으로 3위였다.

A제품 $= 35\% \times 4$점 $+ 25\% \times 6$점 $+ 20\% \times 7$점 $+ 15\% \times 9$점 $+ 5\% \times 9$점 $= 6.10$점(3위)

$$B제품 = 35\% \times 8점 + 25\% \times 8점 + 20\% \times 4점 + 15\% \times 4점 + 5\% \times 9점 = 6.65점(2위)$$

$$C제품 = 35\% \times 8점 + 25\% \times 9점 + 20\% \times 5점 + 15\% \times 4점 + 5\% \times 6점 = 6.95점(1위)$$

보완적 평가방식에 의하여 대안을 평가하여 보자. 보완적 평가방식은 가중치를 반영하여 최고점수를 받은 휴대폰을 선택하는 방식이므로 6.95점을 받은 C제품이 선택된다.

이번에는 사전편집 방식에 의하여 평가하여 보자. 사전편집 방식은 가중치가 가장 높은 평가기준(1순위)에서 선택하고, 만약 동점자가 있으면, 2순위에서 선택하는 방식이다. 위의 사례에서 평가기준 1순위(가격)에서 가장 높은 점수를 받은 제품은 8점을 받은 B와 C이다. 동점자가 있으므로 2순위 평가기준(데이터 용량)에서 가장 높은 9점을 받은 C제품이 최종 선택된다.

순차적 제거방식은 평가기준 1순위부터 순차적으로 최소점수에 미달하는 대안을 탈락시켜 나가면서 선택범위를 좁히는 방법이다. 1순위 평가기준에서 A제품은 4점으로 최소점수(5점)에 미달하므로 탈락하고, 2순위 평가기준에서 B와 C제품 모두 최소점수 미만이 없으므로 통과하게 된다. 3순위 평가기준에서 B제품은 4점이므로 탈락하고 유일하게 남은 C제품을 선택하게 된다. 물론 4순위 평가기준에서 C제품이 4점으로 최소점수에 미달하지만, 대안 중에서 마지막까지 남은 유일한 제품이므로 선택된다.

결합방식은 모든 평가기준에서 과락이 없는 제품 중에서 하나를 선택하는 방식이다. 위의 예에서는 모든 기준에서 과락이 없는 제품이 없으므로 선택되는 제품은 없게 된다.

분리방식은 평가기준 중 어느 하나의 평가기준이라도 최소점수를 넘으면 1차적으로 모두 선택되고, 선택된 제품이 복수이면 2차 평가는 다른 방식으로 이루어지는 방식이다. 위의 예에서 A, B, C제품 모두 하나 이상의 평가기준에서 최소점수를 넘으므로 일단 모두 선택된다. 그리고 2차 평가는 다른 방식으로 이루어지게 된다.

(2) 구매 의사결정

소비자들은 고려상품군에서 각자 설정한 평가기준에 따라 대안을 평가한 후 가장 높은 점수를 받은 대안을 구매하게 된다. 그러나 인간은 '합리적인 동물'이므로 과거의 경험에 영향을 많이 받게 되고, '사회적 동물'이므로 타인의 영향을 많이 받게 된다. 즉 최종구매를 결정할 때에는 많은 요소들이 작용한다. 본서에서는 관여도에 따른 의사결정, 자극－반응 모형에 의한 의사결정으로 나누어 살펴본다.

― 관여도에 따른 의사결정

관여도란?

구매자가 구매를 결정할 때 기울이는 시간과 노력의 정도를 관여도involvement라고 한다. 관여의 정도는 소비자의 성향, 제품의 특성 등에 따라 다르고, 동일한 소비자가 동일한 제품을 구매하더라도 구매 상황에 따라 다르다.

예를 들어 IT에 깊은 관심을 갖고 있는 소비자들은 평소 IT의 새로운 기술이나 신제품 개발동향에 많은 관심을 갖고 IT 동호회에 가입하여 열심히 공부한다. 이들은 새로운 휴대폰이 출시되면 기존 제품이나 경쟁사 제품을 비교 분석하고, 친구들이 휴대폰이나 노트북을 구매할 때 다양한 정보를 제공하기도 하며, 구매에 깊이 관여하기도 한다. 이와 같이 관여도는 소비자의 취향, 과거의 경험, 관련된 지식 등에 따라 다르게 나타난다.

소비자들이 제품을 구매할 때 관여하는 수준에 따라 관여도는 고관여와 저관여로 구분한다. 고관여high involvement는 소비자가 제품을 구매할 때 심사숙고하여 구매를 결정하는 것을 말한다. 자동차, 냉장고, 컴퓨터 등과 같이 고가의 제품일수록, 구매빈도가 낮은 제품일수록 고관여하게 된다. 저관여low involvement는 소비자가 제품을 구매할 때 크게 고민하지 않고 구매를 결정하는 경우를 말한다. 생활필

수품과 같이 저가의 제품일수록, 구매빈도가 높을수록 큰 고민 없이 제품을 선택하고 구매하게 된다.

그리고 관여의 지속성 여부에 따라 관여도는 지속적 관여와 상황적 관여로 구분한다. 지속적 관여enduring involvement는 오랜 기간 동안 지속적으로 관심을 갖는 경우를 말한다. 개인적으로 관심이 많은 분야 또는 제품일수록 지속적으로 관여하게 된다. 앞의 예에서 IT에 깊은 관심을 갖고 있는 소비자는 지속적 관여에 해당된다. 반면에 상황적 관여situational involvement는 특정한 상황에서만 일시적으로 관심을 갖는 경우를 말한다. 대부분의 소비자들은 어떤 제품을 구매할 때 구매할 당시에만 관여하게 된다. 그리고 동일한 제품이라도 다른 사람에게 선물하기 위하여 구매하는 상황이 되면 더욱 많이 관여하게 된다.

관여도에 따른 의사결정과정

관여도에 따라 소비자들의 의사결정과정은 달라진다. 고관여 제품은 신중한 의사결정과정을 거치며, 저관여 제품은 상대적으로 덜 신중한 의사결정 과정을 거친다.

▌그림 4-4 관여도에 따른 의사결정과정

일반적으로 구매 의사결정과정은 '문제인식 → 정보탐색 → 대안평가 → 구매 → 구매 후 행동'의 5단계를 거친다. 고관여 제품은 5단계 과정을 거치게 되지만,

저관여 제품은 정보탐색이나 대안평가 과정을 생략하고 문제인식이 되면 바로 구매하는 경향이 있다. 또한 구매 후 행동에서도 저관여 제품은 불만족할 때만 댓글 달기 등 행동으로 이어진다.

또한 소비자들은 관여도에 따라 서로 다른 의사결정 유형을 보여준다. 이를 소비자들의 문제해결 유형이라고 한다. 소비자들의 문제해결 유형은 관여도에 따라 일상적 문제해결, 제한적 문제해결, 포괄적 문제해결의 3가지 유형으로 나타난다.

1 일상적 문제해결 유형은 소비자가 어떤 제품을 구매할 때 크게 관여하지 않고 저관여로 의사결정하는 유형을 말한다. 과거 구매경험이 많거나 빈번하게 구매하는 제품 또는 제품에 대한 학습이 충분할 때 나타나는 유형이다. 예컨대 편의품, 일상적인 생활용품 등과 같은 저관여 제품을 구매할 때 정보탐색과 대안평가에 많은 시간과 노력을 기울이지 않는다.

▌그림 4-5 관여도에 따른 소비자들의 의사결정유형

일상적 문제해결	제한적 문제해결	포괄적 문제해결
• 저관여 제품(과거 구매경험 많거나 익숙한 제품, 반복 구매하는 제품) • 낮은 가격 • 정보탐색과 대안평가 생략 • 편의품, 일상적인 생활용품 등 의사결정 과정이 단순	• 중간정도 관여 제품 (과거 구매경험 있거나 대안의 차이가 큰 제품) • 낮은 가격 • 제한된 범위 내에서 정보탐색과 대안평가 • 판촉활동 영향 크게 받는다	• 고관여 제품(생소한 제품, 신제품 구매) • 높은 가격 • 정보탐색과 대안평가에 많은 시간 소요 • 구매 후 만족도 높을 경우 브랜드 충성도 증가

2 제한적 문제해결 유형은 구매 결정할 때 제한된 범위 내에서 시간과 노력을 기울여서 의사결정하는 유형을 말한다. 과거 구매경험이 조금 있거나 대안들의 차이가 크게 발생할 때, 또는 브랜드가 어느 정도 알려져 있을 때 중간 정도의 관여

로 구매를 결정하게 된다.

③ 포괄적 문제해결 유형은 소비자가 상당한 시간과 노력을 투입하여 광범위한 정보를 입수하고 분석하여 구매의사를 결정하는 유형을 말한다. 생소한 제품이나 고가품, 신제품을 구매할 때 나타난다. 소비자 구매의사결정 유형 중에서 가장 복잡한 유형이며, 고관여 제품의 구매상황에서 많이 나타난다.

관여도에 따른 마케팅 전략

소비자들의 관여도는 제품 매출에 영향을 크게 미친다. 대개 관여도가 높을수록 그 제품의 매출은 증가하는 경향이 있다. 따라서 소비자들이 자사 제품에 대한 관여도가 높아지도록 다양한 마케팅 전략을 필요로 한다.

먼저 최근 환경 변화에 따른 마케터들의 관여도에 대한 인식이 필요하다. 앞서 관여도란 구매자가 구매를 결정할 때 기울이는 시간과 노력의 정도라고 설명하였다. 그러나 최근 인터넷 정보가 풍부해지고 구매자들이 편리하게 구매하는 경향이 높아짐에 따라 구매자들이 얼마나 쉽게 얼마나 편리하게 구매할 수 있느냐, 그리고 얼마나 많은 정보를 얼마나 빠르게 입수할 수 있느냐에 따라 고관여와 저관여가 결정된다. 따라서 마케터들은 자사 제품이 인터넷을 통하여 빠르게 검색될 수 있도록 많은 정보를 제공하고, 구매자들이 쉽고 편리하게 구매할 수 있도록 판매경로 변경도 필요하다.

또한 현재 자사 제품이 저관여 제품이냐 고관여 제품이냐에 따라 마케팅 전략을 달리하여야 한다. 저관여 제품은 판매점 주변에서 광고하는 구매시점광고(POP)point of purchase advertisement와 판매사원의 권유태도가 중요하고, 유명모델을 활용한 광고가 필요하다. 반면에 자동차, 고가 제품 등 고관여 제품은 상대적으로 유명모델의 영향을 덜 받는다.

따라서 자사 제품이 저관여 제품일 때 유명모델을 활용하여 브랜드 인지도를 높이는 전략이 필요하고, 판매촉진 프로모션, POP 광고, 판매사원의 권유태도, 자사 제품의 진열대 위치 등 판매점포 주변의 광고가 중요하다. 그리고 고관여 제품인 경우에는 다양한 정보를 제공하여 탐색단계에서 우위를 차지하도록 하고, 브랜드 충성도와 인지도, 구매 후 서비스 수준 등을 높이는 전략이 필요하다.

소비자들의 문제해결 유형에 따라 마케팅 방법을 달리하는 것도 중요하다. 자사 제품이 일상적 문제해결 유형에 속하면, 기존 소비자들이 계속 구매하는 '관성적 구매'를 유도하는 전략이 필요하다. 자사 제품이 제한적 문제해결 유형에 속하면, 소비자들이 구매하려는 순간이 중요하다. 눈에 띄는 장소에 자사 제품이 진열되도록 하고, POP 광고가 필요하다. 자사 제품이 포괄적 문제해결 유형에 속하면, 자사 브랜드에 대한 선호도를 높이는 전략과 자사 제품의 정보를 쉽게 획득하도록 만드는 전략이 필요하다.

― 자극과 반응에 따른 의사결정

앞서 문제인식 단계에서 소비자행동에 영향을 미치는 외적 요인을 설명하였다. 외적 요인은 외부 자극을 말한다. 소비자들은 외부 자극을 받으면, 서로 다른 형태로 반응하게 된다. 소비자행동에 관한 연구는 행동심리학과 인지심리학에서 출발하였으나, 마케팅의 소비자행동과 광고 수용모형에서 많이 활용되고 있다.

가장 단순한 모형은 자극－반응 모형이다. 자극-반응 모형(SR모형)stimulus-response model은 파블로프Ivan Pavlov의 개 실험이 유명하다. '개는 음식을 보면 침을 흘린다.'(무조건 반사) 그리고 '개에게 먹이를 주기 직전에 종소리를 반복해서 들려주면, 나중에는 종소리만 들어도 개가 침을 흘리게 된다.'(조건 반사) 무조건 반사든 조건 반사든 자극(음식, 종소리)을 받으면, 반응(침)하게 된다는 것이다. 소비자의 경우에도 자극－반응모형이 적용된다. 마케팅에서 SR 모형은 소비자를 블랙박스black box로 간주하고 소비자들이 외부의 자극을 받으면, 제품 구매 또는 불구매라는 반응으로 나타난다는 것이다. 제품 구매가 조건반사인 셈이다.

▌그림 4-6 자극-반응에 따른 의사결정 모형

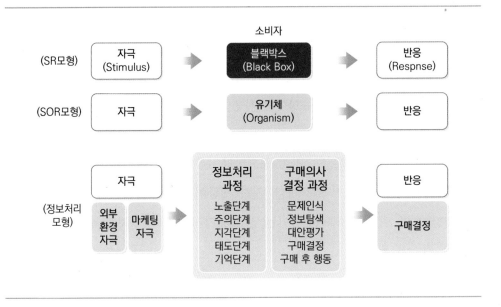

SR 모형을 발전시킨 것이 SOR 모형이다. SOR 모형stimulus-organism-response model은 소비자들이 동일한 자극을 받더라도 서로 다르게 반응한다고 설명한다. 그 이유는 소비자들의 사고방식이나 취향이 서로 다르고 의사결정방법도 서로 다르기 때문이다. 즉, SOR 모형은 소비자들이 외부로부터 자극을 받으면, 그 자극은 유기체 안에 존재하는 내부프로세스를 거치면서 서로 다르게 해석하여 서로 다른 태도를 유발하게 된다는 이론이다. 여기서 유기체organism는 소비자의 과거 경험, 친숙도, 감정, 생각 등 가치 체계를 말한다.

SOR 모형에서 소비자를 정보처리자로 간주한 이론이 소비자의 정보처리 모형이다. 정보처리 모형information processing model은 소비자가 컴퓨터의 입력－연산－기억－출력과 유사한 과정을 거치면서 외부의 자극에 반응한다는 이론이다.

소비자의 정보처리과정은 5단계를 거친다. 소비자는 외부로부터 자극을 받으면(자극단계), 시각·청각·후각·미각·촉각 등의 오감을 통하여 정보를 감지하고

(노출단계), 감지한 정보에 상당한 관심을 갖게 되며(주의단계), 정보를 조직화하여 의미를 해석하게 된다(지각단계). 지각한 정보를 통하여 본인의 태도를 형성하게 되고(태도단계), 형성된 태도는 구매의사결정에 즉시 활용되기도 하며, 기억 속에 일단 저장되었다가 다음 의사결정에 활용되기도 한다(기억단계).

한편 인지심리학에서는 인지-감정-행동의 단계를 거쳐 소비자들의 태도가 형성된다고 설명한다. 외부의 자극을 받으면, 인지단계cognitive에서 나름대로 이해하게 되고, 감정단계affective에서 제품의 정보에 대한 이해를 바탕으로 해당 제품에 대해 긍정적 혹은 부정적인 느낌을 갖게 되며, 행동단계behavioral에서 해당 제품에 대한 감정에 따라 제품 구매 또는 보류하게 된다는 것이다.

(3) 구매 후 행동

― 만족과 불만족

구매 후 행동은 소비자들이 제품을 구매한 후 만족 또는 불만족하게 될 때 보이게 되는 서로 다른 행동을 말한다. 구매 후 행동은 최근 소비자 주권시대와 디지털 마케팅 시대에 매우 중요해졌다. 왜냐하면 요즘 소비자들은 구매 후 만족여부를 적극적으로 표현하기 때문이다.

소비자들의 구매 후 행동은 기대 불일치 모델로 설명된다. 기대 불일치 모델 expectancy disconfirmation은 구매 후 행동을 고객만족, 긍정적 불일치, 부정적 불일치 3가지로 설명한다. 소비자들은 구매하기 전에 가졌던 기대와 구매한 후 제품을 사용하면서 느낀 결과를 비교하여, 일치할 때 고객만족을 나타내고, 기대보다 결과가 더 크면 긍정적 불일치, 기대보다 결과가 더 작으면 부정적 불일치를 나타낸다는 것이다.

만약 결과가 기대보다 같거나 클 때 소비자들은 만족스러운 반응을 보이는데,

재구매, 추천 댓글(구전효과), 브랜드 충성도 증가 등으로 나타나게 된다. 그러나 만약 결과가 기대보다 작을 때 소비자들은 불만족스러운 반응을 보이는데, A/S after-service 요구, 악성 댓글, 배상 요구, 판매 보이콧, 소비자원 신고 등으로 나타나게 된다. 마케터들은 부정적 불일치가 최소화될 수 있도록 만전을 기하여야 한다.

— 불만족스러울 때 나타나는 행동

소비자들이 제품을 구매한 후 만족 또는 불만족할 때 그 원인이 어디에 있는지를 찾고자 한다. 이를 귀인이론attribution theory이라고 한다. 특히 소비자들은 불만족의 원인이 무엇이냐에 따라 나타나는 행동은 크게 달라진다.

소비자들이 불만족 원인을 내부(소비자)의 탓으로 돌리는 경우를 내적 귀인 internal attribution이라고 하고, 불만족 원인을 외부(생산자)의 탓으로 돌리는 경우를 외적 귀인external attribution이라고 한다. 마케터는 외적 귀인이 발생하지 않도록 과대광고를 지양하고 고객과의 약속을 지키도록 최선을 다하여야 하며, 고객만족을 컨트롤하는 고객만족센터를 설치·운영하여 고객만족도를 지속적으로 모니터링하여야 한다. 그리고 만약 불만족 사례가 접수되면, 더 이상 문제가 확대되지 않도록 적극적으로 해결방안을 찾아야 한다.

소비자들 중에는 구매 후 심리적 갈등을 일으키기도 한다. 이를 인지 부조화 cognitive dissonance라고 한다. 소비자들이 어떤 제품을 구매한 후 자신이 예상하지 못했던 단점을 발견하거나 자신이 구매한 제품이 다른 제품보다 더 낫다는 확신이 없는 경우 자신의 행동에 대해 심리적 불안감을 겪는데, 이를 구매 후 부조화라고 한다.

소비자들은 인지 부조화 현상이 나타날 때 부조화를 줄이기 위하여 노력하게 된다. 자신의 선택이 현명했다는 것을 확인하기 위하여 새로운 정보를 탐색하기도 하고, 자신이 선택한 제품의 단점은 생각하지 않고 장점만 생각하기도 하며, 이미

구매가 끝났으므로 자신의 의사결정에 대하여 무관심해져 버리는 경우도 있다.

구매 후 부조화는 앞서 설명한 부정적 불일치와는 다른 개념이다. 부정적 불일치는 구매한 후의 만족도가 구매하기 전의 기대에 미달할 때 나타나는 불만족이라면, 구매 후 부조화는 자신의 의사결정에 대한 일종의 의구심이라는 점에서 다르다. 구매 후 부조화는 고관여 제품일수록, 경쟁제품이 많을수록 많이 나타나는 경향이 있다.

만약 소비자의 인지부조화 현상이 심화되면 고객군에서 이탈할 수도 있으므로 마케터들은 이를 고객의 문제가 아니라 기업의 문제라고 생각하고 적극적인 노력이 필요하다. 인지부조화를 느끼는 고객들의 문의가 있으면 빠르게 대응하고, 구매 고객에게 감사의 편지 또는 문자를 보낼 뿐만 아니라, 자사 제품의 우수성을 널리 알리고, 자사 제품의 우수성을 증빙할 자료를 제공하여 구매자들이 확신을 갖도록 하여야 한다. 그리고 설문조사를 통하여 부조화를 느끼는 요소를 파악하여 해소하도록 노력하며, 향후 인지부조화현상이 발생하지 않도록 제품 개발이나 리뉴얼에 반영하여야 한다.

(잠깐만!) 소비자의 소비행태 종류

- 이성적 소비: 소비자들이 자신의 소득 수준과 제품의 품질, 가격 등을 감안하여 소비하는 행태로서 제품 구매과정이 계획적이고 제품들을 비교 검토한 후 선택한다.
- 감성적 소비: 소비자들이 감각이나 기분에 따라 소비하는 행태로서 제품의 디자인, 색상 등 감각적인 요소에 중점을 두고 제품을 선택한다.
- 충동적 소비: 자신의 소득수준, 사회적 상황 등을 감안하지 않고 구매현장에서 자극을 받아 즉흥적으로 소비하는 행태로서 사전에 구매계획이 없다.
- 합리적 소비: 주어진 예산 범위 내에서 효용을 극대화할 수 있도록 꼼꼼하게 따지면서 소비하는 형태를 말한다.
- 가치소비: 소비자 자신의 신념이나 가치관을 기준으로 가격이나 만족도 등을 세밀히 따져 소비하는 행태로서 최근 MZ 세대에서 나타낸다.

3. 구매의사결정에 영향을 미치는 요인

― 문화적 요인

소비자 행동에 가장 크게 영향을 미치는 것은 문화적인 요인이다. 문화적인 요인은 소비자가 소속되어 있는 문화와 사회계층을 말한다.

문화culture는 사회에서 널리 통용되는 가치관과 행동양식이다. 모든 사람은 태어나 성장하면서 언어, 예의범절, 행동양식 등을 부모와 사회로부터 배우게 되는데, 이러한 사회 적응 교육이나 훈련이 바로 문화이다. 문화는 국가와 거주지역에 따라 다르며, 동일 국가와 동일 지역이라도 시대흐름에 따라 변동되기도 한다.

각 문화에는 작은 문화들로 구성되어 있는데, 이를 하위문화subculture라고 한다. 가령 가족은 같은 문화권에 속해 있지만, 부모세대와 자식세대의 문화는 서로 다르며, 자식들도 직장이나 학교에 따라 서로 다른 정체성을 갖게 된다.

사회계층social class이란 재산, 직업, 학력, 소득, 주거지역 등이 비슷한 사람들 사이에 형성되어 있는 집단을 말한다. 사회계층은 직업 또는 학력 등과 같이 하나의 요인에 의하여 형성되기보다는 여러 가지 요인들이 결합되어 형성되며, 가치관, 생활양식, 관심사, 소비유형 등에 큰 영향을 미친다.

― 사회적 요인

사회적 요인은 소비자가 속한 소집단, 사회적 네트워크, 사회적인 지위와 역할 등을 말한다.

먼저 소비자들은 자신이 소속되어 있는 집단의 영향을 많이 받으며, 특히 준거집단과 의견선도자의 영향을 크게 받는다. 준거집단reference group이란 개인의 태도와 행동을 결정하는 데 직접 또는 간접적으로 기준이 되는 집단을 말한다. 준거집단은 다양한 형태로 존재한다. 1차 준거집단은 가족, 친구, 이웃 등으로 가장 영향력이 있다. 2차 준거집단은 직장, 종교집단, 동호회 등으로 1차 준거집단보다 영향력은 다소 낮지만, 소속이 동일하므로 많은 영향을 미친다.

그리고 의견선도자나 인플루언서도 소비자들에게 많은 영향을 미친다. 의견선도자opinion leader는 특정분야에서 전문지식이나 노하우를 보유하고 있어 사람들을 선도하는 사람을 말한다. 인플루언서influencer는 사회적 지위가 높은 사람, 지명도가 높은 연예인과 모델, 유튜브를 통하여 전문지식을 전달하는 사람, 신제품의 경험담과 사용법을 설명하는 혁신수용자, 그리고 블로그나 인스타그램과 같은 소셜 미디어에 팔로우가 많은 일반인들을 일컫는다. 소비자들은 이들의 말이나 글에 귀를 기울이고 수용하는 경향이 있다.

그 밖에 자신이 열망하거나 기피하는 집단으로부터 영향을 받는다. 평소 닮고 싶어 하거나 소속되고 싶은 집단(열망집단)이 사용하는 제품을 구매하는 경향이 많다. 그리고 폭력조직과 같이 평소 기피하거나 벗어나고 싶은 집단(회피집단)이 사용하는 제품을 구매하지 않으려는 경향이 많다.

― 개인적 요인

소비자의 제품 구매는 구매자의 나이, 생애주기 단계, 직업, 경제적 형편, 성격 및 자아 정체성, 라이프스타일, 가치관 등 개인적인 특성의 영향을 받는다.

생애주기론life cycle theory는 모든 사람들은 유아기, 청년기, 중년기, 노년기의 단계를 거친다는 이론이다. 연령층에 따라 살아가는 방식이 다르므로 구매행동도 다르게 나타난다고 설명한다. 그리고 생애주기별로 소득이 다르므로 구매력이 다르고 구매하는 제품이 다르다. 또한 대부분의 사람들은 가정을 형성하고 있으므로 가족의 생애주기도 중요하다. 가족의 수와 가족의 연령에 따라 소비패턴이 달라지기 때문이다.

개인의 생활방식도 큰 영향을 미친다. 개인의 생활방식life-style은 사람들이 살아가는 방식을 말한다. 개인의 개성과 가치관에 따라 시간과 돈을 소비하는 방법이 다르게 나타난다. 최근에는 1인 가구가 많이 등장하고 건강과 자연친화적인 생활방식을 많이 선호하고 있다.

또한 소비자들의 개성과 자아 정체성을 분석하는 것도 중요하다. 소비자들은 각자 독특한 개성personality을 보유하고 있어 소비자에 따라 자동차를 좋아하기도 하고, 명품시계를 좋아하기도 하고, 중저가 제품을 좋아하기도 한다.

소비자들의 자아self-concept개념도 소비자 행동에 큰 영향을 미친다. 자아개념은 스스로 '나는 이런 사람이다.'라고 생각하는 자기인식이다. 모든 사람들은 스스로 되고 싶은 '이상적 자아'와 현재의 '현실적 자아'를 갖고 있다. 소비활동을 할 때 이상적 자아를 실현하려고 한다. 가령 자동차를 구매할 때 '이상적 자아'에 따라 외제차를 구매하느냐 국산차를 구매하느냐, 세단을 구매하느냐 SUV차량을 구매하느냐로 달리 나타난다.

소비자들의 개인 차이를 근거로 시장을 세분화하고 개인의 소비행태를 분석하는 방법을 사이코그래픽psychographic이라고 한다. 사이코그래픽은 소비자들의 활동activity, 관심사interest, 쟁점사항에 대한 의견opinion의 3가지 관점을 중점 분석한다고 하여 AIO 분석이라고도 한다.

▌그림 4-7 AIO 분석

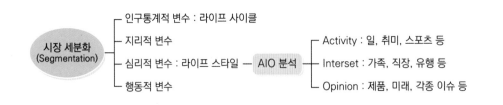

─ 심리적 요인

심리적 요인은 소비자들의 구매행동에 큰 영향을 미치는 동기, 지각, 학습, 신념과 태도를 말한다. 동기motivation는 사람들이 어떤 행동을 하도록 만드는 원동력을 말한다. 동기가 무엇이냐에 따라 소비자 행동은 다르게 나타난다. 흔히 매슬로우Abraham Maslow의 욕구단계로 설명한다. 매슬로우의 욕구단계론은 인간의 욕구와 동기부여를 중요한 순서에 따라 생리적 욕구, 안전 욕구, 사회적 욕구, 존경의 욕구, 자아실현 욕구로 분류한다.

생리적 욕구는 배고픔, 갈증 등 의식주와 관련된 욕구로 본능적인 욕구에 해당된다. 안전 욕구는 신체적 또는 정서적으로 안전을 추구하는 욕구이며, 사회적 욕구는 어떤 단체에 소속되어 소속감을 느끼고 주위 사람들에게 사랑받고 있음을 느끼고자 하는 욕구를 말한다. 존경의 욕구는 타인으로부터 인정을 받고 싶은 욕구를 말하며, 자아실현 욕구는 자기발전을 이루고 자신의 잠재력을 끌어내어 극대화하는 단계를 말한다.

지각perception은 소비자가 외부의 자극(정보)을 받아들이는 과정을 말한다. 통상 소비자들은 외부에서 자극이 오면, 주의를 기울이고 일부를 선택하고 해석하면서 어떤 태도를 형성한다. 이러한 과정을 정보처리과정information processing이라고 한다. 어떤 제품의 광고를 보았을 때 소비자들은 정보처리과정을 통하여 어떤 태도를 형성하게 된다.

여기서 마케터들이 유의하여야 할 사항은 소비자들은 외부의 모든 자극에 대하여 반응하지 못하며, 동일한 자극을 받더라도 소비자들마다 다르게 반응한다는 것이다. 소비자들이 자신의 시각으로 외부의 자극을 선택·조직·해석하는 과정에서 선택적 주의, 선택적 왜곡, 선택적 보유가 발생한다.

선택적 주의selective attention는 자극 중에서 일부만 주의를 기울이는 현상을 말한다. TV 광고가 방영되더라도 소비자들은 의도적이든 무의식적이든, 시청하고 싶은 광고에 선택적 주의를 하게 된다.

선택적 주의를 통하여 받아들인 자극(정보)은 그대로 수용되는 것이 아니라 소비자들이 각자 주관적으로 해석하여 받아들이게 된다. 이를 선택적 왜곡selective distortion이라고 한다. 즉, 선택적 왜곡은 자신의 선입견에 맞추어 해석하는 경향을 말한다.

그리고 소비자들은 전달된 정보와 자극을 모두 기억하지 못한다. 이를 선택적 보유selective retention라고 한다. 소비자들은 자신의 신념이나 태도와 일치하거나 익숙한 것만 기억하려는 경향이 있다.

학습learning은 교육, 정보, 경험을 통하여 어떤 제품을 알아가는 과정이다. 학습에는 정보처리과정이론과 스키마 이론이 있다. 정보처리과정이론information processing theory이란 앞서 설명한 '노출 → 주의 → 지각 → 태도 → 기억'의 과정을 거치면서 학습이 이루어지는 것을 말한다.

스키마schema란 기존에 형성되어 있는 지식구조 또는 정보처리과정을 말한다. 우리가 어떤 현상을 보았을 때 보는 대로 인식되지 않는 이유는 이미 형성되어 있는 스키마가 있기 때문이다. 즉 이전에 기억하고 있는 것 또는 익숙한 것에 의하여 선별적으로 인식되기 때문이다. 만약 새로운 정보를 받아들이면, 기존의 스키마는 일부 수정되고 새로운 스키마가 형성되어 태도가 변화하게 되는데, 이를 스키마 이론이라고 한다.

마지막으로 신념과 태도이다. 신념은 소비자들이 어떤 대상에 대하여 갖고 있는 확신을 말하며, 태도는 신념을 통하여 형성되는 지속적이고 일관성 있는 자세를 말한다. 소비자들은 어떤 제품에 대하여 일정한 신념을 갖고 지속적으로 좋아하거나 싫어하는 태도를 갖게 된다. 한번 형성된 신념이나 태도는 쉽게 변화하지 않는다.

4. 소비자행동이론의 전략적 활용

(1) 프로스펙트 이론

　프로스펙트 이론(또는 기대이론)prospect theory은 불확실한 상황에서 의사결정을 할 때 가치를 중심으로 결정하며, 주로 3가지 특성이 나타난다는 이론이다. 3가지 특성은 손실 회피성, 민감도 체감성, 준거점 의존성이다.

　①준거점 의존성reference dependence은 소비자들이 의사 결정할 때 자신의 준거점을 중심으로 판단한다는 것이다. 준거점은 사람마다 다르다. 예컨대 연봉 4,000만원을 받는 사람(A)과 3,500만원 받는 사람(B)이 있을 때 누가 더 행복할까? 당연히 A가 더 행복할 것이다. 그러나 A의 연봉은 4,500만원에서 500만원 하락한 것이고, B의 연봉은 3,000만원에서 500만원 상승한 것이라면, 누가 더 행복할까? A의 준거점은 4,500만원이며, B의 준거점은 3,000만원이므로 준거점을 중심으로 판단하면, B가 훨씬 행복하다.

▌그림 4-8 **프로스펙트 이론의 가치함수**

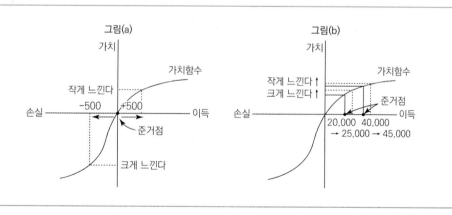

준거점 의존성을 그래프로 그리면 (그림 4-8)의 가치함수로 설명된다. S자형의 가치함수는 2개의 서로 다른 형태의 그래프로 이루어져 있다. 이득 구간(1사분면)의 그래프는 기울기가 완만하고, 손해 구간(3사분면)의 그래프는 기울기가 가파르다. 그림 (a)에서 준거점을 중심으로 연봉이 500만원 상승할 때보다 연봉이 500만원 하락할 때 더 크게 느끼게 되므로 B가 훨씬 행복하다는 것이다. 이를 마케팅에 활용하면, 할인행사를 할 때는 항상 준거가 되는 가격과 할인금액을 함께 표시하면 할인효과를 더 크게 느끼게 된다.

② 민감도 체감성diminishing sensitivity은 가격이 동일하게 변하더라도 소비자는 준거점에 따라 다르게 느낀다는 이론이다. 예컨대 가격이 20,000원에서 25,000원으로 오르는 경우와 40,000원에서 45,000원으로 오르는 경우를 비교하면, 동일하게 5,000원 상승하였지만, 20,000원에서 25,000원으로 상승한 경우에 훨씬 크게 느낀다는 것이다. 즉 준거점의 절대 크기가 작을수록 변화에 더 민감하게 된다. 그림 (b)에서 준거점 20,000원에서 5,000원 상승할 때가 준거점 40,000원에서 5,000원 상승할 때보다 더 크게 소비자들은 느끼게 된다.

이를 마케팅에 활용하면, 큰 이득과 작은 손실이 동시에 있을 때 통합하고, 작은 이득과 큰 손실이 동시에 있을 때는 분리하는 것이 소비자들이 덜 민감하게 반응한다는 것이다. 직원들에게 상여금을 줄 때 원천징수하는 것이 좋고, 직원들이 자사 제품을 구입할 때 할인보다는 할인금액만큼 포인트를 나중에 별도로 주는 것이 좋다.

③ 손실 회피성loss aversion은 소비자들은 이득을 얻을 때보다 손실을 볼 때 더 크게 느껴지므로 손실을 회피한다는 것이다. 예컨대 500만원 이득을 볼 때와 500만원 손실을 볼 때, 동일한 500만원이지만 손실을 더 크게 느낀다는 것이다. 그림 (a)에서 500만원 이득을 볼 때보다 500만원 손실을 볼 때 더 크게 느끼므로 소비자들은 가급적 손실을 회피한다는 것이다.

이를 마케팅에 적용하면, "이익은 여러 번 나눠서 주고, 손실은 한꺼번에 합쳐서 주라."는 것이다. 가격을 할인할 때는 소폭으로 여러 번 나누어 할인하고, 비용을 청구할 때는 한꺼번에 청구하는 것이 소비자에게 좋은 반응을 이끌어 낼 수 있다.

(2) 소유효과

프로스펙트 이론의 손실 회피성을 활용한 것 중에 소유효과가 있다. 소유효과 endowment effect란 어떤 제품을 소유하게 되면 소유하기 이전보다 제품의 가치를 훨씬 높게 평가하는 경향이 있다는 것을 말한다. 예컨대 내가 소유한 제품을 중고 시장에 판매할 때 내가 받고 싶은 가격과 3자가 구매하고 싶은 가격은 크게 차이가 난다는 것이다. 소유한 제품을 판매하면, 크게 손해를 본다는 느낌이 들기 때문이다.

(3) 맥락효과

맥락효과context effects는 소비자들은 어떤 것을 평가할 때 맥락 속에서 판단한다는 것이다. 즉 맥락에 따라 대안이 좋아 보일 수도 있고 나쁘게 보일 수도 있게된다. 맥락효과에는 유사성효과, 유인효과, 타협효과 등이 있다.

① 유사성 효과similarity effect는 자신이 보유한 제품과 유사한 제품에 더 많은 호감을 갖고 긍정적으로 반응한다는 이론이다. 예컨대 (그림 4-9) (a)에서 현재 휴대폰 A모델과 B모델만 존재할 때 소비자들의 선택 확률은 각각 50%라고 하자. 그런데 B모델과 유사한 C모델이 신제품으로 출시된다면, 소비자들의 선택은 어떻게 변화할까? A모델을 선택하는 소비자는 큰 변화가 없지만, B모델을 선택하는 소비자는 줄어들고, 신제품 C모델을 선택하는 소비자는 늘게 된다는 것이다. 신제품

을 출시하면, 유사한 모델이 훨씬 크게 영향을 받는다는 것이다.

② 유인 효과attraction effect는 기존의 제품보다 성능이 낮은 제품이 출시되면 기존 제품이 더 돋보이므로 기존 제품을 더 선호한다는 이론이다. 예컨대 그림 (b)에서 B모델과 가격은 비슷하지만 품질이 낮은 D모델이 신제품으로 출시되면, 소비자들의 선택은 어떻게 변화할까? B모델이 훨씬 더 매력적인 제품으로 인지되므로 B모델 선택 가능성이 높아진다.

실제로 삼성전자가 30만원대의 갤럭시 A32와 40만원대의 A42를 출시한 것은 실속 있는 중저가 스마트폰의 보급이라는 '유사성 효과'와 함께 상대적으로 매력적인 제품 선호라는 '유인효과'를 동시에 겨냥한 전략이라고 할 수 있다.

▌그림 4-9 유사성 효과 · 유인효과 · 타협효과

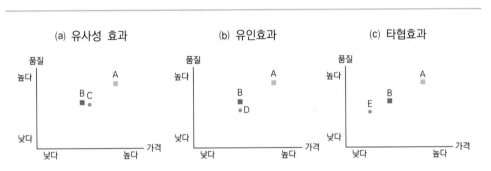

③ 타협 효과compromise effect는 소비자들은 양극단에 있는 제품보다는 가운데에 있는 제품을 더 선호한다는 이론이다. 예컨대 그림 (c)에서 B모델보다 품질과 가격이 모두 떨어지는 E모델이 신제품으로 출시되면, 소비자들의 선택은 어떻게 변화할까? 소비자들은 양극단에 있는 A모델과 E모델보다 가운데 있는 B모델의 선택이 증가하게 된다. 가령 식당에서 손님들이 가장 비싼 메뉴보다는 두 번째 비싼 메뉴를 더 많이 선택하는 것도 양극단을 기피하는 타협효과 때문이다.

(4) 식역

사람들이 외부로부터 자극을 받을 때 모두 지각하는 것은 아니다. 지각하지 못할 만큼 작은 자극은 알아차리지 못하기 때문이다. 사람들이 지각할 수 있는 최소한의 자극을 식역(또는 문턱)threshold이라고 한다. 식역에는 절대 식역, 차이 식역, 식역하 지각이 있다.

절대식역(또는 절대적 문턱)absolute threshold이란 사람들이 어떤 자극을 알아차릴 수 있는 최소수준의 자극을 말한다. 사람들에게 자극을 주었을 때 일정한 크기(문턱, 한계점)를 넘어야 사람들이 지각할 수 있다. 이를 절대식역에 도달하여야 자극이 노출된다고 표현한다. 예컨대 광고를 실시할 때 사람들이 인지할 수 있는 최소한의 자극, 즉 절대식역을 초과해야만 사람들이 지각하게 되고 광고효과를 얻게 되므로 절대식역을 초과하도록 광고하여야 한다는 것이다.

차이식역(또는 차등적 문턱)differential threshold이란 두 자극 사이의 차이를 알아차릴 수 있는 최소수준의 자극을 말한다. 예컨대 (그림 4−10)에서 어떤 제품의 현재 가격이 10만원일 때 소비자들이 인지할 수 없을 정도만 가격을 인상하고자 한다면, 얼마를 인상하여야 하는가? 소비자들이 가격 차이를 인지하지 못하는 가격이 12만원 미만이고, 12만원을 넘을 때 비로소 가격 인상을 인지한다면, 절대식역은 12만원이 되며, 두 가격의 차이 2만원은 차이식역이 된다. 차이식역을 차이감지식역 또는 JNDjust noticeable difference라고도 한다.

┃그림 4-10 **절대식역과 차이식역**

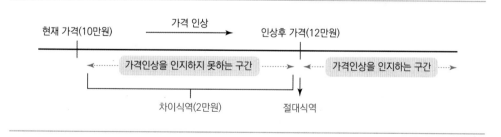

따라서 가격을 인상하고자 할 때에는 고객이 알아차리지 못하게 하려면, 차이식역 미만, 즉 1만 9천원만 인상하면 된다. 그리고 고객이 가격 인상을 알아차리도록 하려면, 차이식역 이상을 인상하여야 한다. 예컨대 제품을 업그레이드하고 가격을 인상하고 싶을 때에는 차이식역을 초과할 만큼 업그레이드하고 가격도 차이식역 이상 인상하게 되면, 고객들이 업그레이드 전후의 차이를 알게 되고 가격 인상을 수용하게 된다.

그 밖에 식역하 지각subliminal perception이라는 용어가 있다. 이는 자극의 크기가 작아 절대식역에 미치지 못하여 고객들이 인지하지 못하지만, 무의식중에 자극을 지각한다는 이론이다. 이를 활용한 광고가 '식역하 광고'이다. 드라마 혹은 영화의 한 장면에 조그마한 광고를 넣었을 때 관객들은 광고의 존재를 인지하지 못하지만, 무의식중에는 지각한다는 것이다. 이러한 점에서 식역하 광고를 잠재의식 광고라고도 한다.

우리에게 널리 알려진 식역하 광고는 1957년 미국의 실험사례이다. 영화관의 대형 화면에 "Drink Coca Cola and Eat Popcorn"의 문구를 0.0003초 동안 노출하되, 5초 간격으로 반복하여 노출하는 실험을 했다. 45,000명을 대상으로 6주간 진행된 실험의 결과, 영화가 끝난 후 팝콘의 판매가 58% 증가하였고 코카콜라의 판매도 18% 증가하였다고 한다. 의식적으로 인지하지 못하였지만, 무의식적으로 지각한다는 대표적인 실험이다. 이를 응용한 식역하 광고가 우리 주변에 많이 있는지도 모른다.

(잠깐만!) 베버의 법칙Weber's law
베버의 법칙은 차이식역에 도달하기 위하여 필요한 자극은 기존 자극보다 커야 한다는 이론을 말한다. 즉 처음에 약한 자극을 받았으면 다음 자극은 작아도 차이를 인지할 수 있지만, 처음에 강한 자극을 받았으면 다음 자극은 그 보다 커야 변화를 인지할 수 있다는 이론이다.

향상학습 및 심화학습

01 (향상학습) 아래 유튜브 동영상을 시청하면서 학습한 내용을 복습하시오.

(1) 방송통신대학교, 소비자행동론

(2) 북툰, 8분 만에 정리하는 행동경제학(전망이론)

(3) 바바바김, 인지부조화 쉽게 이해하기!

(4) EBS Culture, 세상의 모든 법칙-왜 홈쇼핑은 100% 환불 보장을?(소유효과)
세상의 모든 법칙-식당 메뉴판의 비밀은?(타협효과)
세상의 모든 법칙-무의식을 조종할 수 있을까?(식역하 지각)

02 (심화학습) 학습한 내용을 응용하여 아래의 물음에 대하여 답하시오.

(1) 아래의 표에서 보완적 평가방식, 사전편집 방식, 순차적 제거 방식, 결합방식, 분리방식
으로 구분하여 대안평가를 실시하시오.

평가기준	평가기준의 중요도	평가기준의 최소치	마케팅 교재에 대한 평가		
			교재 A	교재 B	교재 C
가격	10	40	30	70	90
내용	30	40	90	70	30
난이도	40	50	60	70	90
연습문제	20	40	80	30	70
합 계	100		260	270	280

(2) 여러분이 지금 노트북과 머그컵을 구매한다고 가정하자. 노트북은 고관여 제품이며, 머
그컵은 저관여 제품이라고 할 때 구매의사결정과정이 어떻게 다른지를 설명하시오.

(3) 홍길동은 등산화에 관한 TV 광고를 보고, 등산화를 구매하기로 결정하였다. 홍길동이
TV 광고를 보는 순간부터 등산화를 구매한 후의 과정까지를 '자극과 반응에 따른 의사
결정'을 활용하여 설명해 보시오.

(4) 사람들의 라이프사이클 단계별로 어떻게 매슬로우의 욕구 5단계론이 적용되는지, 소비
되는 제품을 예를 들어 설명하시오.

CHAPTER

05 마케팅 환경 분석

1. 마케팅 환경이란?

기업과 환경은 불가분의 관계가 있다. 기업은 환경의 산물로서 환경이 기업을 탄생시키고 변화시키지만, 기업이 환경을 변화시키기도 한다. 따라서 기업이 발전하려면, 환경을 면밀히 분석하여 능동적이면서 적극적으로 대응할 수 있어야 한다.

기업을 둘러싼 환경은 크게 내부환경과 외부환경으로 구분된다. 내부환경이란 회사 내부에 존재하는 환경이다. 자사가 보유한 경영자원(인력, 자본, 기술력, 생산능력, 유통 등), 경영상황(경쟁력, 매출, 이익, 생산비, 사업프로세스 등), 경영전략(경영이념, 비전, 경영목표, 마케팅 능력 등) 등을 말한다. 내부환경은 기업 스스로 늘리거나 줄일 수 있으므로 통제 가능한 요소라고 할 수 있다.

외부환경은 회사를 둘러싼 외부의 환경이다. 경쟁자, 고객, 정부, 협력업체 등은 물론 자연환경, 경제환경, 정치·법률환경, 사회·문화환경 등이 모두 포함된다. 외부환경은 기업의 외부에 존재하므로 기업이 통제할 수 없는 요소이다. 그리고 외부환경 중에서 경쟁자, 고객, 정부, 협력업체 등과 같이 기업에 직접적으로 영향을 미치는 요소가 있다. 이를 과업환경이라고 한다. 외부환경 중에서 자연환경, 경제환경, 정치·법률환경, 사회·문화환경 등은 기업에 간접적으로 영향을 미치는 요소도 있다. 이를 일반환경이라고 한다.

환경을 분류할 때 미시환경과 거시환경으로 구분하기도 한다. 미시환경은 기업의 내부환경과 외부환경 중에서 기업에 직접적으로 영향을 미치는 과업환경을 말한다. 미시환경은 기업이 속한 산업 내에 존재한다. 거시환경은 외부환경 중에서 기업과 직접적으로 관련되지 않은 일반환경을 말한다. 거시환경은 기업이 속한 산업의 밖에 존재한다.

▎그림 5-1 마케팅 환경의 분류

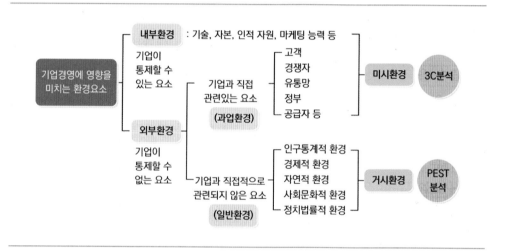

기업이 지속가능한 발전을 하기 위하여 기업경영에 영향을 미치는 환경요소를 잘 파악하고 환경 변화에 능동적으로 대응할 수 있어야 한다. 마케팅도 마찬가지다. 마케팅 계획을 수립할 때 항상 마케팅 환경의 변화를 반영하여야 한다. 마케팅 환경은 위에서 설명한 기업 환경과 대동소이하다.

본서에서는 환경을 미시환경과 거시환경으로 구분하여 설명한다. 미시환경은 3C 분석기법으로 접근하고, 거시환경은 PEST 분석기법으로 접근한다. 3C 분석이란 고객customer, 경쟁자competitor, 자사company를 분석하는 것을 말한다. 3C에 유통channel을 포함하면, 4C가 된다. 본서에서는 마케팅 서적인 만큼 유통도 포함하여 4C 분석을 하고자 한다. 그리고 PEST 분석은 정치적·법률적political 환경, 경제적economic 환경, 사회·문화적social & cultural 환경, 기술적technological 환경을 말한다.

마케팅 환경 분석결과는 제6장에서 설명하는 경쟁력 분석에 활용되므로 환경 분석과 경쟁력 환경 분석을 서로 연계하여 분석 포인트를 잡는 것이 중요하다.

2. 미시환경 분석

미시환경micro environment은 기업이 속해 있는 산업 내에 존재하는 환경을 말한다. 미시환경에는 기업의 내부환경은 물론, 기업의 외부환경 중에서 과업환경을 포함한다. 과업환경은 고객, 경쟁자, 정부, 협력업체 등과 같이 기업에 직접적으로 영향을 미치는 외부요소이다.

― 고객 분석

기업경영은 (그림 5-2)에서 보는 바와 같이 크게 '구매 → 생산·가공 → 판매'의 3단계 과정으로 이루어진다. 구매단계에서 원자재와 중간재를 구매하는 시장을 산업 시장 또는 산업재 시장이라고 한다. 산업재 시장에서 원자재와 중간재를 공급하는 공급업자가 기업의 고객이 된다. 그리고 생산과 가공 단계를 거쳐 생산된 제품은 유통시장에서 중간상을 통하여 간접 판매되거나 소비자에게 직접 판매된다. 유통시장에서 기업의 고객은 유통업자(또는 중간상), 즉 유통전문기업 또는 일반 중간상이 된다. 그리고 최종소비자에게 판매하는 시장은 최종소비자가 누구인가에 따라 소비자시장, 정부시장, 국제시장으로 구분된다.

따라서 고객 분석customer analysis의 범위는 기업에게 원자재와 중간재를 공급하는 공급업자, 생산된 제품을 중간상에게 공급하거나 소비자에게 판매하는 유통업자, 그리고 제품을 최종 구매하는 소비자(개인, 기업, 정부, 해외)가 된다.

▎그림 5-2 기업경영 프로세스

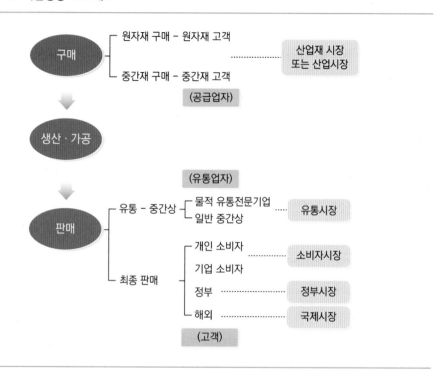

먼저 공급업자의 분석이다. 공급업자는 산업재 시장에서 자사에게 원자재와 중간재를 공급하는 기업이다. 산업재 시장을 공급업자가 주도하느냐, 생산자가 주도하느냐에 따라 향후 제품의 생산 및 원가에 큰 영향을 미친다. 따라서 공급업자의 확보 가능성, 공급업자의 시장 지위, 시장 점유율, 안정적인 공급 가능성, 노사관계 등을 검토할 필요가 있다.

유통업자의 분석도 중요하다. 기업이 아무리 좋은 제품을 생산하더라도 유통업자를 통하여 최종소비자에게 전달되지 못하면 무용지물이기 때문이다. 유통업자에 대한 분석은 4C의 유통channel에 해당되므로 유통 분석에서 설명한다.

고객 분석의 핵심은 최종소비자의 분석이다. 자사 제품을 구매하는 고객을 추출하고, 향후 예상되는 시장의 규모, 시장의 성장률 등을 분석한다. 이를 '고객의 크기'라고 한다. 고객의 크기가 클수록 시장의 미래는 밝다고 할 수 있다. 신규 진입하고자 할 경우에는 항상 시장의 미래가 밝은 산업에 진입하여야 한다. 그리고 고객의 각종 자료나 데이터를 분석하여 고객의 자사 제품 구매동기, 고객만족도, 구매행동 유형 등을 조사하고, 단골고객 데이터도 조사하여야 한다. 단골고객이 많으면 안정적인 매출이 가능하기 때문이다. 최근에는 고객을 분석할 때 빅데이터를 많이 활용한다.

── 경쟁자 분석

경쟁자 분석competitor analysis이란 현재의 경쟁상태와 미래의 경쟁 예측 등 경쟁 측면에서 기업 경영을 위협할 수 있는 요소들을 분석하는 것을 말한다. 따라서 분석 범위에는 현재 경쟁자, 향후 잠재 경쟁자 모두 포함된다. 또한 자사 제품과 경쟁하는 경쟁사의 제품, 자사 제품을 대체할 수 있는 대체재의 존재여부, 경쟁사와의 브랜드 경쟁 등도 분석 범위에 포함된다.

그리고 자사와 경쟁사의 시장 지위를 비교하는 것도 필요하다. 자사가 현재 시장점유율 측면에서 몇 위에 해당되는지, 경쟁우위 기업과 경쟁열위 기업의 강점과 약점이 무엇인지 등을 분석한다. 자영업자의 경우에는 지역분석, 주변 상권분석 등이 추가된다. 분석 방법은 재무제표를 이용한 재무 분석, 시장조사를 통한 시장점유율이나 시장성장률 분석, 제품계열의 구성이나 제품개발력 분석 등이 있다.

― 자사 분석

전쟁터에서 '지피지기 백전백승'이라는 말이 있듯이 자사의 강점과 약점을 정확히 파악하면 경쟁에서 이길 수 있다. 자사 분석company analysis은 회사의 경영이념, 경영전략, 경영목표, 마케팅전략 등을 분석하고 경영실적, 매출, 이익, 비용 등 경영상황도 분석한다.

그리고 자사의 보유자원인 인재, 제품, 자금, 기술력 등을 분석한다. 특히 제품 개발의 핵심요인인 기술인력, 인재와 조직, 최신 설비, 자금력, 무형의 자산과 노하우, 특허 등을 파악하는 것이 중요하다. 또한 신제품 개발을 위한 특별 마케팅을 계획하는 경우에는 신제품과 기존 제품 사이에 시너지가 발생하는지도 검토해야 한다.

― 유통 분석

유통 분석channel analysis은 자사 제품이 유통망을 통하여 최종소비자에게 전달되는 경로를 분석하는 것을 말한다. 분석 범위는 유통업자가 물적 유통전문회사인지, 일반 중간상인지, 최종 판매점인지에 따라 분석을 달리하여야 한다. 자사 제품이 일반생활용품인지, 골프용품과 같이 전문품인지 등에 따라 유통업자 분석 범위가 달라진다. 그리고 유통업자를 분석할 때 유통회사의 시장점유율, 취급범위, 매장에서 자사 제품의 진열상태 등을 분석한다.

또한 유통회사가 자사보다 힘이 있는 경우에는 향후 상황 변화에 따라 유통경로 갈등이 발생할 수 있으므로 유비무환의 자세로 유통회사가 어떤 제품을 확충할 계획이 있는지 또는 어떤 제품을 축소할 계획이 있는지 등도 점검한다. 최종판매점 분석은 최종판매점이 이마트, 하나로마트, 롯데마트 등과 같이 대형 유통점인지, 아니면 소형 판매점인지 등도 점검한다.

3. 거시환경 분석

거시환경macro environment은 외부환경 중에서 기업과 직접적으로 관련되지 않지만, 큰 영향을 미치므로 마케팅 계획을 수립할 때 반드시 포함되어야 한다.

거시환경을 분석하는 도구는 PEST 분석이 많이 사용된다. PEST는 정치적·법률적political, 경제적economic, 사회·문화적social & cultural, 기술적technological 환경의 약자로서 거시환경을 분석하는 데 매우 유용하다.[1] PEST 분석은 미시환경 분석과 함께 제6장에서 설명하는 경쟁력 분석에 많이 활용되므로 서로 연계하여 분석하는 것이 바람직하다.

▌그림 5-3 거시환경 분석(PEST 분석)

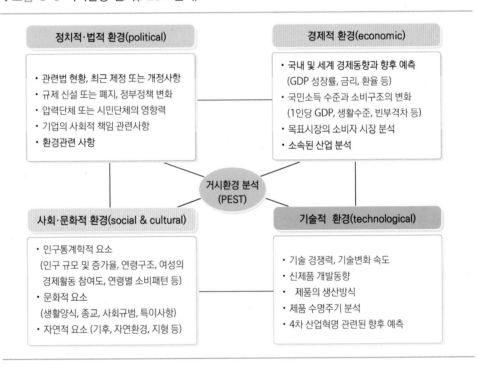

---

1 거시환경 분석의 PEST 분석을 STEEP 분석이라고도 한다. STEEP란 사회·문화적(social & cultural), 기술적(technological), 경제적(economic), 자연적(ecology), 정치적·법률적(political) 환경을 말한다.

정치적 · 법률적 환경

정치적 · 법률적 환경이란 기업의 설립과 운영의 근거가 되는 법률, 그리고 설립 이후 경영에 많은 영향을 미치는 각종 규제와 관련된 환경을 말한다. 따라서 정치적 · 법률적 환경을 분석할 때는 관련된 법률의 제정 또는 개정, 정부기관과 압력단체의 규제 신설 또는 완화 등을 분석하여야 한다.

먼저 법률은 기업의 설립근거가 되고, 기업을 보호해 주기도 하지만, 규제의 수단으로 작용하기도 한다. 민법, 상법, 금융관련 법 등 법률은 기업에게 설립 근거를 제공하며, 불공정 거래를 방지(공정거래법)하고 소비자를 보호(소비자보호법)하며, 자유무역 또는 보호무역의 기준을 제공하기도 한다.

그리고 국회와 정부기관의 동향에도 예의주시하여야 한다. 정치환경이 변화할 때마다 기업은 크게 영향을 받기 때문이다. 기업과 관련된 법률 제정, 규제 강화 또는 철폐, 공기업의 민영화 또는 사기업의 공기업화 등 정부정책 변화는 기업에 큰 영향을 미친다.

아울러 2000년대 중반 이후 사회적 마케팅 시대가 도래되어 압력단체 또는 시민단체의 영향력이 증가하고, 지구의 지속가능성과 관련하여 환경문제도 중요해졌으므로 기업의 사회적 책임, 윤리적 기준, 환경 기준 등도 점검하여야 한다.

경제적 환경

경제적 환경은 자사 제품의 생산과 판매, 설비 투자 등 생산에 영향을 미칠 뿐 아니라, 소비자들의 구매력과 소비패턴에도 영향을 미친다. 기업에 영향을 미치는 경제적 요소 중에서 현재의 경제상황과 미래의 경제 예측이 제일 중요하다. 기본적인 경제변수인 경제성장률, 금리, 환율, 물가상승률, 경기순환, 에너지 가격, 원자재 가격 등 국내외 경제상황 변화와 향후 예측이 중요하다.

그리고 소비자들에게 영향을 미치는 경제적 요소는 소득 수준과 소비구조 등이다. 1인당 국민소득, 개인의 소득 수준과 생활수준, 빈부 격차, 수출입회사인 경우 수출입 장벽 등을 분석하여야 한다. 특히 자사가 목표시장으로 설정하고 있는 소비자 계층의 소득, 경쟁제품, 선호도, 최신 트렌드 등을 분석해야 한다.

또한 자사가 소속된 산업도 분석하여야 한다. 자사가 포함되어 있는 시장이 완전경쟁시장인지 독점시장인지 과점시장인지 경쟁구조를 분석하고 향후 시장 내에서 경쟁 강도, 그리고 새로운 경쟁자의 진입 가능성, 대체품의 출현 가능성 등도 분석의 범위에 포함시켜야 한다.

― 사회·문화적 환경

사회·문화적 환경은 자사 제품이 판매되는 시장과 자사 제품을 구매하는 소비자들에게 영향을 미치는 요소이다. 여기에는 인구통계학적 요인, 문화적 요인, 자연적 요인 등이 포함된다.

인구통계학적 요인은 소비자시장을 결정하는 기본요소이다. 인구 증가율, 고령화 등 연령구조의 변화, 여성의 경제활동 참여도, 베이비붐 세대, 실버세대 등 인구와 관련된 자료를 분석한다. 인구통계학적 분석은 시장의 양적 규모를 결정짓고, 시장의 질적 구조를 변화시키는 요인으로 작용한다.

문화적 요인은 그 사회만의 독특한 생활양식이나 구매습관을 형성시킨다. 단순히 시장규모만 생각하고 진입할 경우 실패하기 마련이다. 진입하고자 하는 시장의 독특한 문화나 가치관, 신념, 종교, 라이프스타일, 사회적 윤리나 규범 등을 분석하여 목표시장이 폐쇄적인지 개방적인지, 전통문화를 존중하는지 새로운 문화를 쉽게 받아들이는지, 개인적인지 사회적인지, 종교적 영향력이 큰지 작은지 등을 찾아내야 한다. 그리고 진입하고자 하는 시장의 하위문화와 사회계층 분석도 게을리하지 말아야 한다.

자연적 요인은 기후 변화, 기업이 위치한 입지 또는 소비자들이 위치한 판매 지역의 자연환경 등과 같이 기업이 통제할 수는 없지만 크게 영향을 미치는 요소이다. 그리고 제품 생산과정에서 발생하는 공해나 환경오염 등 자연환경을 훼손하는 요인도 포함되어야 한다. 특히 자연적 요인은 관광, 농업, 보험업 등 업종별로 미치는 영향이 다르고, 새로운 시장 개척이나 제품 포트폴리오 구성에도 영향을 미친다는 점을 유념해야 한다.

─ 기술적 환경

기술적 환경은 기업의 제품 생산에 직접적으로 영향을 미치는 기술경쟁력, 기술변화 속도 등 기술과 관련된 시장 환경을 말한다. 여기에는 기존 제품을 개량하는 기술, 제품의 생산방식에 영향을 미치는 기술, 제품수명주기에 영향을 미치는 신제품 개발 기술 등이 포함된다. 특히 최근과 같이 4차 산업혁명이 진전됨에 따른 신제품 개발과 신기술 확산은 향후 엄청난 변화가 예상되므로 기술적 환경을 철저하게 분석하는 것이 중요하다.

(잠깐만!) 앰부쉬 마케팅과 스텔스 마케팅

앰부쉬(매복, 기생충) 마케팅ambush marketing은 교묘히 규제를 피해 고객의 시선을 끌어 모으는 마케팅 기법으로, 스포츠의 공식 후원업체가 아니면서도 광고 문구에 '올림픽', '국가대표선수단'과 같은 용어를 사용하거나 이벤트를 개최하여 저렴하게 공식 후원업체의 효과를 얻는다.

스텔스 마케팅stealth marketing은 마치 레이더에 포착되지 않는 스텔스 전투기처럼 소비자의 생활 속에 파고들어 사람들이 눈치 채지 못하게 제품을 홍보하는 기법이다. 가령 사람들이 많이 몰리는 지하철이나 시내 중심가에서 제품에 관한 이야기를 나누거나 사진을 찍어달라는 방법으로 호기심을 자극하는 방식이다. 대중매체가 아닌 입소문으로 자연스럽게 브랜드를 알리게 된다.

EXERCISE

향상학습 및 심화학습

01 (향상학습) 아래 유튜브 동영상을 시청하면서 학습한 내용을 복습하시오.

(1) Jeongho Cha, 환경분석(3C/4C 분석, SWOT 분석, PEST 분석)

(2) 휴넷, PEST 분석

(3) Shin Yong Hwan, 오뚜기 진짬뽕 마케팅 전략

(4) (독학사 기출문제)

- 다음 중 미시적 환경요소에 속하지 않는 것은? (   )

  ① 경쟁사   ② 중간상   ③ 문화적 환경   ④ 고객

- 마케팅 환경과 관련된 내용 중 성격이 다른 하나는? (   )

  ① 정치   ② 경쟁사   ③ 기술   ④ 법

- 다음 중에서 "소비자들의 구매나 소비행태에 많은 영향을 미치며, 결과적으로 소비자들을 대상으로 하는 기업의 활동을 결정하게 된다."에 해당되는 거시적 환경요소는? (   )

  ① 인구통계적 환경요소   ② 경제적 환경요소

  ③ 기술적 환경요소   ④ 사회문화적 환경요소

02 (심화학습) 학습한 내용을 응용하여 아래의 물음에 대하여 답하시오.

(1) (경영지도사 기출문제) 기업을 둘러싼 마케팅 환경을 마케팅계획의 수립 및 수행에 중요한 의미를 갖는다. 다음 각 물음에 답하시오.

- 최고경영층에 의해 통제 가능한 마케팅 환경 세 가지만 설명하시오.

- 마케팅 부서에 의해 통제 가능한 마케팅 환경 두 가지만 설명하시오.

- 통제 불가능한 마케팅 환경 다섯 가지만 설명하시오.

(2) 여러분들이 현재 학교 앞에 프랜차이즈 사업으로 카페를 창업하려 한다고 가정하고, 3C(고객, 경쟁사, 자사) 분석을 하시오.

분석 항목	고려사항	분 석 내 용
고 객 (customer)	• • •	• • •
경쟁사 (competitor)	• • •	• • •
자 사 (company)	• • •	• • •

(3) 여러분들이 현재 소속되어 있는 학교 또는 직장에 대하여 마케팅 환경을 분석한다고 가정하고, PEST(정치적 · 법률적, 경제적, 사회 · 문화적, 기술적 환경) 분석을 하시오.

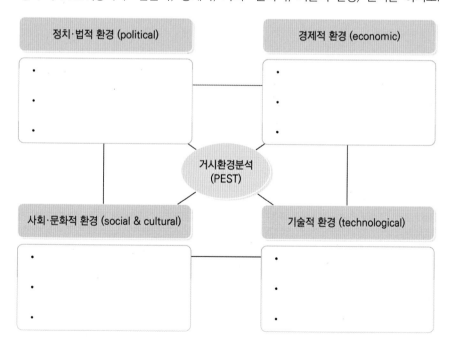

CHAPTER

06 경쟁력 분석

1. 경쟁력 분석이란?

마케팅 전략을 수립하기 위하여 현 시점에서 자사의 경쟁력이 어느 정도되는 지를 파악하는 것이 중요하다. 자사의 현재 경쟁력 수준에 따라 향후 마케팅 전략이 달라지기 때문이다. 제6장에서는 경쟁력 분석에 널리 사용되는 6가지 모형을 설명한다.

경쟁력을 분석할 때 산업 수준industry level, 기업 수준corporate level, 사업부 수준business level, 기능 수준functional level으로 나누어 분석해야 한다. 제1장 마케팅의 기본용어에서 설명한 바와 같이 기업은 계층적 구조로 형성되어 있기 때문에 전략 수립도 계층적으로 세밀하게 분석해야 실효성이 있다. 이를 토대로 마케팅 계획과 마케팅 전략을 수립할 때도 산업 수준, 기업 수준, 사업부 수준, 기능 수준으로 수립하여야 한다.

예컨대, 동서울전자(주)의 경쟁력을 분석할 때,[1] 전자산업이라는 산업이 얼마나 매력적인지를 산업 수준에서 먼저 분석한 다음, 경쟁기업 중에서 동서울전자

---

1 대부분의 기업은 '기업-본부-부서-팀'으로 계층적 구조로 조직되어 있다. 가령 전자회사는 생활가전 본부, 주방가전 본부 등 여러 사업본부로 구성되어 있으며, 각 본부는 냉장고 생산부, TV 생산부, 마케팅부, 인사부 등 여러 부서로 구성되어 있고, 각 부서는 여러 팀으로 구성되어 있다.

(주)가 어느 정도의 경쟁력을 보유하고 있는지 기업 수준에서 분석한다. 그리고 동서울전자(주)의 내부조직인 사업부(또는 사업본부)와 기능(제품, 브랜드, 팀) 수준에서 분석하게 된다.

▌표 6-1 경쟁력 분석 수준별 분석 모형

분석 수준	세부 설명	경쟁력 분석 모형	
산업 수준 (industry level)	동서울전자(주)가 소속된 전자산업 전체를 분석	5 force 모형	
기업 수준 (corporate level)	동서울전자(주)라는 개별기업을 분석	BCG 매트릭스 GE-맥킨지 매트릭스	
사업부 수준 (business level)	개별기업에 소속된 사업부(또는 사업본부)를 분석	본원적 경쟁우위론 앤소프 매트릭스 모형	
기능 수준 (functional level)	사업부에 소속된 개별 팀 또는 제품을 분석	팀의 내부역량 분석 또는 제품의 경쟁력 분석	
환경 분석	기업의 내부환경 분석	4C 분석	SWOT 분석
	기업의 외부환경 분석	PEST 분석	

산업 수준을 분석할 때 유용하게 사용되는 모형은 마이클 포터의 5 force 모형이며, 기업 수준을 분석할 때 많이 사용되는 모형은 BCG 매트릭스와 GE-맥킨지 매트릭스이다. BCG 매트릭스와 GE-맥킨지 매트릭스는 기업의 사업 포트폴리오 구성에 대한 중요한 시사점을 제공하여 준다. 사업부 수준을 분석할 때는 마이클 포터의 본원적 경쟁우위론과 앤소프 매트릭스 모형이 많이 사용된다. 기능 수준(팀, 제품)의 분석은 팀의 내부역량을 분석하거나 제품의 경쟁력을 분석하게 되는데, 이때 사용되는 모형은 분석내용에 따라 여러 모형이 응용되어 사용된다.

그리고 마케팅환경을 분석할 때 내부환경은 4C 분석, 외부환경은 PEST 분석 방법이 사용되는데, 경쟁력 분석에 활용하기 위하여 내부환경과 외부환경을 종합 분석하게 된다. 이때 사용되는 모형은 SWOT 분석기법이다.

2. 포터의 산업구조분석 모델

미국 경영학자 마이클 포터Michael Eugene Porter는 산업구조분석 모델과 본원적 경쟁우위론을 제시하였다. 산업구조분석 모델5-force model은 기업을 둘러싸고 있는 산업구조를 분석하는 모형이다. 외부환경의 5가지 요인을 분석하여 해당 산업이 얼마나 매력적인지를 판단하는 근거를 제시한 것이다. 산업 수준industry level 분석에 해당된다.

5가지 요인은 현재 경쟁사와의 경쟁정도, 공급자의 교섭력, 수요자의 교섭력, 향후 대체재의 출현 가능성, 그리고 향후 새로운 기업의 진입 가능성을 말한다. 5가지 요인을 분석하면 향후 시장의 경쟁 강도를 파악할 수 있으므로 현재의 사업을 더욱 강화하는 것이 바람직한지, 아니면 철수하는 것이 바람직한지를 결정할 수 있다. 그리고 신규 진입하려는 기업도 5가지 요인을 분석하여 진입여부를 결정하면 된다. 그럼, 5가지 요인을 자세히 살펴보자.

▌그림 6-1 마이클 포터의 산업구조분석 모델

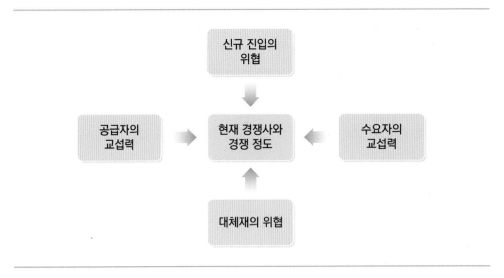

① 현재 경쟁사와의 경쟁정도이다. 현재 기업들과의 경쟁정도를 파악하기 위하여 경쟁기업의 수, 시장의 크기, 시장성장률, 제품 차별화, 고정비용의 규모, 철수장벽 등을 분석한다. 현재 경쟁기업이 많을수록, 시장 규모가 작을수록, 시장성장률이 낮을수록 경쟁이 치열하게 된다. 그리고 제품들 간 차별화가 적을수록, 제품을 생산할 때 고정비용가 적게 들수록, 시장에서 철수하기 용이할수록 경쟁이 치열하게 된다. 경쟁이 치열해지면, 시장의 매력도는 하락하게 된다.

② 공급자의 교섭력이다. 공급자의 교섭력(또는 협상력)bargaining power이란 원자재나 중간재를 납품하는 공급자의 힘을 말한다. 공급자의 교섭력이 클수록 제조업체는 원자재나 중간재를 공급받을 때 협상력이 약해지고, 시장의 매력도는 하락하게 된다.

공급자의 교섭력을 결정하는 요소는 원자재나 중간재를 납품하는 공급자의 수, 납품하는 제품의 차별화, 대체재의 존재여부, 공급자 변경 용이성, 공급자의 대형화 가능성 등이다. 공급자의 수가 많을수록, 공급자가 공급하는 제품의 차별화가 낮을수록, 대체재가 많을수록, 공급자를 쉽게 변경 가능할수록, 공급자가 기업의 인수·합병(M&A)mergers and acquisitions을 통하여 대형화 또는 수직 통합화가 어려울수록 공급자의 교섭력이 하락하여 시장 매력도는 상승한다.

③ 수요자의 교섭력이다. 수요자의 교섭력은 제조업체의 제품을 구매하는 기업 혹은 소비자가 보유한 힘을 말한다. 수요자의 교섭력이 클수록 제조업체의 힘은 약화되므로 시장의 매력도는 감소한다.

수요자의 교섭력은 크게 구매 협상력과 가격 민감도로 구분할 수 있다. 구매 협상력은 구매자의 수, 구매량, 대체재의 존재여부, 구매자의 집중도, 구매자의 교체비용 등을 말한다. 구매자가 많을수록, 대체재가 적을수록, 전체 구매량 중에서 소수의 구매자가 구매하는 비중(집중도)이 낮을수록, 다른 구매자가 많아 구매자의 교체비용이 낮을수록 수요자의 교섭력은 하락하여 시장 매력도는 상승한다.

가격의 민감도는 제품 차별화, 브랜드 인지도, 수요자의 소득에서 제품 구입비가 차지하는 비중 등에 따라 다르게 나타난다. 제품 차별화가 높을수록, 브랜드 인지도가 높을수록, 수요자의 소득에서 자사 제품의 구입비 비중이 낮을수록 수요자의 교섭력은 하락하므로 시장 매력도는 상승한다.

④ 향후 새로운 기업의 진입 가능성이다. 새로운 기업이 시장에 진입하기가 얼마나 어려운가를 진입장벽이라고 한다. 진입장벽이 높을수록 새로운 기업의 진입이 적어 경쟁이 낮아지므로 시장 매력도는 상승한다.

진입장벽은 초기 자본금의 규모, 법률적·제도적 규제, 규모의 경제 도달 용이성, 제품의 차별화 정도, 브랜드 충성도, 유통채널 접근 용이성, 철수장벽 등에 따라 결정된다. 초기 자본금이 적을수록, 정부의 진입 규제가 낮을수록, 규모의 경제에 쉽게 도달할수록, 제품의 차별화가 적고, 브랜드 충성도가 낮을수록 새로운 기업이 쉽게 진입할 수 있으므로 시장 매력도는 하락한다. 또한 유통채널을 쉽게 이용 가능할수록, 철수장벽이 낮을수록 시장 매력도는 하락한다.

⑤ 향후 대체재의 출현 가능성이다. 대체재가 많거나 쉽게 등장 가능할수록 시장의 매력도는 하락한다. 그리고 대체재의 질적 수준이 높거나 가격이 낮을수록, 수요자가 자사 제품의 구매를 교체할 가능성이 높을수록 소비자들이 쉽게 구매품을 변경할 수 있으므로 기업에게는 매력도가 낮아진다.

위와 같은 5가지 요인을 종합평가하면, 산업의 매력도를 쉽게 파악할 수 있다. 5-force 모델은 산업 수준의 분석모델로서 향후 산업의 매력도를 알려주며, 기존 기업의 탈퇴 여부와 새로운 기업의 진입 여부를 판단하는 자료로 활용된다.

3. BCG 매트릭스

BCG 매트릭스는 1968년 보스턴컨설팅 그룹이 시장성장률과 시장점유율의 2개 요소로 회사의 제품을 분석하는 모형이다.[2]

먼저 BCG 매트릭스의 구조를 살펴보자. BCG 매트릭스의 가로축(X축)에 상대적 시장점유율을, 세로축(Y축)은 시장성장률을 두면, (그림 6-2)와 같이 2×2 매트릭스가 되며, 영역은 4개 분야로 구성된다.

①의 영역은 시장성장률이 높으면서 상대적 시장점유율도 높은 영역이며, ②의 영역은 시장성장률은 낮지만 상대적 시장점유율이 높은 영역이다. ③의 영역은 시장성장률이 높지만 상대적 시장점유율이 낮은 영역이며, ④의 영역은 시장성장률과 상대적 시장점유율 모두 낮은 영역이 된다.

┃그림 6-2 BCG 매트릭스(2×2 매트릭스)

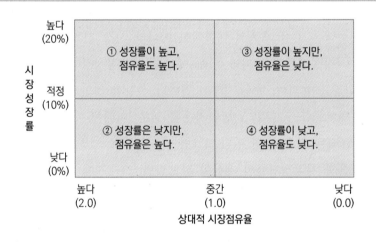

---

2 보스턴 컨설팅 그룹의 BCG 매트릭스는 자신들이 개발한 경험곡선 이론과 제품수명주기 이론을 통합하여 개발한 것이다.

BCG 매트릭스의 가로축은 상대적 시장점유율relative market share이다. 상대적 시장점유율은 $\dfrac{\text{자사의 시장점유율}}{\text{1위 기업의 시장점유율}}$ 로 계산된다. 분모는 1위 기업의 시장점유율이며, 분자는 자사 제품의 시장점유율이다. 만약 자사 제품이 시장점유율 1위이면, 분모에 2위 회사의 시장점유율을 두고, 분자에 자사 제품의 시장점유율을 두고 계산하면 된다.

그래프에 표시할 때 X축의 가운데 점을 1.0으로 하면, 자사 제품의 시장점유율이 1위인 경우 왼쪽에 위치하게 되고, 1위가 아닌 경우 오른쪽에 위치하게 된다. 즉 왼쪽에 위치할수록 상대적 시장점유율은 커지며 자사 제품이 경쟁우위에 있다는 것을 보여주며, 오른쪽으로 위치할수록 상대적 시장점유율은 작아지며 자사 제품이 경쟁열위에 있다는 것을 보여준다. 즉, 가로축은 자사 제품의 경쟁력을 표시한다고 할 수 있다.

세로축은 시장성장률market growth rate이다. 시장성장률은 자사 제품이 속해 있는 시장의 성장률이므로 $\dfrac{\text{다음해 시장 전체 매출액}}{\text{○○년 시장 전체 매출액}}$ 으로 계산된다. 시장성장률을 계산할 때 매출액은 자사 제품의 매출액이 아니라 시장 전체의 매출액이며, 성장률은 과거의 시장성장률이 아니라 미래 예상되는 시장성장률이다. 따라서 Y축은 미래의 시장성장률이 되며, 향후 시장이 얼마나 성장할 것인가라는 시장(또는 산업)의 매력도를 의미한다. 그리고 Y축의 가운데 점은 '미래에 이 정도 성장하면 적정하다'라고 판단되는 값을 두면 된다. (그림 6-2)에서는 10%을 설정하였다.

시장점유율과 시장성장률의 계산이 완료되면, 그래프에 그려 넣으면 된다. 이때 동그라미의 크기는 자사 제품의 매출액 크기이다. 동그라미 크기가 클수록 매출액이 크다는 것을 의미하고, 작을수록 매출액이 작다는 것을 의미한다.

이제 사례를 연습하여 보자. (사례 연습)은 동서울전자(주)의 BCG 매트릭스를 설명한 것이다. 먼저 문제를 꼼꼼히 읽고, 문제를 풀어보자.

상대적 시장점유율은 다음과 같이 계산된다.

제품 1: $\dfrac{13\%}{28\%} = 0.464$ 제품 2: $\dfrac{25\%}{16\%} = 1.562$

제품 3: $\dfrac{43\%}{38\%} = 1.132$ 제품 4: $\dfrac{8\%}{18\%} = 0.444$

(사례 연습) 동서울전자(주)의 BCG 매트릭스 사례

다음 표는 동서울전자(주)의 제품 1~4의 매출 및 시장점유율 현황을 표시한 것이다.
   (1) 제품 1~4의 상대적 시장점유율을 계산하시오.
   (2) BCG 매트릭스에 제품 1~4를 그려 넣으시오.

(단위: 억원, %)

	시장성장률	1위 기업의 시장점유율	매출액	시장점유율	상대적 시장점유율
제품 1	3%	28%	600	13%	
제품 2	5%	16%	7,000	25%	
제품 3	12%	38%	1,600	43%	
제품 4	19%	18%	800	8%	

▍그림 6-3 동서울전자(주)의 BCG 매트릭스

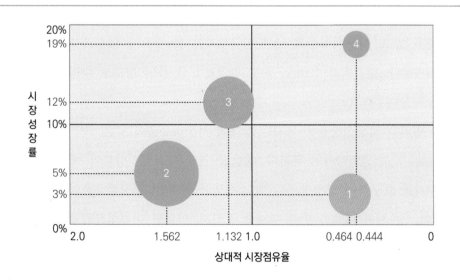

이를 BCG 매트릭스에 그려 넣으면, (그림 6-3)이 된다. 동그라미 크기는 동서울전자(주)의 각 제품의 매출액 크기와 같다.

- 제품 1: 시장성장률 3%, 상대적 시장점유율 0.464이므로 4사분면에 위치
- 제품 2: 시장성장률 5%, 상대적 시장점유율 1.562이므로 3사분면에 위치
- 제품 3: 시장성장률 12%, 상대적 시장점유율 1.132이므로 2사분면에 위치
- 제품 4: 시장성장률 19%, 상대적 시장점유율 0.444이므로 1사분면에 위치

지금까지 사례 연습을 한 BCG 매트릭스를 조금 더 구체적으로 분석하여 보자. (그림 6-4)에서 보는 것처럼 ① 영역은 시장성장률이 높으면서 상대적 시장점유율이 높은 영역이다. 이를 스타star 영역이라고 부른다. 스타 영역은 시장점유율이 높아 현재 수익성이 매우 높지만, 시장성장률이 높아 미래의 전망도 밝은 영역이다. 따라서 지속적으로 투자하여야 하므로 현금흐름은 마이너스(-)이거나 플러스(+)이더라도 크지는 않다.

② 영역은 시장성장률은 낮지만 상대적 시장점유율이 높은 영역이다. 이를 캐시카우cash cow 영역이라고 부른다. 캐시카우 영역은 시장점유율이 높아 현재 수익성이 매우 높고, 시장성장률은 낮아 신규투자를 할 필요가 없으므로 현상유지 전략을 선택한다. 현금흐름이 매우 좋아 '황금젖소'로 불릴 정도로 수익성이 좋은 영역이다.

③ 영역은 시장성장률은 높지만 상대적 시장점유율이 낮은 영역이다. 이를 물음표question mark 영역이라고 부른다. 물음표 영역은 시장성장률이 매우 높아 향후 많은 투자를 요구하는 고성장 산업에 소속되어 있지만, 시장점유율이 낮아 현금창출능력이 부족하여 대출을 받아 투자할 것인지, 아니면 미래성장을 포기해야 할지를 결정해야 하므로 물음표(?) 또는 문제아problem children로 불리는 영역이다.

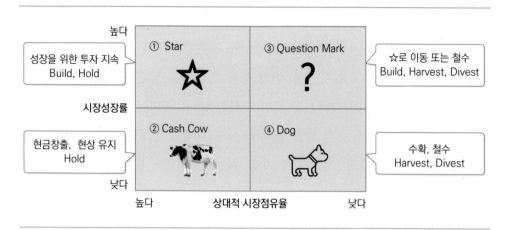

④ 영역은 시장성장률과 상대적 시장점유율 모두 낮은 영역이다. 이를 개dog 영역이라고 부른다. 개 영역은 성장률이 낮으면서 시장점유율도 낮아 현재 현금창출이 많지 않고 미래 전망도 밝지 않은 영역이다. 대부분 사양산업에 해당되므로 결국 시장 철수가 불가피한 영역이다.

따라서 4개 영역은 아래와 같이 크게 구축, 보유, 수확, 처분 전략으로 구분하여 적용할 수 있다.

① 구축build 전략은 향후 이익 증대를 위해 지속적으로 투자하여 회사 규모를 확대하는 전략이다. 성장산업에 해당되는 ☆ 영역과 ? 영역이므로 향후 회사의 한정된 자원을 대규모로 할당하여야 한다.

② 보유hold 전략은 현재의 시장점유율을 유지하는 전략이다. 향후 추가 투자가 필요하지 않으며 현금창출이 뛰어나므로 현상유지가 바람직하며 🐄 영역에 해당된다.

③ 수확harvest 전략은 기존에 투자한 사업에서 최대한 수익을 확대하는 전략이다. ? 영역과 🐕 영역에서 선택할 수 있는 전략이다.

④ 처분divest 전략은 기존에 투자한 사업을 처분하고 철수하는 전략이다. 시장

점유율이 낮으면서 향후 전망도 밝지 않은 경우 철수하는 전략이 바람직하다. ?

영역에서 투자를 하지 않을 경우와 🐄 영역에 해당되는 전략이다.

　　BCG 매트릭스는 사업포트폴리오 구성에 많은 시사점을 준다. 대부분의 기업은 보유자원이 한정되어 있어 향후 어떤 제품 생산에 더 많은 자원을 배분할 것인지, 향후 목표를 수익 극대화에 둘 것인지 시장점유율 제고에 둘 것인지를 판단하는 근거자료가 된다. 즉 향후 사업 포트폴리오를 어떻게 구성해야 할 것인지, 어떻게 선택과 집중을 해야 할 것인지 등 기업 수준에서 전략의 방향성을 제시해 준다. 따라서 BCG 매트릭스를 성장-점유율growth-share 분석모형, 사업 포트폴리오(PPM)product portfolio matrix 분석모형이라고도 한다.

(잠깐만!) 규모의 경제와 경험곡선효과

1. 규모의 경제(economies of scale)

규모의 경제는 생산량이 증가하면서 평균생산비용이 점차 줄어드는 현상을 말한다. 규모의 경제가 발생하는 이유는 생산량이 증가하면서 분업이 이루어지고 1단위의 연구개발비와 고정비용이 하락하기 때문이다.

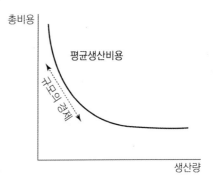

2. 경험곡선효과(experience curve effect)

경험이 축적되고 누적 생산량 또는 판매량이 증가하면서 1단위의 비용이 하락하는 현상을 말한다. 통상 누적 경험량이 2배가 되면 비용은 20~30% 정도 하락한다고 한다. 그 이유는 생산량이 증가하면서 규모의 경제, 전문화, 생산학습이 진행되어 능률이 향상되기 때문이다. 누적 경험량이 많을수록 비용이 낮아지고 수익성은 높아진다.

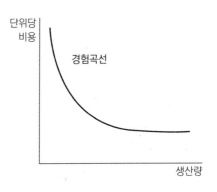

4. GE-맥킨지 매트릭스

GE-맥킨지 매트릭스는 1971년 제너럴 일렉트릭(GE)이 컨설팅 회사인 맥킨지의 자문을 받아 공동 개발한 매트릭스이다. 앞서 설명한 BCG 매트릭스가 시장성장률과 시장점유율의 2개 차원에서 4개 영역으로 구분하였다면, GE-맥킨지 매트릭스는 산업의 매력도와 사업의 강점이라는 2개 차원에서 9개 영역으로 구분하였다는 점에서 차이가 있다.

산업 매력도는 시장규모, 시장성장률, 과거의 이익 추세, 경쟁강도, 산업의 경기 및 계절 민감도 등 기업의 외부요소를 평가하여 산업이 얼마나 매력적인가를 나타낸다. 가령 동서울전자(주)가 신제품으로 무풍 에어컨을 개발할 것인가, 무풍 선풍기를 개발할 것인가를 결정할 때 시장규모와 성장성 등 산업 매력도를 평가하여 결정하게 된다.

사업의 강점은 시장점유율, 매출성장률, 가격 및 원가 우위, 제품 품질, 자금력, 기술력 등 기업의 내부요소를 평가하여 자사가 얼마나 강점을 보유하고 있는가를 보여준다. 가령 자사 제품이 차별적 경쟁우위가 있어 시장점유율이 높거나 가격이 저렴하거나 자사의 다른 제품과 시너지가 많이 발생할 경우 시장에서 경쟁력을 더 많이 보유하게 된다.

BCG 매트릭스를 작성할 때와 같이 사업별로 평가를 한 뒤, 3 by 3 매트릭스에 원으로 표시하면 된다. 다만, BCG 매트릭스와 다른 점은 원의 크기는 각 사업이 속해 있는 산업(시장)의 크기이라는 것이다. 자사 사업의 크기는 원 안에 있는 호의 크기이며, 호의 크기는 자사의 시장점유율을 나타낸다.

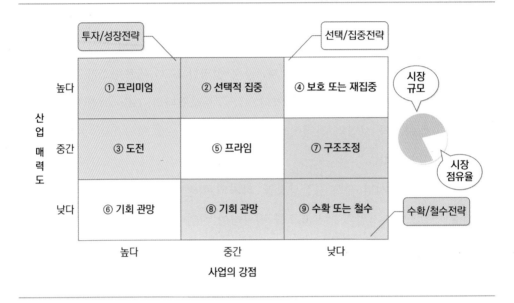

GE－맥킨지 매트릭스의 9개 영역은 크게 3개 영역으로 대별된다. (그림 6－5)에서 노란색 영역은 산업 매력도가 높으면서 사업의 강점이 많은 영역이므로 투자 및 성장전략이 필요하다. 흰색 영역은 산업 매력도와 사업의 강점 중에서 어느 하나만 높은 영역이므로 선택과 집중전략이 필요하다. 파란색 영역은 산업 매력도와 사업의 장점 모두 중간이하의 영역이므로 수확 및 철수전략이 필요한 영역이다. 이를 조금 더 상세히 설명하면, 다음과 같다.

① 영역은 프리미엄 영역으로서 산업 매력도와 사업의 강점이 모두 높은 영역이므로 성장을 위하여 적극적으로 투자하면서 해외시장 등 새로운 시장에 진출하여 사업을 다각화하는 전략이 필요하다.

② 영역은 선택적 집중 영역으로서 산업 매력도가 높으면서 사업은 중간정도의 강점을 보유하고 있는 영역이다. 성장을 위하여 투자하면서 경쟁자 또는 대체재와 차별화하는 전략이 필요하다.

③ 영역은 도전 영역으로서 산업 매력도는 중간이지만, 사업은 강점이 많으므로 강점 분야를 집중 육성하기 위하여 강점 분야에 대한 선별적 투자가 필요하다.

④ 영역은 보호 및 재집중 영역으로서 산업 매력도는 높지만, 자사의 강점이 낮은 영역이다. 자사의 강점을 개발하여 다시 집중하는 전략과 유망분야에 대한 선별적 투자가 필요하다.

⑤ 영역은 프라임 영역으로서 산업 매력도와 사업 강점이 중간수준인 영역이다. 시장 세분화를 통하여 새로운 기회를 모색하는 전략이 필요하다.

⑥ 영역은 기회관망 영역으로서 사업의 강점은 높지만, 산업 매력도는 낮은 영역이다. 향후 성장 가능성이 낮으므로 현재의 시장 지위를 보호하면서 현금 창출을 위한 보수적인 투자가 필요하며, 새로운 진출분야를 탐색하는 전략도 필요하다.

⑦ 영역은 구조조정 영역으로서 산업 매력도는 중간 수준이지만 자사 강점이 없으므로 불필요한 투자를 중단하고 단계적인 철수를 모색하는 전략이 필요하다.

⑧ 영역은 기회관망 영역으로서 사업의 강점은 중간 수준이지만, 성장률이 낮으므로 현재의 시장 지위를 유지하면서 현금 창출에 집중하는 전략이 바람직하다.

⑨ 영역은 수확 또는 철수 영역으로서 산업 매력도와 사업 강점이 모두 낮으므로 현금 창출을 극대화하면서 시장에서 빠른 철수가 필요한 영역이다.

5. 포터의 본원적 경쟁우위론

마이클 포터의 본원적 경쟁우위론generic competitive strategy은 기업의 경쟁력이 본원적으로 어디에서 발생하며 시장을 어떻게 공략하여야 하는가를 설명한 이론이다. 제품의 경쟁우위 원천은 본원적으로 비용 측면과 품질 측면에서 발생한다. 즉, 생산비용이 낮을수록, 품질이 우수할수록 경쟁력이 있다는 것이다. 여기서 생산비용이 낮다는 것은 원가우위를 의미하고, 품질이 우수하다는 것은 제품의 차별화를 의미한다.

제품의 경쟁우위 원천을 보유한 기업이 시장을 공략할 때 근본적인 경쟁우위로 나타난다. 기업이 시장을 공략할 때 전체시장을 공략하느냐, 특정시장을 공략하느냐에 따라 선택 가능한 전략은 원가우위 전략, 차별화 전략, 집중화 전략의 3가지이다. 이를 포터의 본원적 경쟁우위론이라고 한다.

▎그림 6-6 기업의 경쟁우위 원천과 본원적 전략

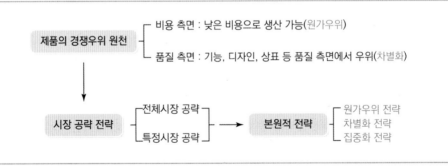

따라서 경쟁우위의 원천과 시장의 범위를 기준으로 전략을 수립하면 4가지 전략을 도출할 수 있다. (그림 6-7)은 4가지 전략을 보여준다. 먼저 원가우위를 보유한 기업이 전체시장을 공략할 때 원가우위전략cost leadership을 채택하고, 차별적인 제품을 보유한 기업이 전체시장을 공략할 때 차별화전략differentiation을 채택하면 된다.

그리고 특정시장을 공략할 때는 집중화전략focus을 선택하면 된다. 원가우위를 보유한 기업이 특정시장을 공략할 때 원가 집중화전략cost focus을 선택하고, 차별적인 제품을 보유한 기업이 특정시장을 공략할 때 차별적 집중화전략differentiation focus을 선택하면 된다.

▌그림 6-7 포터의 본원적 경쟁우위론

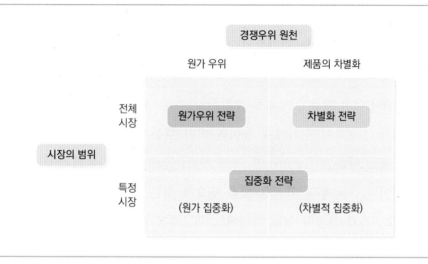

여기서 4가지 전략에 대하여 자세히 살펴보자.

① 원가우위 전략은 경쟁기업보다 더 낮은 원가로 제품을 생산할 수 있는 이점을 활용하여 낮은 가격으로 전체시장을 공략하는 전략이다. 경쟁이 치열할수록 경쟁우위를 점할 수 있다. 만약 한 기업이 원가우위와 제품 차별화를 동시에 보유할 경우 높은 가격으로 전체시장 공략도 가능하다.

② 차별화 전략은 경쟁기업보다 차별적인 제품을 생산할 수 있는 이점을 활용하여 높은 가격으로 전체시장을 공략하는 전략이다. 소비자들은 차별적인 제품이 가치가 있다고 생각하므로 높은 가격을 기꺼이 지불할 용의가 있다.

③ 원가 집중화 전략은 생산원가를 낮추어 특정시장을 공략하는 전략이다. 대

개 자원이 부족한 중소기업들이 나름대로 전문성을 확보하여 생산원가를 낮춘 다음, 특정지역 또는 특정 소비자집단을 공략하는 전략이다.

④ 차별적 집중화 전략은 경쟁제품과 차별화되는 제품을 생산하여 특정시장을 공략하는 전략이다. 원가 집중화 전략과 마찬가지로 자원이 부족한 중소기업들이 대규모 생산이 어렵고 대기업과 직접 경쟁하기 곤란하므로 나름대로 차별화된 제품을 개발하여 전문성을 확보한 다음, 특정시장을 공략하는 전략이다.

만약 어떤 기업이 위의 4가지 전략 중 하나를 선택하지 않고 2개 이상을 선택하면 어떻게 되는가? 가령 원가우위 전략(낮은 가격으로 전체시장 공략)과 제품 차별화 전략(높은 가격으로 전체시장 공략)을 동시에 추진하는 것은 현실적으로는 가능하지 않다. 왜냐하면, 제품 차별화를 보유한 기업은 대부분 어떤 이유를 붙여서라도 높은 가격을 설정하여 수익성을 높이려 하기 때문이다. 만약 나중에 경쟁제품이 등장하여 제품 차별성이 줄어들면, 그때 가격을 낮추는 원가우위 전략을 사용하면 된다는 것이다. 처음부터 가격을 낮출 필요가 없는 것이다.

그리고 4가지 전략의 어느 하나에도 해당되지 않는 '어정쩡한 전략'stuck in the middle을 선택하면, 대부분 실패로 돌아간다. 왜냐하면 경쟁사들은 4가지 전략 중 하나를 선택하여 집중하기 때문에 '어정쩡한 전략'으로는 경쟁사를 이길 수 없다. 만약 '어정쩡한 전략'이 성공한다면, 그것은 시장 전체가 일시적으로 호황이거나, 경쟁사들이 모두 어정쩡한 전략을 선택하였을 때뿐이다. 모두 운이 좋은 일시적인 현상일 뿐이다.

따라서 마케팅 전략을 수립할 때 자사의 경쟁우위를 찾아내고 적절한 전략을 수립하여야 성공할 수 있다. 경쟁우위는 기업이 보유한 사업별로 달리 나타나므로 마이클 포터의 본원적 경쟁우위론은 사업부 수준의 전략에 해당된다.

6. 앤소프 매트릭스

앤소프 매트릭스Ansoff matrix는 러시아 경영학자인 앤소프가 1957년 제시한 기업의 성장모형이다. 앤소프는 제품과 시장의 두 가지 요소로 4가지 성장유형을 제시하였다. 이를 제품-시장 매트릭스 혹은 제품-시장 확장 그리드product-market expansion grid라고 한다. 기업이 지속적으로 성장하려면, 제품과 시장에 대해 어떠한 전략을 선택하느냐에 따라 기업 성장전략이 달라진다는 것이다.

우선 가로축에 제품을 현재 제품과 신제품으로 구분하고, 세로축에 시장을 현재 시장과 신시장으로 구분하면, 4가지 유형의 성장전략을 도출할 수 있다.

① 유형은 현재의 시장에서 현재의 제품으로 시장점유율을 확장하는 전략이다. 이를 시장침투전략market penetration이라고 한다. 현재의 제품으로 시장 구석구석에 침투하여 그동안 고객이 아니었던 소비자들을 집중 개발하여 시장점유율을 높이려는 전략이다. 시장침투전략은 대부분의 기업들이 사용하는 전략으로 가장 보수적인 성장전략이라고 할 수 있다.

▌그림 6-8 앤소프 매트릭스

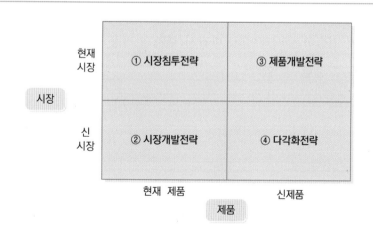

② 유형은 현재의 제품으로 새로운 시장을 찾아내고 새로운 고객을 발굴하는 전략이다. 이를 시장개발전략market development이라고 한다. 우리나라 기업들이 동남아에 진출하여 현지 유통망을 개척하고 새로운 고객을 개발하여 판매망을 확대하는 전략이 여기에 속한다. 시장개발전략은 국내외 새로운 유통채널 확보가 관건이 된다.

③ 유형은 현재의 시장에서 신제품을 개발하여 고객들의 잠재된 욕망을 끌어내는 전략이다. 이를 제품개발전략product development이라고 한다. 소비자들이 무엇을 좋아하고 싫어하는지를 찾아내고 소비자들의 입맛에 맞는 새로운 제품을 개발하여 구매력을 높이는 전략이다. 제품개발전략은 끊임없이 R&D에 투자하여 새로운 제품을 개발하는 전략인 만큼 비용이 많이 들고 성공확률이 낮지만, 성공할 경우 큰 폭의 매출 증가를 확보할 수 있다.

④ 유형은 새로운 제품을 개발하여 새로운 시장에 진출하는 전략이다. 이를 다각화전략diversification이라고 한다. 기존 제품은 새로운 시장에 통용되지 않을 수 있으므로 새로운 소비자들의 기호에 맞는 제품을 개발하여 제공하는 전략이다. 다각화전략에는 수직적 다각화, 수평적 다각화, 복합적 다각화전략이 있다.[3]

수직적 다각화는 현재의 제품을 생산하는 데 사용되는 원료나 중간재의 공급선을 그대로 활용하여 새로운 제품을 개발하는 방법이다. 예컨대 현대자동차가 자동차 중고시장에 진출하는 사례이다. 따라서 현재의 제품과 시너지를 낼 수 있으며, 새로운 고객을 창출할 수 있다.

---

3 다각화를 관련 다각화와 비관련 다각화로 구분하기도 한다. 관련 다각화(related diversification)는 기존의 사업영역과 관련되어 있는 방향으로 다각화하는 것을 말하고, 비관련 다각화(unrelated diversification)는 기존의 사업영역과 전혀 다른 새로운 분야에 진출하는 경우를 말한다.

수평적 다각화는 현재의 제품과 관련이 없는 새로운 제품을 개발하여 새로운 고객들에게 판매하는 전략이다. 예컨대 바이오 의약품의 복제약인 바이오시밀러를 생산하는 셀트리온이 코로나 바이러스 치료제인 렉키로나라는 신제품을 개발하여 판매하는 사례이다. 신제품을 기존 고객과 새로운 고객에 판매함으로써 새로운 성장을 추구하는 전략이라고 할 수 있다.

복합적 다각화는 현재의 기술, 제품 및 시장과 전혀 관련 없는 새로운 유형의 신제품을 개발하여 새로운 시장을 개척하는 전략이다. 예컨대 전자제품을 생산하는 삼성전자가 삼성바이오로직스를 설립하여 바이오 의약품 위탁생산(CMO) contract manufacturing organization에 진출한 사례이다. 가장 리스크가 큰 전략이지만, 미래 성장성을 확신하고 진출한 경우이다.

7. SWOT 분석

SWOT 분석이란 현재의 상황에서 기업이 직면하고 있는 경쟁력을 분석하는 대표적인 방법이다. SWOT 분석은 자사의 내부환경을 강점(S)strength과 약점(W)weakness으로 구분하고, 외부환경을 기회요인(O)opportunities과 위협요인(T)threats으로 구분하여 기업을 둘러싼 환경 전체를 분석하는 기법이다. SWOT 분석은 마케팅 목표와 마케팅 전략을 수립하고 세부 실행전략을 수립할 때 매우 긴요하게 사용된다.[4] SWOT 분석은 4단계로 진행된다.

　① 내부환경에서 강점과 약점으로 구분하여 2×2 매트릭스에 기입하는 단계

---

[4]　SWOT 분석을 학자에 따라 기업 자체보다 기업을 둘러싸고 있는 외부환경을 강조한다는 측면에서 TOWS 분석(위협·기회·약점·강점)이라고도 한다.

이다. 내부환경의 강점을 분석할 때 자사의 경영자원, 경영상황, 경영전략 측면에서 분석하면 된다. 그리고 내부환경의 약점을 분석할 때도 경영자원, 경영상황, 경영전략 측면에서 분석하면 된다. 추가한다면, 경쟁사보다 경쟁력이 떨어지는 요인, 고객이 불만족하는 요인 등을 분석하면 된다.

▌그림 6-9 SWOT 분석(2×2 매트릭스)

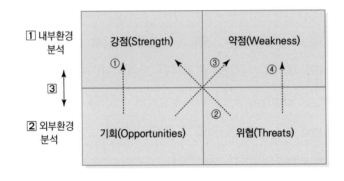

② 외부환경에서 기회요인과 위협요인을 찾아내어 2×2 매트릭스에 기입하는 단계이다. 외부환경은 과업환경과 일반환경이 있다고 설명하였다. 과업환경 측면에서 고객, 경쟁자, 유통 측면을 분석(3C분석)하고, 일반환경 측면에서 정치적·법률 환경, 경제 환경, 사회·문화 환경, 기술 환경을 분석(PEST 분석)하여 기입하면 된다.

③ 외부환경과 내부환경을 결합하여 종합적으로 분석하여 전략을 수립하는 단계이다. 분석 순서는 (그림 6-9)와 같이 ① 기회와 강점 → ② 위협과 강점 → ③ 기회와 약점 → ④ 위협과 약점의 순으로 진행하면 된다.

①은 외부환경의 기회요인과 내부환경의 강점요인을 결합하여 분석한다. 외부의 기회를 활용하기 위하여 내부의 강점을 사용하는 전략이다. 이를 SO전략이라고 한다.

②는 외부의 위협요인과 내부의 강점요인을 결합하여 분석한다. 외부의 위협

을 회피하기 위하여 내부의 강점을 사용하는 전략이다. 이를 ST전략이라고 한다.

③은 외부의 기회요인과 내부의 약점을 결합하여 분석한다. 외부의 기회를 활용하기 위하여 내부의 약점을 보완하는 전략이다. 이를 WO전략이라고 한다.

④는 외부의 위협요인과 내부의 약점을 결합하여 분석한다. 외부의 위협을 회피하면서 약점을 최소화하는 전략이다. 이를 WT전략이라고 한다.

④ 지금까지 수행한 SWOT 분석을 cross-SWOT 표로 전환하는 단계이다. 매트릭스의 가로축에는 내부환경의 강점과 약점을 기록하고, 세로축에는 외부환경의 기회와 위협요인을 기록한다. 그리고 세 번째 단계에서 분석한 SO전략, ST전략, WO전략, WT전략을 기입하면 된다.

SO 전략은 사업 확대전략에 해당되며, 우선추진과제가 된다. WO 전략은 사업 보완전략에 해당되며, 역시 우선 추진과제가 된다. ST 전략은 외부의 위협으로부터 현명하게 대처해야 하는 해결과제가 되며, WT 전략은 외부의 위협으로부터 회피하는 전략이며, 만약 회피전략이 없다면 사업 축소 또는 철수가 불가피하다.

▌그림 6-10 크로스 SWOT 분석

		내부환경 요인	
		강점(Strength)	약점(Weakness)
외부환경요인	기회(Opportunities)	SO 전략 (우선추진과제, 확대전략)	WO 전략 (우선추진과제, 보완전략)
	위협(Threats)	ST 전략 (해결과제)	WT 전략 (회피 과제)

향상학습 및 심화학습

01 (향상학습) 아래 유튜브 동영상을 시청하면서 학습한 내용을 복습하시오.

(1) 에어클래스, 마이클 포터의 경쟁전략(파이브 포스로 분석한 경쟁 환경)

(2) 휴넷, CEO를 감동시키는 사업전략(3편 - GE 매트릭스 작성법)

(3) COA컨설팅, 앤소프 매트릭스(성장전략)

(4) 은종성TV, 경쟁 관점의 비즈니스모델 혁신(본원적 경쟁전략, 마이클 포터)

02 (심화학습) 학습한 내용을 응용하여 아래의 물음에 대하여 답하시오.

(1) 현재 여러분의 위치(대학생, 직장인, 일반인 등)에서 자신과 자신을 둘러싼 외부환경을 SWOT 분석을 하고, 최선의 전략을 도출하는 cross-SWOT 분석을 하시오.

※ 참고 유튜브: 점프 교육채널, [퍼스널 브랜딩 2-2], 자신의 SWOT 분석)

(2) 다음 표는 경쟁사가 3개 존재하는 전자산업의 매출액과 시장성장률을 나타낸 것이다. BCG 매트릭스와 관련하여 아래 물음에 답하시오.

	시장성장률	경쟁사들의 매출액			A기업의 상대적 시장점유율
		A 기업	경쟁자1	경쟁자2	
제품 1	15%	800	1,000	600	
제품 2	4%	500	1,000	2,000	
제품 3	11%	400	1,000	4,000	
제품 4	18%	400	100	100	
제품 5	6%	1,000	500	100	

1) A기업의 각 제품별 상대적 시장점유율을 계산하시오.

2) A기업의 BCG 매트릭스를 그리고, 각 셀에 Star, Dog, Question Mark, Cash Cow를 표시하시오.

3) A기업의 제품 1~5를 BCG 매트릭스에 그려 넣고, 적정크기의 동그라미로 표시하시오.

4) 아래 물음의 첫 번째 괄호 안에는 Star, Dog, Question Mark, Cash Cow 중에서 하나를 선택하여 넣고, 두 번째 괄호 안에는 A기업의 제품 중에서 해당되는 번호를 써 넣으시오.

▷ 시장성장률이 높지만, 시장점유율이 낮아 고민이다.　　(　　), (　　)

▷ 수익성이 높고 안정적이므로 현상유지가 바람직하다.　　(　　), (　　)

▷ 지속적으로 투자해야 하므로 현금흐름이 마이너스이다.　(　　), (　　)

▷ 회수 또는 철수전략이 바람직하다.　　(　　), (　　)

(3) 마케팅에서 시장전문화, 제품전문화라는 용어가 있다. 만약 우리나라 기업이 동남아 사람들이 좋아하도록 제품을 일부 수정하여 수출한다면, 시장전문화 전략에 해당되는가? 제품전문화 전략에 해당되는가? 서로 토론하여 보시오.

(4) (경영지도사 기출문제) 시장의 매력도를 분석하는 데 활용되는 마이클 포터의 5 force 모델(산업구조분석 모델)과 관련하여 다음 물음에 답하시오.

1) 5 force 모델의 구성요소를 설명하시오.

2) 신규 경쟁자들이 시장에 쉽게 들어오지 못하도록 하는 진입장벽 원천 네 가지를 설명하시오.

3) 기존 시장 내의 가격경쟁이 높아지는 상황 두 가지를 설명하시오.

PART 03

마케팅 목표 및
마케팅 전략 수립

마케팅은 어떻게 하는가?
제3편에서는 마케팅 목표 수립과 마케팅 전략 수립방법에
대하여 설명한다.
제7장에서 마케팅 목표란 무엇이며 어떻게 수립하는지 절차와
방법에 대하여 설명한다.
제8장에서 마케팅 전략(STP)이 무엇이며 시장 세분화·표적화
·위치화하는 방법에 대하여 설명한다.

CONTENTS

마케팅공부 _ MARKETING

※ '향상학습 및 심화학습'의 유튜브 동영상 찾는 방법
 - 유튜브 검색창에 키워드를 입력하여 검색하면, 해당 동영상이
   상단에 노출된다.

CHAPTER

07 마케팅 목표 설정

1. 마케팅 목표란?

마케팅 목표란 무엇인가? 마케팅 목표를 이해하기 위하여 먼저 기업목표와의 관계를 파악하는 것이 중요하다.

모든 기업은 1등 기업이 되기 위하여 장단기 목표를 설정하고 모든 직원들이 혼연일체가 되어 목표 달성을 위하여 최선을 다한다. 기업의 최상위 개념은 기업 사명이다. 기업사명mission은 창업주가 기업을 창업할 때 갖고 있던 설립이념 또는 대주주가 궁극적으로 실현하고자 하는 경영철학이라고 할 수 있다. 창업주 또는 대주주가 회사의 경영철학을 직원들과 투자자들에게 제시하고, 회사의 궁극적인 지향점을 밝히는 것은 회사경영에 혼선을 방지하고 모든 직원들이 일치단결하도록 만드는 동인이 된다. 기업사명을 설립이념, 경영철학, 경영이념, 설립목적, 미션이 라고도 한다.

기업사명의 차하위 개념은 기업비전이다. 기업비전(또는 경영비전)corporate vision 은 기업사명을 구현하면서 중장기적으로 도달하고자 하는 기업의 미래상이다. 따 라서 기업사명이 추상적이라면, 기업비전은 좀 더 가시적이며, 직원들과 주주들이 공감하는 장기적인 모습이 된다.[1]

---

1 기업사명, 경영이념, 경영비전, 기업목표 등의 용어는 모든 기업에게 통용되는 명확한 기준은 없

가령 현대자동차는 "창의적 사고와 끝없는 도전을 통해 새로운 미래를 창조함으로써 인류사회의 꿈을 실현한다."는 경영철학 아래 향후 10년간 기업비전으로 "자동차에서 삶의 동반자로"를 설정하고 있다. LG그룹은 기업사명으로 "LG way"를, 기업비전으로 "일등 LG"를 설정하고 있다. 기업사명 "LG way"는 고객을 위한 가치 창조와 인간존중의 경영이며, 기업비전 "일등 LG"는 시장에서 인정을 받으며 시장을 리드하는 선도기업이라는 의미이다.

▌표 7-1 현대자동차와 LG그룹의 기업사명과 기업비전

	기업사명	기업비전
현대자동차	창의적 사고와 끝없는 도전을 통해 새로운 미래를 창조함으로써 인류사회의 꿈을 실현한다.	자동차에서 삶의 동반자로
LG그룹	LG way (고객을 위한 가치 창조와 인간존중의 경영)	일등 LG(시장에서 인정을 받으며, 시장을 리드하는 선도기업)

기업사명의 차차하위 개념은 기업목표이다. 기업목표(또는 경영목표)는 단기, 중기, 장기로 설정된다. 기업목표는 기업사명과 기업비전을 실현하기 위하여 기간별로 달성할 목표라고 할 수 있다. 따라서 기업목표는 구체적이며, 숫자로 제시되어야 하고, 단계적으로 달성 가능하여야 한다. 그리고 기업 수준corporate level의 기업목표가 설정되면, 사업부 수준business level의 목표와 기능 수준functional level의 목표(제품별, 팀별 목표)를 별도로 설정하게 된다. 이렇게 수준별 목표를 설정하는 이유는 각 수준별 상황이 다르고, 각 수준에서 목표를 달성하면, 자동적으로 기업 수준의 목표가 달성되기 때문이다. 대부분의 경우 기업목표가 설정되면, 각 사업부별로 목표를 할당하게 되고, 다시 각 제품 및 팀별로 목표를 할당하게 된다.

목표가 설정되면, 이를 달성하기 위한 전략이 필요하다. 이를 기업전략이라고

다. 기업에 따라 이들의 용어들을 혼용 또는 중복 사용하기도 한다.

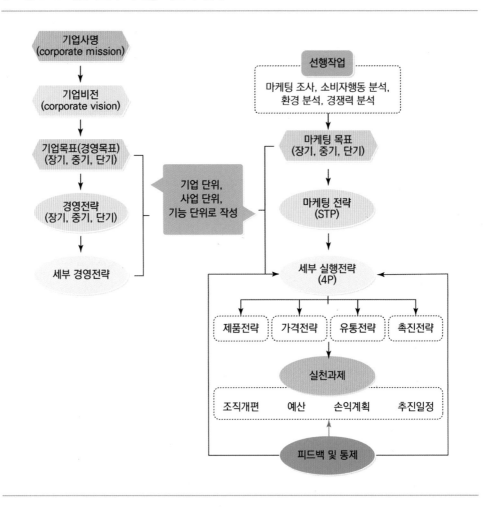

한다. 기업전략(또는 경영전략)은 목표를 체계적이고 조직적으로 달성하는 최적의 방법이라고 할 수 있다. 기업전략은 목표 설정과 마찬가지로 기업 수준의 전략이 있고, 사업부 수준의 전략과 기능 수준의 전략을 별도로 만들어 모든 직원들이 의기투합하여 실행에 옮기게 된다. 이를 각각 기업단위corporate unit의 전략, 사업단위(SBU)strategic business unit의 전략, 기능단위(OBU)operating business unit의 전략이라고 한다. 제6장에서 산업 수준, 기업 수준, 사업부 수준, 기능 수준으로 구분하여 경쟁력을 분석하여야 한다고 설명하였는데, 경쟁력 분석의 결과를 토대로 설정하는 목표와 전략도 각 수준별로 수립되어야 한다.

이와 같은 기업목표와 기업전략이 수립되면, 마케팅파트, 인사파트, 생산파트, 재무파트 등 각 파트별로 목표와 전략을 수립하게 된다. 마케팅파트에서 수립하는 마케팅 목표와 마케팅 전략은 기업목표와 기업전략을 달성하기 위한 수단이 되는 것이다.

따라서 마케팅 목표는 기업목표의 하위개념이 된다. 즉, 마케팅 목표는 기업사명, 기업비전, 기업목표를 달성하기 위하여 마케팅파트에서 수립하고 달성하여야 하는 목표가 된다. 마케팅 목표는 장기 목표, 중기 목표, 단기 목표, 연도별 목표로 구분하여 작성하게 된다. 마케팅 목표가 설정되면, 이를 달성하기 위하여 다양한 마케팅 전략이 수립된다.

2. 마케팅 목표 수립절차

마케팅 목표는 마케팅 계획이나 마케팅 전략을 수립할 때 중요한 출발점이 된다. 마케팅 목표는 신설회사의 경우 회사를 설립한 직후 영업 계획을 수립할 때 마케팅 계획과 함께 수립된다. 기존회사의 경우 이미 만들어진 중장기 마케팅 목표가 있지만, 매년 1년 단위로 마케팅 목표(단기)를 설정하고 추진하게 된다. 그리고 마케팅 환경이 크게 변화하거나 중장기 마케팅 목표를 수정할 필요성이 있을 때, 또는 신상품을 개발하거나 경쟁사의 시장점유율이 크게 상승할 때 특별마케팅을 실시하게 되는데, 이때 마케팅 목표를 다시 설정하게 된다.

마케팅 목표를 설정하려면, 선행작업이 필요하다. 제3장부터 제6장까지 설명한 마케팅조사, 소비자행동 분석, 환경 분석, 경쟁력 분석이 선행작업이 된다. 선행작업의 결과를 토대로 기업목표가 설정되면, 마케팅 파트에서는 이에 상응하는 마케팅 목표를 수립하게 된다.

마케팅 목표가 설정되면, 이를 달성하기 위하여 세부적인 마케팅 전략을 수립하게 된다. 마케팅 전략은 통상 STP 전략으로 표현된다. STP 전략은 시장을 세분화segmentation하고, 세분화된 시장 중에서 목표시장을 선정targeting하고, 목표시장에서 자사 제품을 차별화할 수 있도록 위치화positioning하는 전략이다.

마케팅 전략이 수립되면, 세부실행전략이 수립된다. 세부실행전략을 4P 전략이라고 한다. 제품product, 가격price, 유통place, 촉진promotion의 4가지 분야에서 세부실행전략을 수립하게 된다.

세부실행전략이 수립되면, 실천과제를 수립한다. 실천과제는 마케팅 목표와 마케팅 전략을 모든 직원들이 실행에 옮기기 위하여 필요한 조치들을 말한다. 회사 조직을 개편하고 필요한 인력을 충원하고, 브랜드 전략, 고객관리, 품질관리, 유통관리 등 분야별로 실행에 옮길 과제를 수립한다. 이때 소요 예산과 추진일정도 아울러 제시되어야 한다.

이렇게 마케팅 목표와 전략이 수립되면, 실제 실행에 옮기게 된다. 마케팅을 실행하면서 당초 계획한 방향으로 진행되지 않을 수도 있다. 수시로 피드백과 개선이 이루어져야 한다. 이때 필요한 것은 PDCA 사이클이다. Plan(계획) → Do(실행) → Check(평가) → Action(개선)의 순서대로 마케팅 계획을 실행하면서

실행이 지연되거나 문제점이 발생되면, 그 이유와 원인을 찾아내고 필요한 조치들을 취하여 소기의 성과를 얻을 수 있도록 하여야 한다.

이와 같이 마케팅 목표는 상위개념(기업사명, 경영비전, 경영목표)과 일관성이 있어야 하며, 하위개념(STP 전략, 4P 전략, 세부실행전략 등)과 치밀하게 연계되어 일사불란하게 추진되어야 새롭게 설정한 기업목표와 마케팅 목표를 달성할 수 있게 된다.

3. 마케팅 목표 수립방법

── 마케팅 목표 수립의 유의사항

마케팅 목표가 마케팅 계획이나 마케팅 전략을 수립하는 출발점인 만큼 마케팅 목표를 설정할 때 다음과 같은 사항에 유의하여야 한다.

먼저 마케팅 목표는 일관성이 있어야 한다. 선행작업이라고 설명한 마케팅조사, 소비자행동 분석, 환경 분석, 경쟁력 분석의 결과가 정확하게 반영되어야 하며, 기업이 지향하고자 하는 기업사명이나 기업비전을 실현할 수 있어야 한다.

그리고 마케팅 목표는 SMART하여야 한다. 마케팅 목표는 기업목표를 달성하기 위하여 구체적specific이어야 하고, 측정 가능measurable해야 하며, 실현 가능성achievable이 있어야 하고, 현실적realistic이어야 하며, 단계적time-bound으로 작성하여야 한다.[2]

가령 대학생인 홍길동이 영어공부를 하겠다는 목표를 세울 경우 어떻게 목표를 수립하여야 하는지를 마케팅 기법을 통하여 살펴보자.

① 목표는 구체적이어야 한다. 단순하게 영어공부를 열심히 하겠다는 목표가 아니라 '2년 후 TOEIC 950점'과 같이 구체적인 목표가 수립되어야 한다.

② 목표는 정기적으로 측정 가능하여야 한다. 현재 800점의 실력을 '6개월 마다 40점씩 향상시킨다.'라는 중간목표를 세우고 달성여부를 6개월마다 측정할 수 있어야 한다.

③ 목표는 실현 가능성이 있어야 한다. 뜬구름 잡기 식의 지나치게 높은 목표 설정은 금물이다. 현재의 실력을 감안하여 손에 잡히는 목표를 설정하여야 한다.

---

2 축약어 SMART의 어원은 학자에 따라 조금씩 다르다. Specific와 Measurable은 동일하기만, Achievable는 Attainable, Actionable로, Realistic은 Relevant로, Time-bound는 Timely, Time-based로 사용되기도 한다.

④ 목표는 현실적이어야 한다. 홍길동은 하루 종일 영어공부에 매달릴 수 없다. 다른 과목도 공부해야 하고, 아르바이트도 해야 하고, 데이트도 즐겨야 하므로 현실적으로 할당할 수 있는 시간이 감안되어야 한다. 아울러 독학으로 할 것인지 학원을 다닐 것인지 등 현실적인 측면에서 접근하여야 한다.

⑤ 목표는 단계적으로 작성되어야 한다. 6개월마다 달성할 목표를 설정하여 6개월마다 모의시험을 치르고, 매주·매월·6개월·1년 공부할 분량도 목표에 포함시켜야 한다. 목표 달성은 하루아침에 이루어지는 것이 아니라, 장기간 단계적으로 이루어지기 때문이다.

― 마케팅 목표의 종류

마케팅 목표는 정량목표와 정성목표로 구분해서 작성하여야 한다. 정량목표는 매출액 목표, 이익 목표, 점유율 목표 등으로 구분되는 구체적인 숫자를 말한다. 가령 향후 3년간 매출액 평균 증가율 10%, 3년 후 시장점유율 20% 증가, 3년 후 유통 판매량 1.5배 증가, 3년 후 영업이익률 30% 달성 등이 정량목표가 된다. 정성목표는 브랜드 인지도, 고객 만족도, 불량률, 신사업 개척 등과 같이 비계량 측면에서 기업이 나아가야 할 방향과 목표를 말한다.

기업수준의 마케팅 목표가 설정되면, 사업본부별 목표를 설정한다. 보통 기업마다 몇 개의 사업본부가 존재한다. 기업수준의 마케팅 목표를 달성하기 위하여 사업본부별 목표를 할당하게 되고, 다시 각 제품별로 목표를 할당하게 된다. 가령 〈표 7-2〉에서 보는 바와 같이 마케팅 목표가 '3년간 평균매출액 증가율 10%'라면, 연도별 목표와 사업본부별 목표가 제시되어야 한다는 것이다. 사업본부별 목표가 설정되면, 각 제품별 목표도 설정된다.

• 정량목표: 3년간 평균 매출액 성장률 10% 달성

( ) 안은 증가율임

(단위: 억원, %)		2021년(현재)	2022년	2023년	2024년
제품별 판매액 (증가율)	총매출액	300	320 (6.7%)	355 (11.0%)	400 (12.7%)
	A 제품	150	165 (10.0%)	195 (18.2%)	235 (20.5%)
	B 제품	100	105 (5.0%)	110 (4.8%)	115 (4.5%)
	C 제품	50	50 (-)	50 (-)	50 (-)

• 정성목표: 3년 후 고객만족도 1위 달성

( ) 안은 고객들의 만족도 수준임

	2021년(현재)	2022년	2023년	2024년
고객 만족도	5위(60%)	3위(70%)	2위(80%)	1위(90%)

여기서 정량목표는 숫자가 있고, 정성목표는 숫자가 없다고 생각하는 오류에서 벗어나야 한다. 정성목표는 브랜드 인지도, 고객 만족도, 불량률 축소 등과 같이 비계량인 느낌이 있지만, 계량적으로 측정할 수 있어야 달성여부를 점검할 수 있기 때문이다. 가령 '고객만족도 1위'를 정성목표로 설정하였다면, 소비자만족도 설문조사, 콜센터의 Happy call 측정, 구매자의 댓글, 좋아요 등을 데이터로 환산하여 고객만족도를 객관적으로 측정할 수 있어야 하고, 달성여부는 정기적으로 점검되어야 한다.

─ 매출액 목표 설정방법

마케팅 목표를 수립할 때 가장 빈번하게 사용되는 지표가 매출액 목표이다. 매출액 목표를 설정할 때 과거의 매출액 분석과 미래의 매출액 추정 작업부터 시작된다. 과거의 재무자료, 전문기관의 분석자료 등을 통하여 매출액 증가 가능성 등을 분석하고 이를 토대로 연도별 매출액을 추정하고, 추정 손익계산서 작성, 추정 재무상태표 작성의 순으로 진행된다.

매출액 추정방법은 여러 가지가 있다. 크게 정량적 방법과 정성적 방법, 간편 추정법으로 구분된다.

▌그림 7-2 매출액 추정방법

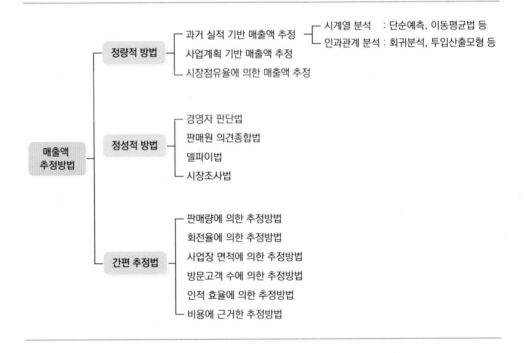

① 정량적 방법은 앞서 설명한 바와 같이 객관적인 수치를 기반으로 매출액을 추정하는 방법이다. 여기에는 과거 실적자료 기반 추정, 사업계획 기반 추정, 시장

점유율에 의한 추정방법이 있다.

① 과거 실적자료에 근거한 추정은 시계열 분석방법과 인과관계 분석방법으로 구분된다. 과거 실적자료는 자사의 실적자료를 활용할 수도 있고, 시장 전체의 실적자료를 활용할 수도 있다.

② 사업계획 기반 매출액 추정은 과거 실적자료가 부족하거나, 자료가 있더라도 향후 공장 증설로 생산능력이 증가할 때 사용하는 방법이다. 자사의 생산능력, 기술개발 역량, 마케팅 능력 등을 감안하여 매출액을 추정하는 방법이라고 할 수 있다.

③ 시장점유율에 의한 매출액 추정은 '추정 매출액＝시장 규모×시장점유율'이므로 향후 시장 규모를 추정한 다음, 자사의 시장점유율 목표를 곱하여 추정하는 방법이다. 이때 시장점유율은 단순한 기업의 희망이 아니라, 객관적인 근거에 의하여 도출된 시장점유율을 사용하여야 한다.

② 정성적 방법은 외부환경의 변화가 클 때 주관적인 판단이나 관련자들의 의견을 반영하여 매출액을 추정하는 방법이다. 경영자 판단법, 판매원 의견종합법, 델파이법, 시장조사법 등이 있다.

① 경영자 판단법은 해당 분야에서 오랜 경력을 가진 경영자가 경험에 근거하여 예측을 하거나, 기업가정신에 투철한 경영자의 번뜩이는 혜안으로 매출액을 예측하는 방법이다.

② 판매원 의견종합법은 일선에서 판매업무를 담당하고 있는 판매원들의 감각을 활용한 추정방법이다.

③ 델파이법은 해당 분야의 전문가 여러 명에게 향후 매출액의 추정치를 받아 평균하여 매출액을 추정하는 방법이다. 과거 데이터가 전혀 없거나 장기적으로 변화 폭이 클 때 사용하는 방법이다.

④ 시장조사법은 소비자들의 면접조사 또는 설문조사를 통하여 수요를 예측하는 방법이다. 실제 구매자인 소비자들의 의견을 조사하여 추정하는 방법은 신제품

을 개발할 때 많이 사용된다.

③ 간편 추정법은 우리 주변에서 쉽게 찾아 볼 수 있는 추정방법이다. 비교적 규모가 작은 영세기업들이 매출액을 추정하는 방법으로 쉽게 이해할 수 있다. 여기에는 판매량에 의한 추정, 회전율에 의한 추정, 사업장 면적에 의한 추정, 방문 고객 수에 의한 추정, 인적 효율에 의한 추정, 비용에 근거한 추정이 있다.

① 판매량에 의한 추정은 가장 일반적으로 사용되는 방법이다. '매출액＝판매량 × 판매가격'이다. 판매량은 '전체 시장규모 추정×시장 점유율' 또는 '자사의 과거 판매량×성장률'로 추정할 수 있다. 시장점유율은 현재 자사의 시장점유율을 기본으로 하되, 향후 자사의 신제품 출시계획 또는 생산능력 증가계획, 마케팅 강화전략 등 구체적인 근거를 갖고 추정하여야 한다. 그리고 판매가격은 전문기관의 매출단가 예측자료 또는 물가상승률 예측자료 등을 사용하면 된다.

② 회전율에 의한 추정은 '1일 매출액＝판매가격×시설능력×회전율'로 계산하는 방법이다. 가령 음식점의 경우 시설능력은 테이블 수, 주방시설 등을 감안하여 1회 생산·판매할 수 있는 생산량과 판매량이 된다. 여기에 하루에 몇 번 회전할 것인가를 곱하면 된다.

③ 사업장 면적에 의한 추정은 '1일 매출액＝면적(1평)당 매출액×매장 면적'으로 계산하는 방법이다. 가령 음식점의 경우 평당 매출액을 먼저 산출한 다음, 매장 면적을 곱하면 된다. 평당 매출액은 주변 상권이나 입지에 따라 크게 영향을 받으며, 임대료와도 연계가 된다.

④ 방문고객 수에 의한 추정은 '1일 매출액＝방문 고객 수×구매비율×고객 1인의 구매금액'으로 계산하는 방법이다. 옷가게와 같은 상점에 적용될 수 있는 방법이다. 주변 상권과 입지를 감안하여 통행인구 수, 내점률, 구매비율을 경험적으로 산출하여야 한다.

⑤ 인적 효율에 의한 추정은 '1일 매출액＝직원 1인당 매출액×전체 직원 수'로

계산하는 방법이다. 소매점의 경우 직원의 능력에 따라 매출액이 달라지고 급여수준도 달라진다. 직원별 최소한 월 인건비의 몇 배를 판매하여야 손익분기점에 도달할 수 있는지를 계산한 다음, 역으로 추정하여 직원 1인당 판매량을 결정하고 총매출액을 추정하는 방법이다.

⑥ 비용에 근거한 추정은 고정비, 변동비 등 비용에 근거하여 매출액을 추정하는 방법으로 가장 보수적인 추정방법으로 활용된다. 사업을 경영할 때 항목별로 최소한 소요되는 비용을 계산하고, 총비용과 적정마진을 감안하여 제품단가를 결정하고 매출액을 추정하는 방법이다.

지금까지 설명한 매출액 추정은 정량적 방법이든 정성적 방법이든 간편 추정법이든 주관적인 의견이 많이 반영된다. 따라서 매출액을 추정할 때 지나치게 낙관적인 예측은 금물이며, 경험과 근거에 기반을 둔 예측이어야 한다. 대부분의 개인사업자들은 지나치게 낙관적으로 예측하여 성급하게 창업하였다가 실패하는 사례가 많다는 점을 유념할 필요가 있다.

매출액을 추정할 때 자사의 경쟁력을 객관적으로 파악하는 것도 중요하다. 지피지기 백전백승이라는 말이 있듯이 자사의 경쟁력을 객관적으로 도출하여야 매출액도 타당하게 추정할 수 있다. 자사의 경쟁력은 원가우위 또는 제품의 차별성에 근거한다. 제6장 경쟁력 분석이 전제되어야 실패확률을 낮출 수 있다.

마지막으로 환경 변화에 따른 시나리오 분석이 필요하다. 제5장 마케팅 환경 분석에서 설명한 경제 및 정치적 환경 변화, 원자재 가격의 변화, 기술의 변화, 경쟁자의 변화 등 환경의 변화는 돌발적으로 나타나는 현상이므로 시나리오별로 대처방안을 마련하여야 한다. 가령 직원 인건비 또는 원자재 가격이 몇 % 인상될 때 수익이 어떻게 변화하는가를 분석하는 것이 시나리오 분석이다. 가장 극단적인 시나리오worst case에도 버틸 수 있어야 사업에 성공할 수 있다. 불확실성 시대의 유비무환은 최상의 정책이 된다.

향상학습 및 심화학습

01 (향상학습) 아래 용어를 설명하시오.

(1) 스타트업잡스, 성공한 기업은 반드시 갖고 있는 미션과 비전, 애플과 삼성은?

(2) 이야기's G, SMART GOAL

(3) 목적(goal), 목표(objective), 지표(indicator)의 차이점

02 (심화학습) 학습한 내용을 응용하여 아래의 물음에 대하여 답하시오.

(1) 다음의 왼쪽 표는 2018~2020년 시장규모와 A사의 매출액을 나타낸 것이며, 오른쪽 표는 2021~2023년 시장규모의 추정치와 A사의 목표 시장점유율을 나타낸 것이다. 다음의 물음에 답하시오.

	매출액 추이(실적)			매출액 추정 또는 목표액		
	2018년	2019년	2020년	2021년	2022년	2023년
시장규모	3,000억	3,400억	3,860억	4,400억	5,050억	5,800억
A사의 매출액	300억	330억	360억	(억)	(억)	(억)
(시장점유율)	(%)	(%)	(%)	10.0%	11.0%	12.0%
(성장률)	(%)	(%)	(%)	(%)	(%)	(%)

① A사의 2018~2020년 시장점유율과 성장률을 계산하여 빈칸에 기입하고, 시장규모 추이와 비교하여 설명하시오.

② 전문가의 추정자료에 따르면, 2021~2023년 시장규모는 4,400억원에서 5,800억원으로 성장한다고 한다. A사는 시장점유율 2021년 10.0%, 2022년 11.0%, 2023년 12.0%를 목표로 할 때 매년 매출액의 목표를 어떻게 설정하여야 하며, 매년 몇 % 이상 성장하여야 하는지를 계산하여 빈칸에 기입하시오. (매출액은 원 단위까지, 성장률은 소수점 첫째 자리까지 기입하시오.)

(2) 다음 문제는 다양한 방법에 의하여 매출액을 산출하는 문제이다. 물음에 답변하시오.

　① 어떤 음식점에서 전체 메뉴의 평균단가가 10,000원이며, 매일 500그릇씩 판매할 경우 월 매출액을 추정하시오.(월 25일 영업한다.)

　② 어떤 음식점에서 메뉴의 평균단가는 10,000원, 테이블 수(4명)는 20개, 하루에 4회 전한다고 가정할 때 최대 월 매출액을 추정하시오.(월 25일 영업한다.)

　③ 어떤 음식점에서 메뉴의 평균단가는 10,000원, 종업원 인건비 총액은 매월 1,000만원일 때 월 추정 매출액은 얼마이며, 하루에 몇 그릇이 판매되는지 계산하시오.(월 25일 영업하며, 인건비의 6배를 매출한다고 가정한다.)

(3) 마케팅 목표를 수립할 때 상위개념과 하위개념이 무엇이며, 서로 어떻게 영향을 미치는지 구체적으로 설명하시오.

(4) '고객만족도 1위 달성'이라는 정성목표를 설정하였을 때, 이를 측정할 수 있는 구체적인 방법을 제시해 보시오.

(5) 지금부터 여러분이 『Kotler의 마케팅 원리』(안광호 역) 또는 다른 마케팅 개론서 한 권을 선정하여 '2개월 이내 독파한다.'는 목표를 수립한다면, 목표를 효과적으로 달성하기 위한 세부계획을 5개 SMART 원칙에 의거하여 수립하여 보시오.

(잠깐만!) 마케팅 성과 측정

마케팅 금액이 증가하면서 마케팅이 투자이냐 비용이냐는 논란과 함께 마케팅 성과에 대한 의구심이 늘어나고 있다. 마케팅 성과를 측정하는 전통적인 방법은 마케팅 투자수익률(ROI)return on investment이다. ROI는 $\dfrac{(\text{마케팅으로 인한 매출} \times \text{공헌이익률}) - \text{마케팅 비용}}{\text{마케팅 비용}}$로 계산된다. 그러나 재무적 요소 외에 비재무적 요소를 포함한 성과 측정법으로 균형성과표(BSC)balanced score card이 등장하였으며, 최근 디지털 마케팅, 소셜 미디어 마케팅이 증가하면서 다양한 성과 측정법이 나타나고 있다.

CHAPTER

08   마케팅 전략(STP)

1. 마케팅 전략이란?

마케팅 전략이란 마케팅 목표를 체계적이고 조직적으로 달성하는 최적의 방법을 말한다. 일반적으로 마케팅 전략은 STP 전략을 지칭한다. STP 전략이란 마케팅 목표를 달성하기 위하여 전체 시장을 여러 세분시장으로 나누고(세분화), 여러 세분시장 중에서 목표시장을 선정하고(표적화), 목표시장에서 자사의 제품이 경쟁사 제품과 차별화되도록 이미지를 설정하는(위치화) 전략을 말한다. 따라서 STP 전략은 '시장 세분화 → 시장 표적화 → 시장 위치화'의 단계로 진행된다.

▌그림 8-1 STP 전략의 추진순서

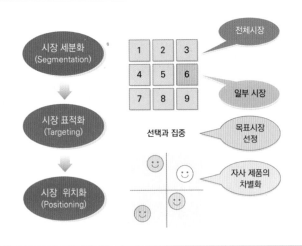

2. 시장 세분화

— 시장 세분화란?

시장 세분화는 전체시장을 다양한 기준에 의하여 작은 시장으로 나누는 과정을 말한다. 여기서 시장market이란 고객customer 또는 구매자가 소속된 집단을 말한다.

작은 시장으로 세분화하는 이유는 대부분의 기업들이 자금, 인력, 생산시설 등 보유 자원이 제한되어 있어 전체시장을 모두 공략할 수 없기 때문이다. 기업의 한정된 자원을 효율적으로 사용하기 위하여 선택과 집중이 필요한 것이다. 또 다른 이유는 구매자들의 다양한 니즈에 따라 시장을 세분하면, 자사 제품이 경쟁우위가 있는 시장을 쉽게 찾아낼 수 있기 때문이다. 즉, 자사 제품의 기능과 속성에 맞는 세분시장을 찾아내 차별적으로 공략하면, 성공할 수 있다는 것이다.

— 시장의 분류

시장은 제품 구매자 또는 제품 특성별로 소비자 시장과 산업재 시장으로 분류할 수 있다. 소비자 시장은 제품을 구매하는 개인들로 구성된 시장을 말하며, 소비재 시장 또는 B2Cbusiness to consumer 시장(기업과 소비자 사이에 거래가 이루어지는 시장)이라고도 한다. 소비자 시장은 인구통계학적, 지리적, 심리학적, 행동적 변수에 의해 세분화될 수 있다.

산업재 시장은 기업이 제품을 생산하기 위하여 원자재 또는 중간재를 구매하는 시장을 말하며, 산업 시장 또는 B2Bbusiness to business 시장(기업과 기업 사이에 거래가 이루어지는 시장)이라고도 한다. 산업재 시장은 환경변수, 운영변수, 상황요인, 구매방식, 민감도 등에 의해 세분될 수 있다.

― 소비자시장 세분화

소비자시장 세분화는 인구통계학적 세분화, 지리적 세분화, 심리학적 세분화, 행동적 세분화가 있다.

① 인구통계학적 세분화demographic segmentation는 성별, 나이, 가족 구성원, 생애주기, 소득, 직업, 교육, 종교 등과 같은 인구통계학적 변수를 활용하여 시장을 세분화하는 방법이다. 인구통계는 통계청과 UN에서 제공되기 때문에 다른 변수들보다 자료 수집이 쉽고 측정이 용이할 뿐 아니라, 소비자 욕구와 밀접하게 관련되어 있어 소비자 집단을 구분하는 데 가장 널리 사용된다.

연령대별 세분화는 베이비붐 세대(1955~1964년 출생), X세대(1965~1980년 출생), Y세대(1981~1996년 출생, 밀레니얼 세대), Z세대(1997~2009년 출생, 센테니얼 세대, 트윈세대), MZ세대(밀레니얼 세대 + Z세대), α세대(2010년 이후 출생) 그리고 중국에서는 치링허우 세대(1970년대 출생), 바링허우 세대(1980년대 출생), 주링허우 세대(1990년대 출생), 링링허우 세대(2000년대 출생) 등으로 세분할 수 있다. 특히 최근 디지털 시대를 맞이하여 세대별 디지털 수용 속도가 달라 소비에도 영향을 크게 미치므로 세대 구분은 매우 중요하다.

생애주기life cycle에 의한 세분화는 사람의 생애를 개인이나 가족을 중심으로 분류한 것이다. 개인의 생애주기는 영아기, 유아기, 아동기, 청소년기, 성년기, 중년기, 노년기 등으로 구분할 수 있는데 이를 인생주기론이라고 한다. 개인은 인생주기에 따라 소비제품이나 소비량이 달라진다. 또한 대부분의 사람들은 가정을 형성하여 삶을 영위하기 때문에 가족의 생애주기도 중요하다. 가족의 생애주기는 독신 전기(결혼 전), 가족 형성기, 가족 확대기, 가족 축소기, 독신 후기(배우자 사망 이후)의 5단계로 구분되며, 이를 가정주기론이라고 한다. 가정의 가족 수와 가족들의 연령에 따라 소비패턴이 달라진다.

표 8-1 소비자 시장의 세분화 변수

인구통계학적 변수	성별, 나이, 소득, 직업, 종교, 교육 수준, 라이프 사이클 등
지리적 변수	국가 또는 도시, 지역 지형, 도시 규모, 인구밀도, 기후 등
심리학적 변수	사회계층, 라이프 스타일, 개성, 재산 등
행동적 변수	추구하는 편익, 사용상황, 사용용도, 사용량, 브랜드 충성도 등

② 지리적 세분화geographic segmentation는 국가, 도, 군, 시 등과 같이 지리적 변수를 활용하여 시장을 세분하는 것을 말한다. 지리적 변수를 기준으로 세분화하는 이유는 고객이 거주하는 지리적 위치에 따라 욕구가 다르고 소비 특성이 다르기 때문이다. 예컨대 해외시장에 진출하려면 해당 국가의 종교, 날씨, 관습 등 지역 특성에 맞는 현지화 전략이 필요한 것도 지리적 세분화의 하나라고 할 수 있다.

③ 심리학적 세분화psychographic segmentation는 동일한 인구통계학적 집단이더라도 사회계층, 생활양식, 개성 등과 같은 심리학적 변수에 따라 구성원들의 소비 특성이 다르다는 점에 착안하여 시장을 세분화하는 것이다. 사회계층 변수는 재산에 따라 상류층, 중상층, 중간층, 중하층, 서민층, 극빈층 등으로 구분하기도 하고, 신분의 지위에 따라 지배계층, 중간계층, 피지배계층 등으로 구분하기도 한다. 생활양식life style은 예술, 요리, 여행, 운동 등과 같이 취미생활의 차이로 분류할 수 있다. 화장품과 같은 소비재는 개성에 따라 달리 소비하므로 개성 변수도 중요하다.

사이코그래픽 세분화 중에서 소비자들의 개인 차이를 근거로 시장을 세분화하고 개인의 소비행태를 분석하는 방법을 AIO 분석이라고 한다. AIO분석은 소비자들의 활동activity, 관심사interest, 쟁점사항에 대한 의견opinion의 3가지 관점을 중점 분석한다. 자세한 내용은 제4장 소비자행동 분석에서 설명하였다.

④ 행동적 세분화behavioral segmentation는 구매자들이 제품에 대해 갖고 있는 지식, 태도, 사용법 또는 반응 등 행동적 변수를 기준으로 시장을 세분화하는 것이

다. 인구통계학적 세분화, 지리적 세분화, 심리학적 세분화가 고객특성에 의한 세분화라고 한다면, 행동적 세분화는 소비자들의 행동적 변수에 의한 세분화라고 할 수 있다. 행동적 세분화는 소비자의 제품 사용용도, 사용상황, 편익, 사용량, 브랜드 충성도 등을 변수로 사용한다.

― 산업재 시장의 세분화

산업재 시장은 공급자 시각과 고객 시각으로 구분하여 세분화할 수 있다.

공급자 시각에 따른 세분화는 제품을 중심으로 세분화 변수를 선택하는 것이다. 여기에는 환경변수, 운영변수, 상황요인 등이 있다.

환경변수에 의한 세분화는 산업분류(산업종류, 기업규모), 지리적 입지상황, 경제적 변수(제품 수준, 경제 전망, 환율 등)에 따라 분류하는 것이다. 그리고 운영변수에 의한 세분화는 고객이 보유한 기술 수준, 고객의 기술 분야, 제품의 직접 사용여부, 고객이 요구하는 서비스의 양과 질 등에 따라 세분화하는 것이다. 상황요인변수에 의한 세분화는 제품 구매상황이 일반적이냐 긴급성이냐 특별한 용도이냐 등에 따라 세분화하는 것이다.

▍표 8-2 산업재 시장의 세분화

세분화 변수		세 분 시 장
공급자 시각	환경변수	산업분류(산업종류, 기업규모), 지리적(입지), 경제적(경제, 환율) 등
	운영변수	기술수준, 집중하는 기술분야, 직접 사용자/비사용자, 고객 능력 등
	상황요인	일반적, 긴급성, 특수한 용도 등
고객의 시각	구매방식	구매조직, 구매권한, 고객 관계, 구매방침 등
	민감도	가격 민감, 기술 민감, 품질 민감, 관계 민감 등

고객의 시각에 따른 세분화는 고객들이 제품을 구매하는 방식과 민감도 등에 따라 시장을 분류하는 것이다. 구매방식에 의한 세분화는 구매조직, 구매권한, 고객과의 관계, 구매정책 등에 따라 세분화하는 것이다. 여기서 구매조직에 의한 세분화는 구매하는 조직이 집중화되어 있느냐, 분권화되어 있느냐에 따라 세분화하는 것이며, 구매권한에 의한 세분화는 구매권한이 기술파트, 재무파트, 마케팅파트 중에서 어디에 존재하느냐에 따라 세분화하는 것이다.

그리고 민감도에 의한 세분화는 고객이 가격에 민감한지, 품질에 민감한지, 기술에 민감한지, 관계에 민감한지 등으로 세분화하는 것을 말한다. 기술에 민감한 고객은 기술 이전이나 경쟁우위 획득에 관심이 많으며, 품질에 민감한 고객은 품질 개선과 양질의 제품 제공을 희망한다. 반면, 가격에 민감한 고객은 최대한 저렴하게 공급하는 데 주력하면 된다. 관계에 민감한 고객에게는 판매사원과 구매 담당자의 관계를 증진시키는 데 주력하면 된다.

— 시장 세분화 절차

시장 세분화 절차는 세분화 수준 결정, 세분화 변수 선택, 세분화 실시, 세분화 요건 점검, 세분시장 평가의 순서로 진행된다. 시장 세분화는 다음 절에서 설명하는 '시장 표적화'와 서로 연결되어 진행되므로 진행절차도 중복된다.

1 세분화 수준 결정이다. 먼저 시장을 세분화하려면, 세분하고자 하는 제품과 시장을 선택하여야 한다. 이를 세분화 수준 결정이라고 한다. 제품은 여러 가지 종류 중에서 세분화하고자 하는 제품을 선택하고, 기존 제품 또는 신제품 중에서도 선택하여야 한다. 시장은 전체시장과 특정시장, 소비재 시장과 산업재 시장, 기존 시장과 새로운 시장 중에서 선택하면 된다.

2 세분화 변수 선택이다. 세분화 변수 선택은 소비자 시장인 경우 인구통계학적 변수, 지리적 변수, 심리학적 변수, 행동적 변수 중에서 하나 또는 복수로 선택

하고, 산업재 시장인 경우 환경변수, 운영변수, 상황요인, 구매방식, 민감도 등에서 하나 또는 복수로 선택하면 된다.

③ 전체시장 세분화 실시이다. 세분화 변수를 선택하였으면, 변수를 기준으로 전체시장을 세분화한다.

④ 세분화 요건 점검이다. 세분화 요건 점검이란 세분화한 후 각 세분시장에서 마케팅 전략을 적용할 수 있는지를 점검하는 것을 말한다. 시장 세분화 요건은 아래에서 자세히 설명한다.

⑤ 세분시장 평가이다. 세분시장 중에서 자사에게 적합한 목표시장을 선정하기 위하여 세분시장을 평가한다. 세분시장 평가는 평가항목과 평가지표를 선택한 후 진행된다. 세분시장 평가는 다음 절 '시장 표적화'에서 설명한다.

▎그림 8-2 시장 세분화 절차

— 시장 세분화 요건

시장을 세분화한 이후 세분시장이 유용한 가치를 가지려면 아래와 같이 5가지의 시장 세분화 요건을 충족하여야 한다.

① 동질성과 이질성 기준이다. 전체시장을 세분시장으로 분류하면 세분시장은 내부적으로 동질적이어야 하고, 외부적으로 이질적이어야 한다. 내부적으로 동질적이라는 것은 하나의 세분시장에서는 하나의 마케팅 프로그램이 필요하다는 것을 의미한다. 만약 하나의 세분시장에서 두 개의 마케팅 프로그램이 필요하다면, 동질적이지 못하므로 세분화가 잘못되었다는 것을 의미한다. 그리고 외부적으로 이질

적이어야 한다는 것은 다른 세분시장에는 다른 마케팅 프로그램을 사용하여야 한다는 의미이다. 만약 동일한 프로그램을 사용할 수 있다면, 굳이 두 개의 시장으로 세분화할 필요가 없기 때문이다.

② 측정 가능성이다. 측정 가능성이란 세분화된 시장의 규모나 구매력, 구체적인 특성 등을 모두 통계적으로 측정할 수 있어야 한다는 의미이다. 세분시장을 측정할 수 있어야 다른 세분시장과 비교할 수 있고, 세분시장의 목표를 수립하고 적절한 마케팅 전략을 구사할 수 있기 때문이다.

③ 규모의 적정성이다. 규모의 적정성이란 세분시장은 제품의 매출과 이익 측면에서 의미 있는 크기가 되어야 한다는 의미이다. 하나의 세분시장을 선정하였는데, 그 시장의 예상 매출액과 이익 규모가 충분하지 않다면, 굳이 선정할 필요가 없기 때문이다.

④ 접근 가능성이다. 접근 가능성은 자사 제품을 소비자들에게 유통시킬 수 있고, 소비자들은 정부 규제, 종교 등 장애 없이 구매할 수 있어야 한다는 의미이다. 제품을 전달할 유통망이 없거나 종교 등의 이유로 고객들이 터부시한다면 제품을 판매할 수 없기 때문이다.

⑤ 실행 가능성이다. 기업이 세분시장에서 매출을 늘리려면, 4P(제품, 가격, 유통, 촉진) 측면에서 실행 가능성이 있어야 한다는 의미이다. 세분시장에서 요구하는 제품과 가격이 기업의 이해관계와 맞아야 하며, 제품을 유통시킬 적절한 유통망이 구축되어 있으며, 다양한 촉진 프로그램을 실행할 수 있어야 한다. 세분시장의 상황에 기업이 맞출 수 없다면, 아무리 시장 규모가 크더라도 그림의 떡이 되기 때문이다.

3. 시장 표적화

── 시장 표적화란?

전체 시장을 세분화하였으면, 다음 단계는 '어떤 세분시장에 진출할 것인가?'를 결정하는 단계이다. 어떤 시장에 진출할 것인가를 결정하는 과정을 시장 표적화targeting라고 한다. 즉 시장 표적화는 세분화된 시장에서 자사 제품이 경쟁우위를 발휘할 수 있는 목표시장(또는 표적시장)target market을 선정하는 과정이다.

시장 표적화가 필요한 이유는 앞서 설명한 시장 세분화의 필요성과 유사하다. 먼저 자원의 제한성이다. 기업이 보유하고 있는 내부자원(인적 자원, 물적 자원, 자본금 등)이나 제품을 생산할 때 조달하는 외부자원(원자재, 중간재 등)이 한정되어 있기 때문에 선택과 집중이 필요하다는 것이다. 자원 보유량이 제한되어 있으므로 성공 가능성이 높은 시장을 선정하여 전사적 역량을 집중하는 것이 바람직하다.

또한 시장마다 상이한 특성과 매력도를 보유하고 있어 하나의 마케팅 프로그램으로 모든 시장을 공략하기 힘들기 때문에 시장 표적화가 필요하다. 손자병법에 "이기는 군대는 이길 수 있는 전략을 먼저 수립한 후에 전쟁을 일으키고, 지는 군대는 먼저 전쟁을 일으킨 후에 이기려 한다."라는 말이 있다. 시장에서 이기려면, 이길 수 있는 세분시장을 먼저 선택하고, 세밀한 전략을 세워야 한다. 따라서 자사에게 가장 매력적이고 적합도가 높은 세분시장을 선정하는 시장 표적화 작업이 필요한 것이다.

── 목표시장

목표시장target market이란 마케팅 목표를 달성하기 위하여 자사의 자원과 마케팅 역량을 집중적으로 사용하여 공략하고자 하는 시장을 말한다. 목표시장은 고객과 제품을 기준으로 몇 개의 시장을 선택하느냐에 따라 전체시장, 단일 세분시장, 복수의 세분시장으로 구분할 수 있다.

▌그림 8-3 **목표시장의 종류**

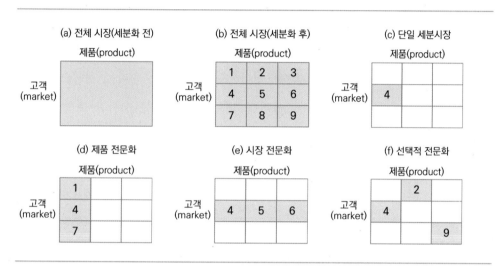

(그림 8-3)은 목표시장의 종류를 설명한 그림이다. 전체 시장을 9개의 세분 시장으로 세분화하였다.

① 그림 (a)는 전체시장 공략 전략이다. 전체시장을 세분하지 않고 하나의 시장으로 간주하고 하나의 제품 또는 복수의 제품으로 공략하는 경우에 해당된다. 무차별 마케팅이라고 할 수 있다.

② 그림 (b)는 전체시장을 세분한 후 각 세분시장을 공략하는 경우이다. 전체 시장은 9개 세분시장으로 세분화한 후, 각 세분시장에 알맞은 제품을 판매하는 전략이다. 예컨대 자동차회사에서 여러 종류의 자동차를 개발하여 각 세분시장의 고객들에게 판매한다. 여러 종류의 제품이 필요하므로 규모가 큰 대기업에서 채택하는 전략이다. 그림 (a)가 무차별 마케팅이라면, 그림 (b)는 차별화 마케팅이라는 점에서 서로 다르다.

③ 그림 (c)는 단일 세분시장 전략이다. 9개 세분시장 중에서 하나의 세분시장을 목표시장으로 선정하는 전략이다. 하나의 세분시장에 하나의 제품을 공급하는 마케팅 전략이 적용된다.

④ 복수 세분시장 전략이다. 그림 (d), (e), (f)는 2개 이상의 시장을 목표시장으로 선정하고 있다. 복수 세분시장 전략은 제품으로 전문화하느냐, 고객으로 전문화하느냐, 선택적으로 전문화하느냐에 따라 세 가지 유형으로 구분된다.

그림 (d)는 제품 전문화 전략에 해당된다. 제품 전문화는 하나의 제품으로 복수의 세분시장을 공략하는 전략이다. 예컨대 '현미경'을 만드는 회사가 대학 실험실, 기업 실험실, 정부 실험실 등 복수의 실험실에 현미경을 공급하는 전략이 제품 전문화 전략이라고 할 수 있다.

그림 (e)는 시장 전문화 전략에 해당된다. 시장 전문화는 복수의 목표시장을 선정한 후 복수의 목표시장이 필요로 하는 모든 제품을 공급하는 전략이다. 예컨대 '대학 실험실'을 목표시장으로 선정하고 현미경 등 대학 실험실에서 필요로 하는 모든 실험용 기자재를 공급하는 전략이 시장 전문화 전략이다.

그림 (f)는 선택적 전문화 전략에 해당된다. 선택적 전문화는 복수의 목표시장을 선정한 후 각각의 목표시장이 필요로 하는 제품을 공급하는 전략이다. 예컨대 방송국에서 모든 시청자들을 공략하되, 어린이 채널에는 만화영화를, 청년층 채널에는 K-팝을, 장년층 채널에는 드라마를 집중 방영할 경우 선택적 전문화가 된다.

― 시장 표적화의 절차

시장 표적화는 세분시장 중에서 자사에게 매력적인 시장을 선택하는 과정이다. 유의할 점은 경영자가 선호하는 시장을 선택하는 것이 아니라 시장규모 등 객관적인 기준에 의거하여 목표시장을 선정하여야 한다는 것이다. 시장 표적화는 5가지의 절차에 따라 진행된다.

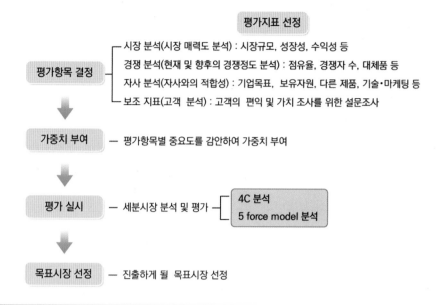

① 평가항목 선정이다. 세분시장을 객관적으로 평가할 평가항목을 제일 먼저 선정해야 한다. 평가항목은 흔히 시장 분석, 경쟁 분석, 자사 분석의 3가지를 선택한다. 시장 분석은 시장의 매력도를 평가하는 것이며, 경쟁 분석은 현재 및 향후 경쟁정도를 평가하는 것이다. 자사 분석은 진출할 시장과 자사의 적합성을 평가하는 것이다. 그리고 보조평가항목으로 고객 분석을 추가한다.

② 평가지표 선정이다. 앞서 선정한 평가항목별로 평가지표를 선정하는 작업이다. 시장 분석을 위하여 세분시장의 규모가 충분한지, 향후 성장률이 높은지, 수익성이 높은지 등을 평가할 지표를 선정한다. 그리고 경쟁 분석을 위하여 현재 시장에서 경쟁이 얼마나 치열한지, 향후 경쟁이 얼마나 치열해질 것인지 등을 평가할 지표를 선정한다.

또한 자사 분석을 위하여 목표시장과 자사의 목표가 부합한지, 자사의 보유자원이나 자사의 다른 제품과 시너지가 발생하는지, 기술적 또는 마케팅 측면에서 경쟁우위가 있는지를 평가하는 지표를 선정한다. 아무리 매력적인 시장이더라도 자사의 기존 제품이나 보유자원과 시너지가 발생하지 않는다면 장기 경쟁력을 유지하기 어렵다.

그리고 보조 평가항목인 고객 분석을 위하여 설문조사를 실시한다. 앞에서 설명한 시장 분석, 경쟁 분석, 자사 분석은 자사의 입장에서 평가하는 것이라면, 고객의 입장에서 분석하는 것이 바로 고객 분석이다. 자사 제품이 아무리 경쟁력이 있더라도 '고객의 편익과 가치'를 제고할 수 없다면, 지속 가능성이 없으므로 설문조사 등을 통하여 자사 제품이 고객의 편익과 가치를 제고할 수 있는지를 조사한다.

③ 평가지표별 가중치 부여이다. 자사가 중요시하는 평가지표에 높은 가중치를 부여하면 된다. 물론 가중치의 합계는 100%가 되어야 한다.

④ 세분시장 평가이다. 실제로 세분시장을 평가할 때 사용되는 분석기법으로는 4C 분석과 포터의 5 force 분석이 효과적이다. 4C 분석을 통하여 고객, 경쟁자, 자사, 유통채널을 분석하고, 5 force 분석을 통하여 산업의 매력도를 분석한다. 제5장과 제6장에서 설명한 환경 분석과 경쟁력 분석의 자료를 그대로 활용하면 된다. 그리고 보조지표인 '고객의 편익 및 가치' 평가도 제3장과 제4장에서 설명한 마케팅조사와 소비자행동 분석의 자료를 그대로 활용하면 된다. 따라서 마케팅조사, 소비자행동 분석, 환경 분석, 경쟁력 분석을 할 때 세분시장 평가지표를 미리 반영해 놓으면, 일거양득의 효과를 얻을 수 있다.

⑤ 목표시장 선정이다. 세분시장 별로 평가지표를 채점하고 가중치를 곱하여 총점을 계산한 다음, 최고점수를 얻은 시장을 목표시장으로 선정하면 된다.

지금까지 설명한 시장 표적화의 절차를 (사례 연습)을 통하여 다시 공부하여 보자. 먼저 1단계로 평가항목을 선정하였다. 세분시장을 평가할 평가항목으로 시장 분석, 경쟁 분석, 자사 분석과 보조 평가항목으로 고객 분석을 선택하였다.

2단계로 평가항목별 평가지표를 선택하였다. 시장 분석의 평가지표로 시장규모, 수익성, 성장성을 선택하였으며, 경쟁 분석의 평가지표로 점유율, 경쟁자 수, 대체상품을 선택하였다. 그리고 자사 분석의 평가지표로 경쟁우위, 마케팅 능력, 시너지를 선택하였으며, 고객 분석의 평가지표는 설문조사를 이용하였다.

3단계로 가중치를 시장 매력도 40%, 자사와의 적합성 35%, 경쟁 정도 25%로 부여하였다. 그리고 4단계로는 실제 평가를 실시하였다. 4C 분석과 5 force 분석 기법을 사용하였다.

그 결과 세분시장 1이 총점 9.6점을 얻어 1위였으며, 세분시장 4는 9.35로 2위로 평가되었다. 그리고 보조지표인 고객 분석에서 세분시장 1은 10.0점, 세분시장 2는 9점, 세분시장 3은 8점을 받았다. 따라서 세분시장 1을 목표시장으로 선정하였다.

(사례 연습) 동서울전자(주)의 시장 표적화 사례

평가 항목		평가 지표	가중치	세분시장			
				1	2	3	4
1. 시장 분석	시장의 매력도	시장규모	15%	10	10	10	9
		수익성	15%	10	10	8	10
		성장성	10%	8	5	7	10
		(소계)	(40%)	(3.8)	(3.3)	(3.4)	(3.85)
2. 경쟁 분석	경쟁 정도	점유율	10%	10	5	7	10
		경쟁자 수	5%	10	10	9	10
		대체상품	10%	8	10	8	6
		(소계)	(25%)	(2.3)	(2.0)	(1.95)	(2.1)
3. 자사 분석	자사의 적합성	경쟁우위	20%	10	5	6	10
		마케팅 능력	10%	10	5	10	10
		시너지	5%	10	5	10	8
		(소계)	(35%)	(3.5)	(1.75)	(2.7)	(3.4)
(고객 분석)	고객편익·가치	설문조사 결과	(10)	(10)	(9)	(8)	(7)
총점(순위)			100%	9.6(1)	7.25(4)	8.05(3)	9.35(2)

─ 목표시장 선정에 따른 마케팅 전략

목표시장을 선정한 후에는 목표시장에 맞는 적절한 마케팅 전략을 수립하여야 한다. 목표시장별 마케팅 전략은 크게 2가지 기준에 따라 수립할 수 있다.

① 목표시장의 규모별로 마케팅 프로그램을 달리하는 전략이다. 목표시장은 규모에 따라 대중시장, 세분시장, 니치마켓, 개인시장으로 분류된다.[1]

① 대중시장(또는 대량시장)mass market은 전체 시장을 세분하지 않고 전체 고객들을 하나의 집단으로 보고 하나의 프로그램으로 마케팅하는 전략이다. 예컨대 쌀, 과일과 같은 제품은 하나의 제품으로 전체 시장에 대량 판매하는 경우에 해당된다. 대량시장에서의 마케팅을 매스 마케팅, 비차별적(무차별적) 마케팅이라고 한다.

▎그림 8-5 **목표시장별 마케팅 전략**

② 세분시장market segment은 전체시장을 구매자의 특성별로 나눈 시장이다. 소비자들의 욕구가 다양해지면서 소비자들을 니즈별로 세분화하고 세분화된 시장에 적합한 마케팅 프로그램을 제공하는 전략이다. 대표적인 예가 치약이다. 치약은 어

---

1 〈그림 8-3〉은 세분시장을 선정할 때 적용할 시장의 종류를 전체시장, 단일 세분시장, 복수의 세분시장으로 분류한 것이며, 〈그림 8-5〉는 세분시장을 선정한 후 마케팅 전략을 적용하기 위하여 시장을 더 세밀하게 분류한 것이다.

린이용, 충치용, 미백용, 잇몸용 등 고객 니즈별로 다양한 제품을 제공하고 있다. 세분시장에서의 마케팅은 복수의 세분시장을 공략하는 것으로 세분화 마케팅, 차별적 마케팅이라고 한다.

③ 니치시장niche market은 세분시장을 보다 더 세밀하게 나눈 시장을 말한다. 세분시장보다 규모가 더 작아 적소시장 또는 틈새시장이라고도 한다. 시장을 작게 세분화하면, 다른 기업들이 간과하거나 수익성이 없다고 무시한 시장을 발견할 수 있다. 따라서 니치마켓은 중소기업이나 후발주자에게는 황금 광맥이 될 수 있다. 자원이 부족한 중소기업이나 시장점유율이 낮은 기업, 그리고 시장에 신규 진입하는 후발기업들이 대기업과 직접 경쟁하지 않으면서 아직 선점되지 않은 분야를 찾아내어 자신의 입지를 서서히 넓혀 가는 전략이 필요할 때 선택된다. 니치마켓에서의 마케팅은 단일 세분시장 또는 제한된 소수의 세분시장을 공략하는 것으로 틈새 마케팅, 선택과 집중에 의한 타깃 마케팅target marketing, 집중적 마케팅이라고 한다.

④ 개인시장individual market은 소비자들의 개별적인 욕구에 맞춰 제품을 판매하는 시장이다. 예컨대 맞춤형 정장이나 수제화는 개별 소비자들을 대상으로 주문 제작하는 형태로 공급되며, 최근 출판사들이 전자책을 만들고 저자가 1부라도 종이책을 주문하면 인쇄하여 제공하는 경우에 해당된다. 개인시장에서의 마케팅을 일대일one-to-one 마케팅, 맞춤customized 마케팅, 개별 마케팅personalized marketing이라고 한다. 개별 마케팅은 소비재 시장뿐만 아니라 산업재 시장에도 적용될 수 있다.[2]

개인시장은 지금까지 여러 형태로 발전되어 왔다. 미국에서 1950년대부터 도입된 DIYdo-it-yourself 상품은 완성된 제품이 아니라 소비자가 개별 부품을 구입하여 직접 조립하거나 제작하여 사용하도록 만든 상품이다. 그리고 개별 고객의 다양한

---

2 개인 마케팅은 매스 마케팅의 반대 의미를 갖는다는 측면에서 마이크로 마케팅(micro marketing)(또는 미시 마케팅)이라고도 한다. 그러나 마이크로 마케팅은 특정 고객을 개인화하여 타깃팅할 뿐만 아니라, 온라인에서 쌍방향 커뮤니케이션한다는 점에서 개인 마케팅과 약간 다르다. 제18장에서 자세히 설명한다.

주문을 받아 대량 제작하는 매스 커스터마이제이션mass-customization은 대중성mass production과 개별성customization이 결합한 새로운 형태로서 이를 대량 맞춤 마케팅이라고 한다.

② 자사의 시장 지위에 따라 마케팅 전략을 달리하는 방법이다. 자사가 시장 선도자인지, 도전자인지, 추종자인지, 니치기업인지에 따라 마케팅 전략을 달리해야 한다.

① 시장 선도자market leader는 시장점유율 확대전략과 방어전략을 병행하는 것이 바람직하다. 신제품을 개발하여 새로운 고객을 창출하고 제품의 새로운 용도를 개발하거나 사용횟수를 확대하며 제품가치를 향상시켜 시장점유율을 확대하는 전략이 바람직하다. 이른바 도전자들이 넘볼 수 없는 차이를 만드는 초격차 전략super gap에 해당된다. 그리고 경쟁기업이 진출하면 공격적으로 방어하는 선제 방어전략을 전개하거나, 상대적으로 취약한 영역을 과감히 포기하는 축소 방어전략을 선택하기도 한다.

② 시장 도전자market challengers는 시장점유율을 확대하는 전략을 사용한다. 가격 할인, 저가격 등 다양한 가격정책 등을 통하여 선도기업을 전면 공격할 수도 있고, 선도기업을 다각도로 공격하는 게릴라 전략을 채택할 수도 있고, 제품·유통·서비스 혁신을 통하여 선도기업을 공격하는 혁신 전략을 채택할 수도 있다. 또한 비관련 제품을 개발하거나 새로운 기술을 개발하여 새로운 시장을 개척하는 다각화전략을 채택할 수도 있다.

③ 시장 추종자market followers는 선도기업을 모방하는 전략을 선택한다. 선도기업의 제품, 유통, 판촉 등을 모방하여 일부 변형하거나 개선시켜 투자위험을 최소화하고 안정적으로 시장지위를 확보하는 전략을 선택한다.

시장 지위	마케팅 전략
시장 선도자	시장점유율 확대전략, 초격차 전략 방어전략(선제 방어, 축소 방어)
시장 도전자	시장점유율 제고전략 - 가격정책, 게릴라 전략, 혁신 전략, 다각화 전략
시장 추종자	선도기업 모방전략
시장 니치기업	특정영역에서 소규모이지만 틈새시장에서 강자

④ 시장 니치기업(또는 시장 적소자)market nichers은 소규모이지만 특정영역에서 경쟁력을 보유한 기업이다. 대기업이 관심을 갖고 있지 않은 분야에 진출하여 대기업과 직접적인 경쟁을 피하면서 소규모 틈새시장에서 전문성을 확보하여 안정적인 수익을 얻는 전략이다. 만약 2개 이상 특정영역에서 경쟁우위를 확보할 경우 장기생존도 가능하다.

(잠깐만!) 게릴라 마케팅guerilla marketing

게릴라 마케팅은 저비용 고효율을 추구하는 비전통적인 마케팅을 말한다. 원래 게릴라는 적군을 기습 공격하여 교란시킨 후 신속하게 빠져나와 반격을 피하는 군사전략이다. 마케팅에서는 TV 광고, 옥외광고, 신문광고 등과 같은 전통적인 매체를 사용하지 않고, 목표고객이 밀집해 있는 장소나 시간에 광고정보를 노출시켜 이벤트에 참여한 사람들의 입소문을 통하여 광고정보를 확산시키는 마케팅 전략을 말한다.
그러나 최근에는 국제스포츠대회의 공식스폰서가 아닌 기업이 공식스폰서인 것처럼 위장해 마케팅 활동을 펼치는 앰부쉬(매복) 마케팅(ambush marketing)이나, 영화나 스포츠 등 소비자들의 생활 속에 파고들어 소비자들이 인지하지 못한 상태에서 제품을 홍보하는 스텔스 마케팅(stealth marketing) 등을 포함하는 가성비 좋은 마케팅 전략을 총칭하고 있다.

4. 시장 위치화

(1) 포지셔닝이란?

STP 전략의 마지막은 시장 위치화(흔히 포지셔닝)이다. 포지셔닝positioning이란 목표시장에서 자사의 제품이 고객의 마음속에 특별한 이미지로 인식되도록 만드는 과정을 말한다.

우리 주변에는 이름만 들어도 자동적으로 떠오르는, 차별적인 이미지를 가진 제품들이 많다. 예컨대 자동차의 경우 벤츠는 최고, BMW는 성능, 볼보는 안전, 포르쉐는 스포츠, 현대자동차 아이오닉은 미래지향적이라는 생각이 떠오른다. 모두 포지셔닝이 잘된 브랜드 네임이라고 할 수 있다. 이와 같이 포지셔닝은 자사 제품이 독특한 특징을 갖도록 차별화함으로써 '이 제품은 …하다.'라는 인식을 소비자들의 마음속에 각인시키는 과정이란 점에서 매우 중요하다.

포지셔닝을 설계할 때 통상 포지셔닝 맵을 사용한다. 포지셔닝 맵positioning map이란 소비자들의 마음속에 형성되어 있는 이미지를 2차원 또는 3차원의 공간에 표시한 지도를 말한다. 속성 2~3가지를 기준으로 자사 제품과 경쟁제품의 포지션을 2차원 또는 3차원 공간에 표시하면, 자사 제품과 경쟁제품의 차별화된 특징을 한눈에 파악할 수 있다. 제품의 이미지가 소비자에게 인지된다는 의미에서 인지도 또는 지각도perceptual map라고도 한다.

(2) 포지셔닝 종류

─ 시장 포지셔닝

포지셔닝에는 시장 포지셔닝과 제품 포지셔닝이 있다. 사람들이 일반적으로 포지셔닝이라고 하면, 제품 포지셔닝을 연상하지만, 제품을 만드는 기업이 시장에서 어떤 지위를 차지하고 있는지를 설명하는 것이 시장 포지셔닝이다. 즉 시장 포지셔닝은 자사가 시장에서 경쟁사들과 치열하게 경쟁하면서 얻은 시장 지위를 말한다. 이런 의미에서 시장 포지셔닝을 경쟁 포지셔닝이라고도 한다.

시장 포지셔닝 맵은 가로축에 제품을, 세로축에 고객을 기준으로 그린 그림이다. 앞서 설명한 시장 선도자, 도전자, 추종자, 니치기업의 시장 지위를 포지셔닝 맵에 그린 그림이 (그림 8-6)이다. 그림을 보면 선명하게 이미지를 연상할 수 있다.

┃그림 8-6 시장 포지셔닝 맵

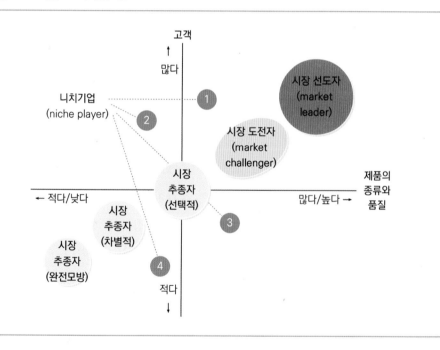

① 시장 선도자는 제품의 종류가 다양하고 품질이 우수하며 고객도 다양하므로 1사분면의 제일 오른쪽 상단에 위치하며, 매출액 1위인 기업이므로 원의 크기가 제일 크다.

② 시장 도전자는 시장점유율 2~3위인 기업이므로 제품의 종류가 약간 적고 품질도 조금 낮으며 고객도 덜 다양하다.

③ 시장 추종자는 3가지 형태로 나타난다. 시장 추종자 중에는 선도기업을 완전 모방하는 기업, 차별적으로 추종하는 기업, 선택적으로 추종하는 기업이 있다.

완전 모방자: 선도자의 일부 제품을 모든 면을 완전 모방(3사분면 하단에 위치)

차별적 추종자: 선도기업을 모방하되 특정분야에서 차별성을 유지하는 기업

(완전모방자보다 위쪽에 위치)

선택적 추종자: 선도기업 제품의 특정분야만 모방(원점 근처에 위치)

④ 시장 니치기업은 특정제품에만 전문화하는 기업이므로 시장점유율이 매우 낮고 포지셔닝 맵의 위치는 전문화한 제품의 특성에 따라 ①, ②, ③, ④와 같이 다양한 위치에 포진할 수 있다.

기업의 시장 지위는 시간의 흐름에 따라 변화한다. 현재의 지위를 현재 포지셔닝이라 한다면, 향후 기업이 목표로 하는 지위를 목표 포지셔닝이라고 한다. 기업목표를 설정할 때 현재의 모습과 미래의 모습을 현재 포지셔닝과 목표 포지셔닝의 개념을 사용하여 하나의 포지셔닝 맵에 표시하면 명확히 이해할 수 있다.

그리고 시장 환경이 변화하거나 시간이 경과함에 따라 자사의 시장 지위가 변화되거나 자사의 목표를 변경할 때 포지셔닝을 수정하게 된다. 이를 재포지셔닝 re-positioning이라고 한다. 재포지셔닝은 아래에서 자세히 설명한다.

＿ 제품 포지셔닝

자사 제품이 소비자들의 마음속에 차지하고 있는 위치를 제품 포지션이라고 하며, 자사 제품의 차별적 이미지를 소비자들의 마음속에 각인시키는 과정을 제품 포지셔닝이라고 한다. 일반적으로 포지셔닝을 이야기할 때 제품 포지셔닝을 말한다. 자사 제품과 경쟁제품을 포지셔닝 맵에 같이 표시하면, 자사 제품과 경쟁제품 간

의 차별성을 쉽게 파악할 수 있다. 제품 포지셔닝은 제품의 속성, 이미지, 사용 상황, 제품 사용자, 경쟁제품, 품질 또는 가격 등 여러 가지 기준에 따라 분류할 수 있다.

1⃞ 속성(또는 편익)에 의한 포지셔닝이다. 자사 제품이 소비자들에게 제공하는 기능 또는 편익을 기준으로 차별화하는 전략이다. 예컨대 우리나라의 대표 정책금융기관인 산업은행은 4차 산업혁명시대를 맞이하여 대한민국이 경제 강국을 향해 힘차게 나아가도록 6대 핵심 뉴딜 산업에 20조원을 지원한다는 광고를 통하여 정책금융기관이라는 속성을 포지셔닝하고 있다.

그리고 NH농협은행은 100% 민족자본으로 설립되어 든든하고 안전한 은행이며 은행 건전성, 사회공헌, 중소기업·서민·소외계층 지원 등 모든 측면에서 한국을 대표할 수 있는 "사랑받는 일등 민족은행"이라는 속성을 포지셔닝하고 있다.

② 이미지에 의한 포지셔닝은 자사 브랜드의 긍정적인 이미지가 연상되도록 차별화하는 전략이다. 예컨대 롯데 칠성사이다는 '순수하고 깨끗한 음료'라는 것을 소비자들에게 각인시키고 있으며, "사람과 세상, 그 이상을 연결하는 카카오톡"이라는 슬로건을 통하여 카카오톡은 언제 어디서나 채팅을 즐기면서 생활을 편리하고 풍부하게 만든다는 이미지를 소비자들에게 차별화시키고 있다.

③ 사용 상황에 의한 포지셔닝은 자사 제품이 특정한 상황에서 사용될 수 있음을 강조하는 전략이다. 예컨대 컨디션 헛개는 "확~ 깬다"의 광고에서 숙취해소 음료로 차별화하고 있으며, 포카리스웨트는 운동 직후 땀을 뻘뻘 흘리며 마시는 광고를 통하여 "몸에 흡수가 빠른 음료"라는 것을 인지시키고 있다.

④ 제품 사용자에 의한 포지셔닝은 자사 제품이 특정 사용자 계층에 적합하다는 것을 소비자들의 마음속에 심어주는 전략이다. 예컨대 매일유업의 셀렉스는 30대부터 서서히 줄어드는 근육 손실을 예방하고 보다 건강한 삶을 위해 단백질을 보증하고자 하는 성인 남녀를 타깃으로 제품을 포지셔닝하고 있다.

⑤ 경쟁제품에 의한 포지셔닝은 자사 제품의 혜택이나 편익을 경쟁제품과 비교하면서 포지셔닝하는 전략이다. 이른바 비교 광고에 의한 포지셔닝이다. 예컨대 렌트카 AVIS는 "We are number two. So, we're try harder."라고 광고하여 최선을 다하는 모습을 포지셔닝하고 있다.

⑥ 품질이나 가격에 의한 포지셔닝도 있다. 이마트24는 가격에 민감한 상품과 소비자들의 수요가 많은 상품 16품목을 대형마트 가격 수준으로 판매해 소비자의 장바구니 부담을 낮추는 물가 안정 프로젝트 「THE PRICE」 제도를 시행하여 "더 가까운 곳에서, 더 싼 상품을, 더 많이 소비자에게 제공하겠다."는 저가격 판매점이라는 점을 부각시키고 있다.

한편 제품 포지션도 재포지셔닝할 수 있다. 시장 환경이 변화하거나 시간이 흐름에 따라 자사 제품이 소비자들의 마음으로부터 멀어지고 판매가 부진할 때 포지셔닝을 수정하게 된다. 제품의 재포지셔닝은 소비자들에게 새로운 기능과 편익을 제공하는 것이므로 새로운 가치제안이라고 할 수 있다.

(3) 포지셔닝 절차

포지셔닝은 소비자 분석, 경쟁자 확인, 경쟁제품의 포지션 분석, 자사 제품의 포지션 개발, 포지션 확인 및 재포지셔닝의 순으로 진행된다.

① 소비자 분석은 소비자들이 무엇을 얻고자 하는지, 소비자들이 기존 제품에서 불만사항이 무엇인지를 파악하는 과정이다. 소비자 요구사항과 불만사항을 점검하면, 소비자들의 니즈를 빠르게 파악할 수 있다.

② 경쟁제품을 확인하는 과정이다. 시장에서 자사 제품과 경쟁할 만한 제품들을 모두 파악하는 것이다. 유의할 점은 직접적인 경쟁제품뿐만 아니라 대체재도 포함하여야 한다는 것이다.

③ 경쟁제품의 포지션을 분석하는 과정이다. 경쟁제품이 시장에서 어떻게 포지셔닝을 하고 있는지, 소비자들에게 어떻게 인식되고 평가받고 있는지를 파악하는 작업이다. 경쟁제품의 포지셔닝 맵을 작성해 보면, 경쟁제품의 속성과 소비자들의 지각 상태를 쉽게 파악할 수 있다.

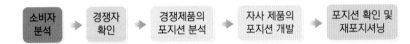

④ 자사 제품의 포지션 개발이다. 자사 제품과 경쟁제품의 차별성을 선정하는 작업이다. 경쟁제품들과 차별화는 포지셔닝 맵에서 경쟁제품들이 공략하지 않는 위치를 찾아내면 된다.

⑤ 포지셔닝 확인 및 재포지셔닝이다. 포지셔닝 확인은 자사 제품이 시장에 출시된 이후 소비자들의 반응을 분석하는 일이다. 만약 소비자들의 반응이 좋다면, 자사 제품의 차별성을 인정받은 것이며, 이것은 판매량에서 나타나게 된다. 따라서 포지셔닝의 확인은 매출액의 변화를 분석하거나, 전문적인 조사를 통하여 소비자들의 반응 변화를 분석하면 된다. 만약 포지셔닝을 확인한 결과, 매출액의 변화가 미미하거나 소비자들의 반응이 좋지 않다면, 재포지셔닝을 하여야 한다.

(4) 재포지셔닝

재포지셔닝(또는 리포지셔닝)repositioning은 고객들의 마음속에 형성되어 있는 자사 제품에 대한 이미지를 변경하고 새로운 가치제안을 하는 작업을 말한다. 재포지셔닝은 최초 포지셔닝을 한 이후 상당한 시간이 흘렀을 때 또는 시장의 경쟁상황이나 소비자의 욕구와 기대가 변화하였을 때, 그리고 기존 포지셔닝이 경쟁우위를 상실하였을 때 추진하게 된다. 재포지셔닝을 한 대표적인 예는 동아제약의 박카스이다. 1960년부터 1990년대까지 피로회복제로서 '중장년층의 음료'라는 이미지를 보유하고 있었으나, 1990년대 후반 '젊은 날의 선택'으로 재포지셔닝하여 지금까지 장수제품으로 인기를 받고 있다.

재포지셔닝은 리뉴얼과는 다른 개념이다. 리뉴얼renewal은 이미 시장에서 잊혀져가는 제품을 새로운 제품으로 만드는 것을 말한다. 예컨대 동아오츠카의 오란씨는 한때 사랑을 받은 탄산음료였으나, 최근 기존 제품보다 당 수치를 낮춘 저칼로리 상품으로 출시하여 기성세대에게는 향수를 불러일으키고, 신세대에게는 건강제품으로 재출시하였는데, 이는 리뉴얼의 사례라고 할 수 있다. 이와 같이 과거의 간판제품을 리뉴얼하는 것은 신제품 개발보다 훨씬 적은 비용으로 과거의 충성고객을 다시 끌어안을 수 있다는 측면에서 매우 효율적인 전략이라고 할 수 있다.

(5) 포지셔닝 맵

포지셔닝 맵positioning map이란 소비자들의 마음속에 형성되어 있는 이미지를 2차원 또는 3차원의 공간에 표시한 지도를 말한다. 제품의 속성 2~3가지를 선정하여 2차원 또는 3차원 공간에 표시하면, 자사 제품과 경쟁제품의 위치를 선명하게 구별할 수 있다.

주의할 점은 포지셔닝 맵이 기업이 인지하고 있는 것을 그린 그림이 아니라 고객들이 인지하고 있는 것을 시각적으로 나타낸 지도라는 것이다. 기업에서는 고가 제품이 잘 팔릴 것으로 인지하고 신제품을 출시하더라도, 실제 고객들이 저가 제품을 선호한다면, 결국 실패하기 때문에 고객들의 인지를 중심으로 작성하여야 한다. 이런 의미에서 포지셔닝 맵을 인지도 또는 지각도라고 한다.

포지셔닝 맵은 앞에서 설명한 바와 같이 시장 포지셔닝 맵과 제품 포지셔닝 맵으로 구분한다. 그리고 마케팅 목표를 수립할 때 현재의 포지셔닝과 목표 포지셔닝을 하나의 포지셔닝 맵에 그려 넣거나, 재포지셔닝을 할 때 과거의 포지셔닝과 변경 후의 포지셔닝을 하나의 포지셔닝 맵에 그려 넣으면 선명하게 비교되므로 많이 활용되고 있다.

― 포지셔닝 맵 작성절차와 방법

포지셔닝 맵을 작성하는 절차는 앞서 설명한 포지셔닝 절차와 동일하다. 포지셔닝은 소비자 분석, 경쟁자 확인, 경쟁제품의 포지션 분석, 자사 제품의 포지션 개발, 포지션 확인 및 재포지셔닝의 순으로 진행된다고 설명하였다.

먼저 소비자 분석을 할 때 소비자들이 중시하는 지표를 선정하는 것이 필요하다. 예컨대 자동차를 구매할 때 소비자들이 디자인과 생산자의 신뢰도를 중요한 속성이라고 생각한다면, 포지셔닝 맵의 가로축과 세로축 지표로 디자인과 신뢰도를 선정하여야 한다. 마케터의 생각으로는 가격과 A/S가 중요할 것이라고 판단하고 가격과 A/S를 지표로 선정한다면, 실패하게 된다. 지표는 기업이나 마케터 생각이 아닌, 소비자의 생각이 반영되어야 하므로 충분한 소비자 분석이 필요하다.

그리고 경쟁자를 확인하고 경쟁제품의 포지션을 분석할 때에는 다차원척도법을 활용한다. 다차원척도법(MDS)multi-dimensional scaling이란 여러 가지 제품을 몇 가지 속성으로 측정하고, 제품들 사이의 거리를 측정하여 2차원 또는 3차원 공간에 점으로 표현하는 통계적 분석방법을 말한다. 그리고 포지셔닝 맵에 자사 제품과 경쟁제품을 그려 넣으면, 제품들 간의 유사성이나 선호도를 파악할 수 있다. 또한 동그라미의 크기는 자사 및 경쟁사의 매출액 등 회사의 규모가 된다. 다차원척도법은 포지셔닝, 제품포트폴리오 구성, 신제품 평가 테스트, 마케팅 광고효과 측정 등에 사용된다.

그럼 다차원척도법을 사용한 (사례 연습)을 해보자. 홍길동은 ○○자동차 신차 개발팀에 참가하여 현재 신차 개발업무를 수행하고 있다. 다차원척도법을 활용하여 신차의 포지셔닝 맵에 대한 검토작업을 시작했다. 우선 설문조사 목적에 대하여 문제정의하고, 주요변수인 유사성, 선호도, 이상점에 대한 개념적 정의와 조작적 정의를 하였다. 그리고 표본은 서울 주요지역의 길거리 보행자 300명을 조사하는 편의표본추출법을 사용하였다.

(사례 연습) 신차 개발을 위한 포지셔닝 맵 작성

○○자동차에 다니고 있는 홍길동은 신차 개발팀에 소속되어 신차 개발업무를 수행하고 있으며 현재 다차원척도법을 활용하여 신차의 포지셔닝에 대한 검토작업을 시작했다. ○○자동차를 포함하여 우리나라에 진출한 세계자동차회사 상위 5개의 유사성과 선호도, 이상점을 찾아 차별적인 포지셔닝을 도출하고자 한다.

① 문제정의

• 문제정의: 자동차 브랜드의 유사성, 선호도, 이상점 조사를 통한 차별적 포지션 도출
• 주요 변수(유사성, 선호도, 이상점)의 개념적 정의와 조작적 정의

② 조사설계

• 표본의 설계 및 자료 수집
 – 서울 주요지역의 보행자 300명(편의표본추출법) 설문조사 실시
• 설문지 구성
 – 조사대상자의 인구통계학적 요소 파악: 명목척도 사용
  ☞ 성별, 연령, 직업, 거주지역, 소득수준, 현재 보유 자동차
 – 자동차를 선택할 때 고려되는 속성 파악
  ☞ 기존 연구자료와 표적집단면접(FGI) 실시
 – 14개 속성에 대한 중요도(선호도) 조사
  ☞ 중요도는 리커트 5점 척도 사용
 – 5개 자동차 브랜드에 대한 만족도 조사
  ☞ 만족도는 리커트 5점 척도 사용
 – 5개 자동차 브랜드의 이미지 유사성 조사
  ☞ 리커트 5점 척도 사용
• 자료 분석 방법
 – 설문지의 통계분석은 SPSS 사용
 – 유사성과 선호도 측정은 KYST 기법 사용
 – 브랜드 사이의 거리는 유클리디안 거리 개념 사용

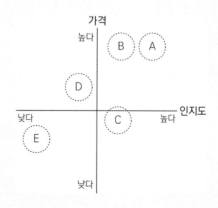

설문지 구성은 다음과 같다. 첫째, 조사 대상자의 인구통계학적 특성은 명목 척도를 사용하고 성별, 연령, 직업, 거주지역, 소득수준, 현재 보유 자동차의 5개 항목으로 구성하였다.

둘째, 고객들이 자동차를 선택할 때 중요하게 생각하는 속성은 기존 선행 연구자료와 표적집단면접(FGI)을 실시하여 14개(브랜드 인지도, 디자인, 가격, 안전성 등)를 선택하고, 측정척도는 리커트 5점 척도를 사용하였다.

자동차 선택속성의 중요도	전혀 중요하지 않다	중요하지 않다	보통이다	중요하다	매우 중요하다
1. 브랜드 인지도					
...					
14. 안전성					

셋째, 자동차 브랜드 5개에 대하여 14개 속성의 만족도를 측정하기 위하여 리커트 5점 척도를 사용하였다(① 매우 불만족 ② 불만족 ③ 보통 ④ 만족 ⑤ 매우 만족 중에서 선택).

자동차 선택속성의 만족도	A 자동차	B 자동차	C 자동차	D 자동차	E 자동차
1. 브랜드 인지도	①	④	⑤	②	③
...					
14. 안전성					

넷째, 자동차 브랜드 5개의 이미지 유사성을 측정하기 위하여 리커트 5점 척도를 사용하였다(① 전혀 유사하지 않다 ② 유사하지 않다 ③ 보통이다 ④ 유사하다 ⑤ 매우 유사하다 중에서 선택).

자동차 이미지 유사성	A 자동차	B 자동차	C 자동차	D 자동차	E 자동차
A 자동차	–				
B 자동차	( )	–			
…					
E 자동차	( )	( )	( )	( )	–

이와 같은 설문지를 구성하여 실제 조사한 내용을 종합한 결과, 브랜드 인지도와 가격의 2개 변수를 기준으로 포지셔닝 맵을 작성하였으며, 그 중에서 D 브랜드를 선택하기로 결정하였다.

— 포지셔닝 맵의 해석

포지셔닝 맵을 통하여 자사 제품과 경쟁사 제품의 위치를 비교하면, 향후 마케팅 방향을 알 수 있다. 자사 제품과 경쟁제품의 위치가 가까울수록 서로 경쟁관계가 있으며, 멀리 떨어질수록 서로 보완관계가 있다는 것을 의미한다. 그리고 멀리 떨어질수록 향후 전략적 파트너 또는 M&A 대상이 될 수도 있다는 것을 의미한다. 포지셔닝 맵이 시장에서의 경쟁관계를 설명한다고 하여 시장 지도market map라고도 한다. 시장 포지셔닝을 경쟁 포지셔닝이라고 하는 것과 같은 맥락이다.

▎그림 8-8 포지셔닝 맵의 해석(사례)

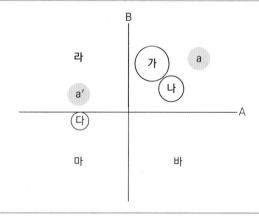

구체적인 사례를 통하여 포지셔닝 맵을 해석하여 보자. (그림 8-8) 포지셔닝 맵에서 지표는 A와 B로 표시되어 있으며, 현재 ㉮, ㉯, ㉰ 제품이 시장에 출시되어 있다고 가정하자.

지표 A와 B는 어떤 제품군에서 소비자들이 가장 중요하게 생각하는 속성이라고 볼 수 있다. 그리고 ㉮, ㉯, ㉰ 제품 중에서 매출액은 ㉮ 제품이 가장 많고 ㉰ 제품이 가장 적음을 알 수 있다. 또한 ㉮와 ㉯의 관계는 서로 경쟁관계 또는 대체관계일 가능성이 많으며, 만약 ㉮와 ㉯ 제품이 동일한 회사의 제품이라면, 자기잠식이 우려된다고 할 수 있다.[3]

그리고 만약 소비자들의 이상점이 ⓐ이라면, 소비자들은 이상점에 가까운 ㉮ 또는 ㉯ 제품을 ㉰ 제품보다는 더 선호하게 될 것이다. 이럴 경우 ㉮는 ㉰보다는 ㉯를 상대로 경쟁하는 전략을 수립하여야 한다. 만약 소비자들의 이상점이 ⓐ'이라면, 소비자들은 이상점에 가까운 ㉰를 더 선호하게 되므로 ㉮는 ㉰를 상대로 경쟁하는 전략을 수립하여야 한다. 신제품을 개발할 경우 빈 공간에 위치한 ㉱, ㉲, ㉳의 영역이 바람직한 포지셔닝이라고 할 수 있다.

― 포지셔닝 맵의 유의사항

포지셔닝의 출발점은 기업이나 제품이 아닌 소비자 인식이라는 점을 다시 강조한다. 포지셔닝 개념은 기업이나 제품의 객관적 특성도 중요하지만, 고객이 어떻게 생각하느냐에 따라 결정하여야 한다는 것이다. 경쟁자보다 좋은 제품이라는 사실만으로 고객은 설득되지 않는다. 따라서 포지셔닝 전략도 기업 입장, 제품의 강점에 초점을 두는 것이 아니라 소비자 인식 또는 인식 변화에 초점을 두어야 한다.

---

3   자기잠식이란 한 기업에서 신제품을 출시하면 신규고객이 유입되는 것이 아니라 기존 고객들이 신제품으로 갈아타는 현상을 말한다. 이로 인해 기존 제품의 판매량과 수익이 감소하게 된다. 카니발리제이션(cannibalization), 제살깎기, 갈아타기, 자기시장잠식이라고도 한다.

따라서 목표고객에 대한 프로파일 조사가 필요하다. 목표고객의 성별, 연령, 직위, 수입, 학력, 경력, 여가활동, 선호하는 매체, 구매의사결정 기준 등 세부적인 프로파일을 분석하는 것은 소비자들의 인식을 정확하게 파악하고 자사 제품의 포지션을 차별적으로 선정하기 위하여 반드시 필요한 작업이다.

그리고 과소 포지셔닝, 과대 포지셔닝, 혼란스러운 포지셔닝, 의심스러운 포지셔닝을 하지 말아야 한다.

과소 포지셔닝under-positioning이란 자사 제품에 대한 이미지를 소비자들에게 명확하게 인식시키지 못하는 포지셔닝을 말한다. 불명확한 이미지로는 구매로 연결되지 않는다.

과대 포지셔닝over-positioning이란 자사 제품의 실제 가치보다 과장되게 포지셔닝하는 것으로 소비자들은 구매 이전에 가졌던 기대와 구매 이후 경험한 결과 사이에 차이가 발생할 경우 부정적 불일치가 발생하여 재구매하지 않으며, 기업 이미지는 손상을 받게 된다.

혼란스러운 포지셔닝confused positioning이란 회사가 여러 개의 포지셔닝을 설정하거나 빈번하게 포지셔닝을 변경하여 소비자들이 혼동하는 경우로서 구매로 연결되지 않는다. 핵심 편익 위주로 재포지셔닝하는 것이 좋다.

의심스러운 포지셔닝doubtful positioning이란 소비자들이 기업이 제시한 속성과 가치를 믿을 수 없도록 포지셔닝하는 경우이다. 소비자들이 제품을 확신하지 못하면 결코 구매하지 않는다.

향상학습 및 심화학습

01 (향상학습) 아래 유튜브 동영상을 시청하면서 학습한 내용을 복습하시오.

    (1) 담덕의 경영학, 마케팅 강의 ② - 시장 세분화와 목표시장 선정

                       마케팅 강의 ③ - 차별화와 포지셔닝

    (2) 민썸, 스타트업 크리에이터, STP 분석

    (3) JTBC Drama, 박혜수, 청춘시대(리포지셔닝)

    (4) (블로그) 김승범 경영지도사, 마케팅조사론(38), 다차원척도법

02 (심화학습) 학습한 내용을 응용하여 아래의 물음에 대하여 답하시오.

    (1) 여러분이 학교 정문 앞에 음식점을 개업한다고 할 때 시장을 어떻게 세분화하고 어떻게 표적화할 것인지, 그리고 어떻게 포지셔닝을 할 것인지를 구체적으로 설명하여 보시오.

    (2) 제6장에서 학습한 앤소프의 제품-시장 매트릭스 전략과 제8장에서 학습한 세분시장의 마케팅 전략을 연계하려고 한다. 제6장의 시장개발전략과 제8장의 제품 전문화 전략을 연계하는 방법을 구체적인 사례를 들어 설명하시오.

    (3) 다음 매트릭스는 시장 매력도와 자사의 역량을 기준으로 작성한 것이다. ①~④의 4개 세분시장을 설명하고, '선정, 검토 대상, 검토 제외'로 구분하시오.

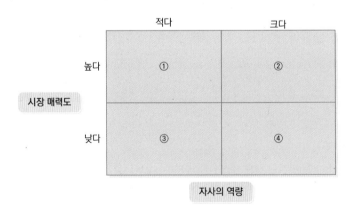

(4) 여러분의 현재 모습과 10년 후의 모습, 20년 후의 모습, 30년 후의 모습을 포지셔닝 맵을 활용하여 구체적으로 설명하여 보시오. 10년 후, 20년 후, 30년 후의 모습은 여러분들의 목표 포지셔닝이 될 것이다.

(5) 다음 그림은 라면시장의 포지셔닝 맵이다. 삼영라면(주)은 현재 '삼영라면'이라는 제품 하나만 생산하여 판매하고 있으며, 향후 경쟁력 제고방안과 신제품 개발방안을 검토하고 있다. 다음 물음에 답하시오.

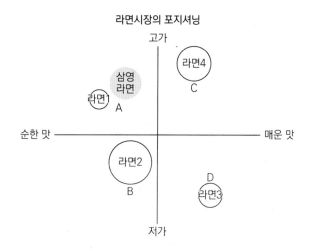

① 위 그림에서 라면시장을 구분하는 요소는 무엇인지를 설명하시오.

② '삼영라면'과 라면1~4이 시장에서 판매되는 양이 큰 순서부터 나열하시오.

③ '삼영라면'의 포지셔닝에 대하여 설명하시오.

④ '삼영라면'의 경쟁력 제고방안을 수립한다면, 라면1~4 중에서 어떤 라면과의 경쟁에서 이길 수 있는 방안을 마련하여야 하는지를 답하고, 그 이유를 설명하시오.

⑤ 삼영라면(주)이 신제품을 개발한다면 A, B, C, D 영역 중에서 어느 영역을 선택하는 것이 바람직한지를 답하고, 그 이유를 설명하시오.

PART 04

마케팅 실행전략

마케팅은 어떻게 하는가?

제4편에서는 마케팅 전략으로 제품, 가격, 유통, 촉진의 4P에
대하여 설명한다.

제9장에서 잘 팔리는 제품과 브랜드를 관리하는 방법에 대하여
설명하고,

제10장에서 가격의 종류와 가격을 결정하는 방법과 전략에
대하여 설명한다.

제11장에서 유통이란 무엇이며 왜 중요한지, 공급사슬관리,
유통경로의 유형과 전략에 대하여 설명하고,

제12장에서 광고, PR과 홍보, 판매촉진, 인적판매,
직접마케팅에 대하여 설명한다.

CONTENTS

※ '향상학습 및 심화학습'의 유튜브 동영상 찾는 방법

 - 유튜브 검색창에 키워드를 입력하여 검색하면, 해당 동영상이
   상단에 노출된다.

CHAPTER

09 제품관리

1. 마케팅 믹스(4P)란?

마케팅의 범위는 제1장에서 설명한 바와 같이 매우 넓다. 좁은 의미에서 마케팅은 광고, 판매촉진, 이벤트 등 제품을 널리 알리는 판매 행위만 지칭하지만, 넓은 의미에서는 제품의 개발, 가격 책정, 유통, 촉진, 그리고 판매 후 고객들의 반응 분석까지 모두 포함한다. 즉, 마케팅은 고객욕구 충족과 고객가치 창출을 위하여 어떤 제품을 생산할 것인가, 가격을 얼마로 책정할 것인가, 어떻게 판매할 것인가, 판매 후 고객들의 반응은 무엇인가 등을 분석하여 기업의 모든 의사결정과정에 참여하게 된다. 이와 같은 마케팅의 광범위한 활동 때문에 마케팅을 현대경영학의 종합예술이라고 부른다.

▌그림 9-1 마케팅 믹스

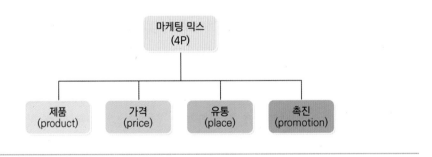

마케팅의 광범위한 활동 중에서 제품의 개발, 가격 책정, 유통, 촉진이 핵심이다. 왜냐하면 마케팅 목표를 달성하기 위하여 마케팅 전략(STP 전략)이 수립되면, 이를 실행에 옮기는 전술적인 도구가 바로 제품product, 가격price, 유통place, 촉진promotion이기 때문이다. 이를 4P라고 한다. 4P의 하나하나가 마케팅의 중요한 도구들이지만, 하나 이상의 도구들을 통합하여 사용하면, 더욱 시너지를 발휘하게 된다. 이를 마케팅 믹스라고 한다. 즉, 마케팅 믹스marketing mix란 마케팅 목표를 달성하기 위하여 마케팅 활동에 전략적으로 사용되는 도구들의 묶음 또는 통합적으로 사용되는 2개 이상의 마케팅 도구들을 말한다.

4P의 중요성은 미국마케팅협회가 내린 마케팅 정의에 4P가 포함된다는 사실만으로도 충분히 알 수 있다. 1985년 미국마케팅협회는 "마케팅은 아이디어나 제품과 서비스를 개념화하고 가격을 책정하여 판매를 촉진하고 유통을 계획하고 실행하는 과정"이라고 정의한 바 있으며, 2004년에는 "제품은 가치를 창조하는 행위이며, 가격은 가치를 획득하는 행위이며, 유통은 가치를 전달하는 행위이며, 촉진은 가치를 커뮤니케이션하는 과정"이라고 해석한 바 있다.

요컨대, 마케팅 믹스(4P)는 마케팅 전략(STP)을 실행하는 매우 중요한 수단으로서 가치를 창출하고 획득하고 전달하고 커뮤니케이션하는 과정이라고 할 수 있다.

(잠깐만!) 미국마케팅협회(AMA)의 마케팅 정의
- 1985년: Marketing is the process of planning and executing the conception, pricing, promotion, and distribution of ideas, goods, and services to create exchanges that satisfy individual and organizational goals.
- 2004년: Marketing is an organizational function and a set of processes for creating, communicating and delivering value to customers and for managing customer relationships in ways that benefit the organization and its stakeholders.

2. 제품의 종류와 제품믹스

— 마케팅에서 말하는 제품이란?

제품product은 인간의 욕구를 충족시켜 주는 생산품을 말한다. 생산품에는 유형의 재화와 무형의 서비스, 아이디어가 존재한다. 재화goods는 기계, 건물 등과 같이 형태가 있는 생산품을 말하며, 서비스service는 교육, 음악 등과 같이 형태가 없는 생산품을 말한다. 아이디어는 생산되기 직전의 무형의 가치를 말한다. 본서에서는 재화, 서비스, 아이디어를 통합한 개념으로 제품이라는 용어를 사용하고자 한다.

마케팅에서 말하는 제품은 '잘 팔리는 제품'을 의미한다. '잘 팔리는 제품'이란 소비자, 기업, 사회의 욕구를 충족시키는 생산품을 말한다. '잘 팔리는 제품'은 기업에게 수익성profitability을 안겨주고, 소비자에게 편익·만족·가치를 충족시켜 유용성usefulness을 제공해 주며, 사회에게 윤리경영, 사회적 책임, 환경보호 등 사회적·생태학적인 측면에서 사회성sociality을 창출하는 제품을 말한다.

▍그림 9-2 '잘 팔리는 제품'의 조건

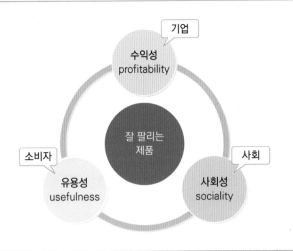

— 제품의 3대 요소

제품이 수익성·유용성·사회성을 갖춘 '잘 팔리는 제품'이 되기 위하여 '핵심제품, 유형제품, 확장제품'이라는 3대 요소가 잘 결합된 제공물이 되어야 한다. 이를 제품의 3대 요소three levels of product라 한다.

핵심제품core product이란 제품이 고객에게 제공하고자 하는 근본적인 가치를 말한다. 이를 핵심기능, 핵심편익, 핵심가치라고도 한다. 즉, 소비자들이 제품을 사용하면서 얻는 편익이나 혜택을 말한다. 예컨대 생수는 갈증을 해소하는 음료, 포카리스웨터는 갈증을 해소하면서 몸에 빠르게 흡수되는 음료라는 것이 핵심제품이 된다.

유형제품tangible product이란 브랜드, 디자인, 품질수준, 패키징, 라벨링 등이 잘 결합되어 핵심기능을 잘 전달하고 사용하기 편리하도록 잘 만든 제품을 말한다. 이를 형식제품, 실제제품actual product이라고도 한다.

확장제품augmented product이란 배달, 설치, 품질보증, A/S, 반품처리 등 제품에 추가적인 편익을 제공하는 제품을 말한다. 부가서비스, 보강제품이라고도 한다.

▌그림 9-3 '잘 팔리는 제품'의 3대 요소

예컨대 어떤 고객이 휴대폰 최신기종을 인터넷을 통하여 자급제 폰으로 구매하기 결정하고 결제하였다고 하자. 며칠 후 자급제 폰이 집으로 배달되어 설레는 마음으로 포장을 개봉한다. 포장을 개봉하면서 포장이 잘 되었는지, 휴대폰에 상처가 없는지를 확인하고 만약 문제가 있을 경우 교환을 신청하게 된다. 그리고 휴대폰의 색상과 모양, 크기 등을 샅샅이 살펴본다. 아무런 문제가 없으면, 크게 만족하면서 유심을 넣고 개통하여 음질, 화질, 데이터 속도 등을 점검한다. 이 모든 과정이 만족스러우면 판매회사의 홈페이지에 만족스러운 후기를 올린다.

위의 사례는 우리가 흔히 겪는 과정이다. 여기서 휴대폰의 통화기능과 인터넷 기능 등은 핵심제품에 속하며, 휴대폰의 색상, 모양, 크기 등은 유형제품에 속하며, 포장이 잘 되었는지, A/S가 잘 되는지 등은 확장제품에 속한다. 핵심제품, 유형제품, 확장제품이 모두 만족스러울 때 좋은 제품이라 하고 잘 팔리는 제품이 된다.

요컨대, 마케팅 믹스에서 제품관리란 핵심제품·유형제품·확장제품의 3대 요소가 잘 결합되어 잘 팔리는 제품이 되도록 제품을 생산·판매·관리하는 기업의 활동을 말한다. '잘 팔리는 제품'의 생산은 '가치를 창조하는 행위'이다. 따라서 제품관리는 마케팅 믹스의 4개 요소 중에서 가장 중요한 요소라고 하겠다. 제품의 성공 없이는 기업의 성장이 불가능하다.

— 제품의 종류

제품은 여러 가지 기준에 의해 분류할 수 있다. 물리적인 형태가 있느냐에 따라 재화, 용역(서비스), 아이디어로 구분하고, 사용기간에 따라 내구재와 비내구재로 구분하며, 사용목적에 따라 소비재와 산업재로 구분한다. 그리고 소비자들의 구매행태에 따라 편의품, 선매품, 전문품, 미탐색품으로 구분한다. 여기에서는 소비재와 산업재에 대하여 설명한다.

소비재

소비재는 소비자들이 욕구를 충족하기 위하여 구매하는 제품이다. 소비재는 소비자들의 구매행태, 즉 쇼핑 습관에 따라 편의품, 선매품, 전문품, 미탐색품으로 구분된다.

편의품convenience goods은 비교적 가격이 저렴하고, 소비자들이 빈번히 구매하며, 구매할 때 특별한 구매계획을 세우지 않고, 편리한 지역에서 편리한 시간에 구매하는 제품이다. 음료수, 우산, 아이스크림 등 주로 편의점이나 대형 할인점에서 저가로 구매할 수 있는 제품이며, 이런 제품들은 주로 대량생산된다.

선매품shopping goods은 구매하기 전에 비슷한 제품들의 가격이나 품질을 서로 비교하고 분석한 후 선별적으로 구매하는 제품이다. 냉장고, TV, 휴대폰 등이 여기에 해당된다. 주로 고가품이며, 소비자들은 나름대로 구매계획을 세워 구매하게 되며, 구매장소는 백화점, 전문판매점 등과 같이 선별된 소수의 유통점이 된다.

전문품specialty goods은 고품질이거나 브랜드가 뛰어난 제품으로 명품 가방, 명품 자동차, 수입 브랜드 등이 여기에 해당된다. 전문품은 나름대로 차별적 이미지가 있어 구매할 때 복잡한 탐색행위를 하지 않지만, 나름대로 경쟁제품들을 비교·검토하여 구매한다. 구매장소는 선매품과 같이 백화점, 전문판매점 등과 같이 전문화된 소수의 유통점이 된다.

미탐색품unsought goods은 소비자들이 제품의 존재여부를 모르거나, 알고 있더라도 평상시 구매할 생각이 없어 탐색하지 않는 제품이다. 출시된 지 얼마 되지 않은 신상품이나 직접적인 관심이 없는 기호품, 금융상품 등이 여기에 해당된다. 기업은 제품을 알리기 위하여 광고 등 판매촉진활동을 하게 된다.

산업재

산업재는 어떤 제품을 제조하거나 사업상의 용도로 구매하는 원자재, 중간재 또는 최종재를 말한다. 산업재에는 원자재와 부품, 자본재, 소모성 제품과 서비스 등이 포함된다. 여기서 자본재는 어떤 제품을 제조할 때 사용되는 장비나 중장비 등을 말하며, 소모성 제품과 서비스는 회사 운영에 필요한 소모품이나 수리제품, 운영제품 등과 같은 MROmaintenance, repair, and operation와 법률, 경영 컨설팅 등과 같은 경영자문 서비스 등을 말한다.

── 제품믹스

제품믹스product mix는 한 기업이 판매하는 제품의 묶음 또는 제품 전체를 말한다. 제품 포트폴리오product portfolio, 제품구색product assortment이라고도 한다. 기업은 구매자들의 다양한 욕구를 충족시키기 위하여 다양한 제품을 생산하게 된다.

제품믹스는 개별제품과 제품계열로 구성되어 있다. 개별제품product은 기업이 제공하는 제품 하나하나를 말하고, 제품계열product line은 기능이 서로 비슷한 제품들의 묶음을 말한다. 제품계열을 제품라인 또는 제품군이라고도 한다. (그림 9−4)는 동서울전자(주)의 제품믹스 사례를 보여준다. 동서울전자(주)의 개별제품은 스마트폰 등 18개가 있으며, 제품계열은 모바일 계열, 생활가전 계열, 주방가전 계열, 컴퓨터 계열의 4개가 있다.

❙그림 9-4 동서울전자(주)의 제품믹스

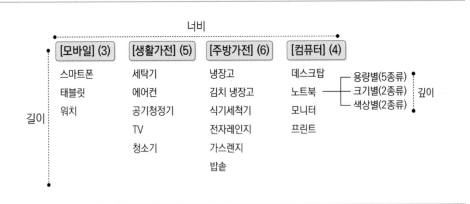

한 회사의 제품계열(또는 제품라인, 제품군)의 수를 제품믹스의 너비(폭)width라고 한다. 동서울전자(주)는 모바일, 생활가전, 주방가전, 컴퓨터의 4개 제품계열을 보유하고 있으므로 제품믹스의 너비는 4가 된다.

그리고 각 제품계열에는 여러 종류의 개별제품이 존재한다. 이를 제품계열의 길이length라고 한다. 동서울전자(주)의 모바일 제품계열에는 스마트폰, 태블릿, 워치의 3개 종류가 있으므로 모바일 계열의 길이는 3이 된다. 생활가전 계열에는 5개 종류가 있으므로 생활가전 계열의 길이는 5가 된다. 마찬가지로 주방가전 계열의 길이는 6이며, 컴퓨터 계열의 길이는 4가 된다.

제품계열의 길이를 모두 합한 숫자를 제품믹스의 길이라고 한다. 즉 동서울전자(주)의 제품믹스 길이는 18(= 3 + 5 + 6 + 4)이 된다. 제품계열의 길이와 제품믹스의 길이를 혼동해서는 안 된다. 그리고 각 제품계열의 길이 평균을 제품믹스의 평균 길이라고 한다. 동서울전자(주)의 제품믹스 평균길이는 $4.5(= \dfrac{3 + 5 + 6 + 4}{4})$가 된다.

개별제품에는 소비자들의 니즈에 따라 다양한 색상과 크기의 제품을 구비해놓고 있다. 이를 품목item이라고 하며, 개별제품이 보유하고 있는 품목의 수를 제품의 깊이depth라고 한다. 동서울전자(주)의 노트북은 용량별 5개 종류, 크기별 2개 종류, 색상별 2개 종류의 품목이 있으므로 노트북 제품의 깊이는 20(= 5 × 2 × 2)이 된다.

여기서 제품믹스의 너비, 길이, 깊이 그리고 일관성을 제품믹스의 4개 차원four dimensions of product mix이라 한다. 제품믹스의 4개 차원은 제품전략을 결정하는 기본요소가 된다. 자세한 내용은 제품관리 전략에서 설명한다.

3. 제품관리 전략

제품관리 전략은 자사 제품이 '잘 팔리는 제품'이 되도록 '잘 팔리는 제품'을 기획하고 생산하여 시장에 많이 팔리도록 관리하는 활동을 말한다. 따라서 제품관리 전략은 먼저 자사 제품이 '잘 팔리고 있는가?'라는 질문으로부터 시작된다. 잘 팔리고 있다면, 마케팅이 잘 진행되고 있다는 것을 의미하지만, 만약 잘 팔리지 않는다면, 그 이유를 밝혀내야 한다. 제품 자체에 문제가 있는지, 제품의 가격에 문제가 있는지, 아니면 제품의 유통이나, 촉진에 문제가 있는지를 밝혀야 한다.

▌그림 9-5 **제품관리 전략**

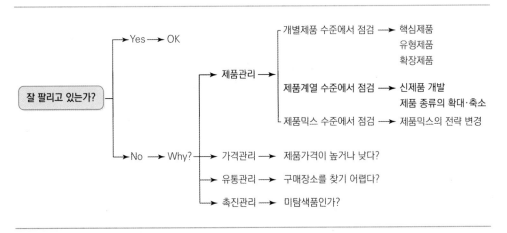

제품 자체에 문제가 있는 경우 개별제품 수준에서 문제가 있는지, 제품계열 수준에서 문제가 있는지, 제품믹스 수준에서 문제가 있는지를 구분하여 살펴봐야 한다. 개별제품 수준의 점검은 개별제품의 3대 요소를 점검하는 것이며, 제품계열 수준의 점검은 제품계열의 수를 점검하는 것이다. 그리고 제품믹스 수준의 점검은 제품믹스의 4개 차원을 점검하는 것이다.

(1) 개별제품 수준의 점검

핵심제품의 점검

개별제품 자체에 원인이 있다면, 제품의 3대 요소부터 점검해야 한다. 먼저 핵심제품(또는 핵심편익)의 점검이다. 핵심제품이란 소비자들이 제품을 사용하면서 얻는 편익이나 혜택을 말한다. 국민소득 수준이 향상되면서 소비자들의 욕구가 변화되고 소비자들의 요구수준도 점점 까다로워지므로 자사 제품이 소비자들의 욕구변화를 제대로 충족시키고 있는지부터 점검하여야 한다. 만약 소비자들의 취향이 변화되었거나 소비자들에게 더 많은 편익을 제공하는 경쟁제품이 등장했다면 자사 제품은 판매되지 않을 것이다. 따라서 항상 시장조사를 통하여 자사 제품의 핵심편익부터 점검하는 일이 마케터들의 상시마케팅 활동이 되어야 한다.

유형제품의 점검

유형제품이란 브랜드, 품질수준, 디자인, 패키징, 라벨링 등이 잘 결합되어 핵심편익을 잘 전달하고 사용하기 편리하도록 잘 만든 제품을 말한다. 유형제품의 점검은 먼저 브랜드 파워부터 점검하여야 한다. 자사 제품이 잘 팔리지 않는다면, 브랜드 파워에 문제가 있을 수 있다. 브랜드 파워는 하루아침에 상승하지 않으므로 장기간에 걸쳐 체계적으로 접근하여야 한다.

제품의 품질도 매우 큰 영향을 미친다. 품질 수준은 제품의 기능 측면과 불량품 발생 측면으로 나눠 볼 수 있다. 제품의 기능은 기술적인 부분이지만, 마케터가 지적할 수 있으면 지적하여야 한다. 제품의 기능이 경쟁제품보다 낮은 수준이라면, 업그레이드를 요청하여야 한다. 만약 제품 기능의 개선이 어렵다면, 신제품을 개발하여야 한다. 신제품 개발은 제13장에서 자세히 설명한다. 그리고 제품 기능이 우수하더라도 기본사양과 선택사양이 다양하지 않으면, 고급모델이 될 수 없다. 자사 제품이 경쟁제품과 차별화를 이룰 수 있도록 기능을 개선하고 기본사양과 선택사양이 풍부하여야 한다. 또한 불량품 발생이 많다면, 불량품 발생확률을 낮출 수 있도록 품질관리(TQM)total quality management와 6σ(시그마) 운동을 전개하여야 한다.

다음으로 제품의 스타일과 디자인도 점검하여야 한다. "보기 좋은 떡이 먹기도 좋다."는 속담과 같이 사람들은 음식을 먹을 때 먼저 음식의 모양과 색상, 냄새에 마음을 빼앗긴다. 자사 제품도 잘 팔리는 제품이 되려면, 먼저 고객의 마음을 훔칠 수 있도록 스타일과 디자인이 좋아야 한다.

패키징packaging도 마찬가지다. 패키징은 제품을 용기에 넣어 포장하는 것을 말한다. '지성이면 감천'이듯이 패키징을 보고 감동하는 경우가 많다. 특히 최근 배달이 증가하면서 패키징의 중요성은 아무리 강조해도 지나치지 않다. 패키징은 단순히 외관만 화려해서는 안 된다. 예컨대, 아마존에서 책을 구입할 때 책이 파손되지 않아야 하며, 수입맥주를 즐길 때 맥주의 맛이 달라지면 안 되듯이 패키징은 포장된 내용물을 안전하게 보관하고 보호하며, 제품의 품질이 손상되지 않고, 사용하기 편리하여야 한다. 따라서 패키징은 원가상승 요인으로 작용한다. 그리고 용기의 재활용 등 친환경적인 패키징 등 사회적인 책임을 소홀히 해서도 안 된다.

레이블링labelling은 제조회사, 제품명, 제조일, 유효기간, 트레이드마크, 로고, 원재료, 사용 주의사항 등 각종 정보를 제공하는 것을 말한다. 레이블링은 제품의 패키징과 밀접한 관련이 있으며, 브랜드 로고와 함께 중요한 부분을 차지한다. 레이블링은 자사의 홍보를 위하여 정보를 제공하는 측면도 있지만, 정부의 법률과 규제에 의해 의무적으로 포함되어야 하는 정보도 있다. 최근에는 안전관리인증, 환경인증마크 등이 포함되어 있고, 바코드 또는 QR코드 등으로 모든 정보가 공개되므로 세심한 주의를 기울여야 한다.

확장제품의 점검

확장제품의 점검도 중요하다. 확장제품은 핵심제품과 유형제품을 지원하는 추가 서비스와 혜택을 말한다. 품질보증, 배달, 설치, A/S, 판매 후 서비스 등을 포함한다. 특히 판매 후 서비스가 중요하다. 제4장 소비자행동 분석에서 설명한 '기대 불일치 모델'에서 구매 후 불만족 반응을 보이는 부정적 불일치를 보이거나, 구매 후 부조화현상이 발생할 경우 적극적으로 대응하여야 한다. 제대로 대응하느냐 잘 못 대응하느냐에 따라 고객을 장기 고객으로 만드느냐 불매운동의 주동자로 만드 느냐가 결정된다. 최근 인터넷의 발달로 입소문의 중요성은 가일층 중요해지고 있 다. 판매 후 구매자 조사를 실시하여 적절히 대응하여야 한다.

(2) 제품계열 수준의 점검

자사 제품이 잘 팔리지 않는 이유를 제품계열의 관점에서도 찾아보아야 한다. 자사 제품의 종류가 너무 많은지, 아니면 너무 적은지 등을 점검하는 것을 제품계 열(또는 제품라인)의 점검이라고 한다.

먼저 자사 제품의 종류가 고객들의 다양한 욕구를 충족하는지를 점검한다. 자 사 제품의 종류는 충분하지만, 판매가 부진하다면, 제품 판매를 확대하는 전략을 추진한다. 제품 판매를 확대하는 방법에는 교차판매와 상향판매가 있다. 교차판매 cross-selling는 동일한 고객에게 다른 제품을 추가 판매하는 것을 말하며, 상향판매 up-selling는 동일한 고객에게 고급제품을 판매하는 것을 말한다. 가령 동서울전자 (주)가 컴퓨터를 판매하면서 프린터를 추가 판매하는 것은 교차판매에 해당되고, CPU나 RAM의 업그레이드를 유도하는 것은 상향판매에 해당된다.

만약 자사 제품의 종류가 부족하다면, 제품 종류를 확대하는 것이 필요하다. 제품 종류의 확대는 고객의 욕구 충족은 물론 타사와의 경쟁에서 유리하게 작용하 고, 다른 경쟁자의 신규 진입을 방해하는 요인으로도 작용한다. 제품 종류를 확대 하는 방법에는 제품계열의 확장과 제품계열의 확충이 있다.

① 제품계열 확장line stretching은 시장점유율과 매출액 증가율을 높이기 위하여

현재의 고객 이외의 새로운 고객을 창출하기 위하여 제품의 종류를 늘리는 전략이다. 현재의 제품계열에서 가격과 품질 측면에서 차별적인 새로운 제품을 추가하는 방법이다. 앞서 설명한 제품계열의 길이를 확대하는 전략이라고 할 수 있다.

예컨대 동서울전자(주)가 현재 판매하고 있는 냉장고가 소비자들의 중간층을 겨냥하고 있다면, 새로운 기능을 추가하여 고가품을 개발하여 고소득층을 공략할 수도 있고, 기능을 축소하여 저가품을 개발하여 저소득층을 공략할 수 있다.

▌그림 9-6 제품계열의 확장

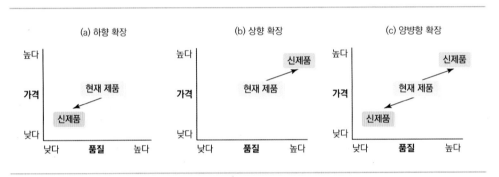

고가품을 새로 출시하는 것을 상향 확장upward stretching이라고 하고, 저가품을 추가로 출시하는 것을 하향 확장downward stretching이라고 한다. 상향 확장과 하향 확장을 동시에 추진하는 것은 양방향 확장two-way stretching이 된다. 따라서 제품계열 확장은 현재 공략하고 있는 세분시장외에 다른 세분시장을 공략하기 위하여 제품계열의 길이를 확대하는 전략이라고 할 수 있다.

② 제품계열 확충line filling은 현재 생산하고 있는 노트북에 용량별, 크기별, 색상별 품목을 추가하는 경우를 말한다. 즉, 현재의 제품계열 내에서 더 많은 품목을 추가하는 것을 제품계열 확충이라고 한다. 따라서 제품계열의 확충은 앞서 설명한 제품믹스의 깊이를 확대하는 전략이라 할 수 있다. 제품계열의 확충은 현재 생산시설이 여유가 있을 때 품목을 다양화하여 고객의 니즈에 부응하여 매출을 늘리거

나 이익을 증가할 목적으로 추진된다.

제품계열의 확장 또는 확충은 고객들에게 다양한 제품을 제공하여 시장을 확대하고 시장점유율을 높이고 매출성장률을 높이기 위하여 사용된다. 그러나 위험부담 또한 증가한다. 경쟁자들을 자극하여 경쟁이 더욱 치열해질 수 있으며 추가로 유통망을 확충하고 유통업자들 교육도 강화하여야 한다. 그리고 동일고객을 대상으로 자사 제품이 추가됨으로써 시장이 확장되는 것이 아니라 제살깎기 식으로 기존 고객을 단순 이동시키는 자기잠식cannibalization 현상이 발생할 수도 있다.

(3) 제품믹스 수준의 점검

제품믹스의 4개 차원

제품믹스 점검은 현재 생산하고 있는 제품의 포트폴리오를 점검하는 것이다. 제품믹스를 점검하는 방법은 제품믹스의 너비(폭), 길이, 깊이, 일관성 등 제품믹스의 4개 차원four dimensions of product mix를 점검하고 변경하는 방법이다.

① 제품믹스의 너비를 조정하는 것은 자사의 제품계열 수를 확대하는 것을 말한다. 예컨대 동서울전자(주)가 현재 생활가전, 주방가전, 모바일, 컴퓨터의 4개 제품계열을 가지고 있었으나, 향후 음향기기라는 제품계열을 추가할 때 제품믹스의 너비를 넓히는 것이 된다.

② 제품믹스의 길이를 조정하는 것은 동일한 제품계열에 있는 제품의 수를 증가시키는 것이다. 예컨대 동서울전자(주)의 생활가전 계열에 '스타일러'라는 신제품을 추가하는 것이다.

③ 제품계열의 깊이를 조정하는 것은 동서울전자(주)의 TV 생산에서 기존에는 스탠드형 밖에 없었다면, 벽걸이형 TV를 추가 생산하여 품목을 다양화하는 것을 말한다.

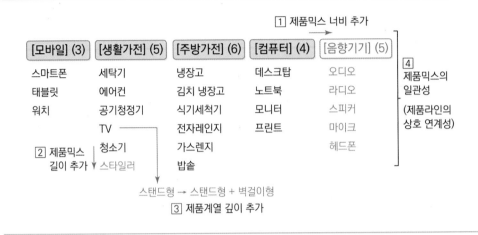

④ 제품믹스의 일관성consistency은 제품믹스 내의 제품들이 서로 밀접하게 관련되어 있는 정도를 말한다. 각 제품들의 생산방법, 유통경로, 촉진활동 등이 서로 밀접하게 관련되어 있을 때 시너지를 발휘할 수 있다.

제품믹스의 다양화·차별화·단순화(제품 포트폴리오 분석)

제품믹스 전략은 제품믹스의 다양화·차별화·단순화의 관점에서도 접근할 수 있다. 이를 제품 포트폴리오 분석이라 한다.

자사 제품이 잘 팔리지 않을 때 제6장에서 설명한 바 있는 BCG 매트릭스와 GE-맥킨지 매트릭스를 활용하여 자사 제품의 포트폴리오를 분석하고 사업포트폴리오를 변경하는 전략을 검토해야 한다. 자사 제품들이 성장성과 수익성의 관점에서 어느 위치에 놓여 있는지를 분석하여 어떤 제품계열은 키우고build, 어떤 제품계열은 현상 유지하고maintain, 어떤 제품계열은 수확하고harvest, 어떤 제품계열은 축소전략 또는 매각하는divest 전략을 선택하면 된다. 이를 제품믹스의 다양화·차별화·단순화로 구분하여 설명하면, 다음과 같다.

① 제품믹스의 다양화란 제품계열의 길이를 연장하거나 너비를 넓히는 전략을 말한다. 제품이 출시된 이후 시간이 경과함에 따라 소비자들의 선호도가 변경되므로 제품을 다양화하여 제품믹스의 구성에 변화를 주는 것이 필요하다.

② 제품믹스의 차별화는 제품믹스의 깊이를 깊게 하는 전략을 말한다. 하나의 제품계열 내에 소비자들의 다양한 취향에 맞게 얼마나 차별적인 제품을 보유하고 있느냐와 관련된다.

③ 제품믹스의 단순화 전략은 제품의 수를 줄이는 전략이다. 앞서 설명한 제품믹스의 다양화와 차별화 전략이 제품믹스를 확대하는 전략이라 한다면, 제품믹스의 단순화 전략은 제품믹스를 축소하는 전략이라고 할 수 있다.

제품믹스의 단순화 전략은 현재 제품의 수가 너무 많아 비효율성이 발생하거나 매출 또는 수익성이 하락하는 제품계열을 단순화시키고 자사의 핵심역량 위주로 재편하는 전략을 포함한다. 여기에는 축소전략, 수확전략, 매각전략이 있다.

① 축소전략은 제품 생산량을 줄이거나 제품계열의 수를 줄이는 방법이 있다. 제품생산 축소retrench는 취약한 시장으로부터 철수하거나 제품 생산량을 줄이는 방법이며, 제품계열 축소pruning는 생산시설이 부족하거나 이윤이 발생하지 않거나 성장 가능성이 없는 제품을 제거하는, 일종의 '가지치기' 전략이다.

② 수확전략harvest은 매출 증가가 정체되어 있거나 감소할 경우 자원을 추가로 투입하지 않고 기존 생산품으로부터 발생하는 이익을 최대한 회수하는 전략이다.

③ 매각전략divest은 자사 제품계열을 다른 회사에 매각하여 투자금액을 회수하는 전략이다. 다른 사업과 연계되지 않거나 핵심역량과 관련성이 적은 제품계열은 철수하는 것이 바람직하다.

재포지셔닝과 제품수명주기

제8장에서 설명한 재포지셔닝re-positioning은 시간이 경과함에 따라 자사 제품의 시장 지위가 변화하거나 시장 환경이 변화할 때 또는 고객들의 구매동향이 변화할

때 자사의 포지셔닝을 변경하는 전략이다. "10년이면 강산도 변한다."라고 하였지만, 최근에는 변화의 속도가 더욱 빨라졌으며, 변화의 폭도 더욱 커졌으므로 자사 제품을 재포지셔닝하여 새로운 돌파구를 찾는 방법도 필요하다.

그리고 자사 제품을 제품수명주기론의 관점에서 점검하여야 한다. 모든 생물이 도입기-성장기-성숙기-쇠퇴기의 라이프사이클을 가지듯이 하나의 제품도 영원히 생존할 수 없다. 자사 제품이 라이프사이클 중에서 어느 단계에 있는지를 점검하여 적절한 전략을 세우는 것이 필요하다. 제품수명주기론은 제14장에서 설명한다.

4. 브랜드 관리

(1) 브랜드란 무엇이며 왜 중요한가?

― 브랜드의 정의

브랜드(또는 상표)brand란 무엇인가? 회사의 이름을 지칭하는가? 제품의 이름을 지칭하는가? 아니면, 회사와 제품의 이름을 통칭하는가? 아니면, 소비자들의 머릿속에 형성되어 있는 무형의 지식까지 포함하는가?

미국마케팅협회는 "브랜드는 어떤 판매자의 제품과 서비스를 다른 판매자의 제품이나 서비스와 구별해주는 이름, 용어, 디자인, 심벌 또는 어떤 다른 특징"이라고 정의를 내리고 있으며, 우리나라 상표법은 "상표란 자기의 상품(서비스 포함)과 타인의 상품을 식별하기 위하여 사용하는 표장標章"이라고 정의를 내리고 있다. 여기서 표장은 기호, 문자, 도형, 소리, 냄새, 입체적 형상, 홀로그램·동작 또는 색채 등으로서 상품의 출처를 나타내기 위하여 사용하는 모든 표시를 말한다. 따라서 미국마케팅협회나 우리나라 상표법은 브랜드를 '제품의 이름 또는 이름과 관련된 표장'으로 정의하고 있다.

그러나 우리가 일상생활에서 브랜드 가치를 이야기할 때 브랜드는 삼성, 애플 등과 같이 기업의 이름을 지칭한다. 그리고 브랜드 종류를 이야기할 때는 제품 브랜드, 기업 브랜드 등으로 구분하며, 그 밖에 브랜드 자산, 브랜드 인지도, 브랜드 충성도 등 여러 가지 용어들이 사용된다. 이를 종합하면, 브랜드는 단순히 제품의 이름만을 지칭하지 않는다는 것을 알 수 있다.

그렇다면, 브랜드는 무엇인가? 좁은 의미에서 브랜드는 미국마케팅협회나 우리나라 상표법의 정의와 같이 '제품의 이름 또는 이름과 관련된 표장'만을 지칭한다. 그러나 넓은 의미에서 브랜드는 '기업 및 제품의 이름 또는 이름과 관련된 표장, 그리고 소비자들의 머릿속에 형성되어 있는 기업 및 제품에 대한 주관적인 판단까지 포함하는 개념'이라고 할 수 있다.[1]

＿ 브랜드 요소

브랜드 요소brand element란 브랜드를 식별하고 차별화하는 여러 가지 요소들을 말한다. 즉 제품 이름, 로고, 심벌, 캐릭터, 슬로건 등 좁은 의미에서 브랜드 정의를 구성하는 다양한 요소들을 말한다. 브랜드 요소를 구체적으로 설명하면 다음과 같다.

- 브랜드 이름brand name: 글자, 단어, 숫자와 같이 말로 표현되어 발음할 수 있는 것(예: 갤럭시, 제네시스, 7UP 등 제품의 이름)
- 로고logo: 브랜드 이름을 쉽게 떠올리고 오랫동안 기억할 수 있도록 시각적으로 만든 독특한 글자형태
- 심벌symbol: 글자 형태 외에 회사나 상표를 종합적으로 나타내는 상징

1　『체험마케팅』의 저자 번 슈미트(Bernd Schmitt)는 "브랜드란 소비자의 마음속에 있는 다른 기업, 다른 제품, 다른 서비스, 다른 비즈니스 모델과 차이가 있는 독특한 그 무엇 또는 문화"라고 정의를 내리고 있다.

- 캐릭터character: 브랜드의 호감도와 신뢰도를 심어주는 특별한 유형
- 슬로건slogan: 브랜드의 핵심정보를 전달해 주는 짧은 문장
- 징글jingle : 브랜드의 음악적 메시지로, 음악 슬로건 또는 광고용 후렴구
- 타이포typo : 브랜드의 서체로 브랜드 이미지와 아이덴티티에 영향을 크게 미친다.
- 컬러color : 브랜드의 색상으로 브랜드 마다 고유의 색상을 사용하고 있다.
- 패키지 디자인package design : 제품의 용기나 포장을 다른 브랜드와 식별할 수 있도록 디자인하고 제작하는 것

― 브랜드 주요 용어

- 브랜드 이름brand name: 글자, 단어, 숫자 등과 같이 말로 표현되어 발음할 수 있는 것
- 브랜드 마크brand mark: 회사의 브랜드 모습을 시각적으로 표현한 요소(로고, 심벌, 이미지, 컬러 등)
- 트레이드 이름trade name: 영업 또는 광고할 때 사용하는 일반적인 이름(예: 삼성전자 등과 같이 일상생활에서 사용하는 '상호')
- 사업체 이름business name: 축약되지 않은 기업의 법률상 이름(예: 삼성전자 주식회사 등과 같이 주로 법적 문서, 관공서 제출문서 등에 사용된다.)
- 등록상표trademark: 특허청에 등록된 브랜드 이름이나 브랜드 마크[2]
  (TM, SM, ® 등)
- 브랜드 자산brand equity: 현재까지 기업의 경영활동, 마케팅, 광고 등으로부터

---

2 흔히 브랜드와 상표는 동의어로 혼용되지만, 브랜드가 상표보다 넓은 개념이다. 왜냐하면, 상표는 특허청에 등록되어 법적으로 보장받는 등록상표만을 지칭하지만, 브랜드는 등록상표와 그 밖의 많은 의미와 영역을 포함하고 있기 때문이다.

축적된 유형·무형의 가치로 브랜드 지식의 유사어로 사용된다.[3]

- 브랜드 지식brand knowledge: 소비자들이 특정 브랜드에 대하여 갖고 있는 정보의 종합으로 브랜드 인지도와 브랜드 이미지의 합을 말한다.

- 브랜드 파워brand power: 자사 제품이 경쟁제품보다 가치 있도록 만드는 힘 또는 자사 제품이 시장에서 구축한 시장 지배력(시장점유율 등)

- 브랜드 가치brand value: 브랜드가 가지고 있는 총체적인 힘을 금액으로 환산한 가치로서 브랜드를 시장에서 평가한 가치 또는 브랜드 매입가격을 말하며, 브랜드 파워를 금액으로 환산한 것이므로 브랜드 파워와 동의어로 사용되기도 한다.

- 브랜드 아이덴티티(BI)brand identity: 좁은 의미로 소비자들의 마음속에 다른 제품과 차별화시키고 정체성을 만드는 데 사용되는 브랜드 요소(브랜드 이름, 로고, 심벌, 징글 등)를 말하며, 넓은 의미로 소비자가 특정 브랜드에 대해 가지고 있는 종합적인 이미지로서 기업이념, 기업문화, 브랜드 이름, 로고, 심벌, 이미지 등 유·무형의 요소가 모두 결합되어 나타난다.

- 기업 아이덴티티(CI)corporate identity: 기업만이 갖고 있는 전반적인 특성으로 ① 물리적인 증거(제품, 광고, 점포, 판촉물 등) ② 무형적인 요소(경영이념, 제품의 질, 서비스 등) ③ BI(기업 이름, 심볼, 로고 등)를 합한 것을 말한다.

---

3 '브랜드 자산'으로 번역되고 있는 Brand Equity는 정확히 '브랜드 순자본' 또는 '브랜드 자기자본'을 의미한다. 자산, 부채, 자본으로 구성된 재무상태표에서 '순자본 = 자산 − 부채'이다. 브랜드에서의 자산은 브랜드에 대한 종합적인 인식과 지식을 말하며, 부채는 브랜드에 대한 부정적인 인식과 지식을 말하므로, 순자본(equity)은 자산에서 부채를 뺀 가치가 되기 때문이다.

(2) 브랜드의 종류

── 제품 브랜드와 기업 브랜드

제품 브랜드product brand는 어떤 기업이 생산한 제품을 다른 기업이 생산한 제품과 구별해 주는 이름을 말한다. 기업 브랜드corporate brand는 제품을 생산하는 기업의 이름을 말한다. 미국마케팅협회나 우리나라 상표법에서 내린 브랜드의 정의는 제품 브랜드를 말한다. 많은 기업들은 제품 브랜드와 기업 브랜드를 동일하게 사용하고 있지만, 어떤 기업은 기업 브랜드와 제품 브랜드를 구별하여 사용하고 있다. 예컨대 대상(주)은 청정원, 종가집, 미원 등과 같이 기업 이름과 다른 제품 브랜드를 사용하고 있다. 따라서 제품 브랜드가 주로 소비자들에게 인식된다면, 기업 브랜드는 소비자뿐만 아니라 주주, 투자자, 정부기관, 관련기업, 직원들에게 인식된다고 할 수 있다.

── 개별브랜드 · 패밀리브랜드 · 공동브랜드 · 브랜드수식어

개별브랜드(또는 개별상표)individual brand란 개별제품에 부착된 이름을 말한다. 개별브랜드는 제품별로 적합한 이름을 붙일 수 있어 차별적인 마케팅이 가능하여 목표시장의 고객욕구를 효과적으로 충족시킬 수 있으며, 특정제품의 평판이 좋지 않더라도 기업 브랜드에 미치는 영향을 최소화할 수 있다.

패밀리브랜드family brand는 기업이 생산하는 모든 제품에 동일한 상표를 부착하는 것을 말한다. 하나의 우산 아래 여러 제품이 있다는 의미에서 우산 브랜드umbrella brand라고도 한다. 패밀리브랜드는 그동안 축적한 인지도와 이미지를 그대로 활용할 수 있으므로 신제품을 개발하더라도 적은 비용으로 소비자들에게 빠르게 수용되는 효과가 있으며, 제품들 간에 시너지를 기대할 수 있는 이점이 있다.

그러나 한 제품이 나쁜 이미지를 입게 되면, 그 여파가 다른 제품에도 미친다는 단점이 있다.

공동브랜드(또는 결합상표)co-brand는 두 개 이상의 회사가 하나의 브랜드를 공동으로 사용하거나 두 개 이상의 브랜드 이름을 하나로 결합한 브랜드를 말한다.4 주로 두 개 이상의 회사가 공동으로 마케팅하거나 공동제품을 개발할 때 공동브랜드를 부착한다. 예컨대 브랜드K, 르노삼성 자동차, 카카오뱅크-신한카드 등 주변에서 많이 찾을 수 있다.

"브랜드K"는 중소기업의 해외제품에 부착되는 공동브랜드이다. 중소벤처기업부는 제품은 우수하지만 인지도 부족으로 해외 진출에 어려움을 겪고 있는 중소기업의 제품을 매년 선별하여 "브랜드K"를 부착하도록 하며 홍보 및 판촉을 통하여 판로를 지원하고 있다. 사용 기간은 2년이다.

그리고 카카오뱅크-신한카드는 두 회사의 브랜드를 결합한 것으로 브랜드 가치를 높일 수 있으며, 단독으로 진출하기 어려운 이업종에 공동 진출하여 서로의 약점을 보완하고 고객을 공동으로 활용할 수 있는 장점이 있다.

브랜드 수식어brand modifier는 개별상표를 보조하기 위하여 붙이는 이름이다. 주로 제품의 성분이나 속성을 나타내기 위해 사용된다. 예컨대 삼성전자 휴대폰의 Galaxy S21, Galaxy S21+, Galaxy S21 Ultra 5G에서 Galaxy는 패밀리브랜드, S21은 개별브랜드이며, +와 Ultra 5G는 브랜드 수식어에 해당된다.

지금까지 설명한 브랜드의 종류를 대상(주) 사례를 통하여 살펴보자. 대상(주)은 1996년 고추장, 된장, 간장 등을 개발하면서 기업 브랜드와 별도로 "청정원"이

---

4 따라서 Family brand와 Co-brand는 완전히 다른 개념이다. 본서에서는 Family brand를 패밀리브랜드, 가족상표, 통일브랜드로 번역하여 사용하고, Co-brand를 공동브랜드, 공동상표, 결합상표로 번역하여 사용하고자 한다. 그리고 복수 브랜드(Multi-brand)는 한 회사에서 2개 이상의 서로 다른 브랜드를 사용하는 것을 말한다. 브랜드 전략에서 설명한다.

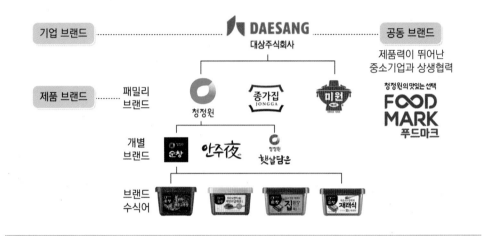

라는 제품 브랜드를 부착하였다. 이후 많은 신제품을 개발하면서 "청정원"을 패밀리브랜드로 사용하고, 패밀리브랜드 아래에 순창, 안주야, 햇살담은 등과 같은 개별브랜드를 추가로 사용하였으며, 또한 개별브랜드 아래의 많은 제품들을 차별화하기 위하여 불타는 매운 고추장, 태양초 덜매운 고추장, 집된장, 재래식 된장 등과 같은 브랜드 수식어를 붙이고 있다.

또한 대상(주)은 2020년 "푸드마크"라는 공동브랜드를 개발하였다. "푸드마크"는 대상(주)과 중소기업이 공동으로 사용하는 브랜드에 해당된다. 대상(주)이 제품력이 뛰어난 중소기업을 선정하고, 청정원이 보유한 마케팅 노하우와 영업망 지원을 통해 판로를 확대해 나가는 동반성장 전략이다.

── 제조업자 브랜드 · 유통업자 브랜드 · 무 브랜드

브랜드의 소유자가 누구냐에 따라 제조업자 브랜드, 유통업자 브랜드, 무 브랜드로 구분할 수 있다. 제조업자 브랜드(NB)national brand는 제조업자가 브랜드를 결정하고 브랜드 소유권을 가지는 경우를 말하고, 유통업자 브랜드(PB)private brand는 제조업자는 제조기능만 담당하고 브랜드 개발 및 관리는 대형 유통업자가 담당하는 경우를 말한다. 최근 이마트, 하나로마트, 롯데마트, 홈플러스 등과 같은 대형 할인점이 강력한 유통업자로 등장하면서 유통업자 브랜드가 많이 사용되고 있다.

무 브랜드(GB)generic brand는 제품에 브랜드를 부착하지 않고 판매되는 제품을 말한다.[5] 예컨대 과일가게에서 판매되고 있는 많은 과일들은 대부분 브랜드 없이 판매되고 있다. 브랜드 관리비용과 포장비용이 없어 저렴하게 판매되며, 오로지 품질로서 차별화되고 있다.

(3) 브랜드 자산 관리

브랜드 자산brand equity은 브랜드 파워로 인하여 형성된 자산의 총액에서 부채를 뺀 가치를 말하며, 지금까지 기업의 경영활동, 마케팅, 광고 등이 축적되어 얻어지는 가치이며, 브랜드 지식brand knowledge과 유사어로 사용된다.

브랜드 자산은 브랜드 인지도, 브랜드 이미지, 브랜드 충성도, 지각된 품질, 독점적인 자산(특허, 등록상표 등)으로 구성된다.[6]

── 브랜드 인지도

브랜드 인지도brand awareness란 브랜드가 알려진 정도를 말한다.[7] 인지도가 높

---

[5] 무(無) 브랜드와 노(no) 브랜드의 차이를 구별하여야 한다. 무 브랜드는 브랜드가 없는 제품을 말하며, 이마트의 'No Brand'는 그 자체가 하나의 브랜드이다. 이마트는 자체 브랜드인 'No Brand'를 특허청에 등록하여 사용하고 있다.

[6] 브랜드 전문가 아커(David A. Aaker)의 견해를 따른다.

[7] 브랜드 인지도는 브랜드 회상brand recall과 브랜드 재인brand recognition의 합이다. 브랜드 회상은 특정 브랜드를 떠올릴 수 있는 능력을 말하며, 브랜드 재인은 특정 브랜드를 보고, 알아볼 수 있

은 제품은 유사 제품군에서 대표 상표로 인식되므로 경쟁사의 상표가 소비자들의 마음속에 자리 잡는 것을 막아준다. 예컨대 '탄산음료 = 코카콜라', '햄버거 = 맥도날드'와 같이 시장에는 그 브랜드만 존재하는 것처럼 인지되는 경우이다.

브랜드 인지도는 소비자들의 제품구매과정에 많은 영향을 미친다. 소비자행동이론에서 소비자들의 제품구매는 인지 – 감정 – 행동의 단계를 거치는데, 여기에서 '인지'는 브랜드 인지도를, '감정'은 브랜드 이미지를, '행동'은 브랜드 충성도를 말한다. 따라서 브랜드 인지도가 높은 제품은 구매상황에서 제일 먼저 떠오르는 제품이므로 정보탐색 단계에서 고려상품군에 포함되어 구매에 큰 영향을 미치게 된다.

— 브랜드 이미지(또는 브랜드 연상)

브랜드 이미지brand image 또는 브랜드 연상brand association이란 어떤 브랜드에 대한 긍정적 또는 부정적인 생각이나 감정, 느낌, 이미지, 경험 등을 말한다. 브랜드 인지도가 얼마나 많은 소비자들이 브랜드를 기억하느냐?라는 관점이라면, 브랜드 이미지는 어떤 브랜드에 대하여 어떤 생각이 연상되는가?라는 소비자들의 감정(태도)에 해당된다.

❙ 그림 9-9 아커(David A. Aaker)의 브랜드 자산

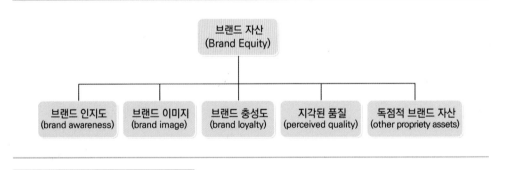

는 능력을 말한다.

___ 브랜드 충성도

브랜드 충성도brand loyalty는 어떤 브랜드를 습관적이고 반복적으로 구매하거나 다른 사람들에게 긍정적인 이미지를 전달하는 행동을 말한다. 즉, 브랜드 충성도는 구매 의향, 구매 경험, 얼마나 자주 구매하는가라는 소비자들의 행동에 해당된다. 브랜드 인지도와 브랜드 이미지가 향상되면 브랜드 충성도가 높아진다. 브랜드 충성도가 높을수록 매출은 안정적으로 증가되며, 소비자들의 탐색비용이 줄어들어 마케팅 비용도 줄어들게 된다.

___ 지각된 품질

지각된 품질perceived quality은 소비자들이 주관적으로 평가하는 제품의 우수성을 말한다. 소비자들은 어떤 제품을 구매하여 사용하면서 제품의 객관적인 품질을 평가하기도 하지만, 주로 소비자가 받은 주관적인 만족도를 평가하기도 한다. 주관적인 만족도가 지각된 품질이다. 소비자들에게 한 번 지각된 제품의 품질은 향후 제품 구매 결정에 결정적인 영향을 미치며, 이후 재구매로 연결되므로 객관적인 품질만큼 지각된 품질이 중요하다.

___ 독점적인 브랜드 자산

독점적인 브랜드 자산other propriety assets은 특허, 등록상표 등과 같이 배타적인 사용권을 보유한 자산을 말한다. 특허청에 등록된 브랜드 이름, 로고, 심벌, 워드마크 등은 저작권 및 등록상표의 법적 보호를 받는 자산이므로 경쟁사와 차별화할 수 있는 중요한 요소가 된다.

(4) 브랜드 가치

소비자들이 제품을 구매할 때 브랜드는 많은 영향을 미친다. 많은 소비자들이 브랜드만 보고 제품을 구매하기 때문이다. 브랜드 전문기업 인터브랜드Interbrand에서 매년 발표하는 브랜드 가치는 브랜드의 중요성을 설명해 주고 있다.

2020년 발표한 브랜드 가치에 따르면, 애플은 3,230억 달러로 세계 1위이며, 삼성은 623억 달러로 세계 5위, 현대자동차는 143억 달러로 36위를 차지하고 있다.

경쟁이 치열해지고 있는 현대 사회에서 브랜드는 모방할 수 없는 힘이 되고 있으며, 브랜드 가치가 높아지면 경쟁사와의 경쟁에서 그만큼 우위를 차지할 수 있고, 신제품을 출시하더라도 소비자들에게 쉽게 인지가 되어 구매율이 높아지므로 무형자산으로서 브랜드의 중요성은 날로 높아가고 있다.

▌표 9-1 세계 브랜드 가치의 순위   (단위: 억$)

순위	2010년		2015년		2020년	
	브랜드명	가치	브랜드명	가치	브랜드명	가치
1	코카콜라	704	애플	1,702	애플	3,230
2	IBM	647	Google	1,203	Amazon	2,007
3	MS	608	코카콜라	784	MS	1,660
4	Google	435	MS	676	Google	1,654
5	GE	428	IBM	650	삼성	623
6	맥도널드	335	TOYOTA	490	코카콜라	569
7	인텔	320	삼성	452	TOYOTA	516
8	노키아	294	GE	422	벤츠	493
9	디즈니	287	맥도널드	398	맥도널드	428
10	휴렛 패커드	268	Amozon	379	디즈니	408
17	삼성	194	현대차(39)	112	현대차(36)	143
65	현대차	50	기아차(74)	56	기아차(86)	58

자료: www.interbrand.com/best-global-brands

그렇다면, 브랜드 가치란 무엇인가? 앞서 브랜드 가치brand value는 브랜드가 가지고 있는 총체적인 힘을 금액으로 환산한 가치라고 설명하였다. 따라서 브랜드 가치는 시장에서 평가한 가치이며, 시장에서 브랜드를 매매할 때 평가되는 가격(매입가격)이 된다. 흔히 브랜드가 가지고 있는 총체적인 힘을 브랜드 파워brand power라고 한다면, 이를 금액으로 환산한 것이 브랜드 가치이다.

브랜드 가치를 추정하는 방법은 브랜드의 재무적 평가와 마케팅적 평가로 이루어진다.[8] 재무적 평가는 재무제표를 기반으로 추정하거나 기업가치가 반영된 주가를 기반으로 추정하는 방법이다. 즉, 브랜드의 재무적 평가는 브랜드에 의하여 형성된 기업가치가 재무제표 또는 주가에 반영되어 있다는 것을 전제로 한다.

마케팅적 평가는 소비자들의 브랜드에 대한 평가를 기반으로 추정하는 방법이다. 즉, 마케팅적 평가는 브랜드에 의하여 형성된 기업가치를 소비자들이 정확하게 인식하고 있다는 것을 전제로 한다.

인터브랜드는 재무적 평가와 마케팅적 평가를 혼합하여 경제적 이익, 브랜드 영향력, 브랜드 강도의 3가지 항목을 평가하여 브랜드 가치를 산출하고 있다. 한국능률협회 컨설팅(KMAC)는 소비생활과 밀접한 관계가 있는 국내 주요 산업을 대상으로 소비자 조사를 통해 한국산업브랜드파워지수(K-BPI)를 산출하여 발표하고 있다. K-BPI 모델은 각 브랜드가 갖고 있는 브랜드 인지도와 브랜드 로열티를 측정하여 브랜드의 경쟁력을 지수화한 것으로 향후 소비자들의 브랜드 구매행동을 예측할 수 있다.

---

8 브랜드 전문가 캐퍼러(Jean-Noël Kapferer)의 견해를 따른다.

(5) 브랜드 개발전략

— 신제품 개발의 브랜드 전략

신제품을 출시할 때 마케팅 관리자는 새로운 브랜드를 개발할 것인지, 기존 브랜드를 그대로 사용할 것인지를 결정하여야 한다. 브랜드 개발전략은 라인확장, 브랜드 확장, 복수브랜드, 신규브랜드의 4가지 대안을 고려할 수 있다.

［1］ 라인확장line extension은 현재의 제품라인에 새로운 제품을 추가하고 기존 브랜드를 그대로 사용하는 전략을 말한다. 신제품이 형태, 컬러, 사이즈, 원료 등 유형제품 측면에서 기존 제품과 다르지만, 핵심제품 측면에서는 기존 제품과 동질적일 때 사용된다. 이를 수직확장이라고도 한다.

라인 확장은 특정 브랜드를 대표로 내세워 마케팅 활동에 집중하기 때문에 깃발 마케팅으로 분류되며 적은 마케팅 비용으로 매출과 수익을 동시에 높일 수 있다는 장점이 있다. 예컨대 CJ의 '햇반'이 깃발 브랜드가 되고, 깃발 브랜드 아래에 둥근 햇반, 큰 햇반, 햇반 흑미밥, 햇반 오곡밥 등 11개 제품이 있다.

［2］ 브랜드 확장brand extension은 신제품을 출시하면서 새로운 제품계열로 분류하되, 기존 브랜드를 부착하는 경우이다. 예컨대 대상(주)의 식품 브랜드 '청정원'은 1996년 출시 이후 많은 신제품을 개발하였으나 여전히 '청정원'이라는 브랜드를 계속 사용하고 있다. 기존 브랜드를 사용하면, 기존 브랜드의 후광효과halo effect를 통해 소비자들이 빠르게 인지하고 수용할 수 있으며,[9] 마케팅 비용도 경감할 수 있는 장점이 있다. 이를 카테고리 확장, 수평 확장이라고도 한다.

---

9 후광효과(halo effect)란 어떤 사람이나 제품을 평가할 때 좋게 평가되도록 다른 요소가 영향을 미치는 효과를 말한다. 가령 외모를 보고 성격이 좋을 것이라고 평가하거나, 브랜드를 보고 명품일 것이라고 평가하는 예이다. 사회심리학이나 마케팅, 광고 등에서 많이 활용한다. 반면, 후광효과와 상반되는 개념인 뿔 효과(horn effect)는 나쁘게 평가하도록 다른 요소가 영향을 미치는 경우를 말한다. 가령 외모를 보고 성격이 나쁠 것이라고 평가하거나, 잘 알려지지 않은 브랜드를 불신하는 예이다.

제품 범주

	기존	신규
기존	라인 확장	브랜드 확장
신규	복수 브랜드	신규 브랜드

브랜드 이름

③ 복수브랜드multi-brand는 신제품을 출시하면서 기존 제품계열로 분류하되, 새로운 브랜드를 부착하는 것을 말한다. 예컨대 LG생활건강이 세탁세제 내에서 수퍼타이, 한입세제, 샤프란 등 신제품을 출시하면서 서로 다른 브랜드를 사용하는 예이다. 여러 개의 브랜드를 사용하는 만큼 마케팅 비용이 증가할 수 있으나, 구매동기가 서로 다른 소비자들에게 맞춤 마케팅을 할 수 있는 장점이 있다.

④ 신규브랜드new brand는 신제품을 출시하면서 새로운 제품계열로 분류하고, 새로운 브랜드를 부착하는 것을 말한다. 기존 브랜드의 파워가 약해지고 있어 새로운 브랜드를 도입할 필요가 있을 때 사용하거나, 새로운 명품 브랜드를 만들고 싶을 때 사용하는 전략이다. 예컨대 현대자동차가 신제품을 출시하면서 '제네시스'라는 새로운 제품계열로 분류하고 새로운 브랜드를 부착한 사례가 신규브랜드 전략이라고 할 수 있다.

— 우리나라 대기업의 사례

우리나라의 많은 대기업들은 여러 제품계열을 보유하고 많은 제품을 생산하고 있으므로 실정에 맞게 다양한 브랜드 전략을 사용하고 있다. 앞서 설명한 대상(주)는 기업브랜드와는 별도로 제품브랜드를 사용하고, 제품브랜드는 패밀리브랜드와 개별브랜드를 혼합하여 사용하고 있다. 즉 기업브랜드 아래에 청정원, 종가집, 미원이라는 패밀리브랜드를 만들고 패밀리브랜드 아래에 순창, 안주야와 같은 다수의 개별브랜드를 만들어 제품을 생산·판매하고 있다. 브랜드 이름은 "청정원 순창 집된장", "청정원 순창 덜매운 고추장" 등과 같이 '패밀리브랜드＋개별브랜드＋브랜드 수식어'의 형태의 혼합브랜드 전략을 사용하고 있다.

CJ제일제당은 더욱 다양한 혼합브랜드 전략을 채택하고 있다. CJ제일제당은 사업의 종류에 따라 식품사업과 바이오사업으로 대별하고, 식품사업에는 가정간편식, 육/수산, 조미소스, 건강식품/홍삼음료 등 사업부문별로 다시 분류하고, 각 사업부문에는 다수의 패밀리브랜드를 만들어 사용하고 있다. 예컨대 "CJ제일제당 비비고 만두 평양만두", "CJ제일제당 비비고 만두 김치만두" 등과 같이 '기업브랜드＋패밀리브랜드＋개별브랜드＋브랜드 수식어' 형태로 혼합브랜드 전략을 사용하고 있다.

현대자동차는 모자 브랜드를 기본전략으로 사용하고 있다. " 현대 쏘나타", " 현대 그랜저"와 같이 '모 브랜드＋자 브랜드'를 사용하여 현대자동차라는 높은 브랜드 가치를 최대한 활용하고 있다. 그러나 최근에는 신규브랜드 전략을 추가로 사용하고 있다. 고급 브랜드가 부족하다는 이미지에서 탈피하고자 신제품을 개발하면서 'GENESIS'라는 새로운 제품계열로 분류하고 새로운 브랜드를 부착하고 있다. 제네시스 차량에는 'HYUNDAI'라는 기업브랜드를 찾아볼 수 없으며, 로고도 를 사용하고 있다. 브랜드 이름은 "GENESIS G80"과 같이 '패밀리브랜드＋개별브랜드' 형태를 사용하고 있다.

(6) 브랜드 관리전략

많은 기업들이 브랜드 가치를 높이기 위하여 브랜드 경영을 적극 도입하고 있다. 브랜드 경영이란 브랜드를 개발·유지·발전시킬 뿐 아니라 소비자와 효과적인 커뮤니케이션을 통하여 브랜드 가치를 높이고 궁극적으로 기업 가치를 높이는 활동을 말한다. 강력한 브랜드 자산을 구축하면 소비자들의 인식 속에 다른 기업들이 모방할 수 없는 차별화된 이미지를 형성하게 되고 브랜드 인지도와 충성도를 높이는 데 큰 도움이 된다.

이에 따라 기업비전이나 기업이념으로 '브랜드 가치 향상'이 많이 언급되고 있다. 예컨대 한국타이어는 전략 방향으로 "Premium Brand 달성"을, 애경은 경영방침으로 "Mega Brand 육성"을 채택하고 있다.

브랜드 관리전략은 브랜드 개발, 브랜드 리뉴얼, 브랜드 재포지셔닝 등으로 구분할 수 있다.

▬ 브랜드 개발

브랜드 개발은 브랜드 콘셉트를 결정하는 일부터 시작한다. 브랜드 콘셉트는 기능 충족, 경험 유희, 긍지 추구의 3가지 관점에서 설정된다.

①1 기능충족 콘셉트functional benefits는 소비자들에게 기능 측면에서 유용성을 제공한다는 점을 부각시키는 방법이다. 예컨대 삼성 갤럭시 휴대폰의 경우 팝업 카메라폰, S펜을 사용하는 갤럭시노트, 화면이 확대되는 폴더블폰과 플립 등으로 소비자들에게 다양한 기능을 제공해 준다.

②2 경험유희 콘셉트experiential benefits는 고객들에게 감각적인 즐거움이나 다양한 체험을 제공하는 점을 부각시키는 방법이다. 최근 현대백화점이 여의도에 "더현대 서울"을 개점하면서 쇼핑보다는 실내정원, 인공폭포, 음식, 영화, 문화 등 체

험 측면을 부각시키고 있으며, 신세계백화점은 타임스퀘어, 스타필드 등에서 반려식품, 독서, 영화, 미술, 피크닉 등 다양한 경험과 유희를 제공하여 쇼핑과 레저, 힐링을 한 곳에서 즐기는 원데이 트립을 강조하고 있다. 즉, 백화점이 더 이상 장보러 가는 쇼핑몰이 아니라 테마파크가 있는 여가 플랫폼 또는 라이프스타일 복합센터로서 생활의 중심지 역할을 하고 있다.

③ 긍지추구 콘셉트self-expressive or symbolic benefits는 브랜드가 자아표현 또는 자기상징의 도구라는 측면에서 긍지 추구의 편익을 제공한다. 예컨대 "아무나 탈 수 있으면 BMW가 아니다."라고 하여 고가전략을, 몽블랑 만년필은 모델마다 한정 수량만 생산하여 고급품임을 자랑한다.

브랜드 콘셉트가 결정되면, 브랜드 이름을 만드는 순서이다. 브랜드 이름은 단순하게, 짧게, 발음하기 쉽게, 독특하게, 친근감 있게, 기억하기 쉽게 만들어야 하고, 법률적 문제가 없고 등록 가능하여야 한다. 브랜드 작명방법은 〈표 9-2〉에서 보는 바와 같이 첫 글자 따기, 합성기법, 낱말 생략기법, 플러스 기법, 마이너스 기법, 의성어·의태어 기법, 연음 기법, 문장형 기법, 유머 기법, 인명 또는 지명을 활용하는 방법 등 다양하다.

브랜드 작명을 할 때 브랜드의 조건을 갖추어야 한다. 브랜드의 조건이란 브랜드에 자사 제품의 차별화된 핵심 메시지가 포함되어야 하고, 소비자들이 쉽게 브랜드를 파악하고 신뢰감을 줄 수 있어야 하며, 고객의 뇌 속에 확실하게 각인될 수 있는 그 무엇이 있어야 한다.

___ 브랜드 리뉴얼

브랜드 리뉴얼brand renewal은 브랜드 이름 변경을 포함하여 브랜드 로고, 슬로건 등 브랜드 구성요소를 변경하는 것을 말한다. 기존 브랜드의 진부화된 이미지를 개선하고, 새롭게 거듭나기 위한 제2의 창업과 같은 전략이다. 브랜드 리뉴얼 방법은 기업브랜드 변경, 패밀리브랜드 신규개발, 디자인 리뉴얼 등이 있다. 기업브랜드를 변경한 사례는 선경그룹이 SK그룹으로, 제일제당 그룹이 CJ그룹으로, LG텔레콤이 LG U+로 변경된 것이 대표적인 예이다.

유의사항은 브랜드 리뉴얼은 단순한 로고 수정 또는 보완과 다르다는 것이다. 브랜드 리뉴얼은 디자인 리뉴얼을 초월하여 브랜드 경영 차원에서 접근한 개념이다. 또한 브랜드 리뉴얼은 브랜드 확장과도 다른 개념이다. 브랜드 확장은 신제품을 개발하면서 기존 브랜드를 사용할 것인가, 새로운 브랜드를 추가할 것인가 하는 선택의 문제라면, 브랜드 리뉴얼은 기존 브랜드를 완전히 대체하는 작업이라고 할 수 있다.

─ 브랜드 재포지셔닝

브랜드 재포지셔닝brand repositioning이란 자사 브랜드가 경쟁력을 상실하였을 때 브랜드를 변경하고 새로운 가치제안을 하는 작업을 말한다. 시장 트렌드가 변화하거나 경쟁사 브랜드의 포지셔닝이 변화하여 자사 브랜드가 경쟁력을 상실한 때 주로 재포지셔닝을 하게 된다. 또한 자사의 목표시장 크기나 수익성이 낮아 새로운 시장으로 이동해야 할 때, 혹은 자사의 다른 브랜드와 포지션이 중복되어 자기잠식 효과가 발생할 우려가 있을 때 브랜드 재포지셔닝을 하게 된다. 즉 브랜드의 활동영역과, 목표시장을 변경하는 것이 브랜드 재포지셔닝이다.

향상학습 및 심화학습

01 (향상학습) 아래 유튜브 동영상을 시청하면서 학습한 내용을 복습하시오.

(1) 황창환, 마케팅 제품믹스 사례(제품믹스의 폭, 길이, 깊이)

(2) 서울창업허브, 브랜드 전략 31강(브랜드와 브랜드 자산)

(3) (구글에서 검색) SlidePlayer, 제8장 제품과 서비스, 브랜딩 전략

(4) 요점그리기, 브랜딩 컨셉을 만드는 7가지 요소

02 (심화학습) 학습한 내용을 응용하여 아래의 물음에 대하여 답하시오.

(1) 여러분이 노트북을 모바일 폰에서 구매하고, 현재 배달을 기다리고 있는 상황이라고 가정하자. 제품의 3대 요소를 사용하여 배달된 이후의 과정을 설명해 보시오.

(2) 다음 그림은 A 여행사의 제품믹스이다. 코로나 바이러스가 확산되기 전에는 다양한 상품이 있었지만, 바이러스가 확산된 이후 상품을 축소ㆍ운영하였다. 현재는 해외여행이 재개되어 상품을 확대ㆍ운영하고 있다. 다음의 물음에 답하시오.

[승차권 판매]	[여행 패키지]	[부수서비스]
기차 승차권	국내 개인여행	호텔 예약
비행기 승차권	국내 단체여행	여행정보 서비스
고속버스 승차권	해외 개인여행	
크루즈 승차권	해외 단체여행 —— 중국단체여행	
	└ 일본단체여행	
	└ 유럽단체여행	

① 위의 그림에서 제품믹스의 너비, 길이, 평균길이, 폭이 각각 몇 개인가?

② 제품믹스의 4개 차원이 무엇이며, 어떻게 활용하는 것이 바람직한지 설명하시오.

③ 제품믹스의 다양화 · 차별화 · 단순화의 관점에서 제품믹스 전략을 수립할 수 있다. 코로나 바이러스가 처음 발견되어 확산되었을 때의 전략과 해외여행이 재개된 이후의 전략을 구분하여 설명하시오.

(3) 몇 년 전 현대자동차는 고급브랜드로 제네시스 모델을 출시하였고, 현재에는 전기자동차와 수소자동차를 출시하고 있다. 다음 물음에 답하시오.

① 제품계열 전략에는 제품계열의 확장과 제품계열 확충이 있다. 차이점을 설명하고 현대자동차의 제네시스 모델 출시는 어디에 해당되는가?

② 제네시스 신제품은 기존의 '현대자동차' 브랜드를 사용하지 않고 새로운 브랜드 '제네시스'를 사용하였다. 신제품의 브랜드 전략 4가지 중에서 어디에 해당되며 왜 새로운 브랜드를 채택하였는지 설명해 보시오.

(4) 미국마케팅협회는 브랜드의 정의를 '어떤 판매자의 제품과 서비스를 다른 판매자의 제품과 서비스와 구별하기 위하여 사용하는 이름 등을 총칭'으로 규정한다. 삼성그룹의 경우 '삼성' 브랜드의 가치는 610억 달러로 평가받고 있으며, 삼성전자의 휴대폰 브랜드로 '갤럭시'를 사용하고 있다. 다음의 물음에 답하시오.

① 브랜드 정의에 따르면, 삼성그룹의 브랜드는 무엇인가? 그렇다면 '삼성', '삼성전자', '갤럭시'를 브랜드 측면에서 어떻게 설명할 수 있는가?

② 휴대폰 브랜드로 '갤럭시'를 사용하였다. 브랜드 전략 중에서 어떤 전략에 해당되는지 설명하시오.

(잠깐만!) 디마케팅demarketing

디마케팅이란 기업이 자사 제품의 판매량을 의도적으로 줄이려는 마케팅을 말한다. 1971년 코틀러가 처음으로 사용하였다. 디마케팅의 목적은 다음과 같다.
① 만성적인 초과수요 상태에 있는 제품의 수요를 줄이기 위한, 수급조절 목적으로 사용된다.
② 수익성이 좋은 VIP 고객 중심으로 영업하고, 수익성이 적은 고객층을 털어내고, 체리 피킹 cherry picking을 방지하기 위한 목적으로 사용된다. 체리 피킹이란 '케이크 위에 있는 체리만 먹는 행위'로, 자신에게 이익이 되는 부분만 선택하고, 이익이 되지 않는 부분은 버리는 행위를 말한다.
③ 담배 등 개인 건강이나 사회적으로 유해한 제품의 소비를 억제하려는, 공익을 증가시키려는 의도로 사용된다.
④ 자사 제품의 희소성이나 가치를 높여 긍정적 이미지를 쌓으려는 의도로 사용된다. 특정제품의 판매수량을 제한하여 명품이미지를 높이거나, 베블런 효과Veblen effect(가격이 상승할수록 소비가 증가하는 현상)를 얻기 위한 행위이다.

CHAPTER

10 가격관리

1. 가격관리란?

── 가격의 중요성

가격은 소비자나 기업 모두에게 매우 중요하면서도 민감한 요소이다. 소비자들은 구매하고자 하는 제품으로부터 얻는 편익이 지불하는 비용보다 크다고 생각되면 그 제품을 구입한다. 고객이 제품으로부터 얻는 편익을 고객가치customer value라고 한다면, 지불하는 비용은 제품의 가격이 된다. 고객가치는 동일한 제품이라도 소비자들의 소득과 취향에 따라 다르다. 따라서 소비자들은 주어진 소득 범위 내에서 고객가치와 제품의 가격을 비교하면서 소비품목과 소비량을 결정하게 된다.

기업 입장에서 가격은 기업경영 중 유일한 수입원이라는 측면에서 매우 중요하다. 대부분의 기업들은 이윤 극대화를 추구한다. '이윤＝매출액－비용'으로 결정된다. '매출액＝판매량×가격'이므로 이윤 극대화를 위하여 기업은 판매량을 늘리든지, 가격을 올리든지, 생산비용을 줄여야 한다. 그리고 기업은 손해를 보면서 장사할 수 없으므로 생산비용이 높으면 판매량이 줄더라도 가격을 올리고, 생산비용이 낮으면 가격을 낮추어 판매량을 늘리려고 한다.

따라서 기업의 가격 결정은 이윤 극대화라는 원칙 아래, 자사의 생산원가, 경쟁제품의 가격수준, 소비자들의 가격 민감도 등을 고려하여 이루어진다. 기업이 다양한 요인을 감안하여 이윤을 극대화하는 방향으로 가격을 결정하고 관리하는 전략을 가격관리라고 한다.

─ 가격 결정요인

가격 결정요인은 기업의 내부요인과 외부요인이 있다. 내부요인은 앞서 설명한 바와 같이 생산원가가 가장 크게 영향을 미친다. 가격을 생산원가보다 낮게 책정할 수 없으므로 생산원가는 가격의 하한선이 된다. 이를 생산자의 최소수취가격 willingness to accept이라고 한다. 생산자가 제품을 판매할 때 최소한 받아야 하는 가격이라는 뜻이다.

▌그림 10-1 가격 결정요인

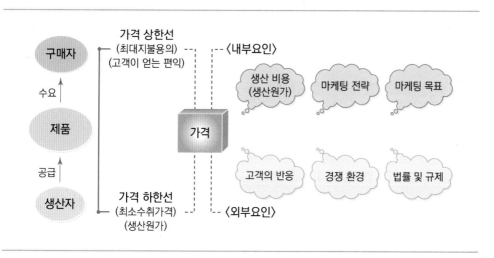

두 번째 내부요인은 마케팅 목표와 마케팅 전략이다. 기업의 마케팅 목표가 이익 극대화인지, 시장점유율인지, 매출 극대화인지, 고객만족 극대화인지에 따라 가격의 수준이 달라진다. 마케팅 목표가 이익 극대화라면, 가능하면 가격을 높게 책정할 것이며, 시장점유율이나 고객만족 극대화라면 가능하면 가격을 낮게 책정할 것이다.

그리고 마케팅 목표를 달성하기 위한 마케팅 전략이 무엇이냐에 따라 가격을 높게 책정하거나 낮게 책정할 수 있다. 마케팅 전략은 제품전략, 가격전략, 유통전략, 촉진전략의 마케팅믹스(4P) 전략으로 나타난다고 설명하였다. 중간상들의 마진을 최대한 보장하는 유통전략이라면 가격은 상승한다. 매출을 늘리기 위하여 광고 등 촉진전략을 확대할 경우에도 비용 증가요인으로 작용하여 가격이 상승하게 된다.

가격 결정의 외부요인은 소비자들이 얻는 편익과 소비자들의 가격 민감도, 경쟁사의 가격수준, 정부의 정책 등이 있다. 이 중에서 제일 중요한 것은 소비자들의 편익과 가격 민감도이다. 소비자들은 제품을 구매할 때 얻는 편익이 제품 가격보다 높아야 구매한다. 따라서 가격은 소비자들이 기꺼이 지불하고자 하는 가격보다 높아서는 안 된다. 즉, 소비자들이 기꺼이 지불하고자 하는 최고 가격이 가격의 상한선이 된다. 이를 소비자의 최대지불용의willingness to pay라고 한다.

그리고 소비자들은 가격 변화에 매우 민감하게 반응한다. 소비자들의 가격 변화에 대한 민감도를 수요의 가격탄력성price elasticity of demand이라고 한다. 가격이 변화할 때 소비자들이 민감하게 반응하면 탄력적이라고 하고, 민감하게 반응하지 않으면 비탄력적이라고 한다. 가령 건강식품의 가격이 10% 상승하면 소비자들은 건강식품의 소비를 탄력적으로 줄이게 된다. 그러나 쌀과 같은 생필품의 경우에는 가격이 10% 상승하더라도 소비를 줄이지 못하므로 비탄력적으로 소비하게 된다. 따라서 가격 탄력적인 제품의 가격을 인상하면 판매량이 더 많이 감소하므로 매출액은 감소하게 되고, 가격 비탄력적인 제품은 가격을 올리더라도 판매량은 많이 감소하지 않으므로 매출액은 증가한다.

두 번째 외부요인은 경쟁 환경이다. 시장이 완전경쟁시장인지, 독점시장인지,

과점시장인지에 따라 가격 책정이 달라진다. 완전경쟁시장인 경우 시장에는 수많은 제품들이 존재하기 때문에 기업이 마음대로 가격을 결정할 수 없다. 시장에서 형성되는 가격을 그대로 수용할 수밖에 없다. 기업이 가격 수용자가 된다는 의미이다. 반면, 독점시장인 경우에는 기업이 하나밖에 존재하지 않기 때문에 독점기업은 이윤을 극대화하는 수준으로 가격을 설정하려고 할 것이다. 기업은 가격 설정자가 된다는 의미이다.

그리고 이미 시장에 출시되어 있는 비슷한 제품의 가격 수준도 가격 결정에 많은 영향을 미친다. 소비자들이 제품을 구매할 때 유사제품의 가격과 품질을 비교하여 구매를 결정하므로 경쟁제품의 가격과 품질이 중요한 기준이 된다.

그 밖에 정부의 규제도 외부요인으로 작용한다. 정부 규제는 법이나 지침 등을 통하여 가격을 규제한다. 통신료, 전기료, 택시요금, 버스요금 등과 같이 공공성이 높은 분야는 생산자가 자율적으로 가격을 책정하지 못한다. 그리고 생필품 등 가계에 많은 영향을 미치는 제품도 정부가 가격 안정을 위하여 관리한다. 특히 정부가 최저가격제와 최고가격제를 도입하면, 그 범위를 초과하여 가격을 책정할 수 없다.

2. 가격의 종류

소비자나 생산자는 서로 다른 시각에서 제품의 가격에 접근한다. 소비자는 가능하면 낮은 가격을 지불하려 하지만, 생산자는 가능하면 높은 가격을 수취하고자 한다. 따라서 시장에서 결정되는 가격은 하나이지만, 가격의 종류는 매우 다양하다.

먼저 유보가격이다. 유보가격reservation price이란 소비자나 생산자가 주관적으로 판단하는 가격을 말한다. 소비자의 유보가격이란 소비자가 주관적으로 판단하는 가격, 즉 소비자가 기꺼이 지불할 용의가 있는 최고가격을 말한다. 소비자의 최고

가격은 소비자들의 소득 수준, 취향 등에 따라 달라진다. 그리고 생산자의 유보가격은 생산자가 주관적으로 판단하는 가격, 즉 생산자가 최소한 수취하고자 하는 최저가격을 말한다. 생산자의 최저가격은 그 제품의 생산원가에 따라 달라진다.

또한 소비자들이 많이 참고하는 가격으로 준거가격이 있다. 준거가격reference price이란 소비자들의 과거 경험, 경쟁제품의 가격 등 가격과 품질 정보를 종합하여 합리적이라고 판단하는 가격을 말한다. 소비자들이 생각하는 적정수준의 가격이라고 생각하면 된다.

최저수용가격lowest acceptable price은 소비자들이 품질을 의심하지 않고 구매할 수 있는 최저가격을 말한다. 제품의 가격이 낮을 때 소비자들은 "왜 이렇게 싸지? 품질이 안 좋은 것 아니야?"라는 의구심을 가지면서 구매대상에서 제외시킨다. 따라서 소비자들이 경험과 정보를 토대로 의심하지 않고 받아들일 수 있는 가격이 최저수용가격이 된다.

유보가격, 준거가격, 최저수용가격의 개념을 활용하여 가격이 결정되는 구조를 〈그림 10-2〉에서 살펴보자. 생산자는 최소한 생산원가만큼 수취해야 하므로 생산원가가 최소수취가격이 된다. 만약 최소수취가격보다 낮으면, 원가 미만이어서 판매를 유보하게 되므로 생산원가는 생산자의 유보가격이 된다. 그리고 소비자는 고객가치만큼 지불하고자 하므로 고객가치가 최대지불용의가 된다. 만약 최대지불용의보다 높으면, 비싸서 구매를 유보하게 되므로 고객가치는 소비자의 유보가격이 된다.

또한 소비자들은 일상생활을 하면서 모든 제품마다 나름대로 기준이 되는 준거가격을 갖고 있다. 만약 제품의 가격이 준거가격보다 높으면, 비싸다는 느낌을 받게 되고, 준거가격보다 낮으면, 싸다는 느낌을 받게 된다.

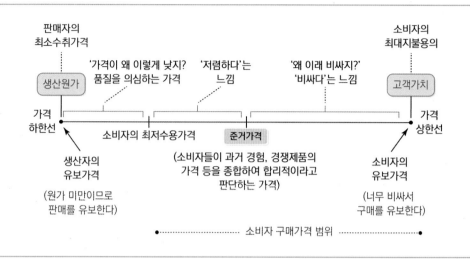

■그림 10-2 가격 결정의 구조

판매자의
최소수취가격

'가격이 왜 이렇게 낮지? '저렴하다'는   '왜 이래 비싸지?'   소비자의
품질을 의심하는 가격   느낌   '비싸다'는 느낌   최대지불용의

[생산원가]   [고객가치]

가격   가격
하한선   소비자의 최저수용가격   준거가격   상한선

생산자의   (소비자들이 과거 경험, 경쟁제품의   소비자의
유보가격   가격 등을 종합하여 합리적이라고   유보가격
                            판단하는 가격)
(원가 미만이므로   (너무 비싸서
판매를 유보한다)   구매를 유보한다)

●┈┈┈┈┈┈┈ 소비자 구매가격 범위 ┈┈┈┈┈┈┈●

그리고 소비자들은 품질을 감안하여 나름대로 제품의 최저수용가격도 갖고 있다. 제품의 가격이 최저수용가격보다 낮으면, 품질을 의심하게 되어 제품을 구매하지 않는다. 따라서 소비자들이 구매하는 가격 범위는 최저수용가격에서 최대지불용의까지가 된다.

그 밖에 시장에는 다양한 가격이 존재한다. 경쟁시장에서 선도기업이 가격을 결정하면 다른 기업들은 선도기업의 가격을 그대로 수용하게 되는데, 이를 모방가격going-rate price이라고 한다. 선도기업의 가격을 모방하여 가격을 결정한다는 뜻이다.

그리고 정부나 기업이 물자를 구매하거나 공사 도급계약을 할 때 경쟁매매 방식으로 진행한다. 이때 각 후보 기업들이 제출하는 가격을 입찰가격sealed-bid price이라고 한다.

단수가격odd price은 제품의 가격을 5,000원, $5.00 등으로 책정하지 않고 4,990원, $4.99로 책정하는 가격을 말한다. 소비자들에게 싸다는 느낌을 주어 판매를 늘리려는 전략으로 이를 '99마케팅'이라고 한다. 반대로 제품의 가격을 49,000원,

$48.00 등으로 책정하지 않고 반올림하여 50,000원, $50.00으로 책정하는 가격을 짝수가격even price이라고 한다. 고소득층에게 고급품이라는 이미지를 주어 구매를 자극하려는 판매전략이다. 단수가격이나 짝수가격은 모두 소비자들의 심리를 이용하는 가격 결정방법이다.

명성가격prestige price은 소비자들에게 명품이라는 인식을 주도록 높게 책정하는 가격을 말한다. 일부 소비자들은 고급승용차, 고급가방, 고급시계, 보석 등과 같이 사회적 지위나 권위를 과시하기 위하여 소비하려 한다. 이러한 행태에 맞추어 높게 책정하는 가격을 명성가격이라고 한다.[1]

관습가격customary price은 껌, 우유, 자장면, 초코파이 등과 같이 오랫동안 소비자들에게 사랑을 받아온 제품들의 가격을 말한다. 이러한 제품들의 가격은 소비자들에게 관습적으로 형성되어 있는 가격이므로 가격을 인상하려 하면 소비자들의 저항에 부딪히게 된다.

묶음가격bundle price은 서로 다른 제품을 묶어 판매할 때 적용하는 가격을 말한다. 패스트푸드점에서 햄버거, 프렌치프라이, 음료를 하나의 세트로 묶어 판매하는 경우에 해당된다. 묶음 가격은 끼워 팔기나 '1+1' 판매와는 다르다. 끼워 팔기tying는 A 제품을 구매할 때 반드시 B 제품을 구매하도록 강요하는 방법으로 독점규제법에 의해 규제되고 있다. 그리고 '1+1' 판매는 A 제품을 하나 구매하면, A 제품 1개를 무료로 추가 제공하는 방법이다.

그 밖에 촉진가격promotional price은 기업이 매출을 확대하기 위하여 정상적인 가격보다는 낮게 책정한 가격 또는 원가보다 낮게 책정한 가격을 말한다.

---

1 소비자들이 '나는 보통사람들과 신분이 다르다.'라고 하면서 부 또는 사회적 지위를 과시하기 위하여 값이 오를수록 구매가 증가하고, 값이 내릴수록 구매하지 않는 소비행태를 베블렌효과(Veblen effect)라고 한다. 비싼 귀금속류, 고급승용차, 명품 등 높은 가격대를 오히려 선호하는 소비를 말한다.

3. 가격 결정방법

기업이 제품의 가격을 결정할 때 전략적으로 접근하므로 여러 단계를 거친다. 크게 시장가격조사, 가격결정 목표 설정, 가격결정 방법 선택, 가격대별 시뮬레이션, 가격결정 전략에 따른 최종가격 결정의 순으로 진행된다.

(1) 경쟁제품의 시장가격 조사

자사 제품의 가격을 결정하기 전에 시장에서 경쟁제품들의 가격이 어떻게 형성되어 있는지, 소비자들의 반응은 어떠한지, 그리고 각종 가격 정보를 수집하여 적당한 가격대를 파악한다. 비슷한 제품의 가격정보를 파악하기 위하여 판매점이나 생산자가 운영하는 쇼핑몰을 직접 방문하거나 온라인 쇼핑몰을 방문하기도 한다. 그리고 구매 예상고객들에게 최대지불용의 가격, 최저수용가격, 구매 희망가격 등을 조사하고, 자사의 과거 판매가격과 판매량, 경쟁제품의 가격 변화와 판매량 변화 등의 데이터를 수집하여 분석하기도 한다. 가격정보를 수집할 때 기업별, 제품별, 유통경로별, 계절별 자료를 시계열로 수집하여 가격 추이를 분석하여야 자사의 가격전략을 수립하는 데 유용하다.

(2) 가격결정 목표 설정

두 번째는 자사의 가격결정 목표를 설정한다. 가격은 기업사명, 비전, 경영목표, 마케팅 목표 등을 구현하는 데 중요한 역할을 한다. 따라서 가격을 결정할 때 무조건 이윤극대화를 목표로 하는 것이 아니라 기업의 경영철학을 실현하고 마케팅 목표와 마케팅 전략을 달성하는 방향으로 가격을 결정하여야 한다. 가격결정의 목표는 크게 이윤극대화, 시장점유율, 매출극대화, 현상유지, 기타로 구분할 수 있다.

① 이윤극대화 목표는 가격을 결정할 때 자사의 이윤을 극대화하는 것에 초점을 맞춘다. 이윤＝총수익(매출액)－총비용으로 계산되며, 총수익＝가격×판매량으로 계산되므로 이윤을 극대화하기 위하여 가격을 높게 책정하거나 판매량을 최대화하거나, 아니면 총비용을 최소화하여야 한다.[2]

② 시장점유율 목표는 자사 제품이 시장에서 차지하는 비중을 높이고자 할 때 채택되는 목표이다. 시장점유율을 계산할 때 판매량을 기준으로 하기도 하지만, 일반적으로 매출액을 기준으로 한다. 시장점유율을 목표로 하는 이유는 시장 지배력을 강화하여 시장에서 안정적인 지위를 구축하기 위함이다.

③ 매출극대화 목표는 이익이 다소 감소하더라도 제품의 판매량을 늘리고자 할 때 사용된다. 이윤이 다소 줄어들더라도 자사 제품의 판매량을 늘려 시장에서의 인지도를 높이고자 하거나, 새로운 기업이 시장에 진입할 때 저지할 목적으로 가격을 낮추고 판매량을 늘리려고 할 때 사용된다.

④ 현상유지 목표는 기존 가격을 유지하거나 경쟁제품의 가격과 비슷하게 책정하는 방법이다. 현재의 시장 지위 혹은 현재의 수익구조에 만족하고 장기안정적인 지위를 유지하면서 경쟁사와의 경쟁에서 우위를 확보하려고 할 때 사용된다.

⑤ 고객만족도 목표는 단기적인 이익에 주안점을 두지 않고 품질 향상과 저가정책을 유지하여 고객들의 마음을 사로잡아 장기 단골고객으로 유인하는 차원에서 추진된다.

⑥ 이미지 향상 목표는 자사 제품이 명품이라는 브랜드 이미지를 유지하기 위하여 고가정책을 사용하는 경우이다. 높은 가격은 품질이 매우 우수하다는 의미 외에도 부유한 사람만이 구매하는 특별한 제품이라는 이미지를 형성해 주기 때문이다.

---

2 수익, 이윤, 매출액의 개념을 정확히 파악하는 것이 필요하다.
   수입＝수익＝매출액＝revenue＝sales
   이윤＝이익＝profit＝income＝earnings

— 가격결정 사례연구

여러 가지 가격결정 목표 중에서 이윤극대화 목표는 개인사업자도 활용할 수 있으므로 (사례 1)을 통하여 살펴보자. 사례 1은 서울카페의 총수입, 총비용, 손익분기 판매량, 이윤극대화 판매량을 구하는 문제이다.

(사례 1) 다음 표는 서울카페의 판매량과 비용 현황을 나타낸 것이다. 커피 1잔 가격이 4천원이며, 고정비용은 시간당 5만원이며, 변동비용은 1잔 재료비 800원이라고 가정하자. 그리고 판매량이 1시간당 20잔을 초과할 경우 인건비, 재료비 등이 상승한다는 것을 전제로 하였을 때, 다음 물음에 답하시오.

① 총수입을 계산하시오.
② 총비용을 계산하시오.
③ 판매량이 증가할수록 커피 1잔당 수입은 얼마씩 늘어나는가?
④ 판매량이 증가할수록 커피 1잔당 비용은 얼마씩 늘어나는가?
⑤ 적자에서 흑자로 전환되는 판매량은 얼마인가?
⑥ 이윤을 극대화하는 판매량은 얼마인가?

❚ 표 10-1 서울카페의 판매량과 비용 현황 (단위: 잔, 원)

판매량 (시간당)	판매가격 (1잔당)	고정비용 (시간당)	변동비용 (1잔당)	판매량 (시간당)	판매가격 (1잔당)	고정비용 (시간당)	변동비용 (1잔당)
0	4,000	50,000	0	18	4,000	50,000	14,400
2	4,000	50,000	1,600	20	4,000	50,000	16,000
4	4,000	50,000	3,200	22	4,000	50,000	22,000
6	4,000	50,000	4,800	24	4,000	50,000	28,800
8	4,000	50,000	6,400	26	4,000	50,000	36,400
10	4,000	50,000	8,000	28	4,000	50,000	44,800
12	4,000	50,000	9,600	30	4,000	50,000	54,000
14	4,000	50,000	11,200	32	4,000	50,000	64,000
16	4,000	50,000	12,800	34	4,000	50,000	74,800

문제 ①에서 총수입은 가격×판매량으로 계산되며, 1잔 가격이 4,000원이므로 1시간에 2잔 판매할 때 총수입은 8,000원이며, 1시간에 4잔 판매할 때 16,000원이 된다. 총수입 계산내역은 (표 10-2)와 같다.

총수입 = 가격 × 판매량

▌표 10-2 서울카페의 수입과 비용 현황   (단위: 잔, 원)

판매량	총수입	총비용	한계수입	한계비용	이익
0	0	50,000	-	-	△50,000
2	8,000	51,600	8,000	1,600	△43,600
4	16,000	53,200	8,000	1,600	△37,200
6	24,000	54,800	8,000	1,600	△30,800
8	32,000	55,600	8,000	1,600	△24,400
10	40,000	58,000	8,000	1,600	△18,000
12	48,000	59,600	8,000	1,600	△11,600
14	56,000	61,200	8,000	1,600	△ 5,200
16	64,000	62,800	8,000	1,600	1,200
18	72,000	64,400	8,000	1,600	7,600
20	80,000	66,000	8,000	1,600	14,000
22	88,000	72,000	8,000	6,000	16,000
24	96,000	78,800	8,000	6,800	17,200
26	104,000	86,400	8,000	7,600	17,600
28	112,000	94,800	8,000	8,400	17,200
30	120,000	104,000	8,000	9,200	16,000
32	128,000	114,000	8,000	10,000	14,000
34	136,000	124,800	8,000	10,800	11,200

문제 ②에서 총비용은 고정비용과 변동비용의 합으로 계산된다. 고정비용은 카페를 처음 개업할 때 임대료, 주방기구, 식탁, 의자, 인테리어 비용 등 초기에 투자한 금액과 인건비를 말한다. 개업할 때 투자금액은 추가 증설하지 않고 추가 인력을 채용하지 않으면 일정하므로 고정비용이라고 한다. 변동비용은 판매량이 늘어날수록 증가하는 원재료 비용을 말한다.

시간당 고정비용이 50,000원이고, 변동비용이 1잔 당 800원이므로 총비용은 고정비용(50,000) + 변동비용(판매량×800원)이 된다. 한 잔도 판매하지 못하였을 때 총비용은 50,000 + 0잔 × 800원 = 50,000원이며, 2잔 판매할 때 총비용은 50,000 + 2 잔 × 800원 = 51,600원이다. 총비용 계산내역은 (표 10 − 2)와 같다.

총비용 = 고정비용 + 변동비용 = 고정비용 + (단위당 변동비용 × 판매량)

문제 ③에서 커피 2잔씩 판매가 증가할수록 총수입은 8,000원이 증가하므로, 커피 1잔을 추가 판매하면 총수입은 4,000원이 증가한다. 이를 한계수입이라고 한다. 즉 한계수입은 1단위 추가 판매할 때 늘어나는 수입이므로 판매가격이 된다.

문제 ④에서 커피 2잔씩 판매가 증가할수록 총비용은 1,600원이 증가하므로, 커피 1잔을 추가 판매할 때 총비용은 800원씩 증가한다. 이를 한계비용이라고 한다. 즉 한계비용은 1단위 추가 판매할 때 늘어나는 비용이 된다. 시간당 판매량이 20잔을 초과하면, 현재의 인력과 재료비로 생산할 수 없다. 따라서 인건비와 재료비 등이 추가상승하게 된다. 시간당 20잔을 초과하여 판매되면, 한계비용도 늘어난다.

문제 ⑤에서 적자에서 흑자로 전환되는 판매량은 총수입과 총비용이 같을 때 판매량이다. 이를 손익분기 판매량이라고 한다. 이윤은 총수입에서 총비용을 뺀 값이며 손익분기점의 이윤은 0이 된다. 이를 계산하면, (표 10 − 2)와 같이 시간당 14

잔을 판매하면 5,200원 적자이며, 16잔을 판매하면 1,200원의 이익이 발생한다. 따라서 손익분기 판매량은 15잔 또는 16잔이 된다. 이를 일반적인 산출 공식으로 나타내면 다음과 같이 도출할 수 있다.

이윤 = 총수입 – 총비용

손익분기점: 총수입 = 총비용

총수입 = 판매량 × 가격

총비용 = 고정비용 + 변동비용　　　* 변동비용 = 단위당 변동비용 × 판매량

판매량 × 가격 = 고정비 + (단위당 변동비용 × 판매량)

→ 판매량 × (가격 – 단위당 변동비용) = 고정비

$$\rightarrow \text{판매량} = \frac{\text{고정비}}{\text{가격} - \text{단위당 변동비용}} = \frac{\text{고정비}}{\text{가격} - \dfrac{\text{변동비용}}{\text{판매량}}} \quad \text{☞ 손익분기점 판매량}$$

공식을 사용하여 계산하면, 손익분기점 판매량 $= \dfrac{\text{고정비}}{\text{가격} - \text{단위당 변동비용}}$
$= \dfrac{50,000}{4,000 - 800} = 15.6$(잔)이므로 손익분기점 판매량은 16잔이 된다.

문제 ⑥에서 이윤을 극대화하려면, 1잔을 추가 판매할 때 얻는 한계수입과 1잔을 추가 판매할 때 드는 한계비용을 비교하여 결정하면 된다. 즉 한계수입이 한계비용보다 크면, 추가 판매하는 것이 유리하고, 반대로 한계수입이 한계비용보다 작으면, 추가 판매하지 않는 것이 바람직하다. 따라서 이윤 극대화는 한계수입과 한계비용이 같을 때 이루어진다. 즉 '한계수입 = 한계비용'이 이윤 극대화 조건이 된다.

(표 10–2)에서 26잔을 판매할 때 한계수입은 8,000원, 한계비용은 7,600원이며, 28잔을 판매할 때 한계수입은 8,000원, 한계비용은 8,400원이므로 이윤 극대화점은 26잔 또는 27잔이 된다.

한계수입 > 한계비용 → 추가 판매하는 것이 이득이다.
한계수입 < 한계비용 → 판매 중단하는 것이 유리하다.
한계수입 = 한계비용 → 이윤 극대화

지금까지 설명한 내용을 그림으로 나타내면 (그림 10−3)이 된다. 고정비용 곡선은 판매량과 관계없이 일정하며, 변동비용 곡선은 판매량이 0일 때 0에서 출발하여 판매량이 늘어남에 따라 우측으로 상향한다. 총비용 곡선은 고정비용과 변동비용을 합한 곡선이 된다. 그리고 총수입은 판매량이 증가하면서 가파르게 상승하였다가, 이윤 극대화점을 통과하면서 완만하게 증가한다. 따라서 이익은 초기에 손실이 발생하였으나, 판매량이 증가하면 손익분기점(1)을 경과하면서 이익이 크게 증가한다. 그러나 일정량 이상 판매하면 변동비용이 증가하므로 손익분기점(2)을 경과하면서 다시 적자로 전환된다.

┃그림 10-3 총수입과 총비용 곡선

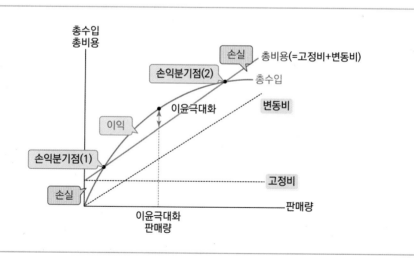

(3) 가격 결정방법

가격결정 목표를 설정하면, 세 번째 단계로 가격결정 방법을 선택한다. 가격결정 방법은 시장 상황이나 가격결정 목표에 따라 달라진다. 여기에는 원가기준, 가치기준, 경쟁기준, 심리기준 가격결정법이 있다.

━ 원가기준 가격결정법

원가기준 가격결정은 가격결정방법 중에서 가장 기본적인 방법으로 널리 사용된다. 여기에는 원가가산 가격결정법, 목표이익 가격결정법, 손익분기 가격결정법이 있다.

① 원가가산mark-up or cost-plus 가격결정법은 제품의 원가에 일정 마진을 더하여 판매가격을 결정하는 방법이다. 마진margin은 생산자가 스스로 적정마진을 결정할 수도 있고, 해당 업종에서 사용하는 평균마진을 사용할 수도 있다. (사례 2)를 통하여 원가가산 가격결정법을 이해하여 보자.

> (사례2) 어떤 제품 100개를 생산할 때 드는 총비용이 100,000원이며 마진율을 10%로 하고 싶을 때 가격을 얼마로 책정하면 되는가? (마진율 10%는 총매출액의 10%가 이익이라는 의미이다).

'총수입 = 가격 × 판매량'이며 '이윤 = 총수입 - 총비용'이고, '이윤 = 총수입 × 마진율'이다. 여기에 판매량 100개, 총비용 100,000원, 마진율 10%를 대입하면, 다음과 같다.

$$이윤 = 총수입 - 총비용 = (가격 \times 100개) - 100,000원$$
$$이윤 = 총수입 \times 마진율 = (가격 \times 100개) \times 10\%$$

$$\rightarrow \ (가격 \times 100개) - 100{,}000원 = (가격 \times 100개) \times 10\%$$

$$(가격 \times 100개)(1 - 10\%) = 100{,}000원$$

$$\rightarrow \ 가격 = \frac{100{,}000원}{100개 \times (1 - 10\%)} = \frac{\dfrac{100{,}000원}{100개}}{1 - 10\%} = 1{,}111원 \cong 1{,}120원$$

즉, 가격을 1,120원으로 책정하면 마진율 10%만큼 이윤이 발생하게 된다. 이를 일반적인 공식으로 나타내면, 다음과 같다.

$$원가가산 \ 가격 = 원가 + 마진 = \frac{단위당 \ 원가}{1 \ - \ 기대수익률}$$

② 목표이익target profit 가격결정법은 기업이 원하는 목표이익을 실현하는 수준에서 제품의 가격을 결정하는 방법이다. 즉, 원가에 목표수익률을 곱하면 목표이익 가격이 된다.

$$목표이익 \ 가격 = 원가 \ \times \ 목표수익률$$

③ 손익분기break-even 가격결정법은 총수입과 총비용이 같도록 가격을 책정하는 방법이다. 앞 절에서는 손익분기점 판매량($= \dfrac{고정비}{가격 - 단위당 \ 변동비용} = \dfrac{고정비}{가격 - \dfrac{변동비용}{판매량}}$)을 계산하는 문제였으나, 여기에서는 손익분기점 가격을 계산하는 문제이다.

이윤은 총수입에서 총비용을 제외한 금액이며, 손익분기점에서 이윤은 0이므로 총수입과 총비용이 같다. 즉, 손익분기점에서 가격×판매량=총비용이므로 가격 $= \dfrac{\text{총비용}}{\text{판매량}}$ 이다. 총비용 = 고정비 + 변동비이므로 '손익분기점 가격 = 단위당 고정비 + 단위당 변동비'가 된다.

손익분기점에서 이윤 = 0이므로

이윤 = 총수입 - 총비용 = 가격 × 판매량 - 총비용 = 0

→ 손익분기점 가격 $= \dfrac{\text{총비용}}{\text{판매량}} = \dfrac{\text{고정비 + 변동비}}{\text{판매량}}$ = 단위당 고정비 + 단위당 변동비

─ 가치기준 가격결정법

가치기준 가격결정법은 소비자들이 가격에 매우 민감하므로 소비자들이 제품을 구매하여 사용할 때 느끼는 가치를 중심으로 가격을 책정하는 방법이다. 따라서 소비자 중심 가격결정법 또는 수요기준 가격결정법이라고도 한다. 가치기준 가격결정법에는 직접가격 평가법과 직접 지각가치 평가법이 있다.

1 직접가격 평가법은 소비자들에게 제품을 보여주면서 제품의 적정가격을 물어보고 가격을 책정하는 방법이다. 소비자들이 빈번히 구매하거나 평가하기 용이한 제품에 적합하다.

2 직접 지각가치 평가법은 소비자들에게 자사의 제품과 경쟁제품들을 보여주면서 각 제품을 직접 평가하게 하여 자사 제품의 가격을 결정하는 방법이다. 목표시장에 있는 소비자들이 실제 지각하는 가치를 반영한다는 장점이 있다.

— 경쟁기준 가격결정법

경쟁기준 가격결정법은 경쟁사 제품의 가격을 기준으로 자사 제품의 가격을 결정하는 방법이다. 여기에는 모방가격 결정법과 입찰가격 결정법이 있다.

① 모방가격 결정법going-rate pricing은 시장점유율 1위인 선도기업이 가격을 결정하면 그 가격에 따라 자사 제품의 가격을 결정하는 방법이다. 이때 선도기업의 제품 가격과 동일하게 책정할 수도 있고, 높거나 낮게 책정할 수도 있다. 자사의 마케팅 전략에 따라 결정하면 된다.

② 입찰가격 결정법sealed-bid pricing은 공공프로젝트나 민간프로젝트의 사업자를 경쟁입찰 방식으로 결정할 때 낮은 가격을 제시하는 사업자를 선정하는 방법이다. 낙찰자가 제시한 가격으로 가격이 결정된다.

— 심리기준 가격결정법

심리기준 가격결정법은 소비자들의 심리를 최대한 활용하여 가격을 결정하는 방법이다. 앞서 가격의 종류에서 설명한 바와 같이 단수가격, 짝수가격, 명성가격, 관습가격 등이 여기에 해당된다.

(4) 시뮬레이션 및 최종가격 결정

지금까지 설명한 가격결정 방법이 선택되면, 다음 단계는 다양한 가격으로 예상 판매량과 예상 매출액을 계산해 보는 시뮬레이션 단계이다. 자사가 신제품을 개발한 이후 적정 판매량과 적정 매출액, 적정 이익을 가격대별로 계산해 보는 것은 매우 중요하다. 시뮬레이션 단계 이후에는 마지막 단계로 가격결정 전략을 세우고 최종가격을 결정하게 된다.

4. 가격관리 전략

가격전략은 시뮬레이션이 끝난 후 실제 제품을 판매할 때 시장 상황에 따라 가격을 달리하는 전략을 말한다. 가격전략에는 크게 신제품 가격결정 전략, 제품믹스 가격결정 전략, 가격 차별화 전략의 3가지가 있다.

(1) 신제품 가격결정 전략

신제품 가격결정 전략에는 기업이 신제품을 출시할 때 선택하는 전략으로 초기 고가전략과 시장침투 가격전략이 있다.

① 초기 고가전략market skimming pricing은 신제품을 출시하는 초기에는 높은 가격을 책정하였다가 시간이 경과하면서 점차 가격을 내리는 전략을 말한다. 신제품 출시 초기에는 개발비용이 많이 소요되었고 업계 최초로 신제품을 출시한 만큼 시장에는 경쟁제품이 없으므로 초기 고가정책이 바람직하다. 초기 고가정책을 채택하더라도 혁신 소비자나 고소득층은 신제품을 구매하게 되므로 신제품 선점효과가 나타나 단기 이익을 창출하게 된다.

신제품 출시기업들은 신제품 출시 초기에는 높은 가격을 책정하고, 경쟁제품이 진입하기 직전에 가격을 낮추어 진입을 견제하면서 자사 제품의 수요층을 확대하는 전략을 사용한다. 경쟁기업이 진입하기 이전에 이미 개발비용을 회수하였으며, 가격을 낮추더라도 경쟁기업보다 원가우위에 있는 경우가 많으므로 이익 창출에는 문제가 없다.

② 시장침투 가격전략market penetration pricing은 신제품을 출시하면서 저가정책을 사용하는 경우를 말한다. 출시 초기 단기 이익을 희생하더라도 신속히 시장점유율을 확대하고자 할 때 저가정책을 사용한다. 출시 초기 저가정책은 경쟁기업보다

늦게 신제품을 출시할 때, 또는 소비자들이 가격에 민감하게 반응할 때, 그리고 초기 대량생산으로 신속하게 생산원가를 낮추려고 할 때 아니면, 처음부터 경쟁자가 진입하지 못하도록 진입장벽을 높이고자 할 때 사용된다. 시장침투 가격전략은 경쟁제품들 사이에 차별성이 부족한 통신산업이나 성숙단계에 있는 산업에서 주로 사용된다.

(2) 제품믹스 가격결정 전략

앞서 설명한 신제품 가격전략은 단일 제품에 적용되는 가격결정법이다. 만약 복수 제품을 동시에 판매할 경우 제품믹스 전체의 이익을 극대화하는 방향으로 가격을 책정하여야 한다. 제품믹스 가격결정 전략은 제품라인 가격결정, 선택사양 가격결정, 종속제품 가격결정, 묶음가격 결정 등이 있다.

1 제품라인 가격결정product line pricing은 기업의 제품라인이 여러 제품으로 구성되어 있을 때 사용하는 방법이다. 여러 개의 제품을 개별 판매하는 것보다 제품라인 전체를 판매하는 것이 오히려 이익 극대화에 도움이 된다. 소비자들에게 보여주는 메뉴에 개별제품의 가격과 제품라인 전체의 가격을 별도로 표시하여 소비자들이 선택하도록 하는 방법이다.

예컨대 세차 서비스를 살펴보자. 세차의 범위는 차 외부세차, 내부세차, 광택, 방수, 타이어 광택, 하부 부식방지제 등이 있을 때 소비자들은 원하는 서비스를 개별 선택할 수 있다. 그러나 기업은 일반세차, 고급 세차, 프리미엄 세차 등으로 나누어 가격을 제시할 수 있다. 일반세차는 차 외부만 세차하는 경우로 10,000원으로 책정하고, 고급 세차는 내부와 외부 모두 세차하는 경우로 20,000원으로 책정한다. 그리고 프리미엄 세차는 광택, 타이어 광택, 하부 부식방지제 등 차의 모든 분야를 세차하는 경우로 35,000원으로 책정하는 방법이다.

② 선택사양 가격결정optional-product pricing은 주력제품에 추가하여 다양한 선택사양을 제공하고 판매가격을 결정하는 방법이다. 예컨대 승용차 가격은 기본모델의 가격으로 제시하고 오디오, 내비게이션, 프리미엄 엔터테인먼트 시스템 등을 선택사양으로 제공하면서 가격을 증액하는 방법이다.

③ 종속제품 가격결정captive-product pricing은 주 제품과 함께 반드시 사용되어야 하는 종속제품의 가격을 결정하는 방법이다. 예컨대 프린터와 프린터 잉크를 판매할 때 프린터는 주 제품이며, 프린터 잉크는 종속제품이 된다. 주 제품을 사용하기 위하여 종속제품을 반드시 구매하여야 하므로 주 제품 가격은 낮게 책정하여 판매한 후, 종속제품의 가격을 높게 책정하여 이익을 극대화하는 방법이다.

④ 묶음 가격결정product bundle pricing은 종류가 서로 다른 두 개 이상의 제품을 하나로 묶어 판매할 때 가격을 결정하는 방법이다. 예컨대 패스트푸드점에서 햄버거, 프렌치프라이, 음료를 하나의 세트로 묶어 판매하는 경우나 통신사에서 휴대전화, 집 전화, 인터넷, TV 유선방송 등을 묶어 판매할 때 할인하여 가격을 책정한다. 묶음판매는 앞에서 설명한 바와 같이 '끼워 팔기'나 '1+1 판매'와는 다르다. 끼워 팔기는 A 제품을 구매할 때 반드시 B 제품을 구매하도록 강제하는 방법으로 독점규제법에 의해 규제되고 있다. 1990년대 후반 미국 연방법원은 마이크로소프트 사가 윈도우95에 인터넷 익스플로러를 끼워 판매하는 행위를 중지하도록 명령한 바 있다. 1+1 판매는 A 제품을 구매하면 A 제품 1개를 무료로 제공하여 판매를 늘리려는 방법이다. 1+1 판매는 편의점 등에서 쉽게 찾아볼 수 있다. 묶음 가격결정 방법은 제18장 디지털마케팅에서 한번더 자세히 설명한다.

⑤ 2부제 가격two-part pricing은 가격체계를 기본가격과 사용가격으로 구분하여 2부제로 부과하는 가격결정 방법이다. 예컨대, 전기·전화·수도 등 공공요금(기본요금+사용요금), 놀이공원(입장료+시설이용료), 택시요금(기본요금+시간·거리 병산) 등에서 찾아볼 수 있다.

⑥ 부산물 가격by-product pricing은 생산과정에서 발생하는 부산물에 대한 가격 책정 방법이다. 원래 부산물은 가치가 없어 버리거나 낮은 가격으로 판매되지만, 최근 가공 처리하여 높은 가격을 받는 사례가 많이 등장하고 있다. 예컨대, S-oil 은 원유 정제과정에서 나오는 잔사유(벙커씨유, 중질유와 같은 찌꺼기 기름)를 고도화 시설을 통하여 고부가가치 제품으로 전환한 사례를 들 수 있다.

(3) 가격 차별화

대부분의 기업들은 이익을 확대하기 위하여 다양한 방법으로 가격 차별화를 실시한다. 가격 차별화는 구매하는 소비자에 따라 가격탄력성이 다르고, 구매시점 에 따라 구매상황이 다르다는 것을 적절히 활용한 전략이라고 할 수 있다.

① 판매촉진을 위한 가격차별이다. 판매촉진을 위한 가격차별에는 소비자들의 구매를 자극하는 방법과 중간상에게 혜택을 주는 방법이 있다.

소비자들의 구매를 자극하는 방법에는 현금할인, 수량할인, 기간할인 등이 있 다. 현금할인은 현금으로 결제하거나 특별기간 동안 구매할 때 가격의 일부를 할인 해 주는 방법이며, 수량할인은 일정량 이상 구매할 경우 가격을 할인해 주는 방법 이며, 기간할인은 특정기간 동안 구매할 경우 가격을 할인해 주는 방법이며, 계절할 인은 비성수기 동안 할인해 주는 방법이며, 현금환불(리베이트)은 소비자들이 일정금 액 이상 구매하면 현금 또는 상품권을 배부하는 방법이며, 단골고객 보상제는 항공 사의 마일리지 프로그램과 같이 단골고객에게 현금이나 현금 상당액을 지급하거나 할인해 주는 방법이다.

중간상에 대한 가격할인으로는 현금할인, 거래할인, 촉진공제 등이 있다. 현금 할인은 중간상이 외상거래를 하지 않고 직접 현금으로 결제하거나 판매대금을 조 기에 상환할 때 판매대금의 일부를 할인해 주는 방법이다. 거래할인(또는 기능할인)

은 중간상이 자사 제품을 대신 운송하거나 보관해 줄 때 또는 자사를 대신하여 거래처에 대하여 영업활동을 수행할 때 제조업자가 경비의 일부를 부담하는 방법이다. 촉진공제는 중간상이 판매를 확대하기 위하여 자발적으로 자사 제품을 광고할 때 광고금액의 일부를 공제해 주는 광고공제, 그리고 중간상이 진열대의 좋은 위치에 자사 제품을 진열해 줄 때 보상해 주는 진열공제 등이 있다. 판매촉진을 위한 가격차별은 제12장 촉진관리에서 다시 설명한다.

② 판매상황별 가격차별화이다. 해외·국내, 서울·지방 등 지역별로 차별화할 수 있고, 주중·주말 등 시간대별로 차별화하거나 우유의 음료용·아이스크림용·버터용 등 용도별로 차별화하는 방법이다.

③ 고객유형별 가격차별화이다. 제조업자가 도매상과 소매상의 가격을 차별화하거나, 기차표를 어린이·일반인·노인 등으로 차별화하는 방법, 극장이나 음악회 등에서 VIP석·R석·S석·A석 등 좌석별로 차별화하는 방법, 신문 또는 잡지의 구독료를 일반과 학생으로 차별화하는 방법 등이 해당된다.

④ 유통채널별 가격차별화이다. 백화점, 일반매장, 전문매장, 홈쇼핑, 모바일 판매 등 제품의 판매채널별로 가격을 차별화하는 방법이다.

(잠깐만!) 넛지 마케팅nudge marketing

넛지 마케팅은 소비자의 선택을 의도적으로 조정하는 마케팅을 말한다. 넛지란 팔꿈치로 슬쩍 찌르다는 의미로 넌지시 어떤 선택을 하도록 종용하는 것을 말한다. 대표적인 사례는 암스테르담 스키폴 공항에서 남자의 소변기에 파리 그림을 그려 놓은 이후 남성들이 무의식중에 파리를 조준하게 되어 소변기 주위에 튀는 소변의 비율이 80% 이상 줄었다는 사례이다.

EXERCISE

향상학습 및 심화학습

01 (향상학습) 아래 유튜브 동영상을 시청하면서 학습한 내용을 복습하시오.

(1) 창업에듀, 판매가격 설계(5편)

(2) 크리액티브, 마케팅 가격전략(10-2편)

(3) 쿠교수의 유튜브 MBA, 마케팅 최신이론 – 돈을 벌게 해주는 가격전략

02 (심화학습) 학습한 내용을 응용하여 아래의 물음에 대하여 답하시오.

(1) 가격상한선과 가격하한선을 기준으로 유보가격, 준거가격, 소비자의 최저수용가격을 사용하여 가격이 결정되는 구조를 설명하시오.

(2) 홍길동은 초기 5억원을 투자하여 음식점을 개업하였다. 1그릇 판매할 때 변동비가 5천원이며, 하루 기대 판매량이 500그릇일 때 다음의 물음에 답하시오. 연간 영업일은 300일로 가정한다.

① 연간 300일 영업하였을 때 단위당 원가를 계산하시오.

② 연간 기준으로 매출액의 20%를 마진으로 얻고 싶을 때 가격을 책정하시오.

③ 판매가격을 1만원으로 책정하였을 때 연간 기준으로 손익분기점 판매량을 계산하시오.

④ 판매가격을 8천원으로 책정하였을 때 연간 기준으로 이윤을 극대화하려면, 하루에 몇 그릇을 판매하여야 하는지 계산하시오.

(3) 선택사양 가격결정과 종속제품 가격결정의 차이점을 사례를 들어 설명하시오.

(4) 시장세분화를 통하여 가격을 책정하는 방법을 사례를 들어 설명하시오.

CHAPTER

11 유통관리

1. 유통관리란?

(1) 유통이란 무엇이며 왜 중요한가?

유통이란 생산자로부터 소비자에게 제품이 전달되거나 소유권이 이전되는 과정을 말한다. 유통은 생산자가 유통업자(도매업자, 소매업자)에게 배송하고, 소매업자가 최종소비자에게 판매하며, 유통과정에서 각종 서비스를 제공하는 3가지 차원을 모두 포함한다.

예로부터 유통은 제품의 성공과 실패를 좌우할 만큼 중요했다. 그 이유는 아무리 좋은 제품을 만들고 적절한 가격을 책정하더라도 구매자들이 제품에 접근할 수 없다면, 무용지물이기 때문이다. 그리고 유통장소는 한번 결정되면, 다른 장소로 변경하기 어렵다. 많은 시간과 많은 자금이 소요되기 때문이다. 이러한 이유로 유통을 중요시하였으며, 유통place을 마케팅믹스의 4P에 포함하였던 것이다.

유통의 중요성은 최근 유통환경의 변화로 더욱 강조되고 있다.

① 판매장소로서 유통의 개념이 확대되고 있다. 과거에는 제품을 판매하는 물리적 장소로서 매장(점포)이 중요했으나, 최근에는 인터넷 쇼핑, 모바일 쇼핑, TV 홈쇼핑 등 가상의 공간이 유통장소로 등장하고 있으며, 물리적 장소로서 매장도

백화점, 전문점, 편의점, 슈퍼마켓, 대형마트(할인점), 카테고리 킬러(전문 할인점), 회원제 창고형 매장 등으로 더욱 대형화·전문화되고 있다.

② 유통의 대상도 변화되고 있다. 그동안 유통의 대상은 자동차, 컴퓨터와 같은 유형의 제품이 주류를 이루었으나, 이제는 CD, MP3, 동영상 등 무형의 제품으로 다양화되고 있다.

③ 제품을 전달받는 방법도 변화되고 있다. 그동안 소비자들이 점포에서 직접 제품을 구매하고 전달받았으나, 이제는 인터넷 다운로드, 택배를 통한 배송 등 다양한 방법으로 전달받고 있으며, 배송에 대한 소비자들의 요구도 더욱 까다로워지고 있다.

④ 유통과정이 복잡·다양해지고 수출입 물량이 증가함에 따라 공급사슬관리의 중요성이 강조되며, 로지스틱스가 더욱 전문화되고 있다.

이러한 유통환경의 변화로 유통관리는 유통장소place의 개념보다는 유통채널channel의 개념이 더 강조되고 있다. 이에 따라 유통경로는 최근 유통채널distribution channel, 마케팅채널marketing channel, 판매채널sales channel이라고 부른다.

그리고 유통환경의 변화에 따른 적절한 유통관리 전략이 요구되고 있다. 아무리 좋은 제품이라도 변화된 유통환경을 따르지 않는다면, 소비자들은 외면하기 때문이다. 제11장에서는 유통의 기능, 유통경로의 설계, 유통관리 전략을 중심으로 설명하고, 제18장 디지털 마케팅에서 디지털 환경에서의 유통관리와 유통전략을 추가로 설명한다.

(2) 공급사슬관리(SCM)

유통관리를 정확하게 이해하려면, 먼저 공급망을 이해하여야 한다. 왜냐하면 유통은 거대한 공급망의 한 부분이기 때문이다.

공급망(또는 공급사슬)supply-chain이란 제조업자가 제품을 생산하기 위하여 공급업체로부터 원자재와 중간재를 조달하여 생산품을 제조·가공하고 유통업체를 통하여 소비자에게 판매하는 체제를 말한다. 그리고 공급망을 관리하는 제반 활동을 공급망관리(SCM)supply-chain management라고 한다.

공급망에서 제조업체가 공급업체로부터 원자재와 중간재를 조달하는 과정을 조달과정이라 하고, 제조업체가 생산품을 제조·가공하는 과정을 생산과정이라 하며, 최종생산품이 유통업체를 통하여 소비자에게 판매되고 배송되는 과정을 유통과정이라 한다.

조달과정과 생산과정은 회사 외부로부터 회사 내부로 이동되는 과정이므로 인바운드 SCMinbound SCM이라 하고, 유통과정은 최종생산품이 회사로부터 외부로 이동되는 과정이므로 아웃바운드 SCMoutbound SCM이라 한다. 공급사슬관리는 인바운드 SCM과 아웃바운드 SCM으로 구성된다고 할 수 있다.

따라서 공급사슬관리(SCM)는 제품의 생산단계에서부터 소비자에게 최종판매될 때까지 모든 과정을 연결하고 관리하는 활동이라 할 수 있다. SCM은 단순히 원자재나 중간재, 최종 생산품이 유통되는 물적 이동만을 의미하는 것이 아니라 제조업체의 조달·생산·유통의 모든 과정에서 발생하는 창고관리, 재고관리, 수송관리, 정보관리 등을 통합적이고 체계적으로 관리하는 것까지 포함한다.

공급사슬관리 중에서 물적 유통을 물류 또는 로지스틱스logistics라 한다. 즉, 로지스틱스는 공급사슬관리 중 원산지에서 최종소비에 이르기까지 원자재나 부품의 조달·생산·보관·판매하는 과정에서 발생하는 물적 유통을 계획하고 집행하며 통제하는 시스템을 말한다.[1]

---

1 로지스틱스는 원래 병참(물자 조달)이라는 군사용어였으나, 기업경영에 도입되면서 물류의 의미로 사용되고 있다. 기업에 도입된 초기 로지스틱스는 판매물류만을 의미하였으나, 현재는 조달·운영·판매물류 전체로 범위가 확대되었다. 또한 물류시스템의 자동화와 IT화가 진전되면서 공급사슬관리와 같은 개념으로 사용되기도 한다. 예컨대 최근 일류기업들은 유통비용을 최소화하고 물류를 최적으로 관리하는 '통합적 로지스틱스 관리시스템'을 도입하고 있다.

따라서 로지스틱스는 조달물류, 운영물류, 판매물류로 구성된다. 조달물류는 제조업체가 공급업체로부터 원자재와 중간재를 조달하는 과정에서 발생하는 물류를 말하고, 운영물류는 제조업체가 최종생산품을 제조하는 과정에서 발생하는 물류를 말한다. 또한 판매물류는 제조업체가 유통업체를 거쳐 최종소비자에게 생산품을 이전하는 과정에서 발생하는 물류를 말한다. 생산품은 최종적으로 유통업체를 통하여 소비자에게 판매되고 소비자에게 각종 서비스가 제공된다.

┃그림 11-1 공급사슬의 구조

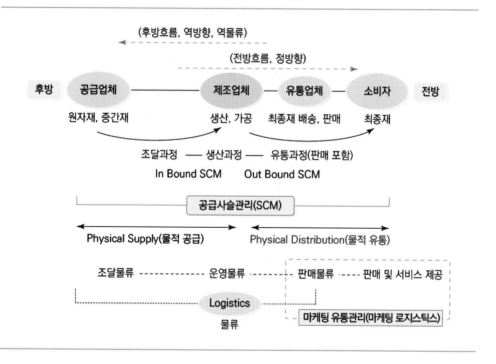

전체 물류를 물적 유통physical distribution이라 한다. 그러나 세분하여 조달물류와 운영물류를 물적 공급physical supply이라 하고, 판매물류를 물적 유통physical distribution으로 구분하기도 한다. 그리고 마케팅에서 유통관리라고 할 때 유통관리는 판매물류와 소비자에게 제공되는 판매 및 서비스를 말한다. 이를 마케팅 로지스틱스라 한다.

이와 같은 공급사슬관리를 물류 흐름 측면에서 다시 살펴보자. 물류 흐름은 공급업체로부터 제조업체와 유통업체를 거쳐 소비자에게 흐른다. 이를 전방흐름 또는 정방향 흐름이라고 한다. 그리고 소비자가 제품을 구매·결제하거나 반품할 때, 그리고 중간 생산물 또는 최종생산물이 재사용·재활용·폐기될 때에는 반대방향으로 흐른다. 이를 후방흐름 또는 역방향 흐름이라고 한다. 소비자가 '전방'에 해당되고, 공급업체가 '후방'에 해당된다.

(3) 마케팅의 유통관리

― 유통의 흐름

공급사슬관리의 물류 흐름을 마케팅 유통관리 측면에서 살펴보자. 마케팅 유통관리는 제품이 생산자로부터 유통업자를 거쳐 소비자에게 판매되는 과정에서 발생하는 제품의 흐름, 정보의 흐름, 자금의 흐름, 협상과 교섭 등을 종합적으로 통합 관리하는 것을 말한다.

(그림 11-2)는 마케팅의 유통흐름을 설명한다. 생산자가 제품을 생산하여 유통업자를 거쳐 최종사용자에게 전달하는 과정은 전방흐름이 된다. 전방흐름에는 제품과 제품의 소유권 이전뿐만 아니라 각종 정보의 흐름, 자금의 흐름, 협상과 교섭까지 포함된다.

그리고 제품의 판매과정이나 판매 이후의 과정에서 소비자로부터 생산자의 방향으로 흐름이 존재한다. 이러한 흐름은 후방흐름이 된다. 후방흐름에도 제품의 흐름, 정보의 흐름, 자금의 흐름, 협상과 교섭이 존재한다.

후방흐름에서 제품의 흐름은 최종소비자가 제품을 반품하거나, 생산자가 재공품·최종제품을 재사용·재활용·폐기하는 과정에서 제품이 이동되는 것을 말한다. 정보의 흐름은 제품의 유통과정에서 발생하는 재고정보, 판매과정에서 발생하는 주문정보와 판매정보 등 정보가 이동되는 것을 말한다. 자금의 흐름은 생산자와 유통업자, 소비자 간에 발생하는 대금 청구와 결제, 구매자금의 대출과 상환 등 자금이 이동되는 것을 말한다. 그리고 생산자와 유통업자, 소비자 간에는 판매와 관련된 협상과 교섭이 존재한다.

게다가, 쌍방향 흐름도 존재한다. 제품의 판매과정이나 유통과정에서 생산자·유통업자·소비자 사이의 정보 교환, 금융 거래, 거래협상, 위험 부담 등은 양쪽 방향으로 흐른다. 이러한 흐름을 양방향 흐름이라 한다.

따라서 마케팅에서 유통관리는 제품의 흐름, 정보의 흐름, 재무의 흐름, 협상과 교섭, 거래 협상, 위험 부담 등을 종합적으로 통합 관리하게 된다.

▌그림 11-2 마케팅의 유통관리

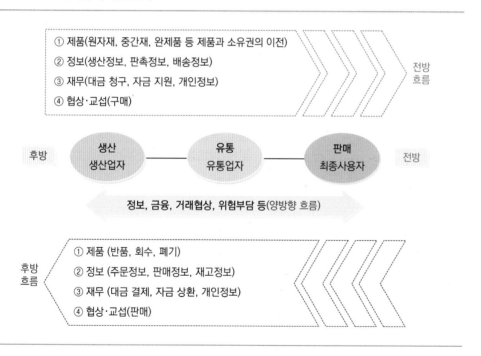

— 유통관리의 기능

지금까지 설명한 유통관리의 흐름을 종합하면, 유통관리의 기능은 거래 기능, 물류 기능, 조성 기능으로 간략하게 정리할 수 있다.

① 거래 기능은 제품 판매와 관련하여 고객을 접촉하고 판매 촉진을 하며, 서로 조정하고 협상하여 소유권이 이전되는 기능을 말한다. 생산자와 유통업자는 제품을 판매하기 위하여 잠재고객을 탐색하고 광고, 판매촉진, 인적 판매 등 다양한 촉진활동을 하게 된다. 그리고 유통업자가 구매자의 욕구에 맞게 제품을 조립·포장·등급화하기도 하고, 판매가격, 결제방법, 결제시기 등을 협상하기도 한다.

② 물류 기능이다. 거래 기능이 소유권의 이전(상적 유통)이라면, 물류 기능은 제품의 시간적·공간적 이전과 관련된 물적 유통이라고 할 수 있다. 즉, 물류 기능이란 원산지에서 최종소비자에 이르기까지 제품을 운송·보관·관리하는 기능을 말하며, 이를 로지스틱스 기능이라고도 한다. 따라서 마케팅 로지스틱스는 원래 전체 로지스틱스 중에서 판매물류만을 지칭하였다. 그러나 앞서 설명한 바와 같이 최근 마케팅 로지스틱스는 취급범위가 확대되어 운송관리, 창고관리, 자재관리, 재고관리, 정보관리 등을 포함하기도 하며, 일류기업들은 유통비용을 최소화하고 물류를 최적 관리하는 '통합적 로지스틱스 관리시스템'을 도입하기도 한다.

③ 조성 기능(또는 촉진 기능)이다. 조성 기능은 거래 기능과 물류 기능이 원활하게 진행되도록 도와주고 거래를 촉진하게 만드는 기능이다. 여기에는 자금 수요와 결제를 지원하는 금융·보험 기능이 있고, 각종 위험을 관리하고 부담하는 위험부담 기능, 그리고 예상판매량, 소비자 정보, 가격 정보 등 각종 정보의 제공 및 배포 기능도 포함된다.

— 유통업자(중간상)의 필요성

마케팅에서 유통관리를 설명하면, 많은 학생들이 굳이 유통업자에게 유통을 맡길 필요가 있느냐, 직접 유통하면 마진이 더 많지 않느냐라는 의문을 제기할 수도 있다.

우리 주변에 있는 식당 운영을 살펴보자. 식당이 소규모로 운영되면, 직원 몇 명이 주문 접수·조리·배달의 모든 과정을 소화할 수 있다. 그러나 주문과 배달 건수가 많아지면, 조리하는 시간보다 주문받고 배달하는 시간이 더 많이 소요된다. 따라서 식당 주인은 자신의 핵심역량core competence인 음식을 맛있게 만드는 일에 전념하고, 주문과 배달은 외부에 맡기는 것이 더 효율적이다. 최근 주문과 배달을 전문적으로 취급하는 회사가 등장하는 것은 바로 이러한 이치 때문이다.[2]

유통업자(중간상)의 필요성은 생산자와 소비자 사이에 발생하는 4가지 불일치의 해소차원에서도 찾아볼 수 있다. 4가지 불일치란 수량의 불일치, 구색의 불일치, 시간의 불일치, 장소의 불일치를 말한다.

① 수량의 불일치는 생산자가 모든 소비자들이 희망하는 수량을 일일이 조사하여 생산할 수가 없다는 것을 말한다. 생산자가 일정량을 생산하여 유통업자에게 제품을 이전하면, 유통업자는 제품을 저장·보관·관리하면서 소비자들이 희망하는 수량만큼 판매한다. 즉 유통업자가 생산자와 소비자의 수량 불일치 문제를 해소시켜 준다.

② 구색의 불일치는 생산자가 소비자들이 희망하는 품목을 모두 제공할 수 없다는 것을 말한다. 예컨대 저녁식사를 준비하는 어떤 소비자는 쌀, 고기, 상추, 된장, 음료 등 다양한 제품들로 구색을 갖추고 싶지만, 어느 생산자도 모든 제품을

---

2   물류를 외부 전문업체에게 맡기는 방법은 외부 전문업체와의 장기간 파트너십 구축, '제3자 로지스틱스(3PL)third-party logistics'의 장기 이용, 물류의 일부 기능을 일시적으로 맡기는 '물류 아웃소싱'이 있다. 대부분의 중소기업들은 '물류 아웃소싱'을 이용한다.

생산하여 공급할 수 없다. 유통업자는 다양한 생산자로부터 제품을 제공받아 소비자들이 원하는 품목을 제공하여 구색의 불일치를 해소시켜 준다.

③ 시간의 불일치는 생산자가 소비자들이 희망하는 소비시간을 맞춰줄 수 없다는 것을 말한다. 생산자가 제품을 생산하여 유통업자에게 이전하면, 유통업자는 적정량의 재고를 유지하면서 양자 간의 시간적 불일치를 해소시켜 준다.

④ 장소의 불일치는 생산자가 제품을 생산하는 공장과 소비자들이 전달받기를 희망하는 장소가 멀리 떨어져 있다는 것을 말한다. 생산자들이 공장에서 생산하면, 유통업자는 소비자들이 편리하게 구매할 수 있도록 장소의 불일치를 해소시켜 준다.

이와 같은 4가지 불일치 해소를 중간상이 주는 4가지 효용이라고 한다. 4가지 효용은 형태효용, 소유효용, 시간효용, 장소효용을 말한다.

① 형태효용은 수량의 불일치를 해소하기 위하여 중간상이 소비자들이 원하는 수량만큼, 원하는 형태로 조립하고 개량하여 판매하는 것을 말한다. 이를 구매단위의 적정화라고도 한다.

② 소유효용은 구색의 불일치를 해소하기 위하여 중간상이 소비자들이 원하는 품목을 쉽게 구매할 수 있도록 제품을 소유 또는 임대의 방법으로 보관하는 것을 말한다.

③ 시간효용은 시간의 불일치를 해소하기 위하여 중간상이 소비자들이 원하는 시간에 제품을 인도하여 주는 것을 말한다.

④ 장소효용은 장소의 불일치를 해소하기 위하여 중간상이 소비자들이 희망하는 장소에서 구매할 수 있도록 편리한 장소에 판매하는 것을 말한다.

2. 유통경로의 설계

(1) 유통경로 설계의 원리

유통경로를 설계할 때 전문화와 분업의 원리, 총거래 수 최소의 원리, 위험부담의 분산, 집중저장의 원리, 생산자와 소비자의 욕구 충족이라는 5가지 원리를 감안하여 설계하여야 한다.

① 전문화와 분업의 원리는 유통업무를 도매상과 소매상에게 위임하면 생산자는 생산업무에, 유통업자는 유통업무에 전문화함으로써 분업의 효과가 발생한다는 원리이다. 실제 생산과 유통은 각기 다른 생산과정과 유통과정으로 이루어져 있어 전문화하지 않으면 비효율적으로 운영된다. 따라서 생산과 유통을 분리하여 전문화하면, 생산자와 유통업자 모두 대량생산과 대량유통이 가능하여 규모의 경제에 도달하고 비용을 낮출 수 있다.

▌그림 11-3 총거래 수 최소의 원리

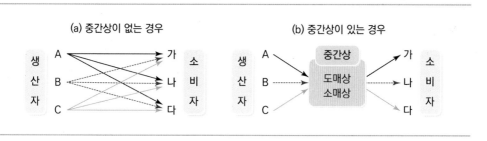

② 총거래 수 최소의 원리는 생산자가 직접 유통을 담당하지 않고 소수의 유통업자만 관리하면 총거래는 감소한다는 원리이다. 예컨대 (그림 11-3)에서 생산자 3곳과 소비자 3곳이 직접 거래를 하면 모두 9개 거래가 발생하지만, 하나의 중간상이 개입하면 6개 거래로 줄어든다. 생산자와 소비자가 실제 더 많이 존재한다는

현실을 감안하면, 중간상이 존재함으로써 총거래 수는 더욱 줄어들게 된다. 총거래 수가 줄어들면, 생산자나 구매자 모두 거래비용을 절감할 수 있고 거래시간도 단축시킬 수 있다.

③ 위험부담 분산의 원리는 생산자가 유통업무를 유통업자에게 위임하면 많은 위험이 분산되는 효과가 발생한다는 것을 말한다. 생산자가 직접 유통할 경우 재고를 관리하고 운송하고 판매하는 과정에서 각종 리스크에 직면하게 된다. 따라서 유통업무를 유통업자에게 맡기면, 유통업자는 유통업무를 전문화하여 각종 위험을 줄일 수 있게 된다.

④ 집중저장의 원리는 도매상은 많은 생산자로부터 제품을 인도받아 물류창고에 보관하면서 제품 종류별로 적정 온도와 습도를 유지하여 효과적으로 제품을 관리할 수 있으며, 소매상은 대량 보관부담에서 벗어나 필요할 때 공급받게 되므로 물류 비용을 줄일 수 있다는 것을 말한다.

⑤ 생산자와 소비자의 욕구 충족이다. 중간상이 존재함으로써 생산자는 적은 종류의 제품을 대량 생산(소품종 대량생산)할 수 있고, 소비자는 다양한 종류의 제품을 소량으로 소비(다품종 소량소비)할 수 있어 생산자와 소비자의 욕구를 모두 충족시킨다. 중간상은 여러 생산자들로부터 소품종 대량 인수하여, 소비자들에게 다품종 소량 판매하여 생산자와 소비자의 효용을 극대화시켜준다.

(2) 유통경로 설계의 기준

유통경로 원리에 따라 설계할 때 크게 3가지 기준에서 접근하여야 한다. 3가지 기준이란 유통경로의 길이, 유통경로의 범위, 유통시스템을 말한다.

― 유통경로의 길이

유통은 생산자와 유통업자, 최종소비자의 연결로 이루어진다. 여기서 유통업자는 크게 도매상, 소매상으로 구성되는데, 도매상, 소매상 등과 같은 중간상의 종류를 경로수준channel level이라 하고, 중간상 종류의 수를 경로수준의 수 또는 유통경로의 길이length라고 한다.

생산자가 최종소비자에게 제품을 판매하는 유통경로는 크게 직접유통경로와 간접유통경로로 구분된다. 직접유통경로는 중간상 없이 생산자가 최종 구매자에게 제품을 직접 판매하는 방법을 말하고, 간접유통경로는 중간상을 이용하여 제품을 판매하는 방법을 말한다.

생산자가 간접유통경로를 선택할 때 유통경로의 길이를 결정하여야 한다. 생산자와 최종 소비자 사이에 하나의 중간상이 존재할 때 1티어tier라고 하고, 도매상과 소매상의 2단계로 구성될 때 2티어라고 하며, 도매상－중개인－소매상으로 구성될 때 3티어라고 한다.

유통경로의 길이가 길어지면, 전문화와 분업의 원리가 작동되고 위험부담 분산, 집중저장 등 장점이 있으나, 통제가 어려워지고 유통비용이 증가하는 단점이 있다.

▌그림 11-4 유통경로의 분류

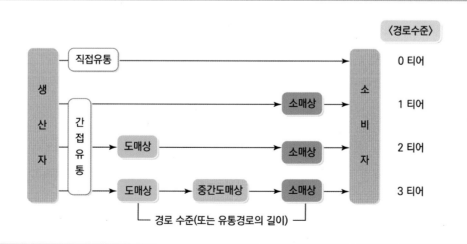

─ 유통경로의 범위

유통경로의 길이를 결정할 때 유통경로의 범위를 동시에 결정하여야 한다. 유통경로의 범위는 제품의 특성, 시장의 특성, 기업의 특성, 중간상의 특성 등을 감안하여 결정되어야 한다. 이를 경로 커버리지 또는 유통 집중도라고 한다. 경로 커버리지는 집약적 유통, 전속적 유통, 선택적 유통이 있다.

1 집약적 유통intensive distribution은 모든 도매상과 소매상이 자사 제품을 취급할 수 있도록 경로를 개방하는 전략으로, 개방적 유통이라고도 한다. 예컨대 과자, 음료수, 세제, 치약 등과 같은 편의품은 소비자들이 원하는 장소에서 언제든지 구입할 수 있는 품목이므로 집약적 유통이 적합하다. 장점은 소비자들에게 편의성을 최대한으로 제공한다는 점이며, 단점은 유통비용이 증가하고 유통경로 통제력이 약하다는 점이다.

2 전속적 유통exclusive distribution은 자사의 제품만 취급하는 중간상에게 독점적 판매권한을 부여하는 형태로, 독점적 유통이라고도 한다. 예컨대 자동차, 고급 의류, 고급 가방 등과 같은 전문품을 판매할 때 특약점이나 대리점의 형태로 판매하는 유통경로이다. 장점은 유통점이 자사 제품 판매에 집중하여 서비스 수준을 높일 수 있고, 통제력이 강하다는 점이며, 단점은 소비자들에게 노출수준이 낮아 매출 확대가 어려울 수 있다는 점이다.

3 선택적 유통selective distribution은 일정한 기준을 충족하는 중간상들에게 자사 제품의 유통을 맡기는 전략이다. 예컨대 가전제품, 캐주얼 의류, 운동화 등과 같은 선매품은 생산자와 중간상이 협력관계를 맺고 유통시키는 것이 바람직하다. 선택적 유통은 집약적 유통전략과는 달리 적은 유통비용으로 판매성과를 높이고 중간상을 적절히 통제할 수 있다는 장점이 있으나, 중간상이 다른 회사의 제품도 취급하므로 전속적 유통전략과 같은 수준의 통제력을 갖기 어렵다는 단점이 있다.

― 유통시스템

최근 경제규모의 확대로 유통과정이 대형화·복잡화되면서 시스템적으로 운영할 필요성이 증가하고 있다. 유통시스템이란 생산자·도매상·소매상이 하나의 계열형태를 유지하여 효율적이고 체계적으로 운영되는 체제를 말한다. 이를 유통계열화라고도 한다. 유통시스템은 수직적 마케팅시스템, 수평적 마케팅시스템, 복수경로 마케팅시스템으로 구분된다.

① 수직적 마케팅시스템(VMS)vertical marketing system은 생산자로부터 소비자에게 흐르는 물류 흐름을 수직적인 관계를 구축하여 전문적이고 집중적으로 관리하는 체계를 말한다. 여기에는 통합방법에 따라 기업형, 계약형, 관리형으로 구분된다.

① 기업형 VMS는 생산자, 도매상, 소매상을 하나의 기업조직으로 통합하여 운영되는 형태를 말한다. 생산과 유통이 하나의 공동 소유권으로 통합되므로 상호 이해관계 조정과 갈등 관리는 조직 내에서 이루어지며, 통제력이 가장 높은 형태이다. 기업형 VMS에는 전방통합과 후방통합이 있다. 전방통합forward integration은 생산자(후방)가 도매상과 소매상(전방)을 계열화하는 것이며, 후방통합backward integration은 도매상이나 소매상(전방)이 생산자(후방)를 계열화하는 것을 말한다.

② 계약형 VMS는 생산자, 도매상, 소매상이 각기 독립된 회사로 운영되지만, 계약을 체결하여 서로 협력관계를 유지하는 형태이다. 경로 구성원들은 계약 내용에 따라 역할 조정과 갈등 관리를 위해 협조한다. 계약형 VMS는 우리 주변에서 많이 찾아볼 수 있다. 프랜차이즈 조직, 체인점, 협동조합 등이 모두 여기에 속한다.

이 중에서 프랜차이즈franchise 시스템은 계약형 VMS의 대표적인 유형에 속한다. 프랜차이즈 본사franchiser가 가맹점franchisee에게 자기의 상표, 상호, 휘장 등을 사용하여 본사와 동일하게 영업하도록 하고, 그에 따른 각종 지원과 통제를 하며, 그 대가로 일정한 이익을 받는 관계를 말한다.

가맹점은 별도의 광고비용 없이 가맹기업의 브랜드를 사용하고, 모든 재료와 영업 노하우를 얻을 수 있다는 장점이 있다. 일종의 '비법 전수'를 받으므로 초보 사업자들도 쉽게 사업을 시작할 수 있다. 소비자들도 어디서나 동일한 품질, 동일한 가격으로 서비스를 제공받을 수 있는 이점이 있다.

그러나 갑을관계로 이익 배분, 인테리어 교체, 물량 받기 등 갑질 문제가 발생하기도 하며, 이때 개인사업자는 노동법 보호를 받지 못하고, 소비자들은 독점기업의 가격 인상 등의 폐해를 받을 수 있다는 단점이 존재한다.

③ 관리형 VMS는 생산자, 도매상, 소매상이 공동 소유권이나 계약관계로 협력이 이루어지는 것이 아니라 비공식적으로 협력체제를 구축한 형태이다. 생산자와 유통업자들이 독자적인 목적을 갖고 의사결정을 하지만, 규모나 힘에서 우월적 지위를 가진 기업을 중심으로 비공식적인 협조가 이루어진다. 예컨대 브랜드 지명도가 높은 제조업자가 경로 리더가 되어 중간상들의 지원과 협조를 받아 제품 진열이나 판촉, 가격경쟁에서 유리한 지위를 확보하는 사례이다.

② 수평적 마케팅시스템(HMS)horizontal marketing system은 동일한 단계의 유통경로에 있는 기업들이 결합하는 형태이다. 이들 기업은 새로운 기업을 설립하기도 하고, 공동상표, 공동구매, 공동광고, 공동물류, 공동판매 등을 통하여 서로 공생함으로써 비용을 절감하고 효율화를 도모하기도 한다.

수평적 마케팅시스템은 경쟁사 또는 비경쟁사와 힘을 합쳐 거대기업에 공동으로 경쟁하기도 하고, 국제적으로 서로 다른 지역에 있는 기업들과 협력하여 서비스를 제공하기도 한다.

(잠깐만!) 공생마케팅symbiotic marketing, collaboration marketing

마케팅 분야에서 기업 간 협력 또는 전략적 제휴를 공생마케팅이라 한다. 공생마케팅은 공동 브랜드, 수평적 마케팅 시스템, 공동생산, 공동판매, 공동구매, 공동광고, 공동연구 등 다양한 형태로 나타난다. 특히 '제조업체 + 유통업체'와 같이 서로 다른 업종의 기업들 간 협력을 하이브리드 마케팅이라 한다.

③ 복수경로 유통시스템multi-channel marketing system은 하나의 기업이 2개 이상의 마케팅 경로를 사용하는 시스템이다. 예컨대 전자제품 생산자가 직영점을 통하여 직접 판매하면서, 도매상이나 소매상을 통해서도 제품을 판매하는 경우이다.

복수경로 유통시스템은 동일한 고객층을 대상으로 상이한 유통시스템을 둘 수도 있고, 세분시장에 따라 상이한 유통시스템을 둘 수도 있다. 이를 하이브리드 마케팅시스템 또는 다중경로 유통시스템이라고도 한다.

복수경로 유통시스템은 다양한 고객을 다양한 방법으로 접근한다는 장점이 있으나, 경로 구성원들 사이에 고객 확보와 판매 증가를 위하여 서로 경쟁하거나 갈등을 일으킬 수도 있다는 단점이 있다.

(3) 유통경로 설계 절차

유통경로는 유통경로 설계의 원칙과 기준에 의해 설계하되, 자사의 특성, 시장규모, 제품 특성, 고객의 요구사항 등이 반영되어야 한다. 유통경로를 설계하는 절차는 고객욕구 분석, 경로목표 설정, 경로대안 설계, 경로대안 평가, 경로대안 최종선택의 순으로 추진된다.

― 고객욕구 분석

고객욕구 분석은 고객들이 구매과정에서 요구하는 것을 찾아내는 과정이다. 고객들은 매장 위치, 상품 구색, 구매량, 대기시간 등에 관심이 많다. 매장 위치는 고객들이 가까운 지역에서 구매하기를 원하느냐, 아니면 원거리 구매도 무방한지를 조사한다. 상품 구색은 고객들이 제품을 구입할 때 다양한 제품을 구매하느냐, 아니면 소수의 제품을 대량으로 구매하느냐를 조사한다.

구매량은 고객이 1회 소량으로 구매하는지, 대량으로 구매하는지 1회 구매량 lot size을 말한다. 그리고 대기시간은 고객들이 제품을 주문하고 수령하기까지 기다리는 시간을 말한다. 빠른 배송을 원하느냐, 보통 배송을 원하느냐를 조사한다.

고객욕구를 분석할 때 컨조인트 분석기법을 활용한다. 컨조인트 분석conjoint analysis은 소비자들이 제품을 선택할 때 중요하게 생각하는 속성들을 조합conjoint하여 최적의 조합을 찾아내는 방법이다. 소비자 설문조사를 통해 시장 전체의 선호도를 추정하여 신제품 개발이나 마케팅 전략 수립에 활용하는 기법이다. 컨조인트 분석은 제13장 신제품 개발 마케팅에서 자세히 설명한다.

── 경로목표 설정

고객욕구 분석이 완료되면, 고객 욕구를 충족시킬 수 있는 경로목표를 설정한다. 예컨대 쿠팡의 로켓배송은 "밤 12시 이전에 주문하면 익일 배송", 마켓컬리의 샛별배송과 신선배송은 "밤 11시까지 주문하면 다음날 아침 7시 이전까지 신선도를 유지하여 배송한다."는 경로목표를 설정하고 있다.

경로목표를 설정할 때 제품의 특성, 중간상의 특성, 경쟁적 특성, 자사의 특성, 환경적 특정을 고려하여야 한다.

① 제품의 특성이다. 제품이 부패하기 쉽거나 취급상 위험할 경우 직접유통을, 부피가 크면 짧은 경로를, 설치할 때 고도의 전문성이나 기술성이 요구되면 직접유통을, 단가가 낮으면 긴 경로를, 단가가 높으면 직접유통을 설정한다.

② 중간상의 특성도 중요하다. 중간상의 효용에서 설명하였듯이 중간상은 생산자가 제공하지 못하는 다양한 효용을 제공한다. 이를 위하여 생산자가 요구하는 수준을 중간상이 수용할 수 있는지, 생산자 제품의 유통과 관련하여 전문성이 있는지, 그리고 경쟁사의 제품을 취급하고 있는지 등을 파악하여 경로설계에 반영되어야 한다.

③ 경쟁적 특성이 반영되어야 한다. 경쟁적 특성이란 경쟁제품과 유사한 유통경로를 선택할 것인지, 아니면 차별적인 유통경로를 선택할 것인지를 선택하는 것이다. 여기서 경쟁제품과 유사한 유통경로란 경쟁제품이 밀집되어 있는 지역(옷, 가구 등)을 선택하거나 동일한 점포 내에서 같이 진열하는 것을 말한다.

④ 자사의 특성도 반영되어야 한다. 자사의 규모, 자본력, 마케팅 전략 등을 감안하여 중간상의 수준, 경로의 길이 등을 결정하여야 한다. 경험이 풍부하고 전문성이 높은 중간상을 선택하거나, 짧은 유통경로를 선택할 경우 유통비용이 증가한다. 자사 제품의 종류가 많을 경우에도 유통비용이 증가한다. 따라서 자사의 비용 부담 능력이나 마케팅 전략이 반영되어야 한다.

⑤ 환경적 특성도 고려되어야 한다. 법률이나 정부의 규제사항도 경로설계에 많은 영향을 미친다. 또한 코로나 바이러스와 같이 특수한 상황이 발생하면 경로설계 또한 영향을 받는다. 법률적, 경제적, 기술적 환경의 변화를 감안하여 가장 효과적인 경로를 설계하여야 하므로 경로목표를 어떻게 설정하는가가 중요하다.

── 경로대안 설계

경로목표가 설정되면, 경로대안을 설계한다. 경로대안 설계는 유통경로의 종류, 유통경로의 길이, 유통경로의 범위, 유통시스템을 결정하는 것을 말한다. 먼저 유통경로의 종류는 직접 또는 간접 유통경로를 선택한다. 직접유통의 경우 판매원 고용, 직판점 설치 등이 필요하고, 간접유통의 경우 중간상의 수를 결정해야 한다.

유통경로의 길이는 중간상의 수를 말하며, 제품의 소유권을 생산자로부터 최종구매자에게 전달하는 경로수준의 수가 된다. 1티어, 2티어, 3티어 중에서 선택하면 된다. 그리고 중간상의 수를 결정할 때 제품의 특성, 시장의 특성, 기업의 특성, 중간상의 특성 등을 감안하여야 하고, 아울러 유통경로의 범위와 유통시스템을 선택하면 된다.

___ 경로대안 평가

경로대안을 2개 이상 선택하였으면, 그 중에서 자사에게 적합한 경로인지 평가하여야 한다. 경로대안의 평가기준은 경제성, 통제성, 적응성의 3가지가 있다.

① 경제성은 판매량과 유통비용, 이익의 관점에서 평가하는 기준이다. 직접유통이냐 간접유통이냐, 그리고 경험과 전문성이 있는 판매원이나 대리점을 선택하느냐, 판매성과에 따라 차등 보상하느냐 등에 따라 판매량과 유통비용은 달라진다.

② 통제성은 생산자가 중간상에 대한 통제력을 평가하는 기준이다. 중간상은 이윤 극대화를 위하여 가능하면 다양한 제품을 진열하기를 희망한다. 즉, 중간상은 이윤이 많은 제품부터 판매하려 하고, 모든 제품에 대하여 전문적 지식이나 제품의 특이점을 파악하지 않고 판매하려 한다. 만약 자사 제품에 대한 전문지식이나 특이점을 파악하도록 하려면 중간상에 대한 통제력이 있어야 하지만, 그만큼 유통비용이 증가한다. 따라서 생산자의 통제수준을 어느 정도로 설정할 것인지가 평가기준이 된다.

③ 적응성은 한번 구축된 유통경로는 변경하기 어렵다는 점을 감안한 평가기준이다. 생산자와 중간상이 장기계약을 체결할 경우 상황이 변화할 때 해지가 어렵고, 단기계약을 체결할 경우에는 빈번한 변경으로 유통구축 비용이 많이 들고, 대체 경로를 확보하는 데 많은 시간이 소요된다. 따라서 향후 유통여건 변화에 얼마나 탄력적으로 대응할 수 있는지를 평가하여야 한다.

위와 같은 경로대안의 평가기준을 평가하는 방법은 유통경로 평가표를 작성하여 각 평가기준에 따라 평가하고 자사에게 가장 적합한 경로대안을 선택하면 된다.

3. 유통경로의 유형

━ 도매상

① 상인도매상merchant wholesaler은 제품의 소유권을 가지며 생산자와 소매상의 연결 역할을 수행한다.

- 일반도매상general wholesaler: 모든 제품을 소매상에게 공급하는 도매상
- 전문도매상specialty wholesaler: 특정 품목 위주로 소매상에게 공급하는 도매상
- 직송도매상drop shipper: 재고 없이 생산자 제품의 운송을 전담하는 도매상
- 트럭도매상truck jobber: 식료품 등을 트럭에 싣고 다니며 판매하는 도매상
- 선반도매상rack jobber: 비식료품 위주로 편의점 등에 판매하는 도매상

② 대리도매상agent wholesaler은 제품의 소유권을 가지지 않고 생산자와 소매상의 연결 역할을 수행하며, 대가를 받는 도매상이다.

- 중개인broker: 가격 협상 등 매매가 원활하게 이루어지도록 중개기능을 수행
- 제조업자 대리인manufacturer's agent: 영업망을 구축하지 못한 제조업자 대리
- 판매대리인selling agent: 제조업자와 계약을 맺고 제품의 판매권 보유
- 구매대리인purchasing agent: 구매자와 계약을 맺고 제조업자의 제품을 관리·운송
- 수수료상인commission merchant: 제품을 보관·판매하고 제조업자로부터 수수료를 수취

③ 제조업자 영업점은 제조업자가 소유·운영하는 도매상으로 직접 도매상 또는 소매상에게 제품을 판매하면서 기술적 부분을 지원하는 역할을 수행한다. 지점(영업점) 또는 사무소의 형태로 설치된다.

── 소매상

① 점포소매상: 기존의 백화점, 전문점, 슈퍼마켓 외에 최근 등장한 소매상
- 편의점cvs: 주거지역에서 24시간 영업하여 소비자들에게 편의를 제공하는 점포(GS25, CU, 7-eleven)
- 슈퍼센터: 슈퍼마켓과 할인점이 결합한 소매상(주스코)
- 하이퍼마켓hyper market: 대형슈퍼마켓과 할인점의 중간형태(까르푸)
- 카테고리 킬러category killer: 한 종목에 특화한 전문할인점(예: 하이마트, ABC마트 등)
- 할인점discount store: 가정용품을 판매하는 점포(롯데마트, 이마트)
- 양판점GMS: 백화점과 슈퍼마켓의 중간형태 점포(시어즈, 다이에)
- 제조업체 상설할인매장: 도심외곽지역에 위치한 대형 할인점(아울렛)
- 회원제 창고형 매장: 할인점보다 저렴하게 대량판매(킴스클럽, 코스트코)

② 무점포소매상: 자동판매기, 직접마케팅(통신판매, 텔레마케팅), 텔레비전 마케팅(직접반응광고, 홈쇼핑), 전자마케팅(인터넷 쇼핑, 모바일 쇼핑), 방문판매 등

── 최근의 유통경로 변화

최근 인터넷 및 디지털 기술의 발달로 유통경로는 급격하게 변화하고 있다. 2000년대 중반부터 시작된 전자상거래e-commerce는 지속 증가하여 2020년 온라인과 오프라인의 매출 비중(산업통상자원부 발표자료)이 46.5% : 53.5%가 될 정도로 온라인 채널이 크게 성장하였다.

여기에서는 옴니채널, O2O, O4O, 라이브 커머스를 중심으로 설명하고, 제18장 디지털 마케팅과 제19장 4차 산업혁명시대의 마케팅에서 구체적으로 설명한다.

옴니채널omni channel은 생산자가 온라인, 오프라인, 모바일 등 모든 채널을 하나의 채널처럼 통합 운영하는 방법이다. 소비자는 온라인, 오프라인, 모바일 등 편리한 채널을 이용하여 제품 검색과 구매가 가능하며, 생산자는 고객이 여러 채널을 하나의 매장과 같은 느낌을 받도록 운영한다. 복수경로 유통시스템과 다른 점은 복수경로 유통시스템이 멀티채널을 운영하지만 유통채널 간 서로 경쟁관계가 있다면, 옴니채널은 여러 채널을 서로 보완적으로 운영하고 전체 채널이 하나의 시스템으로 운영된다는 것이다.

O2Oon-line to off-line는 온라인과 오프라인을 연결하여 온라인에서 검색하고 오프라인(실제 매장)에서 구매하거나, 온라인에서 주문과 결제를 하고 오프라인에서 찾거나, 오프라인에서 제품을 체험하고 온라인으로 주문·결제하는 방법이다.

O4Oonline for offline는 온라인에서 축적한 정보나 기술을 오프라인에 응용하는 방식이다. 예컨대 아마존은 무인 슈퍼마켓 아마존 고AmazonGo에서 고객들이 제품을 들고 나오기만 해도 자동 결제되는 시스템을 운영하고 있다. 또한 어떤 백화점에서는 고객이 백화점 매장에 입장하면 고객이 이동하는 위치에 따라 스마트폰으로 제품 정보나 할인 쿠폰을 전송한다. 고객은 이를 활용하여 매장에서 곧바로 사용할 수 있다. 과거 종이 할인쿠폰이나 전단지의 역할을 스마트폰이 실시간으로 대행하는 것이다.

라이브 커머스live commerce는 실시간 동영상 스트리밍을 통해 상품을 소개하고 판매하는 형태로, 비대면 시대의 새로운 유통채널로 등장하고 있다. 실시간으로 쌍방향 소통을 통해 궁금증을 해소하고 재미와 경험을 제공하는 콘텐츠로 소비자들의 관심을 집중하고 있다. TV 홈쇼핑과 달리 네이버, 카카오, 유튜브, 페이스북 등 인터넷 플랫폼을 통하여 간편하게 실시간으로 운영할 수 있어서 방송 송출, 스튜디오, 쇼 호스트 등이 필요한 TV 홈쇼핑보다 저렴하고 간편하게 운영할 수 있는 장점이 있다.

4. 유통관리 전략

— 유통경로 관리란?

자사에 적합한 유통경로를 설계하였으면, 실제 유통과정에서 발생하는 여러 가지 문제를 해결하고 관리하는 것이 중요하다. 이를 유통경로 관리라고 한다. 유통경로 관리를 위하여 유통경로 관리계획을 수립하는 것이 필요하다.

유통경로 관리계획에는 자사와 유통경로 구성원들의 관계를 강화할 수 있는 방법, 유통경로별로 목표를 관리하는 방법, 유통경로를 변경하는 방법 등이 포함되어야 한다. 자사와 유통경로 구성원들의 관계를 강화할 수 있는 방법은 정기적인 모임, 정보교환, 시장상황 모니터링 등이 기본적으로 이루어져야 한다. 목표를 관리하는 방법에는 기여도가 높은 유통업체에게 인센티브를 제공하고, 성과가 좋지 않은 유통업체에게 지원을 중단하는 '당근과 채찍' 전략이 포함되어야 한다.

그리고 유통경로를 효율적으로 관리하려면, 유통경로 파워를 적절하게 활용하여야 하고, 유통경로 갈등이 발생할 경우 원만하게 해결할 수 있어야 한다.

— 유통경로 파워

유통경로 파워는 생산자가 유통경로 구성원들의 의사결정에 영향력을 행사할 수 있는 능력을 말한다. 영향력이 클수록 경로 구성원들의 행동 변화를 쉽게 이끌어 낼 수 있다. 유통경로 파워에는 6가지 종류가 있다.

- 합법적 파워: 생산자가 합법적인 방법으로 중간상에게 발휘할 수 있는 힘
  예 특허권, 상표등록, 프랜차이즈 협약 등
- 보상적 파워: 생산자가 중간상에게 차등 지원할 때 발생하는 힘

- 예 영업활동 지원, 신용조건 우대, 특별할인, 판촉물 제공 등
- 강압적 파워: 생산자가 중간상에게 행사하는 징벌할 수 있는 능력
  - 예 대리점 보증금 인상, 대금 결제기일 단축, 마진 축소 등
- 준거적 파워: 생산자와 중간상이 일체감을 가질 때 형성되는 힘
  - 예 브랜드에 대한 긍지 등에 근거한 목표 공유, 상호 신뢰
- 전문적 파워: 생산자가 전문지식과 노하우를 중간상에게 제공할 때 발생하는 힘
  - 예 경영관리 상담, 전문지식 전수, 비용절감 방안 조언 등
- 정보적 파워: 생산자가 전문적인 정보를 중간상에게 제공할 때 발생하는 힘
  - 예 다양한 소비자 정보, 경영정보, 유행 예측 정보 등

유통경로 파워를 어떻게 행사하느냐에 따라 큰 영향을 미친다. 생산자와 중간상에게 윈-윈 효과가 나타나면 공생관계로 발전할 수 있지만, 지배-피지배라는 갑을 관계로 나타나면 유통경로 갈등으로 악화될 우려가 있다.

─ 유통경로 갈등

유통경로는 가치사슬이다. 서로의 이익을 위하여 협력하는 기업들로 구성되어 있다. 전체 경로 속에서 서로 협력하고 자신의 역할을 이해하고 수용하며 활동을 조정할 때 공동의 목표가 달성될 수 있다.

그러나 구성원들이 자신의 단기 이익을 추구하거나 독자적으로 행동할 때 전체 경로에 문제가 발생할 수 있으며, 다른 구성원들과 지나친 경쟁으로 분쟁이 발생하는 경우도 있다. 이를 경로갈등channel conflict이라고 한다.

경로갈등이 발생하는 원인은 목표 불일치, 역할과 영역의 불일치, 지각의 불일치 등이다. 목표 불일치는 성장 목표와 수익성 목표, 이익배분 방법, 자금 지원문

제, 타사 제품 취급범위, 마진율, 대금결제 방법 등에서 이견이 있을 때 발생한다. 역할-영역 불일치는 프랜차이즈 본부와 가맹점이 서로 기대하는 역할이 다르거나 대리점이 주어진 판매영역을 침범할 때와 같이 역할이나 영역이 모호하여 서로 충돌하는 현상이다. 지각의 불일치는 매출의 부진원인을 서로 다르게 파악하듯이 유통과정에서 발생하는 상황에 대하여 서로 다르게 인식하고 서로 다르게 접근하여 문제를 해결하지 못하는 경우이다.

경로갈등이 발생할 때 경로갈등의 유형은 주로 수평적 갈등, 수직적 갈등, 복수경로 갈등의 형태로 나타난다.

① 수평적 갈등은 동일한 유통단계에 있는 구성원들 사이에 발생하는 갈등이다. 즉, 소매상과 소매상의 갈등 또는 도매상과 도매상의 갈등을 말한다. 수평적 갈등은 동일한 업태에서 발생할 수도 있고, 상이한 업태 간에 발생할 수도 있다. 동일한 업태 간의 갈등은 가전제품의 대리점 간에 발생하는 갈등을 말한다. 상이한 업태 간의 갈등은 롯데마트의 '통 큰 치킨'과 치킨 전문점 간에 발생하는 갈등과 같이 동일한 고객을 대상으로 슈퍼마켓, 체인점, 할인점들이 서로 갈등하는 경우를 말한다.

② 수직적 갈등은 서로 다른 유통단계에 있는 구성원들 사이에 발생하는 갈등이다. 예컨대 생산자-중간상 또는 본부-가맹점 사이의 갈등이다. 기본적으로 협동관계를 유지하지만, 계약 위반이나, 가격 또는 서비스 수준이 미달할 때 또는 의사소통이 부족할 때 발생한다.

③ 복수경로 갈등은 서로 다른 유통경로에 있는 구성원들 사이에 발생하는 갈등이다. 예컨대 생산자가 직영하는 대리점과 간접유통경로인 할인점 사이의 갈등을 말한다.

이와 같은 경로갈등이 발생하면 효과적으로 해소하여야 한다. 일반적으로 갈등관리의 유형은 크게 5가지로 구분된다.

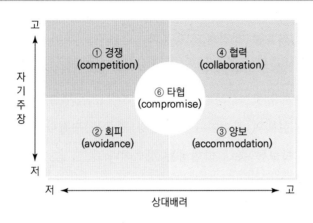

갈등관리 매트릭스는 자신의 요구를 충족시키려는 자기주장과 상대방의 요구를 충족시키려는 상대배려의 2요소를 기준으로 한 것이다.

갈등관리 유형 ①은 경쟁 유형이다. 자기주장을 굽히지 않고 상대배려가 전혀 없는 경우이다. 이러한 경우에는 경쟁을 하고 상대에게 강요하는 형태이다. 결과는 win-lose의 형태로 나타난다.

갈등관리 유형 ②는 회피 유형이다. 갈등이 발생했는데도 자기의 요구를 주장하지도 않고 상대의 요구를 들어주지도 않는, 갈등 자체를 회피하는 경우이다. 이러한 경우에는 lose-lose의 결과가 나타난다.

갈등관리 유형 ③은 양보 유형이다. 갈등이 발생했을 때 자기의 요구를 주장하지 않고 상대의 요구를 수용하고 배려하는 경우이다. 결과는 lose-win의 형태로 나타난다.

갈등관리 유형 ④는 협력 유형이다. 자기의 요구를 주장하면서 상대를 충분히 배려하는 경우이다. 이러한 경우 결과는 win-win의 형태로 나타난다.

갈등관리 유형 ⑤는 타협 유형이다. 자기의 요구를 적당히 주장하면서 상대에 대한 배려도 수용하는 경우이다. 서로 give & take하는 형태로 나타난다.

이 중에서 협력 유형은 공동으로 경로갈등을 해결하는 방법이다. 생산자와 유통업체가 공동의 목표를 설정하고 공동마케팅을 전개하며, 공동의 커뮤니케이션 체제를 확립하여 상호 만족할 수 있는 해결책을 모색하는 방법이다.

그리고 타협 유형은 설득과 협상으로 경로갈등을 해결하는 방법이다. 설득은 공동목표를 위해 현재의 관점이나 의사결정 기준을 수정하도록 요청하는 행위이며, 협상은 서로 양보를 통해 타협하는 방법이다.

그 밖에 경쟁 유형은 정치적 타결방법이 있다. 갈등을 당사자들이 해결할 수 없을 경우 제3자가 개입하는 방법이다. 여기에는 조정과 중재를 통한 해결방법, 권력기관에 로비하여 해결하는 방법, 법률적으로 해결하는 방법 등이 있다.

이와 같이 경로갈등은 불가피하게 발생하므로 적절한 유통경로 관리가 필요하다. 경로 구성원들 사이에 '방향은 같지만, 목표가 다른' 경우에 갈등관리가 반드시 필요하다. 따라서 처음부터 구성원들 사이의 차이를 인정하고 동행하는 '따로 또 같이' 관리가 필요하다. 이를 위하여 평소 정기모임, 정보교환, 시장상황 모니터링 등을 통하여 유통경로 구성원들의 관계를 강화할 수 있는 방법이 강구되어야 한다. 그리고 유통경로별 매출 증대, 이익 증가 등 유통경로 목표를 평가하여 기여도가 높은 유통업체에 대하여 인센티브를 제공하고, 성과가 좋지 않은 유통업체에 대하여 지원을 중단하는 '당근과 채찍' 전략도 필요하다.

EXERCISE

향상학습 및 심화학습

01 (향상학습) 아래 유튜브 동영상을 시청하면서 학습한 내용을 복습하시오.

(1) 담덕의 경영학, 마케팅 강의 – 유통의 개념과 중간상의 이해

(2) 국토교통부, 사람이 물류다, UCC 공모전(최우수상)

(3) 서용구 교수, 옴니채널과 온라이프 마케팅

(4) YTN 사이언스, O2O 플랫폼 전쟁, 누구를 위한 것인가?

(5) 사경환 시장조사론, 컨조인트 분석

(6) 경영지도사300, 유통경로 구축

02 (심화학습) 학습한 내용을 응용하여 아래의 물음에 대하여 답하시오.

(1) 공급사슬관리(SCM)가 이루어지는 전반적인 과정을 설명하고, 공급사슬관리와 로지스틱스, 마케팅 유통관리를 설명하시오.

(2) A 기업이 이윤극대화를 위하여 유통업자에게 유통을 맡기지 않고 직접유통경로를 채택하였을 때, A 기업의 전략이 올바른 선택인지, 아니면 잘못된 선택인지를 설명하시오.

(3) 오른쪽 유통경로 유형 1과 2를 다음 사항을 기준으로 비교 설명하시오(직접유통경로와 간접유통경로, 경로수준의 수, 사례, 장점과 단점).

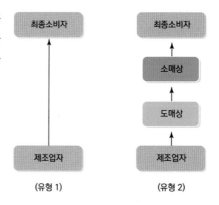

(4) 옴니채널과 O2O 서비스의 차이점을 구체적인 사례를 들어 설명하시오.

(5) 온라인시장이 크게 성장하면서 온라인과 오프라인 채널의 갈등이 많이 발생하고 있다. 채널들 간에 발생하는 갈등사례와 갈등 해결방법을 제시하여 보시오.

CHAPTER

12 촉진관리

1. 촉진관리란?

── 촉진관리란 무엇인가?

촉진promotion이란 기업이 자사 제품을 많이 판매하기 위하여 자사 제품을 고객들에게 널리 알리고(inform), 다른 제품과의 차이점을 설득시키고(persuade), 이를 지속적으로 환기시키는(remind) 마케팅 활동을 말하며, 마케팅 믹스의 하나이다.

촉진믹스promotion mix는 기업의 촉진활동에 사용되는 5가지 수단, 또는 이들의 조합을 말한다. 5가지 수단은 광고, PR과 홍보, 판매촉진, 인적 판매, 직접마케팅을 말한다. 5가지 수단을 적절히 혼용하면, 촉진효과가 극대화된다. 그리고 촉진관리는 주어진 예산 범위 안에서 촉진믹스의 전략을 수립하고 실행하여 마케팅 목표를 달성하는 마케팅 활동을 말한다.

최근 인터넷과 디지털 기술의 발달로 촉진관리의 환경이 크게 변화되고 있다. 촉진수단이 과거보다 훨씬 다양해지고 데이터베이스 축적이 용이해졌으며, 소비자들은 과거의 수동적인 정보 수용자에서 능동적인 정보 창출자로 변화되고 있다. 이에 따라 촉진의 개념은 크게 3가지 방향으로 변화하고 있다.

① 기존의 '촉진Promotion'의 개념은 '커뮤니케이션Communication'으로 바뀌고

있다. 기존에는 제품의 판매 확대에 초점을 두었다면, 이제는 제품의 정보나 가치를 소비자들에게 정확하게 전달하는 데 초점을 두고 있다. 이러한 의미에서 촉진은 커뮤니케이션으로 표현된다. 여기서 커뮤니케이션은 '의사소통'이라는 의미도 있지만, '정보·가치·생각의 공유 또는 전달'이라는 의미가 강하다. 미국마케팅협회에서도 촉진을 "communicating offerings"로 정의하고 있다.[1] 따라서 최근 마케팅 촉진은 마케팅 커뮤니케이션으로 불리며, 촉진믹스는 커뮤니케이션 믹스라고 한다.

― 통합적 마케팅 커뮤니케이션(IMC)

② 기존의 마케팅 커뮤니케이션은 통합적 마케팅 커뮤니케이션(IMC)으로 변화하였다. 인터넷이 도입되기 이전인 1980년대까지 마케팅 커뮤니케이션은 TV, 신문, 라디오, 잡지의 4대 대중매체를 이용하였다. 그러나 1990년대 이후 IT기술과 인터넷이 발달함에 따라 온라인, 모바일 및 소셜 미디어 등 다양한 커뮤니케이션 수단이 등장하여 고객과의 접점이 다양해졌다.

기존에 주로 활용하였던 4대 대중매체는 많은 비용이 소요되고 한방향으로 진행되었지만, 이제는 저렴한 비용으로 쌍방향 커뮤니케이션이 가능하여졌으며, 정보 수집이 용이하여 데이터베이스 마케팅이 급성장하였다. 이에 따라 커뮤니케이션 효과를 극대화하기 위하여 다양한 촉진수단을 적절히 통합·조정·통제하는 통합적 마케팅이 등장하게 된 것이다.

통합적 마케팅 커뮤니케이션(IMC)integrated marketing communication은 기존에 별개

---

1 AMA의 2007년 마케팅 정의는 다음과 같다. "Marketing is the activity, set of institutions, and processes for creating, communicating, delivering, and exchanging offerings that have value for customers, clients, partners, and society at large." 여기서 communicating은 촉진믹스를 의미한다.

로 활용되었던 커뮤니케이션 수단들을 하나로 통합하여 모든 접점에서 일관성 있게 커뮤니케이션할 수 있도록 계획하고 전략적으로 실행하여 커뮤니케이션 효과를 극대화하는 활동을 말한다. 통합적 마케팅 커뮤니케이션은 장기적인 관점에서 강력한 브랜드를 구축할 수 있고 잠재고객을 개발해 관계를 강화하여 단골고객으로 만드는 역할을 수행하고 있다. IMC는 제4절 커뮤니케이션 전략에서 자세히 설명한다.

── 진화하는 광고 패러다임

③ 광고 패러다임이 변화되고 있다. 기존에는 ATL 마케팅과 BTL 마케팅이 별도로 활용되었으나, 이제는 통합적으로 활용되는 TTL 마케팅으로 발전하였다.

ATLabove the line 마케팅은 4대 매체(TV, 라디오, 신문, 잡지)와 뉴미디어(케이블 TV, 인터넷)를 통하여 불특정 다수에게 비대면으로 일방적으로 메시지를 전달하는 마케팅, 즉 대량마케팅을 말한다. ATL의 장점은 불특정 다수의 대중들에게 대량으로 정보를 제공하여 브랜드 인지도를 높이는 것이다. 단점은 많은 비용이 들고, 소비자와 접촉 없이 한 방향으로 진행되어 비용대비 성과가 부족하다는 것이다.

▎그림 12-1 ATL · BTL · TTL의 비교

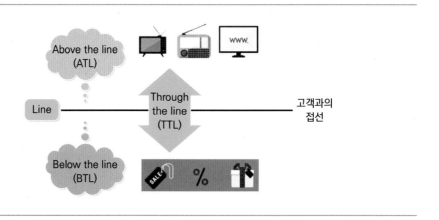

BTL_{below the line}은 매장 전시, 이벤트, 세일즈 프로모션, 쿠폰, 스폰서십, PPL, CRM, DM, UCC, TM 등과 같이 미디어를 매개로 하지 않고 주로 대면 커뮤니케이션을 하는 마케팅, 즉 타깃 마케팅을 말한다.[2] BTL의 장점은 광고비가 저렴하고 양방향 접촉이 가능하며 고객의 참여기회를 제공하여 고객의 반응을 이끌어낸다는 점이다. 이에 따라 고객 세분화가 가능하고 효과 측정도 가능하다. 반면, 단점은 소규모로 진행되어 파급력이 크지 않으며, 장기간 추진되어야 효과가 나타난다는 점이다.

TTL_{through the line}은 ATL과 BTL를 융합한 마케팅을 말한다. ATL과 BTL의 장점을 모두 활용하고 통합적인 마케팅을 수행하여 보다 효율적인 마케팅이 가능하다. 예컨대 어떤 음식점에서 유튜브에 자사 음식을 소개하는 동영상을 게재하고, 해당 영상을 캡처하여 매장에서 음식을 주문하면 할인혜택을 주는 방법이다. 대중매체(ATL)를 적절히 활용하면서 고객과의 직접적인 접점(BTL)을 활용하는 방법이라는 점에서 통합적 마케팅 커뮤니케이션의 일환이라고 할 수 있다.

2. 마케팅 커뮤니케이션 모형

— 마케팅 커뮤니케이션의 거시 모형

먼저 마케팅 커뮤니케이션이 진행되는 과정을 살펴보자. 마케팅 커뮤니케이션이란 기업(발신자)이 자사 제품의 정보를 구매자(수신자)에게 전달하는 과정이다. 발신자는 보다 효과적으로 정보를 전달하기 위하여 메시지를 만들고 이를 부호화하여 방송매체 등 미디어를 통하여 수신자에게 전달되며, 수신자는 나름대로 해석하

---

2   PPL(product placement)은 간접광고, CRM(customer relationship management)은 고객관계관리, DM(direct mail)은 우편발송, UCC(user created contents)는 사용자가 직접 제작한 제작물, TM(tele−marketing)은 텔레마케팅을 말한다.

여 반응하는 과정을 거치게 된다.

여기서 기업은 광고주로서 광고효과를 극대화하기 위하여 전문업체인 광고대행사를 활용한다. 광고대행사는 기업이 전달하고자 하는 정보를 함축적으로 전환해 다양한 매체를 통하여 소비자들에게 전달한다. 정보를 메시지라는 함축적인 형태로 전환하는 과정을 부호화(또는 코딩화)encoding라고 한다. 그리고 메시지 문안을 카피copy, 메시지 문안을 작성하는 사람을 카피라이터copyrighter, 메시지 문안을 시각적으로 전환시킨 광고안을 크리에이티브creative라고 한다.[3]

▎그림 12-2 마케팅 커뮤니케이션 과정

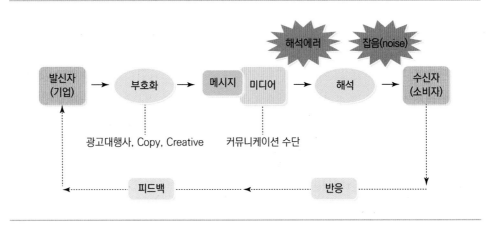

───────────────────────

3 카피와 카피라이터, 크리에이티브를 부연설명하면 다음과 같다.
   카피: ① 광고 원고 ② 저작권(copyright)
   카피라이터: ① 카피를 쓰는 사람 ② CM(커머셜 메시지) 작성자
   스크립트: 방송원고
   스크립트 라이터: 방송작가
   크리에이티브: ① 광고안 ② 제작팀 또는 광고기획사
   크리에이티브팀: 광고 제작팀
   1인 크리에이터: 유튜브, 웹툰 등 자신만의 채널과 구독자를 보유한 콘텐츠 창작자

카피와 크리에이티브의 차이점은 카피가 광고의 언어적인 부분what to say이라면, 크리에이티브는 광고의 비언어적인 부분how to say까지 포함된 것이라고 할 수 있다. 따라서 크리에이티브는 고객들에게 메시지 문안이 강렬하게 다가가도록 다양한 방법을 동원하여 표현하며 비언어적인 부분art까지 활용하게 된다.

크리에이티브(광고안)은 다양한 커뮤니케이션 채널(미디어)을 통하여 수신자에게 전달되면, 수신자는 나름대로 해석을 하고 반응하게 된다. 이때 수신자의 해석 에러가 발생한다. 해석 에러error란 발신자가 당초 '전달하고자 하는 것'과 '수신자들이 이해하는 것'이 100% 일치하지 않는 것을 의미한다.

해석 에러가 발생하는 이유는 수신자들이 듣고 싶은 것만 듣고(선택적 주의), 들은 메시지도 자의적으로 해석(선택적 왜곡)하며, 해석한 메시지도 자신에게 익숙하거나 인상 깊었던 내용만 기억(선택적 유지)하기 때문이다. 선택적으로 기억된 메시지는 향후 실제 구매를 할 때 선택적으로 탐색과정에 활용된다.

뿐만 아니라, 커뮤니케이션 과정에는 마케팅 잡음이 발생한다. 마케팅 잡음noise이란 발신자가 수신자에게 정보를 전달하는 과정에서 정확하게 전달하지 못하도록 방해하는 요소를 말한다.

마케팅 잡음은 크게 외적 잡음, 내적 잡음, 경쟁 잡음으로 구분할 수 있다. 외적 잡음은 주변소음, 타인과의 대화, 전달매체의 불량 등 정보전달과정에서 나타나는 외부의 방해요소를 말한다. 내적 잡음은 수신자의 수면부족, 피로, 긴장, 감정상태 등 수신자의 심리적·육체적 상태에 따라 발생하는 방해요소를 말한다. 그리고 경쟁 잡음은 경쟁사의 광고 등 자사 제품과 경쟁제품 사이에 발생하는 잡음을 말한다. 마케팅 잡음이 가장 많은 광고가 TV 광고이다. 왜냐하면 시청자들은 광고를 보기 위하여 TV를 보지 않아 광고에 집중하지 않기 때문이다.

따라서 마케팅 커뮤니케이션 과정에는 피드백이 매우 중요하다. 피드백feedback은 수신자의 반응을 파악함으로써 커뮤니케이션 과정이 효과적으로 전달되었는지를 평가하는 절차를 말한다. 피드백의 방법은 광고기획사의 광고효과 분석, 소비자에 대한 설문조사, 인터넷 댓글 분석 등 다양한 방법이 사용되며, 수집된 정보에 따라 문제점이 있으면 수정·보완하는 작업이 필요하다.

── 마케팅 커뮤니케이션의 미시모형

지금까지 설명한 마케팅 커뮤니케이션 과정은 커뮤니케이션의 진행 과정을 설명하는 '거시모형'에 속한다. 이제 소비자들의 광고 수용태도를 설명하는 '미시모형'을 살펴보자. 미시모형을 학습하는 이유는 소비자들의 수용태도에 따라 커뮤니케이션 수단과 전략이 달라지기 때문이다. 소비자들의 수용태도는 자극-반응(SR모형)에서 발전하여 AIDA 모형, AIDMA 모형, 효과계층 모형으로 발전되었다.

제4장에서 소비자의 태도는 '인지-감정-행동'의 단계를 거쳐 형성된다고 설명하였다. 인지단계에서 외부의 자극을 받아 나름대로 이해하면, 감정단계에서 긍정적 혹은 부정적인 감정을 갖게 되며, 행동단계에서 구매 또는 보류하게 된다는 것이다.

이를 광고 수용모형으로 응용한 이론이 AIDA 모형이다. AIDA 모형은 소비자들이 '주의-흥미-욕망-행동'의 단계로 구매를 결정한다는 이론이다. 먼저 외부의 자극이 오면, 소비자들은 외부의 자극에 대하여 주목attention하게 된다. 그리고 외부 자극에 대하여 흥미 또는 관심interest을 갖게 되면, 어떤 욕망desire에 사로잡히게 되고, 긍정적인 욕망은 구매action로 나타난다는 것이다.

AIDA 모형을 발전시킨 모형이 AIDMA 모형이다. AIDMA 모형은 1920년대 TV가 등장하면서 TV 광고를 시청하게 되면, 바로 구매로 연결되지 않고 소비자의 머릿속에 기억memory되는 과정이 추가되므로 AIDA 모형에서 '기억'을 추가한 모형이다.

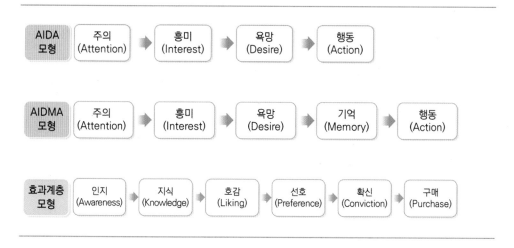

AIDMA 모형은 '효과계층모형'의 하나이다. 효과계층모형hierarchy-of-effects model은 TV 광고를 시청한 소비자들이 제품의 존재를 인지awareness하면, 브랜드 이름을 알게 되는 지식knowledge 단계를 거쳐, 제품에 대하여 어떤 감정을 갖게 되는 호감liking 단계로 이동하게 된다. 호감을 갖게 되면 개인적인 선호preference를 가지게 되며, 제품에 대하여 확신conviction이 발생하면, 가격할인, 프리미엄 혜택 등을 비교하면서 구매purchase하게 된다는 6단계 구매의사 결정이론이다.

이와 같은 효과계층모형은 소비자들의 태도가 인지learn – 감정feel – 행동do 단계를 거쳐 형성된다는 인지심리학에 근거한다. 이때 소비자들은 제품이 고관여 제품이냐 저관여 제품이냐, 이성적으로 판단하느냐 감성적으로 판단하느냐에 따라 다르게 행동하게 된다. FCB grid 모형은 고관여 제품·저관여 제품, 이성적 판단·감성적 판단을 기준으로 소비자들의 구매의사결정은 4가지 유형으로 구분된다고 설명한다.

① 고관여 제품이면서 소비자들이 이성적으로 판단하는 유형이다. 이를 정보 제공형이라 한다. 예컨대 자동차와 같은 고가품을 구매할 때 합리적인 소비자라면

당연히 정보를 바탕으로(learn) 이성적으로 판단을 하여 호의적인 감정이 발생하면 (feel) 구매하게(do) 된다.

② 고관여 제품이면서 소비자들이 감성적으로 판단하는 유형이다. 이를 감정 유발형이라 한다. 명품이나 예술품의 경우 소비자들은 먼저 좋아하는 태도를 가지고(feel) 제품 정보를 바탕으로(learn) 구매하게(do) 된다.

▌그림 12-4 관여도와 소비자 판단기준에 따른 소비자 반응모형

	이성적 판단(think)	감성적 판단(feel)
고관여	① 정보제공형 · 인지-감정-행동 · 자동차, 노트북 등 고가품	② 감정유발형 · 감정-인지-행동 · 명품, 예술작품 등 고가품
저관여	③ 습관형성형 · 행동-인지-감정 · 의약품, 가정용품 등 저가품	④ 자기만족형 · 행동-감정-인지 · 맥주, 과자 등 일상생활품

자료 : FCB grid 모형(미국의 광고회사)

③ 습관형성형이다. 가정에서 사용하는 의약품의 경우 필요하다는 문제인식이 발생하면 우선 구매한(do) 후 사용하면서 제품 정보를 얻어(learn) 이성적으로 판단하여 제품에 대한 태도를 형성하게(feel) 된다.

④ 자기만족형이다. 맥주와 같이 일상생활에서 빈번하게 구매하는 제품으로 먼저 구매하여(do) 사용하면서 자기만족을 얻고(feel) 친밀감을 형성하게(learn) 된다.

마케팅 커뮤니케이션의 미시모형은 제품의 종류에 따라 소비자들의 구매유형이 달라지므로 광고 등 촉진전략을 달리하여야 촉진효과가 극대화된다고 설명한다.

3. 촉진믹스

(1) 광고

광고advertising는 기업(광고주)이 자사 또는 자사 제품을 불특정 다수에게 널리 알리기 위하여 광고대행사가 제작한 광고안을 미디어에 게재하는 비대면 커뮤니케이션 활동을 말한다.

광고의 특징은 기업이 많은 비용을 부담하고 기업의 이름으로 제작되며, 비대면(비인적) 커뮤니케이션으로 불특정 다수에게 폭넓게 진행되므로 인적 판매 등 다른 촉진수단을 지원하는 역할을 한다. 또한 단기적인 효과보다는 장기적인 효과를 목표로 한다는 측면에서 제품의 사전판매 활동과 유사하다고 할 수 있다. 광고는 동일 메시지를 반복 노출시켜야 효과를 얻을 수 있다.

광고는 이미지 광고와 제품 광고로 구분된다. 이미지 광고는 특정 제품과는 관계없이 자사가 국가적·사회적으로 또는 인류의 삶에 기여하는 모습을 광고하여 긍정적인 이미지를 소비자들에게 심어주는 광고를 말한다. 제품광고와 다르다는 점에서 기업광고라고도 한다. 제품 광고는 특정 제품의 판매량을 확대하기 위하여 그 제품의 정보를 알리기 위한 광고를 말한다.

또한 광고는 브랜드에 따라 정보전달형, 설득형, 상기형으로 구분된다. 정보전달형은 자사 제품의 가치를 널리 알리는 것을 목표로 한다. AIDMA 모형의 인지단계에서 사용된다. 설득형은 자사 제품이 경쟁제품과 다르다는 차별성을 부각하여 자사 제품에 대한 선호도를 높이는 것을 목표로 한다. 설득력을 높이기 위하여 비교 광고의 형태로 진행되기도 한다. AIDMA 모형의 흥미·욕망단계에서 사용된다. 상기형 광고는 고객들이 자사 제품을 잊지 않고 지속적으로 기억할 수 있도록 만든 광고이다. 주로 제품수명주기단계에서 성숙단계에 많이 활용된다. AIDMA 모형의 기억단계에서 사용된다.

광고 매체는 TV, 신문, 잡지, 라디오의 4대 매체가 있으며, 그 밖에 직접우편, 버스·지하철 광고, 옥외광고, 인터넷 광고, e-mail 광고 등이 있다. 이 중에서 TV 광고료가 제일 비싸며, 신문 광고료와 인터넷 광고료도 비싼 편에 속한다.

(2) PR과 홍보

공중관계(PR)public relation은 일반대중들public이 자사 또는 자사 제품에 대한 이해도를 높이고 긍정적인 이미지를 갖도록 설계된 전략적인 커뮤니케이션 활동이다. PR에는 언론보도, 기자회견, 투자자 관계, 간행물 발간, 사회봉사활동 등이 포함된다.

언론보도는 자사 또는 자사 제품과 관련된 정보를 언론에 기사화하는 것을 말한다. 흔히 홍보publicity라고도 한다. 언론매체가 자사와 관련된 중요한 기사를 다루게 하여 금전적인 지불 없이 소비자들에게 알림으로써 기업의 이미지를 제고하고 제품의 구매 수요를 자극하는 것이다.

홍보와 광고의 차이점은 광고는 기업이 유료로 자사 또는 자사 제품을 널리 알리는 방법이라면, 홍보는 금전적인 지불 없이 자사 관련된 내용이 언론에 보도됨으로써 널리 알리는 방법이다. 그리고 광고는 판매에 직접적인 영향을 미친다면, 홍보는 뉴스 형식이므로 직접적으로 판매에 영향을 미치지 않지만, 소비자들이 광고보다 훨씬 신뢰하기 때문에 간접적으로 판매에 영향을 많이 미친다.

기자회견은 기업의 신제품 개발, M&A, 영업 실적 등을 널리 알리기 위하여 언론을 초청하여 설명하는 자리이다. 투자자 관계(IR)investors relations는 기업의 중요한 뉴스나 영업실적 등을 주주와 투자자에게 설명하는 자리이다.

그 밖에 기업은 사보, 연차보고서, 홍보 책자 등 간행물을 발간하기도 하며, 음악회 또는 스포츠 경기를 후원하거나 봉사활동 등을 통하여 사회에 공헌함으로써 기업의 우호적인 이미지를 구축하기도 한다.

PR은 우스갯소리로 "피할 것은 피하고, 알릴 것은 알린다."는 말로 대변된다. 불특정 다수의 대중을 상대로 회사의 이미지와 제품 등 알릴 것은 충분히 알리고, 부정적인 요소는 최대한 피하면서 대중들을 설득시켜 나간다는 적극적인 커뮤니케이션 전략이다.

그리고 광고를 "Buy me"라고 한다면, PR은 "Love me"라고 할 수 있다. 광고는 기업의 이윤을 추구하고 비대면의 한방향으로 진행된다면, PR은 장기적으로 기업의 경영과 발전에 가치를 부여하고 쌍방향으로 진행된다는 점에서 서로 다르다.

특히 인터넷 시대에서 PR의 중요성은 강조된다. 구전(WOM)word of mouth이 PR의 활용수단이 되기 때문이다. 입소문은 당초 오프라인에서만 존재하였으나 현재는 온라인에서 더 강력하다. 마케터의 입장에서는 광고는 통제할 수 있으나, 구전은 통제하기 어렵고, 사람들은 긍정적인 정보보다는 부정적인 정보에 더 민감하므로 구전의 역할이 중요하다. 따라서 마케터들은 "피할 수 없다면 즐겨라."는 자세로 온라인 구전을 바라봐야 한다. 구전의 자세한 내용은 제4절 촉진관리전략에서 설명한다.

(3) 판매촉진

판매촉진sales promotion은 제품의 판매를 촉진시키기 위하여 중간상 또는 최종 소비자에게 제공하는 단기 자극책incentive을 말한다. 광고의 효과가 장기적으로 발생한다면, 판매촉진은 특정제품을 단기에 대량 판매하기 위하여 설계되는 단기 인센티브이다. 따라서 판매촉진은 광고보다 즉각적이며 측정 가능한 반응을 유발하지만, 제품의 품질이나 가치를 의심하는 품위손상 문제가 발생하기도 한다.

판매촉진은 대상이 누구냐에 따라 소비자 촉진, 중간상 촉진, 사업자 촉진, 영업사원 촉진 등으로 구분된다.

① 소비자 촉진은 최종소비자에게 인센티브를 부여하여 판매를 촉진하는 방법이다. 여기에는 제조사가 소비자에게 제공하는 소비자 촉진consumer promotion과 유통업체가 소비자에게 제공하는 리테일 촉진retail promotion으로 구분된다.

- 샘플: 구매를 유도하기 위하여 소개 제품
- 쿠폰: 쿠폰에 기록된 제품의 가격으로 판매하겠다는 일종의 증빙서이다.
- 현금 환불: 소비자들이 일정금액이상 구매하면 현금 또는 상품권을 배부하는 것
- 단골고객 보상: 항공사의 마일리지 프로그램 등과 같이 단골고객에게 현금이나 현금 상당액을 지급하거나 할인해 주는 방법
- 가격할인: '1 + 1'과 같이 관련 상품을 묶어 판매할 때 또는 가격할인 전단지, 쿠폰을 제시할 때 가격을 할인해 주는 방법
- 프리미엄: 어떤 제품을 구매할 때 어린이 장난감이나 인형 등을 무료로 주거나 낮은 가격으로 판매하는 방법
- 구매시점 판촉(POP)point-of-purchase: 매장 통로에 제품을 진열하거나 포스터와 간판을 부착, 음료의 무료시식 등을 통하여 구매 시점에 소비자의 구매를 자극하는 방법

② 중간상 촉진은 제조사가 유통업체에게 제공하는 촉진으로 트레이드 촉진trade promotion이라고도 한다. 여기에는 현금 할인, 물량비례 할인, 공제, 무료제품 등이 있다. 흔히 제조사는 중간상에 대한 촉진이 더 효과적이라고 판단하고 소비자 촉진보다 더 많은 예산을 할당한다.

- 현금 할인: 중간상이 제품을 현금으로 구매하거나 외상매입금을 조기에 상환할 때 판매대금의 일부를 할인해 주는 방법

- 물량비례 할인: 지정된 기간 동안 중간상이 매입하는 물량에 따라 할인해 주는 방법
- 공제allowance: 중간상이 자발적으로 자사 제품을 광고할 때 광고금액의 일부를 보조해 주는 광고공제와, 중간상이 자사 제품을 특별히 진열해 줄 때 보상해 주는 진열공제 등
- 무료제품: 중간상에게 자사 제품의 마진을 확대해 주거나 고객에게 사은품으로 제공할 수 있도록 자사제품을 추가로 무료 제공하는 것

③ 사업자 판촉business promotion은 사업체를 대상으로 하는 판매 촉진활동이다. 생산자는 국내외에서 개최되는 특별 전시회에 참여하여 자사 제품을 홍보한다. 전시회에 참여한 사업체들은 자사와의 거래를 사전 계약하기도 하며, 향후 거래를 약속하기도 한다.

④ 영업사원 촉진sales person promotion은 영업사원들이 주로 기업고객을 대상으로 하므로 자사 제품에 대한 교육을 강화하고 기존 거래처의 매출 확대와 신규 거래처 발굴을 장려하는 방법이다.

(4) 인적 판매

인적 판매personal selling는 잠재적인 고객들과 1:1 또는 1:다수로 직접 접촉하여 제품을 설명하고 필요할 경우 시연을 통하여 제품의 판매를 확대하는 방법이다. 인적 판매는 크게 영업점을 통한 판매, 영업사원을 통한 판매로 구분할 수 있다.

영업점을 통한 판매는 은행 점포, 자동차 대리점 등과 같이 고객이 영업점을 방문하여 상담하고 구매하는 과정을 거친다. 영업사원을 통한 판매는 회사 직원

또는 모집인을 통한 판매이다. 모집인은 정식 직원은 아니지만, 회사를 대신하여 고객을 모집하고 계약을 체결하는 업무를 담당한다. 영업사원은 고객과의 직접 대면, 전화 통화, 우편, 이메일, 인터넷 채팅 등을 통하여 정보를 교환하고 판매하게 된다.

따라서 인적 판매는 시간적인 제약이 많으며, 많은 비용이 발생되는 단점이 있다. 그러나 비대면으로 이루어지는 다른 촉진수단과는 달리 고객의 욕구와 행동에 맞추어 즉석에서 커뮤니케이션을 달리할 수 있는 융통성이 있으며, 고객 가능성이 높은 잠재고객에게만 초점을 맞추어 접근하므로 마케팅의 집중성이 높아 오히려 전체적인 자원 낭비는 최소화될 수도 있다. 또한 다른 커뮤니케이션과 달리 만난 장소에서 판매행위를 종결할 수 있다는 장점이 있다.

최근 온라인, 모바일, 소셜미디어의 발달로 인적 판매 과정이 크게 변화되고 있다. 기존에는 대리점 방문 또는 영업사원을 통하여 설명을 듣고 구매하는 절차를 거쳤으나, 최근에는 온라인을 통하여 정보를 검색하고 다른 사람들의 추천을 받아 비교 검토한 후에 대리점을 방문하거나 영업사원과 접촉하는 절차를 거치고 있다.

또한 고객의 관계 형성 측면에서 기존에는 직접 접촉을 통하여 인적인 유대관계가 형성되었으나, 최근에는 온라인에서 수집되는 데이터를 통하여 고객을 관리하는 데이터베이스 마케팅이나 빅데이터 마케팅과 인적 판매를 결합하면 더욱 강력한 고객 관계를 형성하고 관리할 수 있다.

(5) 직접 마케팅

인적 판매의 반대말은 비인적 판매nonpersonal communication channel이다. 인적 판매는 대면 판매 또는 대면채널을 통한 판매이라면, 비인적 판매는 비대면 판매이라고 할 수 있다. 즉, 비대면 판매는 영업사원들과의 직접적인 접촉이나 피드백 없이 제품의 정보를 획득하고 구매하는 절차를 거치게 된다. 비대면 판매에는 인쇄매체, 공중파 방송, 전시매체(옥외광고, 간판, 포스터), 온라인 미디어, 각종 PR(기자회견, 전시회, IR 등) 등을 통하여 이루어진다.

인적 판매와 비대면 판매의 구분이외에 직접 마케팅이라는 수단이 있다. 직접마케팅direct marketing은 우편, 전화, 팩스, 이메일, 온라인 채팅, 소셜 미디어, 모바일 등을 통하여 고객들과 직접 의사소통하면서 전개하는 촉진활동을 말한다. 과거에는 주로 우편물(DM)direct mail을 이용하거나 전화, 팩스, 텔레마케팅 등을 활용한다는 측면에서 인적 판매와 구분하여 직접마케팅이라고 하였으나, 최근 디지털 마케팅이 강화되면서 직접마케팅과 인적 판매가 결합되기도 한다. 따라서 인적 판매(대면 판매)도 넓은 의미에서 직접마케팅에 포함된다고 할 수 있다.

직접마케팅은 일대일 마케팅이라는 측면에서 다른 촉진활동과 차이점이 많다. 우선 일대일 마케팅은 대량 마케팅과는 달리 개별 소비자들과 양방향으로 의사소통하면서 소비자로부터 주문, 질의, 요구사항, 이의신청 등을 즉각적으로 처리할 수 있으며, 지속적으로 고객관계 관리가 가능하다.

그리고 직접마케팅은 세분화된 목표시장을 직접 공략할 수 있으며, 디지털 마케팅으로 확장되면서 더욱 각광받는 촉진활동이라고 할 수 있다. 또한 직접마케팅은 구매자에게는 카탈로그나 웹 사이트를 통하여 언제, 어디서나 손쉽게 접촉할 수 있으며, 시간과 공간을 뛰어넘는 편리함도 있다. 판매업자에게는 적은 비용으로 다양한 경로를 통하여 소비자에게 언제, 어디서든 접근할 수 있다.

이와 같은 직접마케팅은 현재 가장 빠르게 성장하고 있는 마케팅 형태로서 낮은 원가로 큰 성과를 얻을 수 있어 기업체들이 가장 선호하고 있는 마케팅 수단이 되고 있다. 추가적인 설명은 제17장 디지털 마케팅에서 자세히 설명한다.

4. 촉진관리 전략

(1) 통합적 마케팅 커뮤니케이션(IMC)

— IMC 등장 배경

제1절에서 1990년대 이후 촉진관리의 변화 중 하나로 통합적 마케팅 커뮤니케이션(IMC)의 개막을 설명하였다. IMC가 등장하게 된 배경을 요약하면 다음과 같다.

첫째, 1990년 인터넷이 도입되고 디지털 기기 사용이 보편화된 것이다. 그동안 많은 비용을 지불하면서 4대 대중매체(TV, 라디오, 신문, 잡지)에 의존하던 광고는 온라인, 모바일 및 소셜 마케팅 등 적은 비용으로 광고할 수 있는 수단으로 대체되고 있다.

둘째, 고객정보가 디지털 데이터로 축적됨에 따라 고객과의 1:1 관계 구축 및 고객관계관리가 가능해졌고, 축적된 정보를 바탕으로 데이터베이스 마케팅과 빅데이터 마케팅, 디지털 마케팅이 급성장하게 되었다.

셋째, 소비자들은 이제 수동적인 제품 구매자에서 벗어나 능동적인 구매자 그리고 적극적인 의견 제시자로 변경되었다. 소비자들은 언제든지 어디서나 디지털 기기를 통하여 제품을 구매하고, 구매 후에는 다양한 의견을 제시하는 다른 소비자들의 구매에 큰 영향을 미치고 있다.

— IMC의 개념과 특징

이와 같은 환경변화는 통합적 마케팅 커뮤니케이션을 발전시키는 계기가 되었다. IMC는 기존의 4대 대중매체이외에 온라인, 모바일 및 소셜 마케팅 등 다양한 커뮤니케이션 수단을 통합하고 장기적인 관점에서 고객에게 접근하여 마케팅 커뮤니케이션 계획을 수립하고 실행하는 방법을 말한다. IMC의 핵심사항은 다음과 같다.

① 그동안 별개로 활용되었던 커뮤니케이션 수단들을 하나로 통합하여 모든 접점에서 일관성 있는 커뮤니케이션을 함으로써 커뮤니케이션 효과를 극대화할 수 있게 되었다. 다양한 커뮤니케이션 수단의 등장은 촉진수단 간의 시너지를 달성하고, 고객의 모든 접점을 활용할 수 있게 되었다.

② 고객정보는 디지털 정보로 수집되어 고객 데이터를 기반으로 하는 고객관계관리(CRM), 감성마케팅, 빅데이터 마케팅, 커뮤니티 마케팅이 더욱 발전할 수 있게 되었다.

③ 이에 따라 대량마케팅이 아니라 1:1 맞춤마케팅이 활성화되었다. 고객정보를 바탕으로 고객을 더욱 세분화하고 고객에게 적합한 수단으로 커뮤니케이션하는 전략을 수립하고 실행할 수 있게 되었다.

④ 고객과의 관계는 일회성이 아닌, 장기안정적인 관계로 발전될 수 있다. 고객과의 1:1 맞춤마케팅을 통하여 지속적으로 상호작용하면서 고객의 마음을 읽고 고객들의 행동 변화를 이끌어낸다. 이때 고객들에게 기업의 욕구를 앞세워 제품의 장점만 전달하는 것이 아니라, 고객의 욕구를 파악하여 고객을 장기 고객화할 수 있으며, 현재의 고객이 아니더라도 방대한 빅데이터를 활용하여 유망고객을 발굴할 수 있게 되었다.

요약하면, IMC는 고객들의 데이터베이스를 활용하여 가망고객을 발굴하고 현재의 고객을 단골고객으로 만들며, 다양한 커뮤니케이션 수단을 통합적으로 사용하여 고객과의 장기안정적인 관계로 발전시켜 나가는 과정이라고 할 수 있다.

(2) 통합적 마케팅 커뮤니케이션의 추진절차

통합적 마케팅 커뮤니케이션은 '표적청중 확인 → 커뮤니케이션 목표 설정 → 메시지 설계 → 미디어 선정 → 예산 배정 → 촉진전략 수립 → 피드백'의 순으로 진행된다.

― 표적청중 확인

표적청중target audience은 기업이 시장을 세분화한 후 선정한 목표시장 안에 존재하는 공략대상 고객을 말한다. 따라서 표적청중은 현재 구매자, 잠재 구매자, 그리고 구매에 영향력을 미치는 사람이라고 할 수 있다. 표적청중의 범위를 구체적으로 확인하는 작업이 끝나면, 커뮤니케이션 목표를 수립하게 된다.

― 커뮤니케이션 목표 설정

커뮤니케이션 목표는 고객의 상황에 따라 달리 설정하여야 한다. 제2절 마케팅 커뮤니케이션 모형에서 설명한 효과계층모형에 따라 자사 제품의 구매자들이 현재 어느 단계에 위치하고 있는지, 향후 어느 단계로 이동할 것인지를 파악하여 적절한 커뮤니케이션 목표를 설정할 수 있다.

만약 인지단계(인지, 지식)에 있다면, 구매자들에게 자사 제품의 정보를 먼저 알리는 목표를 설정하여야 할 것이며, 만약 감정단계(호감, 선호, 확신)에 있다면, 구매자들에게 자사 제품의 차별성을 알려주면서 자사 제품에 대한 태도를 바꾸는 데 목표를 설정하여야 할 것이다. 그리고 행동단계(구매)에 있다면, 구매자들이 지금 당장이라도 구매주문을 할 수 있도록 구매 욕구를 자극하는 목표를 설정해야 할 것이다.

— 메시지 설계

커뮤니케이션 목표가 설정되면, 청중들에게 전달할 메시지를 설계하여야 한다. 메시지 설계는 무엇을 전달할 것인지와 어떻게 표현할 것인지를 결정하는 것이다.

무엇을 전달할 것인가는 메시지 내용을 말한다. 메시지 내용은 이성적 호소, 감정적 호소, 도덕적 호소 중의 하나를 선택한다.

이성적 호소rational appeal 는 고객이 제품의 품질, 기능, 성능 측면에서 편익이 있다는 것을 객관적인 정보를 통하여 소비자들에게 호소하는 방법이다. 예컨대, 신영증권(주)은 신입사원 채

용공고문에 "Be Different, Be Bold"라는 간단하지만 강력한 문구를 통하여 '변화와 도전을 함께 할 남다른 당신을 기다린다.'는 이성적인 호소를 하고 있다.

감성적 호소emotional appeal 는 고객들에게 유머, 공포감, 사랑, 자부심 등 긍정적이거나 부정적인 감정을 느낄 수 있도록 감정적인 측면을 자극하는 방법이다. 예컨대, DB금융그룹은 "네 꿈을 펼

쳐라"라는 광고에서 꿈을 크게 꾸면, 큰 꿈은 이루어진다는 'Dream Big' 감성을 호소하고 있다.

도덕적 호소moral appeal
는 자사 또는 자사 제품
이 사회적으로 옳고 윤리
적으로 바람직하며 환경
보호 등 지구의 지속가능
성을 위하여 노력한다는
모습을 보여줌으로써 소비자들로부터 우호적인 태도를 이끌어내는 방법이다. 예컨
대, SK그룹은 1973년부터 매주 장학퀴즈를 개최하여 대한민국의 인재 육성에 앞
장서고 있는 모습을 통하여 국민들에게 도덕적인 측면을 호소하는 대표적인 사례
이다.

그리고 어떻게 표현할 것인가는 메시지 구조와 형태에 해당된다. 메시지 구조
는 흔히 우리가 글을 쓸 때 두괄식으로 쓸 것인지, 미괄식으로 쓸 것인지, 양괄식
으로 쓸 것인지를 결정하는 것과 같다. 구매자들에게 가장 호소력이 뛰어난 메시
지 구조는 복잡한 것보다 간결하면서 강력한 것이 좋다.

메시지 형태는 문자형, 이미지형, 동영상 메시지 중에서 선택하면 된다. 물론 광
고 중에서도 TV, 라디오, 인쇄, 인터넷, 옥외잡지 중에서 어느 하나만 선택하는 것
이 아니라, 여러 수단을 선택하게 되므로 메시지 형태도 복수로 선택하는 것이 좋
다. 문자형 메시지를 선택하더라도 스마트폰의 문자 메시지, 이메일의 텍스트 메시
지, SNS 광고 메시지, 전단지 등 다양한 형태가 있으므로 다양하게 준비하여야 한다.

(잠깐만!) 노이즈 마케팅noise marketing
노이즈 마케팅은 제품 홍보를 위하여 기업이 의도적으로 각종 이슈를 만들어 소비자의 관심을
끌어내는 마케팅 기법이다. 긍정적이든 부정적이든 구분하지 않고 화젯거리를 만들어 소비자들
의 이목을 집중시키는 전략이다. 잡음을 뜻하는 '노이즈'는 입소문을 통하여 단기간에 전파된다.

— 미디어 선정

미디어 선정은 주어진 예산 범위 내에서 목표고객들에게 효과적으로 전달할 수 있는 방법을 선택하는 것이다. 미디어는 대면 채널과 비대면 채널이 있다. 대면 채널은 기존에는 인적 판매만을 지칭하였으나, 최근에선 디지털 기기를 통한 직접마케팅과 인적 판매가 결합되어 다양한 형태가 등장하고 있다. 대면 채널은 대량 마케팅이 아니라, 일대일 마케팅 또는 일대다수 마케팅이라는 특징이 있다.

비대면 채널은 신문, TV, 라디오 등의 대중매체, 전시매체, 온라인 매체, 각종 PR 도구 등이 해당된다. 대량 마케팅으로 개인적인 접촉이 없으며, 피드백이 어려운 방법이다. 그러나 짧은 시간 동안 동일한 메시지를 많은 청중에게 알린다는 점에서 여전히 매력적인 촉진방법이다.

최근에는 구전 커뮤니케이션(WOM)이 큰 효과를 보이고 있다. 구전 커뮤니케이션은 입소문을 통하여 자사의 제품에 대한 개인적이고 비공식적인 정보가 교환되는 것을 의미한다. 구전 마케팅과 유사한 개념으로 버즈 마케팅, 바이럴 마케팅, 인플루언서 마케팅이 있다.

버즈 마케팅buzz marketing은 벌들의 앵앵거리는 소리와 같이 사람들의 입소문을 통하여 전파된다는 의미이다. 소비자가 제품을 직접 사용한 경험담을 SNS에 게재하면, 입소문처럼 널리 전파된다. 또는 특정 이벤트를 개최하여 대중들의 관심과 흥미를 자극하는 방법이다.

바이럴 마케팅viral marketing은 컴퓨터 바이러스와 같이 블로그나 카페 등 소셜 미디어를 통해 소비자들에게 빠르게 확산되는 것으로 바이러스 마케팅virus marketing이라고도 한다. 마케터는 호소력 있는 메시지를 작성하여 이메일 발송 또는 소셜 미디어에 게재하여 소비자들에게 널리 확산되도록 하여야 한다.

인플루언서 마케팅influencer marketing은 영향력을 행사하는 사람을 활용한 마케팅이다. 회사에서 저명인사나 오피니언 리더를 육성하여 자사와 자사 제품을 알려

청중들이 자사 또는 자사 제품에 대한 호감도 변화를 이끌어내는 것이 필요하다. 인터넷 포탈업체인 네이버는 2020년 하반기 "인플루언서 검색" 메뉴를 추가하여 분야별 인플루언서를 육성하고, 독자들이 네이버 검색을 통하여 전문적인 정보와 콘텐츠를 수집할 수 있도록 하고 있어 이를 활용하는 전략이 필요하다.

─ 예산 배정

모든 회사는 연간계획을 수립하면서 마케팅 예산, 홍보 예산 등 항목별로 예산규모가 확정한다. 할당된 예산 범위 내에서 통합적 마케팅 커뮤니케이션 전략을 수립하면 된다. 물론 연중 특별한 사안이 발생하여 마케팅을 강화하거나 홍보를 확대할 경우에는 특별예산을 추가로 부여받으면 된다.

한정된 예산의 범위 내에서 광고대행사를 활용할 것인지, 아니면 회사 내부의 조직을 활용할 것인지를 결정하고, 커뮤니케이션 수단별로 예산을 배분하면 된다. 통상 TV 광고, 구독자 수가 많은 신문, 그리고 페이지 뷰(view)가 많은 네이버와 다음의 광고 단가가 매우 높은 편이다.

커뮤니케이션 수단을 선정할 때 효율성 분석이 제일 중요하다. 미디어별로 도달 범위, 도달 횟수, 영향력 등을 평가하여 비용관점에서 효율성이 제일 높은 미디어를 선정하면 된다.

도달 범위reach는 일정 기간 동안 광고 메시지가 목표 청중에게 1회 이상 노출된 수 또는 비율(도달률)을 말한다. 예컨대 TV 주말연속극의 목표 청중 수가 300만 명일 때 1개월 동안 광고를 한 번이라도 시청한 청중이 240만 명이라면, 도달범위는 240만 명 또는 80%라고 할 수 있다.

도달 횟수frequency는 일정 기간 동안 광고 메시지가 목표 청중들에게 노출된 평균적인 횟수를 말한다. 예컨대 목표 청중의 80%인 240만 명 중 80만 명이 1회, 100만 명이 2회, 50만 명이 3회, 10만 명이 4회 노출되었다면, 도달 범위 내에 목표 청중들의 평균 노출 횟수는 약 1.9회($= \dfrac{80 + 100 \times 2 + 50 \times 3 + 10 \times 4}{240}$)가 된다.

영향력impact은 한 매체의 광고효과를 다른 매체의 광고효과와 비교한 것을 말한다. 일반적으로 TV가 라디오보다 매체 영향력이 더 크고, 구독자 수가 많은 신문이 구독자 수가 적은 신문보다 영향력이 더 크다.

도달 범위와 노출 빈도를 곱하여 산출한 값을 총 도달률(GRP)gross rating points이라고 한다. 일정 기간 동안 특정 광고안이 목표 청중에게 노출된 총수이므로 총 접촉횟수, 종합시청률이 된다. 총 도달률은 광고료를 책정하는 데 중요한 요소가 된다.

총 도달률(GRP) = 도달 범위(reach) × 노출 횟수(frequency)

광고매체를 선정할 때 광고비용 대비 효율성을 계산한다. 광고 효과를 측정할 때 많이 사용하는 지표가 CPM이라는 지표이다. CPMcost per mille이란 청중 1,000명(mille = a thousand)이 광고 메시지를 볼 때 소요되는 비용을 말한다. TV, 라디오, 신문, 잡지 등 주요 매체뿐만 아니라, 온라인 광고에서도 활용된다.

인쇄매체의 $CPM = \dfrac{\text{광고단가}}{\text{발행부수}} \times 1{,}000$

방송매체의 $CPM = \dfrac{\text{광고단가}}{\text{시청률} \times \text{목표청중수}} \times 1{,}000$

인터넷광고의 $CPM = \dfrac{\text{광고단가}}{\text{페이지뷰}} \times 1{,}000$

신문 광고에서 1,000명의 구독자들에게 노출되는 데 소요되는 비용을 말하며, 인터넷 온라인광고에서 CPM은 웹 페이지를 1,000뷰하는 데 소요되는 비용이 된다. CPM이 낮을수록 효율적이므로 낮은 CPM을 활용하는 것이 유리하다.

광고를 실시하기로 결정하였다면, 몇 회 광고할 것인가가 중요하다. 1회성의 광고는 효과가 없기 때문이다. 광고의 반복 횟수에 따라 연속형, 집중형, 파동형으로 구분된다.

연속형 광고는 일정 기간 동안 지정한 시간에 지속적으로 광고하는 형태이다. 예컨대 1년 내내 정해진 시간에 고르게 광고 메시지를 노출하는 경우이다.

집중형 광고는 특정 기간에만 집중적으로 광고 메시지를 노출하는 경우이다. 예컨대 휴가 기간 동안 특정상품의 광고를 집중적으로 하는 경우이다.

파동형 광고는 주기적으로 일정 기간 동안 반복적으로 광고 메시지를 노출시키는 경우이다. 짧은 기간 동안 인지도를 높이기 위하여 집중적으로 노출시키고, 몇 개월 후에 다시 집중적으로 노출시킴으로써 구매자들의 기억 속에 자사 제품을 잊지 않도록 반복적으로 노출시키는 상기형 광고에 해당된다.

(3) 촉진전략

촉진믹스는 주로 광고, 판매촉진, PR과 홍보, 인적 판매, 직접마케팅의 5개 수단이 활용된다. 5개 수단은 소비자들의 구매의사결정단계나 반응단계, 제품수명주기, 제품의 유형, 시장 상황 등을 감안하여 적절한 전략을 수립하여야 한다.

① 소비자들의 구매의사결정단계를 활용한 전략이다. 구매의사결정단계는 '문제인식 – 정보탐색 – 대안평가 – 구매 – 구매 후 행동'의 단계로 진행된다. 만약 문제인식 – 정보탐색 – 대안평가 단계에 있으면 광고와 PR이 유효하고, 구매단계에 있으면 판매촉진이 효과적이고, 구매 후 행동단계에서는 인적 판매가 효과적이다.

② 소비자들의 반응단계를 활용한 전략이다. 먼저 인지심리학의 인지 – 감정

－ 행동의 단계를 촉진믹스에 활용하면 좋다. 소비자들이 인지단계에 있을 때 자사 제품의 존재를 널리 알리는 전략이 필요하다. 인지단계에서 유용한 촉진믹스는 불특정 다수들에 대한 광고가 적절하다. 그리고 감정단계에서는 소비자들이 자사 제품에 대한 인식을 긍정적으로 전환하고 다른 제품과 비교하여 자사 제품이 우월하다는 느낌을 주도록 해야 하므로 차별적인 광고, PR과 홍보, 인적 판매 등이 적절하다. 그리고 행동단계에서 소비자들이 자사 제품을 구입하도록 유도하는 단계이므로 판매촉진이나 인적 판매의 방법이 유용하다.

▎표 12-1　미시모형의 단계별 촉진믹스

인지 심리학	효과계층 모형	커뮤니케이션 방향	적절한 촉진믹스
인지	인지 지식	소비자들에게 제품의 정보를 알린다.	광고
감정	호감 선호 확신	소비자들이 제품에 대하여 우호적인 인식을 갖도록 한다.	광고, PR과 홍보, 인적 판매 등
행동	구매	소비자들이 제품을 구매하도록 유도한다.	판매촉진, 인적 판매

③ 효과계층모형을 활용한 전략이다. 효과계층모형은 소비자들의 구매는 '인지－지식－호감－선호－확신－주문'의 단계로 진행되므로 소비자가 위치한 단계에 따라 촉진방법을 달리하는 전략을 수립해야 한다. 인지－지식단계에 있으면 광고를 통하여 인지도를 높이는 전략이 필요하고, 호감－선호－확신단계에 있으면 광고이외에 PR과 홍보, 인적판매 전략이 바람직하고, 구매단계에 있는 경우 판매촉진과 인적 판매가 유효하다고 설명한다.

④ 제품의 종류에 따라 전략을 달리하는 것이 좋다. 불특정 다수의 소비자들이 구매하는 소비재는 광고, 판매촉진, 인적판매, PR과 홍보의 순으로 홍보예산을 집행하는 것이 바람직하다. 반면, 산업재는 표적고객이 산업 구매자들이므로 인적

판매에 대부분의 촉진예산을 사용하고 그 다음 판매촉진, 광고, PR과 홍보의 순으로 집행하는 것이 보다 효율적이다.

⑤ 제품수명주기에 따라 촉진수단을 달리하는 것이 좋다. 신제품의 도입기에서는 인지도를 확대하기 위하여 광고, PR과 홍보가 바람직하고, 판매촉진은 예약판매와 같이 제품의 조기구매를 촉진하는 데 유용하다. 인적판매는 의견선도자나 인플루언서를 접촉하여 자사 제품의 홍보를 유도하기 위해 사용된다.

제품의 성장기에는 인지도를 높이기 위하여 광고, PR과 홍보가 여전히 효과적이며, 예약판매에 사용되었던 판매촉진의 비중은 줄이는 것이 좋다. 제품의 성숙기에는 소비자들이 제품의 가치를 널리 인지하고 있기 때문에 광고, PR과 홍보의 비중은 낮추는 대신, 구매를 자극하기 위한 판매촉진의 수단을 강화하는 것이 좋다. 제품의 쇠퇴기에는 소비자들에게 자사의 브랜드를 인지하도록 최소한의 상기 광고를 실시하며, 인적 판매는 핵심고객 위주로, 판매촉진은 최소수준으로 축소하는 것이 효과적이다.

▮표 12-2 제품수명주기단계별 촉진믹스

	도입기	성장기	성숙기	쇠퇴기
바람직한 촉진믹스	광고, PR과 홍보	광고, PR과 홍보	판매촉진	핵심고객 유지 수준으로 축소
광고	대중 인지도를 확산하기 광고	시장점유율 확대와 자사 브랜드 확립을 위한 광고	시장점유율 유지와 브랜드 차별화 강조를 위한 광고	핵심고객 유지와 최종 수용자 유인에 필요한 수준으로 축소
인적 판매	혁신자와 중간상의 제품 인지 형성	조기수용자와 중간상의 인적 판매 강화	인적 판매 비중 증대	핵심고객에 대한 인적 판매 수준으로 축소
판매촉진	예약 판매 등 조기 구매 유도 시험구매(시용) 유도	수요 확대에 따른 판촉의 감소	브랜드 전환 유도를 위한 판촉 증대	최저수준으로 축소

⑥ 시장 상황에 따라 푸시 전략과 풀 전략을 추진한다. 푸시push 전략은 제조업자는 도매상에게, 도매상은 소매상에게, 소매상은 최종소비자에게 제품을 적극적

으로 판매하는 전략으로, 일종의 밀어내기 마케팅이다. 매출목표를 달성하기 위하여 사용하는 전형적인 방법이다. 따라서 도매상은 소매상에게, 소매상은 최종소비자에게 행동 변화를 촉진하는 것이 필요하므로 인적 판매가 중요하며, 인센티브를 부여하는 가격할인 등 판매촉진 수단이 유용하다.

▮그림 12-5 푸시 전략과 풀 전략

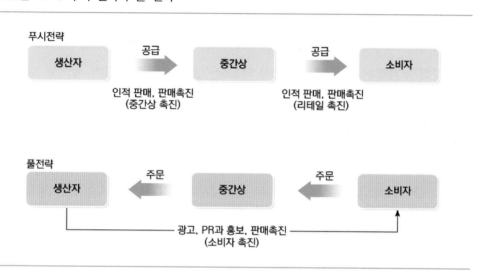

풀pull 전략은 최종소비자들이 자사 제품을 자발적으로 구매하도록 제조업자가 최종소비자를 대상으로 전략을 전개하는 방법이다. 일종의 끌어당기기 마케팅이다. 따라서 최종소비자들에게 널리 알리고 마음에 호소하여 구매를 유도하는 방법이 필요하므로 제조업체가 광고, 판매촉진 또는 다른 커뮤니케이션 수단을 사용하여 소비자들의 인지도를 높이는 전략이 효과적이다.

(4) 효과측정 및 피드백

촉진전략을 실행하였으면, 효과를 측정하여 피드백을 하는 것이 중요하다. 효과측정은 미디어별로 얼마나 효과적으로 커뮤니케이션이 이루어졌는지, 소비자들의 인지 · 선호 · 태도 등에 어떤 영향을 미쳤는지를 측정하는 것이다. 효과를 측정할 때는 촉진전략을 실행하기 이전(사전 테스트)과 실행한 이후(사후 테스트)의 효과를 측정한다.

예컨대 광고 효과측정에서 사전 테스트는 직접 평가, 포트폴리오 테스트, 실험실 테스트가 있다. 직접평가는 소비자 패널을 모아 놓고, 광고시안을 보여준 다음, 소비자들이 직접 평가하도록 하는 방법이다. 포트폴리오 테스트는 몇 개의 광고로 구성된 광고 포트폴리오를 소비자들이 원하는 만큼 보게 한 후에 그 광고가 기억나는지를 조사하는 방법이다. 실험실 테스트는 소비자들에게 어떤 광고를 보여 준 다음, 그 사람의 신체적인 반응(혈압, 동공의 크기, 심장박동 수 등)을 측정하는 방법이다.

사후 테스트에는 회상 테스트, 재인 테스트가 있다. 회상 테스트recall test는 실제로 광고를 실행한 이후 광고를 본 소비자들에게 광고 중에서 기억나는 내용을 모두 기록하게 하는 방법(주관식)이다. 재인 테스트recognition test는 실제로 광고를 실행한 이후 소비자들에게 광고를 본 사실이 있는지, 광고 내용 중에서 구체적인 질문을 던져 답변(객관식)하게 하거나, 광고 이전과 이후를 비교하거나, 타사 광고효과와 비교하는 방법이다.

효과측정의 다른 방법으로는 매출액 측정법이 있다. 촉진전략을 실행한 다음, 실제로 매출의 변동사항을 측정하는 것이다. 측정하는 방법은 매출액과 광고비의 상관관계를 분석하거나 광고가 판매에 미친 영향을 측정하는 방법이 있다. 매출액 변화를 측정하는 이유는 광고비의 과다 지출 또는 과소 지출 여부를 판단하기 위함이다.

그러나 직접적인 판매효과를 측정하기는 어렵다. 그 이유는 판매량 변화가 광고효과 때문인지, 전반적인 경제상황 때문인지, 제품의 가격이나 디자인 변화 때문인지, 회사의 다른 뉴스 때문인지 등을 분간하기 어렵기 때문이다.

EXERCISE

향상학습 및 심화학습

1.(향상학습) 아래 유튜브 동영상을 시청하면서 학습한 내용을 복습하시오.

    (1) pd expand, 한국방송통신대학교 마케팅 커뮤니케이션 관리

    (2) 연우 크리에이티브, AIDMA 이론(기아자동차 구매 사례)

    (3) Digital chapters, ATL · BTL · TTL marketing

    (4) 공병훈 지식공유지, 광고 미디어 효과 평가

2.(심화학습) 학습한 내용을 응용하여 아래의 물음에 대하여 답하시오.

    (1) ATL 마케팅, BTL 마케팅, TTL 마케팅의 사례를 들고 차이점을 설명하시오.

    (2) 촉진믹스에서 PR과 홍보, PR과 광고, 홍보와 광고, PR과 구전, 기자회견과 IR의 차이점을 설명하시오.

    (3) 인적 판매, 비인적 판매, 대면 채널, 비대면 채널, 직접마케팅을 차이점 중심으로 설명하시오.

    (4) '초코파이~정', '경동 보일러~효', '고향의 맛~다시다'의 광고에서 공통적으로 사용된 전략을 설명하시오.

    (5) 다음 ① ~ ⑤ 설명은 각각 푸시 전략과 풀 전략 중에서 어느 전략에 해당되는지 (　) 안에 ✔ 표시를 하고, 구체적인 사례를 들어 보시오.

	푸시 전략	풀 전략
① 관여도가 높은 제품에 적합하다.	(　)	(　)
② 브랜드 인지도가 낮을 경우 적합하다.	(　)	(　)
③ 충동구매가 잦은 제품에 적합하다.	(　)	(　)
④ 주로 광고와 홍보가 적합하다.	(　)	(　)
⑤ 브랜드 선택이 점포 안에서 이루어진다.	(　)	(　)

PART 05

마케팅의 응용

마케팅은 어떻게 하는가?

제5편에서는 지금까지 학습한 내용을 응용하여 신제품개발과 제품수명주기, 고객중심 마케팅, 서비스 마케팅에 적용하여 본다.

제13장에서 신제품이란 무엇이며 신제품개발의 절차와 전략에 대하여 설명한다.

제14장에서 도입·성장·성숙·생성의 제품수명주기에 대하여 단계별 특성과 전략을 설명하고,

제15장에서 기업중심 마케팅과 다른 고객중심 마케팅의 특징과 CRM에 대하여 살펴본다.

그리고 제16장에서는 제품마케팅과 다른 서비스 마케팅의 차이점과 전략에 대하여 설명한다.

※ '향상학습 및 심화학습'의 유튜브 동영상 찾는 방법
  - 유튜브 검색창에 키워드를 입력하여 검색하면, 해당 동영상이
    상단에 노출된다.

CHAPTER

13 신제품 개발 마케팅

1. 신제품이란?

── 신제품의 정의

신제품new product이란 지금까지 전혀 존재하지 않았던 제품이거나 기존 제품과 크게 상이한 제품을 말한다. 기존 제품과의 차별화는 기술 측면, 제품의 형태 측면, 소비자의 편익 측면에서 나타난다.

기술technology 측면에서 신제품은 R&D부서에서 신기술을 개발하여 신제품 개발로 이어지는 경우이다. 기존 제품과 기술적으로 완전히 다르거나 기술혁신을 통하여 기술이 진보된 제품이라고 할 수 있다.

제품의 형태form 측면에서 신제품은 물리적인 형태가 기존 제품과 다른 것으로 고객들에게 인식되는 제품이다. R&D부서에서 아이디어를 제시할 수도 있고, 마케팅 부서에서 시장의 새로운 욕구를 반영하여 신제품으로 연결될 수도 있다.

소비자의 편익benefit 측면에서 신제품은 소비자 관점에서 기존 제품보다 훨씬 많은 편익과 혜택을 제공하는 제품이다. 마찬가지로 R&D부서에서 아이디어를 제시할 수도 있고, 시장의 반응을 수시로 수집하여 분석하는 마케터들이 제안하여 신제품이 개발될 수도 있다.

그리고 기술과 편익이 융합되거나, 기술과 제품의 형태가 융합되는 경우 또는 편익과 제품의 형태가 융합될 수도 있으며, 기술과 편익과 제품의 형태 모두가 융합되어 신제품이 개발될 수 있다.

▌그림 13-1 신제품의 구성요소

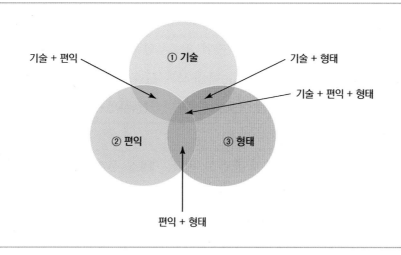

자료: 교육부(2014), 신상품 기획, 한국직업능력개발원, 한국산업인력공단(NCS)

── 신제품 개발의 필요성

신제품 개발의 필요성은 크게 4가지로 파악할 수 있다. 첫 번째는 경쟁에서 낙오되지 않기 위하여 신제품 개발이 필요하다. 경쟁이 치열한 시장에서 경쟁사들은 원가를 낮추고 품질을 개선하여 신제품을 시장에 출시하는데, 자사는 기존의 제품을 그대로 계속 판매한다면 고객들이 자사 제품을 외면하게 된다. 자사 제품이 경쟁제품과 차별화될 수 있도록 신제품 개발이 필요하다.

둘째, 소비자들의 욕구와 기호가 끊임없이 변화하므로 이에 부응하기 위하여 신제품 개발이 필요하다. 많은 기업들은 한발 앞서 소비자들의 욕구를 분석하고 끊임없이 신제품을 출시하고 있다. 세계 면도기 시장의 65%를 장악하는 질레트는 매출액의 40%가 최근 4년 이내에 개발된 신제품이라고 한다. 그리고 3M은 매년 평균 1,200개의 신제품을 출시하고 있으며 최근 4년 이내에 출시된 신제품이 연간 매출액의 30% 이상을 이끌어낸다고 한다.

셋째, 브랜드 충성도를 위하여 신제품을 개발하여야 한다. 자사 제품의 단골 고객들은 신제품 출시에 목말라한다. 이들은 신제품을 사용하는 혁신자들이며, 입소문을 내는 인플루언서들이다. 혁신자와 인플루언서의 기대에 부응하지 못하면, 자사로부터 마음이 떠나게 되어 큰 손해를 보게 된다. 적절한 시기에 출시되는 신제품은 브랜드 충성도를 더욱 높이고, 혁신자나 인플루언서의 마케팅에 활용되어 마케팅 효과가 크게 나타날 수 있다.

넷째, 계획적 진부화 전략에 도움이 된다. 계획적 진부화planned obsolescence란 자사 제품의 수명을 단축시키거나 소비자들로 하여금 새로운 제품으로 교체하도록 유도하는 행위를 말한다. 진부화에는 시간적 진부화, 기능적 진부화, 심리적 진부화가 있다. 시간적 진부화는 시간이 경과하거나 과다 사용으로 제품이 진부화되는 현상을 말하며, 기능적 진부화는 소비자들의 욕구 변화 또는 기술혁신으로 기존 제품의 기능이 진부화되는 현상을 말한다. 심리적 진부화는 제품의 기능은 동일하더라도 새로운 디자인이나 유행이 등장하면 기존 제품이 구식으로 인식되어 소비자들이 사용을 기피하는 현상을 말한다. 협의의 계획적 진부화는 심리적 진부화를 말한다.

많은 기업들은 자사 제품이 제품수명주기에서 성숙기에 들어가면, 신규수요가 둔화되므로 대체수요를 창출하기 위하여 계획적으로 기존 제품을 진부화시키고 신제품 개발 또는 모델 변경 등을 추진하게 된다. 신제품 개발은 계획적 진부화 전략에 도움이 된다. 그러나 지나친 계획적 진부화는 소비자 부담을 증가시키고, 자원을 낭비하며, 유통업자가 보유한 구 모델에서 손실이 발생하는 단점도 있다.

이와 같은 필요성으로 신제품 개발이 중요하다. 신제품을 개발하여 시장규모를 키우고 시장을 선도하는 지위를 확보하면, 혁신기업으로서의 이미지가 창출되고, 시장을 선점하는 효과를 얻게 될 것이다.

— 신제품의 유형

신제품은 제품의 참신성을 기준으로 분류하면 이해하기가 쉽다. 기업과 소비자 측면에서 제품의 참신성을 '낮다–중간–높다'의 3단계로 구분하면, 모두 9개의 유형으로 구분된다. 이 중에서 신제품은 6가지 유형으로 나타난다. 6가지 유형은 세상에 새로운 제품, 기업에 새로운 제품, 제품라인의 확장, 현재 제품의 수정 또는 개량, 재포지셔닝, 원가 절감이다.

① 세상에 새로운 제품new-to-the-world products이란 역사상 처음 출시된 비행기, 자동차, 컴퓨터 등이 해당된다. 지금까지 존재한 적이 없는 완전히 새로운 제품으로 그만큼 개발하기 어려우므로 전체 신제품의 10%에 불과하다.

② 기업에 새로운 제품new-to-the-firm products이란 이미 다른 기업에서 출시한 신제품을 자사가 모방하여 출시하는 경우이다. 이를 미투me-too 제품이라고도 한다. 주로 가전제품, 패션, 가구 등에서 많이 발견할 수 있으며, 전체 신제품의 20%를 차지한다. 'me–too' 전략이 반드시 나쁜 것은 아니다. 예컨대 휴대폰 경쟁에서 애플이 신제품을 출시하면 삼성전자가 모방하고, 최근에는 삼성의 폴더블폰에 대항하여 애플이 폴더블폰을 생산하려는 사례가 여기에 해당된다. 모방전략에는 선도기업과 모방기업 간 소송이 빈번히 발생하고 높은 기술료를 지급하기도 한다.

③ 제품라인의 확장additions to existing product lines은 현재의 제품라인에 새로운 제품을 추가하는 경우이다. 현재 생산하고 있는 제품을 조금 다르게 설계하여 새로운 제품으로 출시하는 경우로 전체 신제품의 26%를 차지한다. 레이저 프린터를 출시한 기업이 이후 컬러 레이저 또는 복합기를 생산하는 경우에 해당된다.

④ 현재 제품의 수정이나 개량improvements or revisions to existing products은 현재 생산되고 있는 제품의 기능이나 성능을 업그레이드한 경우로 전체 신제품의 26%를 차지한다. 장수제품으로 유명한 다이슨은 끊임없는 연구로 날개 없는 선풍기, 무선청소기, 공기청정기 등 새로운 제품을 꾸준히 출시하고 있다. 소비자들의 기호 변화에 따라 지속적으로 기능이나 성능을 개선한 사례에 해당된다.

⑤ 재포지셔닝repositioning은 환경 변화에 맞추어 기존 제품에 새로운 기능이나 편익을 추가하여 포지셔닝을 달리 하거나, 새로운 고객이나 새로운 시장을 겨냥하여 포지셔닝을 다시 하는 경우로서 전체 신제품의 7%를 차지한다. 기업에게는 혁신적인 제품이 아니지만, 소비자들에게는 참신한 제품으로 분류된다.

⑥ 원가 절감cost reductions은 지속적인 기술혁신으로 생산비용을 낮추어 제품 가격을 인하하는 경우로 신제품의 11%를 차지한다. 새로운 아이디어나 새로운 기능은 없더라도 제품 가격을 인하하여 소비자들에게 호소하는 전략이다.

▋그림 13-2 참신성에 의한 신제품 분류

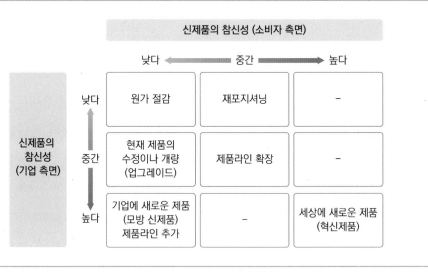

자료 : Booz, Allen & Hamilton(1982)

— 신제품 개발의 성공과 실패요인

신제품의 6가지 유형을 설명하였지만, 신제품 개발은 매우 어렵다. 신제품을 개발하려면, 기술적인 측면에서 혁신적인 아이디어가 있거나 소비자 측면에서 편익을 증진시키거나 편리함을 제공할 아이디어가 있어야 하기 때문이다.

새로운 아이디어가 있더라도 성공을 보장하지 않는다. 흔히 신제품을 개발한 후 1년 이상 생존율은 청량음료 1%, 아이스크림 7%, 우유제품과 가공식품 5%이며, 평균 37%에 불과하다고 한다.

신제품 개발의 성공률이 이렇게 낮은 이유는 무엇일까? 그 이유는 고객 관점, 기술 관점, 시장환경 관점, 기업내부 관점에서 모두 충족하여야 하기 때문이다. 4가지 관점을 모두 충족하는 신제품은 성공하겠지만, 어느 하나라도 충족하지 못하면 실패할 확률이 매우 높다.

먼저 고객 관점을 살펴보자. 신제품 개발이 성공하려면, 경쟁제품과 차별화가 이루어져야 한다. 제품 차별화는 생산자 관점이 아니라 소비자 관점이다. 소비자들에게 신제품으로 인식되어야 하고, 소비자들이 필요로 하여야 한다.

둘째, 기술 관점은 기술적인 측면에서 소비자들의 요구수준을 충족시켜야 한다. 설사 소비자들의 요구수준을 맞추었다고 하더라도 지속적인 업그레이드가 없으면, 소비자들은 곧 외면하게 된다.

셋째, 시장환경 관점은 신제품을 수용할 환경이 조성되어야 한다는 것이다. 아무리 좋은 제품이라도 시장에서 팔리지 않으면 소용이 없다. 시장에서 히트하려면, 시장의 성장 가능성이 아니라, 시장의 수용 가능성을 보아야 한다. 신제품 출시는 시장에서 수용하기에 너무 빨라도 너무 늦어도 안 된다. 적시성이 중요하다.

마지막으로 기업내부 관점은 신제품이 기존의 제품과 호환성이 있어야 하고, 다른 부서와 연계성이 있어야 하며, 적절한 마케팅 전략이 수반되어야 한다는 것이다. '세상에 새로운 제품'이 아닌 이상, 기업내부의 기존 제품이나 자원을 충분히 활용하여야 시너지가 발휘될 수 있다.

많은 기업들은 신제품을 개발하면서 두 가지 오해를 한다고 한다. 하나는 자신이 만든 신제품은 고객들이 모두 신제품으로 인정해줄 것이라는 믿음이고, 다른 하나는 소비자들은 모두 신제품에 대하여 깊은 관심을 가질 것이라는 믿음이다.

그러나 현실은 어떠한가? 소비자들은 기존 제품과 비교해 독특한 차별화가 없으면 더 이상 눈길조차 주지 않는다. 그럼에도 불구하고 많은 기업들은 이미 개발된 히트제품을 복제해 시장에 출시하는 미투 전략을 많이 사용하고 있다.

따라서 끊임없는 연구개발을 통하여 신제품을 개발하고 지속적으로 업그레이드시켜야 하며, 시장의 동향을 분석하고 신제품 개발과정에 참여하고 있는 모든 부서와 직원들은 모두 일사불란하게 협조하여야 성공할 수 있다. 소비자들의 욕구 변화와 기술의 발전 속도를 따라가지 못하면, 작년의 베스트셀러도 금년에는 재고가 쌓일 수 있다.

2. 신제품 개발절차

(1) 아이디어 창출

신제품 개발은 일반적으로 8단계의 프로세스로 진행된다. 신제품 개발의 출발점은 새로운 아이디어 창출idea generation부터이다. 새로운 아이디어 창출은 기업 내부와 기업 외부로부터 나온다.

기업 내부는 연구소에서 혁신적인 기술을 개발하거나 기존 제품의 수정 아이디어를 제시하는 경우와 경영층·마케터·일반직원들이 아이디어를 제시하는 경우이다. 많은 기업들은 자체적으로 연구소를 설립·운영하면서 참신한 신기술을 개발하거나, 기존 제품의 생산과정에서 개선점을 찾아 원가를 낮추거나 사용하기 편리하도록 개선 또는 보완하려고 노력한다. 그리고 자사 직원들은 항상 자사 제품에 대하여 많은 관심을 갖고 있으며, 회사에서는 다양한 아이디어를 모집하기 위하여 제안제도와 제품 연구회를 운영하고 있는 사례가 많으며, 마케터들은 별도로 끊임없이 시장상황을 분석하면서 새로운 아이디어 발굴에 골몰하고 있다.

▌그림 13-3 신제품 개발 프로세스

1단계	아이디어 창출(idea generation)
2단계	아이디어 선별(idea screening)
3단계	제품 콘셉트 개발과 테스트
4단계	마케팅 전략 개발
5단계	사업성 분석(business analysis)
6단계	시제품 개발(product development)
7단계	시험 마케팅(test marketing)
8단계	상업화(출시, commercialization)

　　기업 외부는 고객, 경쟁자, 유통업자, 공급자 등이 있다. 고객은 자사 제품을 실제로 사용하는 소비자들이므로 직접 사용하면서 좋은 아이디어를 제시할 수 있다. 실제 경험담은 중요하므로 고객의 소리를 놓치지 않도록 시스템화하고 정기적으로 리뷰하여야 한다. 소비자들로부터 아이디어를 얻어 탄생한 신제품은 주로 세

탁기, 전기밥솥, 라면, 커피, 화장품 등 일상생활에서 많이 사용되는 제품들이다. 생활가전 기업 쿠쿠전자는 '생활 속 밥솥 아이디어 공모전'을 개최하여 참신한 아이디어를 수집하고 있고, 특허청은 소비자가 제안한 아이디어를 기업이 구매할 수 있도록 '아이디어 거래 플랫폼'을 구축·운영하고 있다.

나아가 크리슈머 또는 모디슈머라는 용어까지 등장하고 있다. 크리슈머cresumer는 Creative와 Consumer의 합성어로 소비자들이 자기 취향에 맞게 제품을 새롭게 만들어 사용하는 소비자를 말한다. 모디슈머modisumer는 Modify와 Consumer의 합성어로 소비자들이 자신이 개발한 조리법으로 제품을 즐기는 소비자를 말한다. 대표적인 예로서 짜파구리(짜파게티＋너구리), 너볶이(너구리＋떡볶이), 오파게티(오징어 짬뽕＋짜파게티) 등이다.[1]

한편 경쟁사도 신제품 아이디어를 제공하는 좋은 원천이 될 수 있다. 경쟁사의 광고나 판촉물 등으로부터 정보를 얻고 신제품에 대한 단서를 얻을 수 있으며, 경쟁사 제품을 직접 사용하면서 장단점을 분석하고 차별화된 자사 제품의 아이디어를 얻을 수 있다. 경쟁제품으로부터 얻은 아이디어를 제품화한 것이 앞서 설명한 '기업에 새로운 제품'이라고 할 수 있다.

그리고 유통업자와 공급업자로부터도 많은 아이디어를 얻을 수 있다. 유통업자는 직접 고객들을 상대로 하므로 고객들의 불만이나 제품 변경 등의 요청사항을 수집할 수 있고, 경쟁제품들 사이의 장단점도 쉽게 파악할 수 있다. 공급업자는 원자재 또는 중간재를 공급하면서 새로운 개념 또는 새로운 소재에 대한 정보를 많이 보유하고 있으므로 신제품 개발에 중요한 역할을 담당하기도 한다.

이와 같이 신제품 아이디어는 기업내부와 기업외부로부터 창출되지만, 마지막 상업화단계까지 살아남을 확률은 매우 낮으므로 최대한 많은 아이디어를 수집하는 것이 필요하다.

---

1 김환표(2014년), 『트렌드 지식사전 2』, 인물과 사상사

(2) 아이디어 선별

수집된 신제품 아이디어들은 아이디어 선별과정idea screening을 거치게 된다. 신제품 개발과정이 장기에 걸쳐 이루어지고 개발비용 또한 많이 소요되므로 가능성 있는 아이디어를 초기단계에서 골라내는 작업은 매우 중요하다. 아이디어를 평가할 때는 오류를 방지하는 체크리스트를 작성해야 한다. 체크리스트의 평가기준은 고객의 욕구, 경쟁, 기술, 마케팅, 생산, 경쟁대비 가격, 경쟁대비 성능으로 하고, 5점 척도로 평가하면 된다. 평가기준의 중요도에 따라 가중치를 부여하고자 할 때는 가중치를 부여하되, 가중치의 합은 100%가 되도록 하면 된다.

▌표 13-1 아이디어 선별 체크리스트(예시)

평가기준	가중치	5점 척도						평가 점수
		0 (자사 불리)	1	2	3 (보통)	4	5 (자사 유리)	
고객욕구								
경쟁								
기술								
마케팅								
생산								
경쟁대비 가격								
경쟁대비 성능								
종합평가점수	100%							

자료: William O. Bearden, Thomas N. Ingram and Raymond LaForge, 『Marketing : Principles and Perspectives』, 1995, McGraw-Hill/Irwin

(3) 제품 콘셉트 개발과 테스트

세 번째 단계는 제품 콘셉트의 개발과 테스트 단계이다. 제품 콘셉트product concept란 제품의 아이디어를 소비자들이 사용하는 언어로 표현한 것이다. 사례로서 '헬스클럽에서 운동할 때 20대 여성들의 옷을 개발하자'는 아이디어가 제시되었을 때 ① 신축성이 좋아 운동하기 편리한 레깅스 ② 땀 배출이 잘 되는 언더아머 ③ 수분 흡수력과 건조기능이 있는 쿨론의 세 가지 대안이 제시되었다고 하자.

판단기준은 ① 누가 사용할 것인가? ② 제품이 제공하는 혜택은 무엇인가? ③ 언제 제품을 사용할 것인가? ④ 경쟁제품과의 차별성은 무엇인가? ⑤ 가격은 어느 수준에서 결정할 것인가? ⑥ 목표시장은 어디인가? 등을 고려할 수 있다. 각 판단기준에 대하여 지각도 기법을 활용하여 명쾌하게 정의를 내릴 수 있어야 한다. 경쟁제품들과 신제품의 위치를 지각도에 표시하면 차별화된 제품 콘셉트를 쉽게 찾을 수 있다.

제품 콘셉트가 개발되면, 이번에는 테스트를 한다. 목표 소비자들을 선정하고 제품의 콘셉트에 대한 반응을 살펴보는 것이다. 테스트에 사용되는 제품은 가능하면 최종제품과 유사하게 만들어야 테스트 결과를 신뢰할 수 있게 된다. 그리고 제품 속성에 대한 고객들의 효용을 측정할 때에는 컨조인트 분석을 하면 된다.

컨조인트 분석conjoint analysis은 소비자들이 제품을 선택할 때 중요하게 생각하는 속성들을 조합conjoint하여 제시하고, 소비자의 설문조사를 통하여 최적의 조합을 찾아내는 방법이다. 즉 소비자 설문조사를 통하여 시장 전체의 선호도를 추정하여 신제품 개발이나 마케팅 전략 수립에 활용하는 기법이다.

예컨대 고객들이 커피를 마실 때 가격, 커피 향, 커피 맛, 커피 종류를 중요하게 생각하며, 가격은 2천 원대, 3천 원대, 4천 원대, 5천 원대 중에서 선택하고, 커피 향은 과일 향, 와인 향, 초콜릿 향, 캐러멜 향 중에서 선택하며, 커피 맛은 단맛, 신맛, 쓴맛 중에서, 커피 종류는 아메리카노, 라떼, 카푸치노, 카페모카, 카라멜마끼아또 중에서 선택한다고 할 때 소비자들이 가장 선호하는 최적의 조합(**예** 4천 원대, 와인 향, 단맛, 라떼)을 신제품으로 개발하는 것이다.

(사례 연습) 수제형 커피 전문점 창업을 위한 컨조인트 분석

홍길동은 수제형 커피 전문점을 창업하기로 하고, 소비자 설문조사를 통하여 제품의 속성과 속성수준을 반영하여 신제품을 개발하고자 한다.

1 **문제정의**
- 문제정의: 소비자의 선호도 조사를 통한 최적 제품 개발
- 제품의 속성과 속성수준에 대한 개념적 정의와 조작적 정의

2 **조사설계: 제품속성과 수준 결정**
- 선행연구 및 표적집단면접(FGI) 실시하여 지역주민들이 중요하게 생각하는 속성과 각 속성별 속성수준 도출

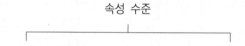

속성 수준

속성
- 가격   : 2,000원대, 3,000원대, 4,000원대, 5000원대(4)
- 커피 향   : 과일 향, 와인 향, 초콜릿 향, 캐러멜 향(4)
- 커피 맛   : 단맛, 신맛, 쓴맛(3)
- 커피 종류 : 아메리카노, 라떼, 카푸치노, 카페모카, 카라멜마끼아또(5)

3 **제품프로파일 선정: 30명의 사전 설문조사를 통하여 설문조합 16개 선정**
- 위의 속성수준을 조합하면 4×4×3×5 = 240개 조합으로 너무 많으므로 선호도 조사, 가중치 부여 등으로 16개 조합으로 압축

프로파일 번호	커피 가격	커피 향	커피 맛	커피 종류	순위
1	2000원대	과일 향	단맛	아메리카노	
2	2000원대	와인 향	단맛	아메리카노	
…	…	…	…	…	
16	5000원대	캐러멜 향	쓴맛	마끼아또	

④ 설문지 구성 및 설문조사 실시
- 성별, 나이, 직업, 결혼여부, 소득 등 인구통계학적 요소 파악(명목척도 사용)
- 커피 구매동기, 구매장소, 구매횟수, 분위기 등 민감도(리커트 5점척도 사용)
- 16개 제품프로파일에 대한 선호도 조사(서열척도 사용)
- 설문조사는 층화표본추출방법으로 지역주민 300명 추출

⑤ 자료 분석 및 해석
- 설문지는 SPSS를 이용한 컨조인트 분석방법 사용

그럼 컨조인트 분석기법을 사용한 (사례 연습)을 해보자. 홍길동은 수제형 커피 전문점을 창업하기로 결정하고 컨조인트 분석기법을 활용하여 고객들이 선호하는 커피 신제품을 개발하기 시작했다.

고객들이 중요하게 생각하는 속성은 기존 선행 연구자료와 표적집단면접(FGI)을 실시하여 4개(가격, 커피 향, 커피 맛, 커피 종류)를 선택하였고, 표본은 주역주민을 대상으로 남녀, 나이, 신분 등을 기준으로 층화표본추출법을 사용하였다.

속성과 속성수준을 감안하면, 전체 조합은 4×4×3×5 = 240개로 너무 많으므로 사전 설문조사(30명)를 통하여 16개의 제품프로파일로 압축하였다. 제품프로파일product profile이란 소비자들이 중요하게 생각하는 속성과 속성수준을 조합한 가상 제품을 말한다. 예컨대, '2000원대 – 과일향 – 단맛 – 아메리카노'의 커피제품이다.

제품프로파일 16개에 대한 설문조사를 300명에게 실시하여 SPSS를 이용하여 분석하면, 고객욕구를 찾아낼 수 있다.

(4) 마케팅 전략 개발

　네 번째 단계는 신제품을 시장에 출시할 때 적용할 마케팅 전략을 개발한다. 신제품의 마케팅 전략은 3개 분야로 구성된다. 첫 번째 분야는 목표시장과 단기목표에 관한 내용이다. 목표시장의 규모, 구조, 제품 포지셔닝, 목표 설정 등을 기술하게 된다. 마케팅 목표를 설정할 때는 이익목표, 시장점유율 목표, 매출목표 중 하나를 선택하면 된다. 두 번째 분야는 4P에 관한 내용이다. 제품의 가격·유통·촉진전략과 마케팅 예산 등을 기술한다. 세 번째 분야는 장기목표와 장기전략이다. 장기 매출목표, 이익목표, 기간별 마케팅믹스 전략 등을 기술한다. 이때 유의할 사항은 신제품을 출시하면 시장 규모가 추가로 확대될 수도 있겠지만, 대부분의 경우에는 추가로 확대되는 규모는 크지 않고 경쟁제품의 시장점유율을 잠식하는 수준이므로 목표 설정에 관대해서는 안 된다.

(5) 사업성 분석

　다섯 번째 단계는 사업성 분석business analysis이다. 신제품을 출시할 경우 어느 정도 팔릴 수 있을까, 비용은 얼마나 들까, 이익은 얼마나 발생할까를 분석하는 것이다. 신제품의 매출, 비용, 이익 등에 대한 추정치를 만들고 신제품의 사업 매력도를 평가한다. 이를 위해 추정재무제표를 작성하여야 한다. 추정재무제표는 먼저 수요예측을 통하여 매출액을 추정하고 신제품의 개발과 판매에 따르는 비용을 계산하여 사업성이 있는지를 판단하는 것이다.

　사업성 분석의 가장 단순한 방법은 손익분기점 분석이다. 제10장에서 설명한 바 있으므로 여기서는 간단히 살펴본다. 손익분기점(BEP)은 '총수익＝총비용'인 점이며, 손익분기점 판매량은 $\dfrac{\text{고정비}}{\text{가격} - \text{단위당 변동비}}$ 로 계산된다. 예컨대 판매가격

12,000원, 고정비 5,000만원, 단위당 변동비 2,000원일 때 손익분기점 매출수량과 매출액을 계산하면, 손익분기점 판매량은 5,000개($\frac{50,000,000}{12,000 - 2,000}$), 매출액은 6,000만원(5,000개×12,000원)이 된다.

이를 그래프로 나타내면 (그림 13-4)와 같다. 고정비는 판매량과 관계없이 5,000만원으로 일정하고, 변동비를 포함한 총비용은 판매량이 0일 때 5,000만원에서 출발하여 판매량이 늘어남에 따라서 서서히 증가하게 된다. 총수익과 총비용이 만나는 점이 손익분기점이 되며, 판매량 5,000개 이상이면 이익이 발생하고, 이하이면 손실이 발생한다.

▌그림 13-4 손익분기점

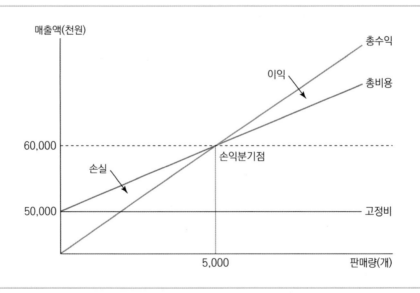

(6) 시제품 개발

여섯 번째 단계는 시제품 개발product development이다. 신제품 개발은 많은 시간과 비용이 투입되므로 사업성 분석을 통하여 사업성이 충분하다고 판단되면, 실제로 물리적인 형태를 지닌 시제품을 먼저 개발해야 된다.

시제품(또는 원형제품)prototype을 개발할 때 소비자들의 요구사항을 원형제품에 반영하기 위하여 품질기능전개라는 방법을 사용한다. 품질기능전개(QFD)quality function deployment는 시장조사를 통하여 얻은 고객들의 요구 리스트를 엔지니어들이 사용하는 리스트로 전환시키는 과정을 말한다. 여기서 요구 리스트에는 고객이 자사 제품에 있어야 하는 속성, 우선순위, 그리고 고객이 평가하는 자사 제품의 수준이 포함된다. 고객들의 요구 리스트는 기술적인 측면에서 기술적인 문제, 난이도, 비용 등 엔지니어들이 사용하는 리스트로 전환되므로 신제품 구상부터 제품 설계·개발·생산·판매에 이르는 모든 과정에 고객들의 요구사항이 반영될 수 있어 고객 만족도를 극대화할 수 있다.

시제품이 제작되면, 소비자들의 관심과 만족을 얻어낼 수 있는지 소비자 테스트consumer test를 하고, 제품의 성능과 안전도를 시험하는 기능 테스트functional test를 한다. 기능 테스트에는 α 테스트, β 테스트, 생산공정 시험이 있다. α 테스트는 자사 직원들을 대상으로 당초 계획했던 핵심기능을 점검하는 성능시험이며, β 테스트는 제품을 출시하기 전에 실시하는 최종점검으로 외부고객들에게 시제품을 사용하게 하여 전반적인 사항을 점검하는 현장시험이다. 그리고 생산공정 시험은 대량생산을 할 경우 생산과정에 문제점이 없는지를 점검하는 시험이다.

(7) 시험 마케팅

일곱 번째 단계는 시험 마케팅이다. 시험 마케팅test marketing은 실제 제품처럼 브랜드 명을 기입하고 패키징한 후에 시장에서 테스트하는 것을 말한다. 따라서 시험 마케팅은 중간상과 소비자들의 반응을 시험하는 것이 된다. 단순히 신제품의 성능과 기능을 테스트하는 것이 아니라, 매출액을 추정하고, 소비자와 중간상의 반응을 분석하며, 가격의 적정성, 유통 및 촉진전략 등 마케팅믹스 프로그램을 점검하는 것이다.

시험 마케팅은 실제 상황과 동일하게 진행되므로 많은 위험과 비용이 따른다. 시험 마케팅 기간 동안 경쟁사가 신제품을 모방하여 양산할 위험이 있고, 경쟁사가 신제품을 대량 구매하여 시험 마케팅 결과를 왜곡시킬 우려도 있다. 그리고 신뢰할 만한 결과를 얻으려면 시험 마케팅을 6개월 이상 진행해야 하므로 비용도 많이 소요된다.

시험 마케팅 방법은 표준시험 시장법, 통제시험 시장법, 모의시험 시장법 등이 있다. 이 중에서 표준시험 시장법standard test markets은 기업이 진출하려는 목표시장과 가장 유사한 시장을 선택하고 기존 유통망을 그대로 이용하여 시험 마케팅하고 일반고객들의 반응을 조사하는 방법이다. 실제 시장반응을 확인한다는 장점이 있으나, 시간과 비용이 많이 들고, 경쟁자에게 정보가 노출될 수 우려가 있다.

통제시험 시장법controlled test markets은 쇼핑센터나 소비자들이 많이 몰리는 점포 몇 곳을 선정하여 계약을 체결하고 다른 제품들 사이에 시험제품을 진열하고 얼마나 팔리는지를 조사하는 방법이다. 이때 조사대상인 패널 구성원들에게 개인별 ID카드를 주어 실제 제품을 구매하도록 한다. 예컨대 서울우유와 남양유업은 신제품을 시험테스트하면서 우수성을 알리는 전도사 역할을 하는 체험단을 모집하여 운영하고 있다.

모의시험 시장법simulated test markets은 기업이 가상의 매장에서 모의 쇼핑환경을 만들어 놓고 소비자들의 반응을 조사하는 방법이다. 모의 쇼핑환경은 실험 매장을 이용할 수도 있고, 모의 온라인 매장을 이용하는 방법도 있다.

(8) 상업화(출시)

시험 마케팅은 경영진에게 신제품을 출시할 것인지 아닌지에 최종결정을 내리는 데 필요한 정보를 제공한다. 시험 마케팅을 통하여 본격적인 출하시점을 선택하고, 유통지역과 목표시장에 대한 공략방법, 마케팅 전략을 수립하게 된다. 또한 시험 마케팅 기간 중에 시장 반응에 따라 마케팅 전략을 적절하게 수정하는 것도 필요하다. 모든 준비가 완료되면 상업화commercialization를 위하여 출시하게 된다.

3. 신제품 개발전략

(1) 앤소프 매트릭스를 활용한 전략

신제품 개발 전략을 수립할 때 신제품의 방향 설정이 중요하다. 제6장에서 설명한 앤소프 매트릭스는 신제품 개발전략 수립에 좋은 활용수단이 된다. 앤소프 매트릭스는 시장과 제품의 두 가지 요소를 기준으로 4가지 성장전략 중 하나를 선택하는 매우 간명한 방법이다.

우선 (그림 13-5)는 앤소프 매트릭스를 설명하고 있다. 가로축에 제품을 현재의 제품과 신제품으로 구분하고, 세로축에 시장을 현재의 시장과 신시장으로 구분하여 4가지 유형의 성장전략을 설명하고 있다.

앤소프의 매트릭스를 신제품의 유형에서 설명한 (그림 13-2) 참신성 기준에 의한 신제품 분류에 적용하면, '현재 제품의 수정이나 개량', '재포지셔닝', '원가 절감'에 의한 신제품은 시장침투전략과 시장개발전략에 해당되며, '세상에 새로운 제품', '기업에 새로운 제품', '제품라인의 확장'에 의한 신제품은 제품개발전략과 다각화전략에 해당된다.

먼저 '현재 제품의 수정이나 개량'은 현재의 성능이나 기능을 업그레이드하여 출시하는 경우이므로 현재의 시장을 공략하는 시장침투전략이나 새로운 시장을 공략하는 시장개발전략에 적합한 신제품 개발전략이다.

그리고 '재포지셔닝'은 현재의 제품을 새로운 용도, 새로운 사용상황, 새로운 고객, 새로운 시장에 맞추어 포지셔닝을 달리하는 경우이므로 현재의 시장을 공략하거나 새로운 시장을 공략할 때 안성맞춤 전략이 된다. '원가 절감'도 현재의 생산공정을 효율화하여 제품의 가격을 낮추는 신제품 전략이므로 기존 고객이나 새로운 고객을 유인하기에 적합한 전략이다.

▌그림 13-5 앤소프 매트릭스와 신제품 개발전략

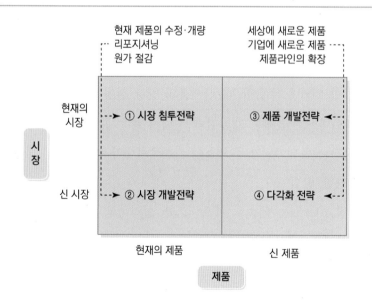

그리고 제품개발전략과 다각화전략은 끊임없이 R&D에 투자하여 신제품을 개발하는 전략이므로 제품믹스에 큰 변화를 시도하는 전략이다. 비용이 많이 소요되고 성공확률도 낮지만, 성공할 경우 제품라인이 신설되거나 기존 제품라인에 신제품이 추가되므로 큰 폭의 매출 증가를 예상할 수 있다.[2]

(2) 브랜드 개발전략

신제품을 출시할 때 브랜드 전략의 수립도 매우 중요하다. 제9장에서 설명한 내용을 다시 살펴보자. 신제품 출시와 브랜드 전략은 크게 라인 확장, 브랜드 확장, 복수 브랜드, 신규 브랜드의 4가지 전략을 생각할 수 있다.

라인 확장 전략과 복수 브랜드 전략은 기존 제품을 약간 수정하여 신제품을 출시할 때 적용되는 브랜드 전략이므로 '제품라인의 확장'이나 '현재 제품의 수정이나 개량', '재포지셔닝', '원가 절감'에 의한 신제품에 해당된다.

라인 확장 전략은 신제품이 기존 제품보다 큰 차이가 없거나 기존 브랜드의 가치가 높다고 판단될 경우에는 기존 제품군과 브랜드 이름을 그대로 사용하는 전략이다. 만약 신제품이 기존 제품과 어느 정도 차별성이 있고 경쟁사의 진입을 사전에 방어하고자 할 경우에는 새로운 브랜드를 부착하는 복수 브랜드 전략이 바람직하다.

---

2 신제품 개발을 통한 성장전략은 자생적 성장전략과 비자생적 성장전략으로 구분하기도 한다. 자생적 성장(organic growth) 전략은 자사 자원과 역량을 동원하여 신제품을 개발하고 성장하는 전략이라면, 비자생적 성장(inorganic growth) 전략은 기업 인수, 특허권 인수, 제휴와 같이 외부자원을 활용하여 성장하는 전략이다. 비자생적 성장전략의 대표적인 예는 구글이다. 구글은 1998년 창립 이후 2004년 웨어2 테크놀로지와 키홀(현재의 구글지도), 2005년 안드로이드, 2006년 유튜브, 2014년 딥마인드 등 30개 이상의 기업을 인수한 바 있다. 자금력이 뛰어난 대기업이 활용하는 전략이라고 할 수 있다.

그리고 브랜드 확장 전략은 신제품을 출시하면서 새로운 제품계열로 분류하되, 브랜드는 기존 브랜드를 그대로 사용하는 전략이다. 기존 브랜드의 가치가 높을 경우에 활용되며 기존 브랜드의 후광효과를 활용하여 매출을 확대하기 쉽다는 장점이 있다. '기업에 새로운 제품'을 출시할 때 해당된다.

신규 브랜드 전략은 기업이 신제품을 출시하면서 새로운 브랜드를 도입하는 전략이다. '세상에 새로운 제품'이나 '기업에 새로운 제품'을 출시할 때 해당된다. 기업이 야심차게 신제품을 개발하여 출시하고 기존 제품과는 전혀 다른 명품 브랜드를 만들고 싶을 때 사용하는 전략이다. 현대자동차가 중대형 자동차 제네시스에 새로운 브랜드를 사용하여 현대자동차의 이미지를 새롭게 만들고 있는 것이 대표적인 예이다.

┃그림 13-6 신제품 개발과 브랜드 전략

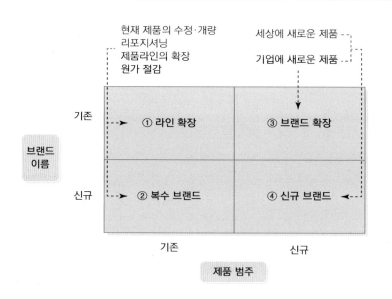

(3) 신제품 수용과 확산과정

— 신제품 수용과정

신제품 수용과정은 신제품을 출시하였을 때 소비자가 구매의사결정을 내리는 과정을 설명한 것이다. 제4장 소비자행동 분석과 제12장 촉진관리에서 설명한 인지심리학과 AIDA 모형, 광고 수용이론을 발전시킨 제품수용단계가 해당된다. 제품 수용단계는 신제품이 출시되면, 소비자들은 '인지－관심－평가－시용－수용'의 5단계 과정을 거친다는 이론이다.

① 인지awareness 단계는 소비자가 신제품이 출시된 사실을 처음으로 인지하는 단계이다. 그러나 신제품에 대한 정확한 지식이 부족한 상태이다. 따라서 불특정 다수에 대한 광고전략이 필요한 단계라고 할 수 있다.

② 관심interest 단계는 신제품이 광고를 통하여 지속적으로 노출됨에 따라 소비자가 신제품에 대하여 관심과 흥미를 갖는 단계이다. 추가적인 정보를 얻기 위하여 탐색하는 단계라고 할 수 있다.

③ 평가evaluation 단계는 소비자가 수집된 정보를 토대로 신제품이 좋은 제품인지를 평가하는 단계로 좋다고 평가될 때 시용단계와 수용단계로 연결된다.

▌그림 13-7 신제품 수용과정별 마케팅 믹스

단계	AIDA모델	효과계층모델	제품수용단계	적절한 촉진믹스
인지	주의(Attention)	인지(Awareness) 지식(Knowledge)	인지(Awareness)	불특정다수들에 대한 광고
감정	흥미(Interest) 욕망(Desire)	호감(Liking) 선호(Preference) 확신(Conviction)	관심(Interest) 평가(Evaluation) 시용(Trial)	광고, PR과 홍보, 인적 판매 등
행동	행동(Action)	구매(Purchase)	수용(Adoption)	판매촉진, 인적 판매

④ 시용trial 단계는 소비자가 매장을 방문하여 신제품을 실제 사용해 봄으로써 신제품의 가치를 경험하는 단계이다. 소비자가 구매여부를 최종판단하기 전의 단계라고 할 수 있다. 관심-평가-시용단계에서 적절한 촉진전략은 광고를 지속적으로 하면서 PR과 홍보를 통하여 기업과 제품의 긍정적인 이미지를 높이는 것이 필요하다. 그리고 신제품 확산과정에서 설명하는 혁신자 또는 오피니언 리더, 인플루언서에 대한 인적 판매를 통하여 입소문을 유도하는 것이 필요하다.

⑤ 수용adoption 단계는 소비자가 평가와 시용을 통하여 신제품에 대한 평가가 긍정적이면 신제품을 수용하고 구매하게 되고, 부정적인 평가를 하게 되면 신제품을 수용하지 않기로 결정하는 단계이다. 수용단계에서는 가격할인과 같은 판매촉진활동이나 인적 판매가 매우 효과적이다.

── 신제품 확산과정

신제품 확산과정은 신제품이 출시되었을 때 시장에서 확산되는 과정을 설명한다. 소비자들이 신제품을 수용하는 속도에 따라 혁신자, 조기수용자, 조기다수자, 후기다수자, 최후수용자의 5개 단계로 분류된다.[3]

① 혁신자innovators는 신제품을 제일 빨리 수용하는 소비자를 말한다. 신제품 시용을 즐기고 모험을 추구하는 소비자들이다. 대개 교육수준이 높고 구매력이 있으며 전문가 집단이 여기에 속한다. 전체 소비자의 2.5%가 혁신자로 분류된다.

② 조기수용자early adopter는 신제품을 꼼꼼하게 분석하여 선택하지만, 보통사람들보다 앞서가는 소비자들이다. 대개 자신의 커뮤니티에서 여론을 주도하는 오피니언 리더이며, 일반 소비자들은 조기수용자의 신제품 후기를 기다리면서 의존한다. 전체 소비자의 13.5%가 조기수용자로 분류된다.

---

3 에버렛 로저스(Everett Rogers)가 "혁신의 확산론(Diffusion of Innovation theory)"에서 처음으로 밝힌 신제품 확산과정은 모든 사람들이 개혁, 혁신, 새로운 아이디어 등을 채택할 때까지 장기간 소요되며, 사람의 혁신성에 따라 5가지 단계로 채택된다고 설명한다.

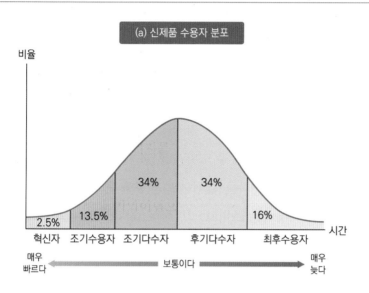

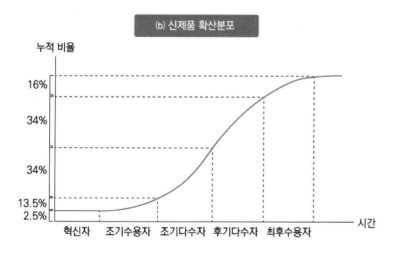

③ 조기다수자early majority는 다소 신중한 소비자이지만, 기술 자체에는 관심이 없고 실용적으로 접근하는 소비자들이다. 리더는 아니지만 보통사람보다는 약간 먼저 신제품을 수용하는 실용주의자다. 전체 소비자의 34%가 조기다수자로 분류된다.

④ 후기다수자late majority는 신제품을 회의적인 시각으로 접근하는 위험회피형 소비자, 보수적인 소비자들이다. 대개 가격에 민감하고 대다수 소비자들의 검증이 완료되면 신제품을 수용한다. 전체 소비자의 34%가 후기다수자로 분류된다.

⑤ 최후수용자laggard는 변화를 싫어하고 전통을 중시여기는 소비자들이다. 가장 나중에 신제품을 수용하는 소비자 집단이다. 전체 소비자의 16%가 최후수용자로 분류된다.

이와 같은 신제품의 확산이론에는 2가지 형태의 그래프가 존재한다. (그림 13-8) (a)는 개별 소비자들이 신제품을 수용하는 시점에 따라 5개 단계로 나눈 것으로 정규 분포하는 모습으로 나타난다. 즉, 그림 (a)는 시간의 흐름에 따라 신제품의 수용자 분포를 그린 것이다. 반면, 그림 (b)는 신제품이 소비자들에게 확산되는 과정을 누적적으로 그린 것으로 S자 형태로 나타난다. 즉, 그림 (b)는 시간의 흐름에 따라 신제품이 시장에서 어떻게 확산되고 있는가를 보여준다.

따라서 신제품 수용과정과 확산과정의 차이점은 다음과 같이 정리할 수 있다. 신제품 수용과정이 개별 소비자들이 제품을 구매할 때 나타나는 심리과정을 단계별로 분석한 것이라면, 신제품 확산과정은 개별 소비자들의 구매가 시간의 흐름에 따라 시장에 누적적으로 어떠한 형태로 나타나는가를 설명하는 이론이라고 할 수 있다.

EXERCISE

향상학습 및 심화학습

01 (향상학습) 아래 유튜브 동영상을 시청하면서 학습한 내용을 복습하시오.

(1) 크리액티브, 신제품 개발 프로세스

(2) 이원준, 계획적 진부화는 계속된다.

(3) 삼프로TV, 박정호 교수, 기술 특허 전쟁

(4) 도전하라 써니엘, 혁신의 수용과정과 신제품의 수용자 유형
   (네이버 블로그)

02 (심화학습) 학습한 내용을 응용하여 아래의 물음에 대하여 답하시오.

(1) 여러분이 우유 생산회사의 마케팅 담당자라고 가정하자. 건강에 좋은 신제품을 개발하고 시험 마케팅을 하려고 할 때 어떻게 할 것인지를 표준시험 시장법, 통제시험 시장법, 모의시험 시장법 각각에 대하여 설명하시오.

(2) 참신성을 기준으로 신제품을 분류하면 '세상에 새로운 제품, 기업에 새로운 제품, 제품 라인의 확장, 현재 제품의 수정 또는 개량, 재포지셔닝, 원가 절감'의 6가지 유형으로 구분할 수 있다. 각 유형에 적합한 브랜드 전략을 설명하시오.

(3) (경영지도사 2014년 기출문제) 기업은 혁신적인 신제품을 시장에서 성공시키기 위하여 소비자의 행동을 근본적으로 변화시켜야 한다. 혁신제품에 대한 소비자의 수용과정을 고관여와 저관여로 구분하여 수용과정을 설명하시오. 그리고 로저스(Rogers)의 제품수용 5개 유형을 신제품의 수용과정에 적용하여 설명하시오.

(잠깐만!) 티저 마케팅teaser marketing

티저는 '애태우다'라는 의미로 제품 정보를 숨겨 소비자들의 호기심을 유발한 다음, 진면목을 서서히 보여주면서 관심을 집중시키는 마케팅 기법이다.

주로 신제품 출시할 때 신비스러움과 궁금증을 불러일으켜 소비자의 관심을 증폭시켜 광고효과를 극대화하는 전략이다.

CHAPTER

14 제품수명주기 마케팅

1. 제품수명주기란?

— 제품수명주기란 무엇인가?

제품수명주기(PLC)product life cycle란 모든 생물체가 '탄생 – 성장 – 성숙 – 사망'이라는 라이프사이클을 갖듯이 제품도 '도입기 – 성장기 – 성숙기 – 쇠퇴기'의 4단계 과정을 거친다는 이론이다. 하나의 제품이 시장에 출시된 이후 시장에서 사라질 때까지 제품의 판매량과 이익의 변화과정은 라이프사이클을 거친다는 연구결과이다. 일상생활에서 우리는 제품수명주기를 쉽게 찾아볼 수 있다. 많은 공산품들과 서비스, 대중가요, 인기 연예인, 유행 등이 대부분 제품수명주기론이 적용된다.

마케팅에서 제품수명주기론을 강조하는 이유는 마케팅 전략을 수립하는 데 중요한 근거가 되기 때문이다. 제품의 수명주기에 따라 적절한 전략을 수립하면 그 제품의 수명이 연장될 수 있으며, 자사 제품이 어느 단계에 있는지를 알면, 향후 예상되는 진로를 예측하여 알맞은 마케팅 전략을 수립할 수 있다.

─ 제품수명주기 발생요인

대부분의 제품들이 수명주기 4단계 과정을 거치는 이유는 무엇일까? 그 이유는 크게 시장요인, 기술요인, 경쟁요인, 내부요인으로 살펴볼 수 있다.

① 시장요인이다. 시간이 흐름에 따라 소비자들의 욕구가 변화하고, 인구통계가 변화하며, 교육수준·소득·생활양식 등이 변화할 뿐 아니라, 정치·경제·그 밖의 환경요인들이 변화하기 때문에 제품 구매에도 변화가 발생하게 된다. 예컨대 최근 각국 정부가 환경보호 차원에서 2050년까지 내연기관 자동차를 폐기하겠다는 발표는 정부 규제(정치 환경)가 시장요인으로 작용한 사례라고 할 수 있다.

② 기술요인이다. 기술 진보 또는 계획적 진부화가 제품수명주기에 영향을 미친다. 만약 경쟁사가 새로운 기술을 개발하여 신제품을 출시하면, 기존 제품의 수명은 크게 단축될 것이다. 그러나 자사가 새로운 기술을 개발하여 기존 제품의 개량에 사용된다면, 기존 제품의 수명은 연장될 것이다. 그리고 계획적 진부화는 기존 제품의 수명을 단축시킬 것이다.

③ 경쟁요인이다. 시장에서의 경쟁강도가 제품수명주기에 영향을 미친다. 경쟁이 치열할수록 제품수명주기는 단축되고, 경쟁이 약할수록 제품수명주기는 연장된다. 그리고 경쟁기업이 마케팅 전략을 얼마나 공격적으로 사용하느냐에 따라 자사 제품수명주기에 영향을 미친다.

④ 내부요인이다. 자사의 마케팅 전략이나 기술개발능력, 자금력 등이 제품수명주기에 영향을 준다. 예컨대 시장점유율을 확대하기 위하여 저가격 정책을 사용할 경우 자사 제품의 수명은 연장되고, 경쟁사 제품의 수명은 단축될 것이다.

─ 제품수명주기의 형태

이와 같이 제품수명주기는 소비자의 욕구 변화, 경쟁요인, 마케팅 전략 등에 의해 달라진다. 제품수명주기의 형태도 다양하게 나타난다. 전형적인 형태는 S자형이다. 도입기에는 매출이 서서히 증가하다가, 성장기에 매출액이 급격히 증가하며, 성숙기에는 많은 고객이 구매한 상황이므로 매출 성장이 둔화되고, 쇠퇴기에는 매출액이 급격히 하락하게 된다. 이익의 추세는 도입기에는 마이너스로 출발하여 매출이 증가함에 따라 흑자로 전환된다. 매출이 크게 증가하는 성장기에는 이익도 크게 증가하고 성숙기에는 최고치를 기록한 다음, 서서히 감소하는 형태를 갖는다.

▌그림 14-1 전형적인 제품수명주기의 형태

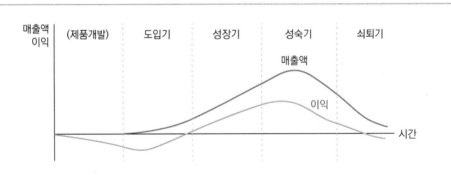

그러나 모든 제품의 수명주기 형태가 S자형은 아니다. 제품수명주기의 형태는 (그림 14-2)와 같이 S자형이외에 5가지 형태가 있다.

① 일시적 유행 제품은 짧은 시간 내에 소비자들에 의해 급속히 수용되었다가 빠른 시간 내에 쇠퇴하는 모양을 갖는다. 예컨대 연예인들이 즐겨 찾는 의류, 가방, 헤어스타일 등의 매출은 유행 따라 왔다가 유행 따라 사라진다. 일시적 유행 제품의 수명주기 형태는 그림 (a)와 같다.

② 장수 제품은 하나의 제품이 오랜 기간 존속하게 된다. 예컨대 동화약품의

가스 활명수, 동아제약의 박카스, 오리온의 초코파이 등은 오랜 기간 동안 소비자들에게 사랑을 받아온 제품이다. 장수 제품의 수명주기 형태는 그림 (b)와 같다.

▌그림 14-2 다양한 제품수명주기의 형태

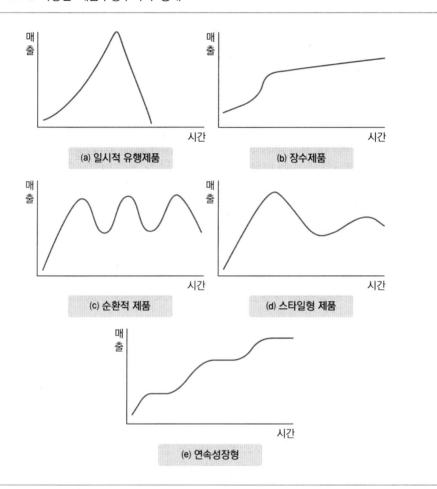

③ 순환적 제품은 성장－쇠퇴－성장－쇠퇴를 반복하는 형태이다. 여기에 해당되는 제품은 수영복, 에어컨, 히터, 연하장 등과 같이 계절에 따라 매출의 증감이 반복되는 제품이다. 그림 (c)와 같다. 두 번째 순환하는 과정은 최초 순환과정보다 크기가 작고 기간이 짧은 것이 특징이다.

④ 스타일형 제품은 유행과 재유행을 반복하는 형태를 갖는다. 기업이나 사람들의 노력에 의하여 유행하였다가 일정 기간 후 다시 유행하는 구조를 갖는다. 유행이 끝난 제품이라도 기업이 촉진관리를 강화하거나 재포지셔닝을 하면 재유행하게 된다. 예컨대 건축양식, 의상, 미술 등에서 스타일은 한번 형성되면 여러 세대를 거쳐 나타났다가 사라졌다를 반복하는 일종의 복고형이다. 그림 (d)와 같다.

⑤ 연속성장형 제품은 기존 제품이 계속 새로운 용도나 새로운 시장이 추가되어 지속적으로 성장하는 형태이다. 부채꼴형 또는 피라미드형이라고도 한다. 예컨대 빵을 굽는 데 사용되는 베이킹 소다는 방향제, 체취 제거제, 치약, 자동차 배터리 침식방지제, 목욕물 첨가제 등으로 용도가 추가됨에 따라 지속적으로 판매되고 있다. 그림 (e)와 같다.

── 제품수명주기론의 이론적 근거

제품수명주기의 이론적 근거는 소비자 혁신 수용이론과 신제품 확산이론이다. 제13장에서 설명한 바와 같이 소비자 혁신 수용이론은 소비자가 신제품을 수용할 때 '인지-관심-평가-시용-수용'의 단계를 거친다고 설명하는 이론이며, 신제품 확산이론은 시장에서 신제품이 소비자들에게 널리 확산될 때 소비자들이 얼마나 빨리 신제품을 수용하느냐(혁신성)에 따라 '혁신자-조기수용자-조기다수자-후기다수자-최후수용자'로 구분된다고 설명하는 이론이다.

소비자 혁신 수용이론과 신제품 확산이론의 차이점은 수용이론이 개별 소비자들이 제품을 구매하는 과정을 설명한 것이라면, 확산이론은 개별 소비자들을 합계한 소비자 집단에 신제품이 확산되어 가는 과정을 설명한 것이다.

그렇다면, 신제품 확산이론이 어떻게 제품수명주기론의 이론적 근거가 되는가? 신제품 확산이론이 소비자 집단의 혁신성에 따른 신제품의 확산과정이라고 한다면, 제품수명주기론은 소비자 집단의 신제품 확산결과로 나타나는 제품의 판매량과 이익의 추세를 나타낸 것이다. 즉 확산이론은 소비자의 구매 측면을 분석한 것이라면, 제품수명주기론은 생산자의 판매 측면을 분석한 것이다. 서로 동전의 양면과 같으며, 시장의 수요와 공급 측면을 설명한 것이라고 할 수 있다.

그러나 확산이론과 제품수명주기론의 곡선이 완전히 일치하지는 않는다. 그 이유는 재구매 때문이다. 제품이 평생 1회 구매에 그치는 완전 내구재인 경우에는 확산이론과 제품수명주기론의 곡선은 완전히 일치하지만, 음료수와 같은 비내구재인 경우에는 재구매 빈도가 높으므로 확산이론과 제품수명주기론의 곡선은 다르게 나타난다.

▌그림 14-3 소비자 확산이론과 제품수명주기론의 관계

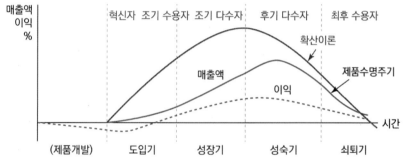

── 제품수명주기의 관리

사람의 수명이 건강관리에 따라 연장되거나 단축될 수 있듯이 제품의 수명도 어떻게 관리하느냐에 따라 연장되거나 단축될 수 있다. 제품수명을 늘리는 방법은 기존 제품의 기능을 개량하거나 재포지셔닝을 통하여 기존 제품의 새로운 용도를 추가하거나 새로운 고객을 개척하는 방법이다. 그리고 가격 전략을 변경하거나 새로운 유통경로를 찾고, 촉진 예산을 증가시킬 때 새로운 수요 창출이 가능하므로

수명이 연장된다.

제품수명을 단축시키는 방법도 있다. 제13장에서 이를 계획적 진부화라고 설명한 바 있다. 원래 진부화의 개념은 공장, 기계, 설비와 같은 고정자산의 수명이 단축되는 현상, 즉 노후화를 의미한다. 그러나 계획적 진부화는 제품수명을 단축시키거나 새로운 제품으로 교체하도록 유도하는 기업의 의도를 말한다. 예컨대 생산자가 기존 제품의 생산을 중단할 경우, 또는 성능을 개선시킨 신제품을 출시하거나 업그레이드 버전을 출시하여 기존 제품이나 구 버전을 교체하도록 유도하는 것이 대표적이다.

— 제품수명주기론 활용의 유의사항

제품수명주기론은 매우 설득력 있는 이론이다. 그러나 모든 제품이 반드시 4단계를 거치는 것은 아니다. 성장기가 길거나 계속 성숙기에 머무는 제품도 있다. 또한 기업의 마케팅 노력에 따라 제품수명주기 형태가 달라질 수 있다.

그리고 제품수명주기론에서 4단계를 구분할 때 단순히 매출과 이익의 규모만 고려해서는 안 된다. 가령 매출이나 이익이 더 이상 증가하지 않는다는 이유로 성숙기에 있는 제품을 쇠퇴기로 분류하여 마케팅 전략을 변경하는 오류를 범해서는 안 된다는 것이다. 매출이나 이익이 증가하지 않는 이유는 제품수명주기 이외에 다른 이유가 있을 수 있기 때문이다.

또한 수명주기단계별로 제시되는 마케팅 전략이 최적전략이 아닐 수도 있다. 제품수명주기는 제품의 특성, 시장상황, 경쟁상황, 개별기업의 능력 등을 감안하지 않은 일반이론이기 때문이다. 그리고 전형적인 S자형이외에 다른 형태가 존재하고 있어 모든 제품이 동일한 단계를 거치는 것도 아니다.

2. 제품수명주기의 단계별 특성

(1) 도입기

도입기는 신제품이 시장에 처음으로 출시되는 단계로서 대부분의 소비자들은 제품이 존재한다는 사실을 인지하지 못하여 제품에 대한 수요가 적다. 그리고 경쟁자가 거의 없으며, 유통망이 아직 제대로 구축되지 않아 판매량이 낮은 수준이다. 제품이 처음으로 시장에 출시되어 하자 발생 등으로 제품의 완성도는 낮으며, 장기간 연구개발 등으로 투자비가 많아 이익은 적자이거나 매우 낮은 수준이다.

따라서 도입기에는 소비자들의 인지도를 높이고, 제품의 완성도를 높이며, 유통망을 확충하고, 시장의 저변을 확대하고 매출을 늘릴 수 있는 시장침투 전략이 필요하다.

▮표 14-1 제품수명주기의 단계별 특성

	도입기	성장기	성숙기	쇠퇴기
매출액	낮은 수준이지만, 서서히 증가	급격히 증가	최고 수준이지만, 성장률은 정체	감소
이익	많은 연구개발비, 광고, 유통망 구축 등으로 적자	판매량 급증, 단위당 원가 감소로 이익 점차 증가	최고수준이지만, 점차 감소	이익 감소
경쟁구조	경쟁자 적음	경쟁자 신규 진입 크게 증가	(전반) 경쟁자 다수, (후반) 도태 증가	다수 철수
전략	시장침투 전략	시장확대 전략	점유율 유지전략, 시장세분화	재도약 또는 철수전략
주요 고객	혁신자 중간상	조기수용자 입소문 오피니언 리더	(전반) 조기다수자 (후반) 후기다수자	최후수용자 충성고객

(2) 성장기

성장기는 제품이 소비자들에게 수용되어 판매량이 급속히 증가하면서 순이익이 발생하는 단계이다. 도입기 후기에 제품의 결함이 시정되어 완성도가 높으며, 다양한 소비자들의 욕구에 부응하여 제품모델 수가 증가하게 된다. 그리고 도입기에 실행하였던 광고, 판매촉진, 유통경로 개척 등의 영향으로 인지도가 크게 상승하게 된다.

따라서 성장기에 필요한 전략은 시장확대 전략이다. 제품 브랜드를 확립하고 시장 확장에 재투자하여 신규 고객을 유인하며, 기존 고객들의 반복구매를 유도하여야 한다. 매출이 증가하고 이익이 크게 확대됨에 따라 성장단계 후기에는 경쟁기업들이 'me-too' 전략으로 시장에 진입하게 되므로 유사제품, 대체품 등이 등장하게 된다.

(3) 성숙기

성숙기는 경쟁사들이 새로운 기술을 개발하거나 기존 제품의 성능을 개선한 신제품을 출시하며, 생산 공정을 효율화하여 가격이 저렴한 대체품을 출시하기도 한다. 따라서 다수의 경쟁기업이 시장에서 치열하게 경쟁하며 유사한 제품들이 많이 등장하게 되며, 매출액과 이익이 최고점에 도달한다. 그러나 성숙단계 후기에 이르면, 성장률이 서서히 둔화하고 이익이 감소하게 된다. 고객은 조기 다수자와 후기 다수자들이 제품을 구매하는 단계이다.

성숙기에 필요한 전략은 자사 브랜드의 지위를 방어하며 기존 시장점유율을 유지하는 전략이다. 이를 위하여 시장을 세분화하고 제품 개선, 모델 다양화 등을 통하여 다양한 고객의 욕구를 충족시키는 제품 차별화 정책이 필요하다.

(4) 쇠퇴기

쇠퇴기는 제품의 매출이 하락하고 이익이 감소하는 단계이다. 성숙기 후반에 다수 신제품이 출시되고 가격이 저렴한 대체품이 출시되어 쇠퇴기에는 기존 제품에 대한 수요는 감소하여 시장 매력도가 하락하며, 경쟁자 중 상당수 철수하게 된다.

쇠퇴기에 필요한 전략은 시장에서 철수할 준비를 하거나 시장에 남아 있더라도 제품 종류를 줄여 선택과 집중이 필요하며, 가격을 인하하여 기존 제품에 대한 수요가 지속적으로 발생하도록 유도하는 것이다. 그리고 촉진 비용은 최소한으로 사용하고, 투자비를 최대한 회수하는 전략이 필요하다.

또한 쇠퇴기에는 현재의 시장에 집착하기보다는 아직 시장이 성숙하지 않은 해외시장 등 새로운 시장에 진출하는 전략도 필요하다.

3. 제품수명주기의 단계별 마케팅 전략

(1) 도입기

도입기의 마케팅 목표는 제품 인지도를 높이고 시장 규모를 키우며 제품 시용 구매를 창출하는 것이다. 이를 위하여 제품 전략은 기본 모델 중심으로 제품을 제공하며, 초기 결함 등 기술적인 문제를 해소하고 제품 하자 보수에 주력한다.

가격 전략은 초기 경쟁자가 없고 혁신자들이 주로 구매하므로 개발 비용을 회수하는 차원에서 초기 고가격skimming price 정책을 사용한다. 혁신자들은 주로 고소득층이거나 가격에 민감하지 않다. 그러나 시장 진입 초기부터 빨리 시장에 침투하여 시장을 넓게 확보하고 경쟁자 진입을 봉쇄하는 전략을 세웠다면, 시장침투가격penetration price 정책을 사용하여 저가격으로 빠른 확산을 도모하여야 한다.

촉진전략은 소비자들에게 제품의 인지도를 높여야 하는 단계이므로 불특정 다수를 상대로 하는 광고에 집중해야 한다. 또한 구매 가능성이 높은 혁신자나 도매상과 중간상에 대한 판매를 강화하고 인적 판매를 실시한다. 견본품이나 쿠폰, 시용을 유도하기 위한 전략도 병행한다.

유통전략은 시장진입 초기이므로 선택적 유통이 불가피하며, 서서히 유통망을 확장하는 전략을 채택한다. 도매상과 소매상을 확보하고 선별된 중간상에게 높은 마진율을 제공하게 되므로 유통비용이 많이 소요된다.

▍표 14-2 제품수명주기의 단계별 마케팅 전략

	도입기	성장기	성숙기	쇠퇴기
마케팅 목표	• 제품 인지도 제고 • 시장 규모 확대에 주력 • 시용 구매 창출	• 시장점유율 최대화 • 제품 선호도 제고와 다양화에 주력	• 이윤 극대화 • 시장점유율 방어 • 타사 고객 빼앗기	• 비용 절감 • 투자비 회수에 주력
제품	• 기본형태의 제품 제공 • 제품 하자 보수 등	• 제품 확장 • 서비스, 품질 보증 도입	• 브랜드와 모델 차별화	• 경쟁력 없는 제품은 단계적으로 철수
가격	• 고가격정책	• 초기: 고가격 유지 • 후기: 저가격 (침투가격)	• 경쟁사 대응 위한 가격 (방어적 가격)	• 저가격
유통	• 선택적 유통, 유통망 확장	• 집약적 유통	• 더 많은 집약적 유통	• 선택적 유통 (일부 철수)
광고	• 인지도 확산을 위한 광고	• 대중 인지도 위한 광고 • 브랜드 확립 위한 광고	• 차별성을 강조하는 광고	• 핵심고객 유지와 최후수용자 유인에 필요한 수준으로 축소
촉진	• 예약 판매 등 조기구매 유도 • 시용 구매 유도 • 혁신자와 중간상 앞 인적 판매	• 판촉 예산은 증가 (판촉 비중은 감소) • PR과 홍보 • 입소문	• 브랜드 전환 유도를 위한 판촉 증대 • 인적 판매 비중 증대	• 최저수준으로 축소 • 핵심고객에 대한 인적 판매 수준으로 축소

(2) 성장기

성장기의 마케팅 전략은 시장점유율을 끌어올리기 위하여 시장을 확대하는 전략이 필요하다. 이를 위하여 제품전략은 제품모델 수 확대, 다양한 기능 추가 등을 통하여 제품 다양화를 이루고 경쟁사의 대체품이나 유사품에 적극 대응한다.

가격전략은 성장단계 초기에는 고가격 전략skimming price을 유지하고, 판매 증가로 생산원가가 하락하는 후기부터 가격을 서서히 인하하는 침투가격penetration price 정책을 사용하여 경쟁자 등장에 대응하며 경쟁력을 확보하는 전략을 채택한다.

촉진전략은 대중 인기도를 증가시키고 자사 브랜드 확립을 위하여 지속적인 광고가 필요하며, 판매촉진 비용은 증가하지만 매출이 크게 증가함에 따라 매출액 대비 비중은 감소한다. 유통은 집중적 유통전략을 사용하여 제품의 대중화를 추구하며, 도매상과 소매상과의 장기적인 관계를 구축하여 시장 점유율을 확대한다.

(3) 성숙기

성숙기의 마케팅 목표는 시장점유율을 유지하면서 시장을 세분화하고 경쟁사 고객을 공략하고 브랜드 차별화에 주력하는 것이다. 제품은 고객들의 취향에 맞추어 제품 개선, 새로운 기능 추가 등으로 제품 차별화를 추진한다. 제품 차별화에는 시장 수정, 제품 수정, 마케팅 믹스 수정 등의 3가지가 있다.

① 시장 수정market modification은 재포지셔닝을 통하여 새로운 시장을 개척하여 제품의 수요를 확대시키는 방법이다. 시장을 세분화하고 세분시장에 진입하여 경쟁사 고객을 자사 고객으로 확보한다.

② 제품 수정product modification은 기존 제품의 품질이나 특성, 스타일을 개선함으로써 새로운 구매자를 유인하고, 기존 구매자의 재구매를 유도하는 전략이다. 제품 수정 전략으로는 품질 개선, 특성 개선, 스타일 개선이 있다.

품질 개선quality improvement은 원재료나 생산방법을 개선함으로써 제품의 성능, 내구성, 맛 등 기능을 개선하여 신뢰도를 높이는 방법이다. 품질 개선을 통하여 기업은 경쟁우위를 확보하고 명성을 얻을 수 있으며 매출액도 증가시킬 수 있다. 그러나 많은 시험연구비가 소요되어 원가 상승의 단점이 있다.

특성 개선feature improvement은 제품의 새로운 용도, 효율성, 안정성, 편의성 등을 확대하여 소비자들에게 진취적인 기업의 이미지를 부각시키는 방법이다. 고객들의 실질적인 효용을 증대시키는 전략이므로 경쟁사보다 먼저 추진할 경우 비교적 적은 비용으로 높은 성과를 얻을 수 있다.

스타일 개선style improvement은 제품의 심미적 호소력을 증가시키려는 전략이다. 디자인을 매년 조금씩 변경하여 구형과 신형의 심리적 차별을 인식하게 하고 계획적 진부화 효과를 얻는다.

③ 마케팅 믹스 수정marketing mix modification은 가격, 유통, 촉진 등 마케팅 믹스를 수정함으로써 판매를 자극하는 전략이다. 가격은 다수의 경쟁자들을 이길 수 있는 방법이므로 판매마진을 줄이고, 판촉을 통한 가격 할인, 잠재고객이나 경쟁사 고객을 끌어오기 위한 가격인하, 경쟁사와 경쟁할 수 있는 가격 설정 등 다양한 가격전략이 필요하다.

유통은 집중적 유통전략을 통하여 모든 중간상에게 자사 제품을 공급하며, 촉진은 자사 브랜드의 차별성과 소비자의 편익을 강조하는 광고를 시행하며, 브랜드 전환을 유도하기 위한 판매촉진을 강화한다. 경품 증정, 전시회 개최, 할인 등 판매촉진을 통하여 금전적 이득을 주는 방법이 유효하다.

(4) 쇠퇴기

쇠퇴기의 마케팅 목표는 비용을 절감하면서 투자비를 최대한 회수하는 것이다. 쇠퇴기에서 선택할 수 있는 전략은 크게 5가지이다. 폐기전략, 유지전략, 집중전략, 회수전략, 매각전략이다.

① 폐기전략elimination strategy은 경쟁력이 없는 제품의 생산을 중단하여 단계적으로 제품계열에서 제외시키는 전략이다.

② 유지전략continuation strategy은 어느 정도 경쟁력이 있는 제품에 적용되는 전략으로, 생산을 계속하면서 현재의 마케팅 활동을 그대로 유지하는 전략이다.

③ 집중전략concentration strategy은 자사에게 가장 유리한 시장과 유통경로에 자원을 집중하는 전략이다. 목표시장의 범위를 축소하여 자사에게 유리한 세분시장에 마케팅을 집중시키는 전략이다.

④ 회수전략harvesting strategy은 생산을 중단할 때까지 모든 재고를 활용하면서 고객의 주문을 충족시켜 투자비를 최대한 수확하는 전략이다. 이때 특별한 마케팅 노력을 기울이지 않으면서 현재의 이익을 증대시키는 전략이다. 브랜드 충성도가 높은 고객의 편의를 최대한 지원한다.

⑤ 매각전략divestment은 생산설비를 해외합작 투자나 기술판매의 형태로 매각하고 투자비를 회수하는 전략이다.

쇠퇴기의 가격전략은 최소한의 이익을 유지하는 수준으로 저가격 전략을 선택하고 유통전략은 취약한 중간상을 제거하고 우량점포 위주로 일정 수만 유지하는 선택적 유통전략으로 전환하며, 촉진전략은 소비자들에게 자사의 상표를 인지하도록 최소한의 상기 광고를 실시하며 촉진 예산은 최대한 줄이는 것이 바람직하다.

4. 제품수명주기의 응용

(1) BCG 매트릭스와 제품수명주기

BCG 매트릭스와 제품수명주기는 모두 매출증가율과 이익규모를 기준으로 분석한다는 점에서 비슷한 특징을 갖는다. (그림 14-4)를 통하여 서로 비교하여 보자.[1]

BCG 매트릭스의 문제아question mark 영역은 높은 시장성장률이 기대되지만, 낮은 시장점유율로 현금흐름이 마이너스이며 매출은 낮으면서 높은 투자를 요구하는 영역이다. 제품수명주기의 도입기와 유사하다.

스타star 영역은 높은 시장성장률을 보이면서 높은 시장점유율을 갖고 있어 매출이 높고 안정적이고, 지속적인 투자로 인하여 현금흐름은 중립적인 영역이다. 제품수명주기의 성장기와 유사하다.

┃그림 14-4 BCG 매트릭스와 제품수명주기론의 비교

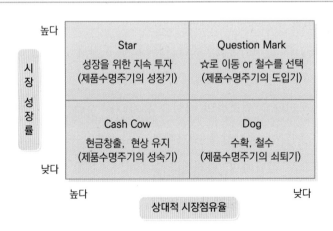

---

1   실제 보스턴 컨설팅 그룹은 1970년대 경험곡선 이론과 제품수명주기 이론을 통합하여 BCG 매트릭스를 개발하였다.

젖소cash cow 영역은 시장성장률은 낮지만 높은 시장점유율로 인하여 매출은 높고 안정적이며, 새로운 투자가 없어 현금흐름은 높고 안정적인 영역이다. 제품수명주기의 성숙기와 유사하다.

개dog 영역은 낮은 시장성장률과 낮은 시장점유율로 인하여 매출은 낮고 불안정적이며, 새로운 투자는 불필요하지만 현금흐름은 중립적이거나 마이너스인 영역이다. 제품수명주기의 쇠퇴기와 유사하다.

(2) 기업 수명주기

제6장과 제7장에서 경쟁력 분석과 마케팅 목표 수립은 산업 수준, 기업 수준, 사업부 수준, 기능 수준으로 추진하여야 한다고 설명하였다. 이를 제품수명주기론에 응용하면, 산업 수준, 기업 수준, 제품 수준, 브랜드 수준으로 구분하여 제품수명주기론을 적용할 수 있다. 즉 산업수준의 수명주기는 산업수명주기가 되며, 기업 수준의 수명주기는 기업수명주기가 된다. 그리고 브랜드 수준의 수명주기는 브랜드 수명주기가 된다.

이 중에서 기업수명주기를 살펴보자. 기업도 창업 – 성장 – 성숙 – 쇠퇴의 4단계 수명주기를 거친다. (그림 14 – 5)는 기업수명주기의 모습을 설명해 준다. 제품수명주기론과 다른 점은 창업단계와 성장단계 사이에 '죽음의 계곡'이 존재한다는 것이다. 죽음의 계곡death valley이란 창업 벤처기업이 기술개발에 성공하여 시장에 진입하더라도 사업화 단계까지 넘어야 할 고비가 많다는 것을 의미한다.[2] 일반적으로 창업 이후 3~7년 동안 신기술을 적용한 신제품 생산에는 성공하였더라도 사업화하기까지 자금 부족, 판로 부족 등으로 사업 실패율이 크다.

---

2 '죽음의 계곡'은 원래 미국 서부의 사막 이름이다. 미국 서부 개척 시대에 서부로 가는 지름길을 찾던 탐험대가 사막 길을 선택하였다가 많은 동료를 잃은 뒤 '죽음의 계곡'이라는 이름을 붙였다고 한다.

창업기업이 죽음의 계곡을 넘으면, 성장단계에 진입한다. 매출과 이익이 크게 증가하게 된다. 그러나 수익성이 높을수록 새로운 기업의 시장 진입이 증가하여 경쟁이 치열하게 전개되므로 제품을 더욱 다양화하여야 한다.

성숙단계는 경쟁기업들 사이에 치열하게 경쟁하면서 시장수요는 더 이상 증가하지 못하고 정체된다. 경쟁기업 간에 '고객 빼앗기'가 본격화되는 가운데 재도약, 현상유지, 쇠퇴의 세 갈래 갈림길을 만나게 된다. 신제품 개발 또는 제품 차별화로 위기를 극복하는 기업은 재도약하면서 창업 2기를 맞이하지만, 그렇지 못한 기업은 현상유지에 급급하게 된다. 그리고 새로운 경쟁력을 구축하지 못한 기업은 퇴출하게 된다. 창업 2기를 맞이한 기업도 글로벌 기업과 경쟁하는 현재와 같은 경쟁체제 하에서는 위기상황이 계속 반복되므로 지속적으로 위기를 극복하여야 창업 3기, 4기 등을 거치면서 장수 기업으로 영속할 수 있다.

▌그림 14-5 기업 수명주기

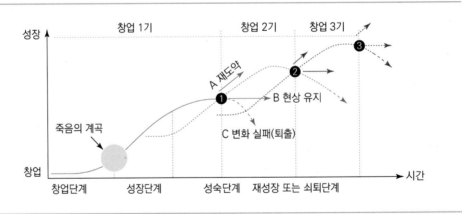

(3) 캐즘 마케팅

캐즘chasm이란 사전적 의미는 두 집단 또는 두 물체 사이의 간격 또는 차이를 말한다. 마케팅에서 캐즘이란 어떤 현상과 다른 현상 또는 어떤 단계와 다른 단계의 차이, 격차, 단절을 의미한다. 따라서 첨단high tech 신제품이 일반대중에게 널리 판매될 때까지 여러 차례 캐즘이 발생하는데, 이를 극복하는 마케팅을 하이테크 마케팅 또는 캐즘 마케팅이라고 한다.3

캐즘 마케팅은 신제품의 수용 속도에 따라 소비자를 혁신자, 조기수용자, 조기다수자, 후기다수자, 최후수용자로 구분하고, 시장을 초기시장, 주류시장, 후기시장의 3개로 분류한다. 초기시장은 혁신자(2.5%)와 조기수용자(13.5%)가 신제품을 구매하는 시장을 말하고, 주류시장은 조기다수자(34%)와 후기다수자(34%)들이 신제품을 구매하는 시장을 말한다. 즉 대다수의 소비자(84%)들이 신제품을 구매하게 되므로 이를 주류시장main street으로 부르는 것이다. 후기시장은 마지막 단계로 최후수용자가 신제품을 구매하는 시장을 말한다.

그리고 캐즘 마케팅은 신제품이 개발되고 쇠퇴할 때까지 모두 4차례 위기crack를 맞이한다고 설명한다. 첫 번째 위기는 혁신자 단계에서 조기수용자 단계로 넘어갈 때 발생하며, 두 번째 위기는 조기수용자 단계에서 조기다수자 단계로 넘어갈 때, 세 번째 위기는 조기다수자 단계에서 후기다수자 단계로 넘어갈 때, 네 번째 위기는 후기다수자 단계에서 최후수용자 단계로 넘어갈 때 발생한다.

이 중에서 첫 번째 위기는 앞서 설명한 '죽음의 계곡'에 해당된다. '죽음의 계곡'은 벤처기업들이 우수한 기술력으로 제품 개발에는 성공하였지만, 자금 부족, 판로 부족 등으로 제품 상용화에 실패하여 깊은 골짜기에 빠져버리는 위기를 말한다.

---

3 제프리 무어(Geoffrey A. Moore)는 1991년 『Crossing the Chasm』, 1995년 『Inside the Tornado』을 발간하였다. 무어 교수는 신기술이 적용된 하이테크 제품이 시장에서 수용되는 과정을 설명하면서 '하이테크 마케팅'이라고 지칭하였으나, 본서에서는 '캐즘 마케팅'이라는 용어를 사용하고자 한다.

두 번째 위기는 매우 크고 깊다는 측면에서 '캐즘'이라 한다. 신제품이 초기시장에 진입하더라도 조기다수자가 구매하기까지 넘어야 하는 큰 장벽을 말한다. 신기술이 적용된 신제품의 초기 버전은 혁신자와 조기수용자들이 구매하지만, 조기다수자들이 구매하려면 제품 완성도whole product를 높여야 하고, 조기다수자들을 설득할 수 있어야 한다. '캐즘' 위기를 넘어서면 사업은 급성장하게 된다.

세 번째 위기는 보수 성향의 후기다수자가 신제품을 구매할 때까지의 위기를 말한다. 후기다수자들은 조기다수자들과는 달리, 신제품을 확신하지 못하기 때문에 일용상품화가 되어야 구매하게 된다. 이를 위해 신제품을 단순화하거나 일용상품화시키는 것이 필요하다.

네 번째 위기는 최후 16%가 구매할 때까지의 위기이다. 회의론자인 최후수용자가 스스로 구매하도록 하려면, 실제 생활에서 체감할 수 있어야 한다. 이를 위해 다양한 응용제품 개발이 필요하다. 최후수용자가 신제품을 실용화할 때 완전동화 단계가 완성된다.

▎그림 14-6 캐즘 마케팅

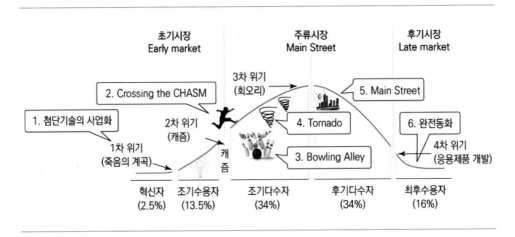

따라서 캐즘 마케팅은 ① 첨단기술 신제품이 사업화에 성공하여 초기시장을 공략하고 ② 캐즘을 뛰어넘어crossing the chasm 신제품이 일반대중들에게 인지가 되고 ③ 시장을 세분화하여 틈새시장을 성공적으로 공략bowling alley하면 ④ 회오리 바람tornado이 불면서 시장점유율이 급상승하게 되어 ⑤ 초기시장에서 후기다수자도 구매하는 주류시장main street으로 이동하여 크게 성공하게 되며 ⑥ 마지막으로 모든 소비자들이 구매하면 완전동화total assimilation 단계로 진행된다.

여기서 'Bowling Alley'란 볼링게임에서 볼링핀 10개를 넘어뜨리는 방식과 같이 킹핀(핵심 틈새시장)을 먼저 하나 둘 공략하면 스트라이크가 일어나듯이 시장에서 갑자기 돌풍이 불게 된다. 그리고 한 차례의 '토네이도'를 경험했더라도 계속되는 위기를 극복해야만 시장에서 최후수용자도 신제품을 구입하는 완전동화단계로 진입하게 된다.

(4) 신제품 개발전략과 제품수명주기론

제품수명주기론은 신제품의 개발전략과 깊은 관련성이 있다. 신제품 6가지 유형 중에서 '세상에 새로운 제품'은 제품수명주기론의 도입기에 해당되겠지만, 다른 유형의 신제품은 기존 제품을 수정하거나 개량한 제품이므로 기존 제품이 성숙기 또는 쇠퇴기에 해당되는 경우가 많다.

따라서 도입기에 해당되는 신제품은 제품수명주기 단계별로 마케팅 전략을 수립하여야 한다. 그러나 기존 제품이 성숙기나 쇠퇴기에 해당될 경우 제품의 성능 또는 기능을 수정하거나 개량하여 신제품으로 출시한다면, 제품수명을 연장할 수 있고, 다시 성장단계에 진입할 수도 있다. 제13장에서 설명한 신제품 6가지 유형 중에서 대부분이 성숙기 또는 쇠퇴기에 있는 기존 제품을 신제품으로 만든 유형이다. 따라서 자사 제품이 제품수명주기단계 중 어디에 위치하고 있는 것인지를 파악하고 적절한 전략을 수립하는 마케터들의 역할은 아무리 강조하여도 지나치지 않다.

향상학습 및 심화학습

01 (향상학습) 아래 유튜브 동영상을 시청하면서 학습한 내용을 복습하시오.

(1) 담덕의 경영학, 제품수명주기이론

(2) COA 컨설팅, 전략수립 - Product Life Cycle 분석 및 활용방법

(3) 창업생태학자 박남규TV, 제품수명주기(창업학개론_3주차_3교시)

02 (심화학습) 학습한 내용을 응용하여 아래의 물음에 대하여 답하시오.

(1) 제품수명주기 곡선은 전형적인 형태인 S자형이외에 5가지 형태가 있다. 5가지 형태에 대하여 구체적인 예를 들어 설명하시오.

(2) 제품수명주기 4단계별로 마케팅 전략은 달리 수립되어야 한다. 각 단계별로 마케팅 전략을 한 줄씩 간단명료하게 설명해 보시오.

(3) 'BCG 매트릭스를 토대로 경험 곡선과 제품수명주기이론이 등장하였다.'라고 하였을 때 맞는 표현인지 답변하고, 그 이유를 설명하시오.

(4) 캐즘 마케팅의 5단계 그림을 그리고, 단계별로 알기 쉽게 설명하시오.

(5) 정부는 벤처기업들이 겪는 '죽음의 계곡' 등을 극복하고 혁신기술을 보유한 창업가들을 육성하기 위하여 "혁신창업 생태계 조성방안" 등 여러 가지 정책을 시행하고 있다. 정부의 혁신창업기업 지원제도에 대하여 인터넷을 통하여 찾아보고 설명해 보시오.

(6) 에베렛 로저스는 신제품의 확산단계에 따라 소비자를 혁신자, 조기수용자, 조기다수자, 후기다수자, 최후수용자의 5단계로 분류하였다. 반면에 제프리 무어는 예견자(visionaries), 실용주의자(pragmatists), 회의론자(skeptics), 기술애호가(techies), 보수주의자(conservatives)로 표현했다. 서로 연결하여 설명해 보시오.

CHAPTER

마케팅공부 _ MARKETING

15 고객중심 마케팅

1. 고객중심 마케팅이란?

― 등장 배경

제1장 마케팅의 발전과정에서 설명한 바와 같이 경제발전단계에 따라 마케팅도 발전하여 왔다. 제품의 물량이 절대적으로 부족하였던 시기에 생산지향적 마케팅과 제품지향적 마케팅이 등장하였으며, 제품의 대량생산이 가능한 이후에는 판매 증대를 위해 4P 전략을 중심으로 판매지향적 마케팅으로 발전하였다.

생산·제품·판매지향적 마케팅은 모두 기업의 관점에서 접근하는 기업중심 마케팅이었다. 그러나 기업들 간 경쟁이 더욱 치열해지고 제품들 간 기술·품질·가격의 차별화가 없어지는 상황에서 소비자들의 라이프스타일은 더욱 복잡해지고 다양한 욕구가 발생하게 되어 고객중심 마케팅이 등장하게 되었다.

또한 서비스산업이 지속적으로 성장하면서 서비스산업이 경제에서 차지하는 비중이 크게 증가함에 따라 서비스 마케팅이 등장하였다. 서비스 마케팅은 기존의 제조업 마케팅과는 큰 차이가 있다. 가장 큰 차이는 서비스 상품이 제조업의 유형재와는 달리 고객욕구 충족을 기본으로 한다는 것이다. 예를 들어 병원 진료에서 환자의 아픈 부위나 증상에 따라 진료가 달라진다. 즉, 고객이 무엇을 원하는지를 파악하고 고객의 요구사항에 맞추어 서비스를 제공하여야 한다는 것이다. 이와 같이 서비스산업의 발전은 고객맞춤customized 마케팅, 고객중심customer-oriented 마케팅이 등장하게 된 배경의 하나가 되었다.

그리고 1990년대에는 기업들이 고객만족을 위하여 고객의 오감을 자극하는 감성 마케팅sense marketing과 경험 또는 체험을 강조하는 체험 마케팅experiential marketing을 도입하게 되었다. 오리온 초코파이는 인간의 정에 호소하는 "말하지 않아도 알아요, 눈빛만 보아도 알아요."라는 CM 송이라든가, 삼성병원은 1층에 커피숍을 설치하여 병원냄새가 아니라 커피 냄새로 고객을 유인하였으며, 많은 기업들이 소비자 체험단을 운영하는 것들이 모두 감성 마케팅 또는 체험 마케팅의 사례들이다.

고객중심 마케팅의 등장을 반영하여 미국마케팅협회는 2004년 "마케팅은 기업과 주주들에게 이득이 되도록 가치를 창조하여 고객들에게 유통하고 촉진하며 고객관계를 관리하는 일련의 과정이며 조직적인 기능"이라고 마케팅 정의를 변경하게 되었다. 마케팅의 정의에 '고객' 개념이 처음 등장한 것이다.

── 고객중심 마케팅이란?

고객중심 마케팅(또는 고객지향적 마케팅)customer-oriented marketing이란 고객에게 가치value를 제공하여 고객을 만족satisfaction시키는 마케팅을 말한다. 즉, 고객이 무엇을 원하는지, 고객의 욕구를 분석하여 고객가치를 제고하여 고객만족을 달성하는 마케팅을 말한다.

고객지향적 마케팅은 '고객을 어떻게 만족시킬 것인가?'라는 고객중심의 관점에서 소비자 집단을 세분화하고, 고객가치에 따라 제품을 차별화한다. 또한 웹 사이트, 소셜 미디어 등 다양한 채널을 통하여 개별 소비자들에게 접근하여 쌍방향 의사소통하면서 장기적인 관계로 발전시키는 데에 주력하고 있다. 마케팅 믹스의 전략도 기존의 4P 중심에서 4C와 4E의 관점으로 변화되었다. 고객지향적 마케팅 시대의 주체는 고객이며, 기업은 고객의 에이전트agent이자 서번트servant라는 자세에서 출발한다.

— 마케팅 믹스의 변화

기업중심 마케팅에서 고객중심 마케팅으로 변화된 것은 마케팅 믹스의 변화로 나타난다. 그동안 생산자 또는 판매자 관점에서 마케팅 전략의 실행도구였던 4P는 고객중심 마케팅 시대에는 4C로 변경되었다. 4C는 고객가치, 비용, 편의성, 소통을 말한다.

① 그동안 생산자 입장을 대변하였던 제품product의 개념은 고객의 관점에서 고객가치customer value로 바뀌었다.[1] 단순히 '어떤 제품을 출시할 것인가'가 아니라 '고객에게 어떤 가치를 줄 것인가' '어떤 편익을 줄 것인가'로 변경되었다. 이에 따라 고객들이 필요로 하고 원하는 것을 파악하여 고객의 가치를 찾아내고, 고객에게 고객중심의 고객가치를 제안하는 것이다.

② 생산자 입장에서 가격price의 개념은 고객의 입장에서 비용cost의 개념으로 변경되었다. 당초 생산자는 이익극대화를 위하여 높은 가격을 책정할 것인지, 아니면 낮은 가격으로 판매량을 늘릴 것인지를 선택하였지만, 이제는 고객의 입장에서 고객이 지불용의가 있는지를 고려하는 것이다. 고객들은 제품을 구매하는 비용 이상의 가치를 구매하고자 한다.

③ 기존의 유통place은 편리함convenience으로 변경되었다. 기존에는 백화점에서 판매할 것인지, 할인점에서 판매할 것인지, 아니면 직영점 체제로 갈 것인지가 유통의 이슈였다. 그러나 이제 '고객들이 얼마나 편리하게 구매할 수 있을까'라는 접

---

1   4C의 첫 번째 C는 고객가치(Customer Value), 고객문제 해결(Customer Solution), 고객의 욕망과 욕구(Customer Wants and Needs) 등으로 학자에 따라 다르다.

근성 개념으로 대체되었다. 단순한 유통의 장소가 아닌, 고객의 편의와 배려를 중심으로 이루어져야 한다. 가령 최근 e커머스electronic commerce의 급속한 성장으로 쿠팡의 로켓배송, 마켓컬리의 샛별배송은 고객들의 편리함을 배가시키고 있다.

④ 촉진promotion은 소통communication으로 바뀌었다. 그동안 기업이 일방적으로 추진하던 광고나 이벤트는 고객들과 쌍방향의 소통으로 변화되었다. 판매 촉진을 위하여 어떻게 광고와 홍보를 할 것인가를 고민하되, 기업의 일방적인 프로모션이 아닌, 고객과 기업이 상호작용하는 구조로 바뀐 것이다.

▌그림 15-1 마케팅 믹스의 변화

이와 같은 거대한 변화의 한 가운데에는 바로 '고객'이 있다. 마케팅은 '고객'에서 출발한다. 고객은 종착지가 아니라 출발점이라는 것을 여실히 보여준다.

그러나 '고객'은 여기에서 멈추지 않는다. 고객만족의 마케팅 믹스 4C는 감성사회를 맞이하여 다시 4E로 이동하고 있다. 생산자 중심의 마케팅 믹스 4P는 소비자 시대에는 4C로 바뀌었지만, 이제는 감성사회를 맞이하여 4E로 바뀌고 있는 것이다. 4E는 고객전도사, 열광, 체험, 교환을 말한다.

① 고객전도사evangelist는 생산자가 단순히 제품을 만들어 고객들에게 판매하는 것이 아니라 '충성도 높은 고객'을 만들어 판매하는 것이 더 중요하다는 것이다. '충성도 높은 고객'은 파레토 법칙에 따라 회사 수익에 크게 기여하며, 인터넷 및

모바일 시대의 고객전도사가 되어 '월급 없는 영업사원'으로 바이럴 마케팅의 주역이 된다는 것이다.

파레토 법칙은 19세기 이탈리아 파레토 교수가 국부의 80%는 20%의 국민에게 있다고 주장한 것이 오늘날 '80 : 20법칙'으로 알려져 있다. 즉 기업의 매출 80%는 20%의 고객으로부터 창출된다는 것이다. 따라서 20%의 핵심고객에게 역량을 집중시켜 관계를 발전시키는 것이 중요하다는 것이다.

② 열광enthusiasm이다. 감성사회의 가격은 비용의 개념을 초월하여 고객들의 '열광의 크기'라는 것이다. 여기서 열광은 제품에 포함되어 있는 경우와 소비자를 감동시키는 상황적 열광이 있다. 제품에 열광이 포함된 사례는 미스터트롯 임영웅 팬클럽이다. 블로그, 카페, 유튜버 등에는 팬클럽 '영웅시대'가 다수 존재한다. 고객들이 자발적으로 만든 팬클럽을 통하여 빈번히 교류하고 강력한 관계를 형성하는 것이 제품에 포함된 열광이다.

반면, 소비자들을 감동시키는 상황적 열광은 기업이 제품과 관련된 콘서트, 전시회, 박물관 등 다양한 이벤트를 개최하여 브랜드를 열광 포인트로 만드는 것을 말한다. 가령 현대카드는 잠실운동장에서 콘서트 등 다양한 이벤트를 개최하고 우수고객들을 초청한다. 감성시대에서 고객들의 열광은 브랜드 가치를 높여준다는 점에 착안한 것이다.

③ 체험experience이다. 감성사회의 유통은 고객들에게 편리함을 넘어 '체험의 장소'를 제공한다. 고객들이 차별화된 매장에서 직접 체험함으로써 고객만족을 넘어 브랜드의 특별함을 느끼고 브랜드를 더욱 사랑하게 만드는 것이다. 소비자들의 체험은 브랜드의 경쟁력을 높인다는 점에 착안하여 유통 마케팅이 체험 마케팅으로 발전한 것이다. 체험마케팅은 크게 감각마케팅, 감성마케팅, 인지마케팅, 행동마케팅, 관계마케팅으로 구분할 수 있다. 체험 마케팅은 심리학 박사학위를 받은 마케팅 전문가 번 슈미트Bernd H. Schmitt의 『체험마케팅experiential marketing』으로 널리

알려지게 되었다.

① 감각마케팅SENSE marketing은 시각, 청각, 촉각, 미각, 후각 등 오감을 자극하여 고객에게 감각적 체험을 제공하는 마케팅이다. 예컨대 병원 최초로 삼성병원이 1층에 커피숍을 만들어 커피냄새를 나게 하여 소비자들의 후각을 자극한 것이라든지, 해태제과 부라보콘은 "12시에 만나요, 부라보콘. 둘이서 만나요, 부라보콘. 살짜쿵 데이트, 해태 부라보콘"의 CM 송으로 40년 이상 사랑을 받고 있다.

② 감성마케팅FEEL marketing은 고객들에게 어떤 특별한 느낌을 유발시켜 브랜드 자산을 구축하려는 마케팅이다. 예컨대 스타벅스는 '커피를 파는 것이 아니라, 스타벅스 라이프스타일로 바꾼다.' 클럽메드는 '휴가를 팔지 않고, 나 자신을 재발견하고 새로운 나를 창조한다.'는 것을 강조하는 것이 대표적인 사례이다.

③ 인지마케팅THINK marketing은 고객들에게 놀라움, 흥미, 호기심을 유발하는 다양한 체험을 제공하여 긍정적인 인식을 갖도록 만드는 마케팅이다. 예컨대 애플은 매년 'Keynote Events'를 개최한다. 여기서 신제품을 소개하면서 참석자들이 애플 스토어에 있는 것처럼 최신 기종 아이폰, 아이패드, 맥북을 손에 쥐고 사용하면서 신제품 설명을 듣는 행사이다.

④ 행동마케팅ACT marketing은 고객이 행동 체험을 통하여 라이프스타일을 바꾸고 상호작용에 영향을 미치는 것을 목표로 육체적 체험을 강화하는 마케팅이다. 대표적인 예가 나이키 "Just do it"이다.

⑤ 관계마케팅RELATE marketing은 소비자들이 자사 제품을 사용하면, 이상적인 자아, 이상적인 타인, 열망집단·문화·사회와 연결된다는 것을 보여줌으로써 고객들의 '자기 향상' 욕구를 자극하는 마케팅이다. 예컨대 우아한 형제들이 운영하는 '배달의 민족'은 2014년부터 '찾아가는 배민아카데미'를 운영하여 '사장님'이 되고 싶어 하는 소상인들에게 장사의 기본부터 성공전략과 마케팅, 브랜딩까지 장사의 A~Z까지 실질적인 교육을 지원하여 고객들과의 관계를 강화하고 있다.

④ 교환exchange이다. 감성사회의 커뮤니케이션은 단순한 정보 교환이 아니라 소비자들의 경험을 교환하는 것이어야 한다. 소비자들의 경험은 다른 소비자들의 경험과 교환하면서 한층 더 넓어지고 강해진다. 경험과 체험은 SNS와 같은 소셜 커뮤니티를 통하여 서로 교환되고 사회적으로 확산된다.

― 고객중심 마케팅의 기본용어

고객중심 마케팅을 효과적으로 이해하는 방법은 사용하는 용어들을 이해하는 것이다. 전통적 마케팅과 다른 고객지향적 마케팅에 주로 사용되는 기본용어들은 다음과 같다.

고객만족customer satisfaction이다. 고객만족은 고객이 제품을 구매하기 전에 가졌던 기대 수준과 구매한 이후에 느낀 성과의 차이를 말한다. 기대 수준보다 성과가 작으면 불만족하게 되고, 기대 수준과 성과가 일치하면 고객만족이 되며, 기대 수준보다 성과가 더 크면 고객감동이 된다. 고객감동 단계에 이르면, 고객충성도가 증가하게 된다.

고객가치customer value는 고객이 어떤 제품을 구매할 때 얻는 가치를 말한다. 고객이 어떤 제품을 구매할 때 얻는 편익과 드는 비용이 존재한다. 고객가치는 바로 고객이 얻는 편익과 드는 비용의 차이(고객가치 = 고객편익 - 고객비용)를 말한다. 흔히 말하는 가성비(가격 대비 성능의 비율)가 좋다면 고객가치가 높은 것이라고 할 수 있다.[2]

고객생애가치(CLV)customer lifetime value는 어떤 고객이 평생 동안 자사 제품을 구매할 때 기업이 얻는 가치의 합계를 말한다. 고객이 제품을 구매할 때 고객이 얻

---

2   고객가치는 광의의 의미에서 고객이 제품을 구매할 때 얻는 편익을 말한다. 일상생활에서 사람들은 광의의 개념으로 사용한다. 그러나 마케팅에서는 협의의 의미로 사용한다. 즉 고객이 얻는 편익과 드는 비용의 차이(잉여가치)를 고객가치라고 한다.

는 가치가 있고 기업이 얻는 가치가 있다. 고객이 얻는 가치를 고객가치라고 하고, 기업이 얻는 가치를 고객생애가치라고 한다.

여기서 '생애'라는 단어에 유념할 필요가 있다. 모든 고객은 제품을 한 번 구매하지 않고, 평생에 걸쳐 여러 번 구매하게 된다. 따라서 고객생애가치는 고객이 '평생 동안' 자사 제품을 구매하고 기업에게 안겨주는 이익의 합계를 말한다. 이런 의미에서 생애가치 또는 평생가치라고 한다. 기업이 고객중심 마케팅을 하는 이유, 고객관계를 강조하는 이유, 그리고 단골고객 또는 평생고객을 중요시하여야 하는 이유가 바로 여기에 있다. 기업 수익의 80%는 20%의 고객으로부터 나온다는 파레토 법칙이 이론적으로 이를 뒷받침한다.

고객관계 구축이란 기업이 고객과의 관계를 장기 거래관계로 발전시키는 것을 말한다. 기업과 고객의 관계는 '예상고객 → 첫 거래 고객 → 단골고객 → 옹호자 → 동반자'의 단계로 발전한다. 이를 고객충성도 사다리라고 한다.

① 예상고객prospects은 아직 거래관계가 없지만, 향후 거래 가능성이 높은 유망고객을 말한다. 대면 접촉이나 이메일, 텔레마케팅 등을 통해 첫 거래를 성사시키게 된다.

② 첫 거래 고객first time customer은 예상고객이 처음으로 거래한 이후의 단계를 말한다. 향후 단골고객이 될 수 있으므로 수량할인, 할인쿠폰, 마일리지 등을 부여하면서 재구매를 유도하고 경쟁사에게 빼앗기지 않도록 노력하게 된다.

③ 단골고객client은 고객이 자사 제품을 지속적으로 구매하는 고객을 말한다. 보통 소비자들은 한 번 거래를 하면, 불만족하지 않는 한 특정 점포 또는 특정 브랜드를 계속 구매하는 성향이 강하다. 고객이 단골고객이 되도록 금전적인 혜택뿐만 아니라 동창회, 취미 활동 등을 통하여 사회심리적인 유대관계를 강화하여 장기 거래관계로 발전시키는 것이 필요하다.

④ 옹호자advocate는 자사 제품을 지속적으로 구매할 뿐 아니라 다른 사람에게

적극적으로 구매를 권유하는 충성고객이다. 자사 제품의 우수성을 구전을 통하여 전파하거나 경쟁사의 고객을 유인하기도 한다.

⑤ 동반자partner는 기업과 완전히 하나로 융합된 고객을 말한다. 고객이 기업의 의사결정에 참여하고 함께 이익을 나누게 된다. 고객과 기업의 동반자 관계를 만들려면, 마케팅 부서만으로 불가능하다. 기업의 모든 부서가 더 나은 고객가치를 창출한다는 공동 목표를 세우고 공동의 작업을 해야 한다.

시장점유율market share은 특정 기간 동안 자사 제품의 매출액이 시장 전체 매출액에서 차지하는 비율을 말한다. 예컨대 전자산업에 동서울전자㈜, 남서울전자㈜, 북서울전자㈜의 3사가 존재한다고 가정할 때 동서울전자㈜의 시장점유율은 전자제품의 총 매출액 중에서 동서울전자㈜의 매출액이 차지하는 비율을 말한다.

$$\text{동서울전자(주)의 시장점유율} = \frac{\text{동서울전자(주)의 매출액}}{\text{동서울전자(주)} + \text{남서울전자(주)} + \text{북서울전자(주)}}$$

고객점유율customer share은 고객 한 명이 여러 기업의 전자제품을 구매하는 총액 중에서 자사 제품이 차지하는 비율을 말한다. 예컨대 고객 A에 대한 동서울전자㈜의 고객점유율은 고객 A가 동서울전자㈜, 남서울전자㈜, 북서울전자㈜의 전자제품을 구매한 총액 중에서 동서울전자㈜의 전자제품을 구매한 금액의 비율을 말한다.

$$\text{동서울전자(주)의 고객점유율} = \frac{\text{고객 } A\text{의 동서울전자(주) 제품 구매금액}}{\text{고객 } A\text{의 전자제품 구매 총액}}$$

고객자산customer equity은 현재고객의 고객생애가치와 잠재고객의 고객생애가치의 합계를 말한다. 고객이 자사 제품을 구매할 때 기업이 얻는 가치를 고객생애가치라고 하였다. 자사의 모든 고객(현재고객 + 잠재고객)이 평생 동안 자사 제품을 구매할 때 기업이 얻는 총가치가 바로 고객자산이 된다. 고객관계관리의 궁극적인 목표는 고객자산의 증가에 있다. 충성고객이 많을수록 그 기업의 고객자산은 증가한다.

2. 고객중심 마케팅의 발전

고객중심 마케팅은 고객의 역할이 점차 증가하면서 고객참여 마케팅으로 발전하였으며, 디지털 시대에는 고객주도 마케팅으로 발전되고 있다.

― 고객참여 마케팅

고객중심 마케팅은 고객이 무엇을 원하는지, 고객의 욕구를 분석하여 고객가치를 향상시켜 고객만족을 달성하는 마케팅이라 한다면, 고객참여 마케팅은 고객의 참여를 유도하여 고객의 목소리에 귀를 기울이고 고객의 역할을 더욱 강조한 마케팅이다. 따라서 고객참여 마케팅(또는 고객관여 마케팅)customer engagement marketing이란 기업이 제공하는 행사나 웹 사이트에 고객들이 직접 참여하여 브랜드를 경험하게 하거나 인터넷과 소셜 미디어에 경험담, 아이디어를 제공하도록 유도하는 전략이라 할 수 있다. 고객참여 마케팅은 이벤트 참여, 체험마케팅, 온라인 참여 등 다양한 형태로 나타난다.

먼저 고객이 기업의 콘텐츠 경시대회, 제품 품평회, 광고 제작, 신제품 아이디어 모집 등에 참여하는 사례이다. 예컨대, 국립중앙도서관이 '국민참여기자단'이나 '실감서재'를 운영하고 있다. 국립참여기자단은 국립중앙도서관을 널리 알리고 국민과 소통하기 위해 청년기자단 10명, 시니어 기자단 5명, 영상 기자단 5명으로 운영되고 있다. 실감서재는 첨단기술을 적용하여 국립중앙도서관이 보유한 각종 콘텐츠를 첨단기술이 적용된 새로운 형태로 체험할 수 있는 상설 체험관이다.

체험마케팅은 소비자의 오감을 자극하거나 기업이 제공하는 각종 행사 등에 고객들이 직접 참여하여 브랜드를 경험하는 데 초점을 맞춘 마케팅이다. 체험마케팅은 제1절에서 설명한 바와 같이 슈미트가 저술한 『체험마케팅』으로 널리 알려지게 되었다. 체험마케팅에는 감각마케팅, 감성마케팅, 인지마케팅, 행동마케팅,

관계마케팅이 있다.

그리고 고객들의 온라인 참여는 고객들이 제품 구매 후기 댓글 달기를 발전시킨 것이다. 많은 기업들이 고객참여 마케팅을 활성화시키기 위하여 자사 홈페이지 이외에 블로그, 카페, 모바일 웹, 유튜브 채널, 페이스북, 트위터 등을 다양한 채널을 만들어 고객들의 참여를 유도하고 있다. 디지털 및 소셜 미디어에 자사의 신제품, 각종 뉴스, 최신 광고물이나 동영상 등을 게재하고, 고객들의 의견이나 경험담을 게재하도록 하여 온라인 구전효과를 창출하기도 한다. 그리고 고객들의 좋지 않은 리뷰가 게재되더라도 적극적으로 관리하여 이미지 개선을 추구한다.

이와 같은 고객참여 마케팅은 고객들이 자사 또는 자사 제품에 많은 관심을 갖도록 유도하여 자사 제품에 대하여 지속적 관여를 하게 만들고 고객의 의견을 기업경영에 반영하는 방식으로 이루어진다. 고객의 관점에서 고객만족을 위하여 노력하는 고객중심 마케팅보다 진일보한 마케팅이라고 할 수 있다.

― 고객주도 마케팅

고객주도 마케팅customer-generated marketing은 고객참여 마케팅이 디지털시대를 맞이하여 한 단계 발전한 형태이다. 즉, 고객주도 마케팅이란 소비자들이 단순한 댓글 달기 또는 기업 행사 참여가 아니라, 자발적으로 제품 사용법이나 구매 경험담 등을 블로그, 유튜브 등에 게재하여 다른 소비자들과 공유하는 것을 말한다. 고객주도 마케팅은 고객들이 능동적이고 주도적으로 기업 또는 제품에 대하여 직접적이고 지속적으로 관여하는 것이다. 고객주도 마케팅은 크게 3가지 형태로 나타난다.

① 고객이 인플루언서로 활동하는 사례이다. 대표적인 예가 중국의 왕홍이다.3 왕홍은 소비자가 직접 매장에서 제품을 사용하면서 사용법이나 브랜드 경험담을 설명하는 동영상을 실시간 방영하거나 녹화 방영하여 소비자들에게 강력하게

호소하고 있다.

② 고객이 스스로 창조하는 콘텐츠(UGC)users generated contents이다.4 고객이 평소 관심 있거나 좋아하는 기업 또는 제품과 관련된 콘텐츠를 직접 제작하여 회사에 제공하거나 블로그, 유튜브, 판도라TV, 아프리카 등에 게재한다. 그리고 기업은 UGC를 더욱 장려하기 위하여 정기적으로 UGC 콘테스트 대회를 개최하여 고객들의 독특한 콘텐츠를 기업의 홍보자료로 활용하기도 한다. 예컨대 국토교통부는 매년 특정주제에 대하여 영상공모전을 개최하여 정부 정책의 홍보자료로 활용하고 있다.5

③ 기업이 만든 소셜 커뮤니티나 열성고객들이 만든 소셜 커뮤니티에 많은 소비자들이 자발적으로 참여하여 제품 관련 정보, 구매 경험담, 신선한 아이디어 등을 게재하여 기업에 직접 전달하거나 다른 소비자들에게 많은 영향을 주기도 한다.

이와 같은 고객주도 마케팅은 소비자들의 구매의사결정에 큰 영향을 미친다. 기존의 AIDMA 모형은 디지털 시대에는 AISAS 모형과 AISCEAS 모형으로 변화된다.

AISAS 모형은 소비자들이 제품에 대하여 주목attention하고 흥미interest를 갖게 되면, 인터넷을 통하여 검색search하고, 구매action하게 되며, 쇼핑 이후에는 사진이나 동영상을 SNS에 게재하여 다른 소비자들과 공유share한다는 이론이다. AISCEAS 모형은 AISAS 모형의 검색단계를 '검색search − 비교comparison − 검토examination'의 단계로 더욱 세밀하게 분류한 이론이다. 소비자들이 고객주도로 구매를 결정한다

---

3 중국의 왕훙(網紅)은 중국의 인터넷 스타(인플루언서)를 말한다. 한국 파워 블로거와 유사한 왕훙은 '인터넷'을 의미하는 '왕뤄(網絡)'와 '유명인'이란 뜻의 '훙런(紅人)' 합성어이다. 웨이보, 웨이신, 위챗 등 중국의 SNS에서 팔로워를 최소 50만 명 이상 거느리고 있는 소셜 스타이다. 왕훙들은 일상생활을 자신의 SNS를 통해 공유하고 댓글 등으로 소통한다.

4 우리나라에서는 UCC(user created contents)라는 용어를 많이 사용하고 있으나, 미국에서는 창작의 개념을 강조하여 UGC를 사용하고 있다. UGC는 글과 사진 위주의 콘텐츠에서 출발하였으나, 최근에는 동영상 위주의 콘텐츠로 발전하고 있다.

5 국토교통부의 영상공모전은 유튜브로 공개된다. '사람이 물류다' '스마트시티 UCC' '용산공원 홍보 UCC' 등 매년 우수한 영상들이 수상하고 있다.

는 실제 상황을 설명하여 준다.

따라서 AIDMA 모형에서 고객이 제품을 구매하면, 마케터의 역할은 종료되지만, AISAS와 AISCEAS 모형에서는 정보검색과 정보공유 단계에서 마케터의 역할이 매우 중요하다는 것을 강조한다. 마케터들이 고객의 자발적이고 적극적인 자세를 활용하는 전략이 필요하다고 하겠다.

3. 고객관계 관리(CRM)

— 고객관계관리(CRM)란?

고객관계관리(CRM)customer relationship management는 협의로는 고객의 정보와 거래관계를 세밀하게 분석하고 관리하는 것을 말한다. 그러나 광의로 CRM은 고객가치와 고객만족을 높여 고객과의 장기 거래관계를 구축하고 유지하고 발전시켜 기업의 수익을 제고하는 활동을 말한다. 따라서 CRM은 단순히 고객을 관리하는 차원을 넘어 고객과의 관계를 획득·유지·발전시키는 적극적인 영업활동이라고 할 수 있다.

CRM이 등장하게 된 배경은 소비자 측면에서 제품이 과잉 생산되는 상황에서 소비자들의 욕구가 다양해지고, 소비자들이 직접 인터넷 등을 통하여 정보를 취득하고 스스로 구매 결정을 내리며, 구매 후에는 자신의 의견을 공개하고 있으므로 기업이 적극적으로 고객을 관리할 필요성이 증대되었다.

그리고 기업 측면에서는 '회사 수익의 80%는 20%의 고객으로부터 발생한다.'는 파레토 법칙이나, 고객을 신규로 개발하는 비용은 기존 고객을 유지하는 비용의 5배라는 연구논문과 같이 기업의 수익성 측면에서 기존 고객의 관리 필요성이 증가한 것이다.

환경 측면에서는 디지털 기술의 발달로 고객들의 정보를 데이터로 수집하고 다양한 각도로 분석할 수 있게 되었으며, 소셜 미디어의 발달로 쌍방향 커뮤니케이션과 일대일 마케팅이 가능하여진 것이다.

이러한 배경에서 등장한 CRM은 고객에게 높은 가치를 제공하고 기업에게 고객자산을 더 많이 확충할 수 있는 기회를 제공하여 고객과 기업 모두 발전하는 윈 - 윈 시대를 만들었다.

― 기존 마케팅과의 차이점

CRM이 등장하기 이전의 마케팅을 거래마케팅transaction marketing 또는 매스 마케팅mass marketing이라 한다. 그 이유는 고객과의 거래만 강조되고, 촉진활동은 개별 고객이 아니라 일반대중을 상대로 하기 때문이다.

따라서 CRM은 고객을 바라보는 관점부터 거래마케팅과 다르다. 거래마케팅은 고객과의 1회 거래에 초점을 맞추지만, CRM은 고객과 장기 거래관계에 초점을 맞춘다. 그리고 거래마케팅은 일단 제품을 팔고보자는 판매지향적이라면, CRM은 고객생애가치에 중점을 두고 고객지향적 시각에서 접근한다. 고객과 장기 거래관계에 심혈을 기울이면, 수익은 자연스럽게 창출된다는 입장이다.

또한 비용 측면에서 신규고객의 유치비용이 많이 들고 유치확률도 매우 낮다. 반면, CRM은 기존고객과 장기간 거래하므로 고객유치 비용이 들지 않는다. 물론 장기고객을 유지하려면, 판매촉진 비용 등 유지비용이 들지만, 유통비용과 광고비용, 장기고객의 입소문을 통한 신규고객 개발 등을 종합 계산하면, 비용은 1/5로 감소한다는 것이 전문가들의 연구결과이다.

의사소통 측면에서도 다르다. 거래마케팅은 대중매체를 활용한 일방향 커뮤니케이션이지만, CRM은 소셜 미디어를 활용한 양방향 커뮤니케이션이다. 따라서 거래마케팅은 생산된 제품의 품질(결과품질)을 중시하지만, CRM은 결과품질 외에 양방향 소통하는 과정(과정품질)도 중시한다.

그리고 거래마케팅에서 고객들은 가격에 매우 민감하게 반응하지만, CRM은 장기고객이므로 제품 가격보다는 긴밀한 관계 유지에 더 민감하고 제품 가격으로 인하여 이탈하는 고객은 많지 않다.

따라서 마케팅의 목표가 서로 다르다. 거래마케팅의 목표는 시장점유율이지만, CRM의 목표는 고객점유율이 된다. 그리고 거래마케팅은 제품의 차별화를 겨냥하지만, CRM은 고객 차별화를 겨냥한다.

▌표 15-1 매스 마케팅과 CRM 마케팅의 차이점

	매스 마케팅	CRM 마케팅
관점	• 모든 고객에게 동일한 관계 유지한다. • '판매'에 중점을 둔다. • 제품 특성에 주안점을 둔다.	• 개별고객과 1:1 마케팅을 한다. • '판매'보다는 '고객 유지'를 목표로 한다. • 할인쿠폰 등 고객 차별화에 주안점을 둔다.
성과지표	• 시장점유율	• 고객점유율
판매기반	• 고객과의 거래 기반	• 고객가치 제고
관계형성	• 신규 고객개발 중시 • 일방향 커뮤니케이션	• 기존고객과의 지속적인 관계 유지 • 고객과의 상호작용

── CRM의 추진단계

CRM은 데이터베이스 구축으로부터 시작된다. 먼저 고객 데이터를 수집한다.

자사와 첫 거래 또는 최초의 고객등록 시점부터 지금까지의 거래 자료를 수집한다. 고객의 이름, 주소, 전화번호와 같은 기본정보는 물론 고객의 구매이력, 구매량, 구매빈도, 평균구매금액, 촉진에 대한 반응 등 거래관련 자료, 그리고 고객 생애주기(가족 구성, 자녀수, 나이, 직장 등), 문화요인(종교), 라이프스타일(취미, 활동, 관심사, 의견 등) 등 모든 자료를 수집한다.

고객의 자료가 수집되면, 고객 데이터를 정리하고 데이터베이스로 저장한다. 기업이 수집한 고객의 데이터들은 데이터 웨어하우스data warehouse라는 중앙 자료보관소에 저장하게 된다. 데이터베이스를 구축할 때 제일 중요한 것은 향후 다목적용으로 활용할 수 있도록 다양한 키워드를 입력하고 확장 가능성이 있도록 분류하여야 한다는 것이다.

다음에는 우수고객을 찾아내는 작업이다. 데이터 웨어하우스에 저장된 고객 데이터를 분석하여 마케팅에 유용한 패턴과 관계를 발견해 내는 것이다. 이를 데이터 마이닝data mining이라고 한다. 즉 데이터 마이닝은 특정고객이나 고객집단에 존재하는 특성이나 일정한 패턴을 알아내는 방법이다. 데이터 마이닝을 이용하여 데이터를 분야별로 분류된 자료는 데이터 마트data mart에 저장된다. 데이터 마트에 저장된 자료는 다양하게 분석할 수 있고 고객별로 생애가치를 환산하고 통계 모델링을 통하여 고객의 구매활동도 예측할 수 있게 된다.

CRM에서 고객을 분석하는 방법에는 RFM 분석, LTV 분석, 예측 모델링이 있다. RFMrecency-frequency-monetary은 고객이 자사 제품을 얼마나 최근에, 얼마나 자주, 얼마만큼 지불하고 구매하였는지를 분석하는 방법이다. RFM 분석을 통하여 재구매율이 높은 고객을 찾아낼 수 있다. 데이터베이스에 있는 모든 고객을 점수화하여 일정한 공식에 따라 분석하면, 상위 우수고객부터 순서대로 정리할 수 있다. 이 중에서 이메일 발송대상, 우편물 발송대상, 전화 통화대상 등으로 분류하여 마케팅을 할 수 있다.

고객생애가치(CLV 또는 LTV)customer life-time value 분석은 고객의 미래가치를 환산하는 방법이다. 일반적으로 신규고객보다 반복 구매하는 고객에게 마케팅을 집중하는 것이 수익성이 높다. LTV 분석을 하면, 신규고객을 발굴하기 위하여 지불하는 비용과 고객을 유지하기 위해 드는 비용의 수준을 알 수 있으므로, 향후 수익성 있는 고객이 될 것으로 생각되는 신규고객 판별에도 도움이 된다.

예측모델링predictive modeling은 과거에 발생한 거래를 토대로 미래의 거래를 예측하는 작업이다. 예측모델링을 통하여 모든 고객을 분류하고 고객별로 등급을 매길 수 있다.

우수고객을 찾았으면, 이를 마케팅에 활용하는 단계이다. 캠페인 관리, 충성고객 유지하기, 다른 제품 및 서비스 교차판매, 마케팅 커뮤니케이션 방법, 고객의 구매 결정 유도하기, 고객서비스 개선하기 등을 추진한다.

— CRM 마케팅 전략

위에서 설명한 CRM 추진절차는 고객에 대한 여러 가지 정보를 데이터베이스화하고 고객별로 장기 거래관계를 구축하기 위한 기초적인 작업이다. 적절한 고객right person에게 적절한 시점right time에 적절한 장소right place에서 적절한 제품right offer을 제공할 수 있는 기반이 된다. 이를 활용하여 자사 제품을 한번이라도 구매한 고객(기존고객)을 대상으로 고객활성화, 고객충성도 제고, 고객유지, 교차판매 등 마케팅 전략을 전개할 수 있다.

고객활성화 전략은 고객의 자사 제품 구매 숫자와 구매량에 따라 인센티브를 차별적으로 제공하여 자사 제품의 구매를 높이는 전략으로 우량고객을 우대하는 전략이다.

고객충성도 전략은 자사 고객이 다른 기업의 고객으로 전환하는 것을 막기 위한 전략이다. 고객과의 장기 거래관계를 유지하고 자사 제품에 대한 충성도를 높일 수 있도록 고객에게 물질적인 혜택뿐만 아니라 정신적 혜택도 제공하여 고객과의 유대관계를 강화한다.

고객유지 전략은 구매한 이후 인지 부조화 또는 구매 후 부조화를 느끼는 고객에게 여러 가지 정보를 제공하여 불안감을 해소하고 재구매를 유도하는 전략이다. 가령 자사 제품의 강점을 보여주는 강화광고reinforcement advertising[6]를 통하여 구매자들에게 올바른 선택을 했다는 확신을 주고, 만족도를 높여주는 방법이다. 구매 후 인지부조화를 겪기 쉬운 전자제품, 컴퓨터 등과 같은 제품에 많이 활용된다.

교차판매 전략은 고객이 자사의 다양한 상품을 구매하도록 유도하는 전략이다. 교차판매cross-sell는 어떤 제품을 구매한 고객에게 다른 제품도 구매하도록 권유하는 것을 말하며, 상향판매up-sell는 어떤 제품을 구매한 고객에게 보다 업그레이드된 제품을 구매하도록 유도하는 것을 말한다.

신규고객 확보 전략은 자사 제품을 구매한 적이 없는 잠재고객들에게 자사의 제품을 구매하도록 유도하는 전략이다. 설문조사, 직접반응광고direct response advertising[7], 이메일, 모바일 문자 등을 활용하여 잠재고객의 반응을 이끌어 내는 전략이다.

휴면고객 재활성화 전략은 과거고객을 다시 고객으로 전환시키는 전략이다. 거래를 중단한 이유를 분석하고 다시 자사를 이용할 수 있도록 유인책을 제공하여 재고객화하는 전략이다.

─ e-CRM과 소셜 CRM

최근 블로그, 카페, 페이스북 등 소셜 미디어가 활발히 사용됨에 따라 e-CRM과 소셜 CRM이 발전하고 있다. e-CRM은 고객이 웹 또는 앱 페이지에서 활동한 정보를 수집·분석하여 신규 고객 발굴과 기존 고객 유지에 활용하는 기법이다.

소셜 CRMsocial relationship management은 소셜 미디어를 활용한 CRM이다. e-CRM과 소셜 CRM은 제19장 4차 산업혁명시대의 마케팅에서 자세히 설명한다.

---

6 강화광고는 구매자에게 확신을 주기 위한 광고로서, 자사 제품의 구매가 올바른 결정이라는 것과 자사 제품의 효과적인 사용법이나 최고 만족도를 얻는 방법을 설명하여 재구매율을 높이고 시장 점유율을 유지하는 전략이다. 제품수명주기에서 성장단계에 있는 제품 광고에 많이 사용된다.

7 직접반응광고는 광고를 실시한 즉시 소비자들이 중간상을 거치지 않고 직접 구매하도록 유도하는 광고를 말한다. 예컨대 광고에 전화번호, 인터넷 주소 등을 포함시키거나, 인터넷에서 클릭을 유도하는 쿠폰 광고 등을 말한다.

EXERCISE

향상학습 및 심화학습

01 (향상학습) 아래 유튜브 동영상을 시청하면서 학습한 내용을 복습하시오.

(1) 은종성 TV, 마케팅의 정석, 마케팅 4C

(2) EBS 클립뱅크, 파레토의 법칙이란 무엇일까

(3) 머니투데이방송, 고객중심 경영, "유행은 고객이 만든다."

(4) Ho Yeon Park, CRM의 배경과 정의

(5) 최재봉의 마케팅 톡톡, 빅데이터 마케팅

(6) KBS뉴스, 왕훙, "한국 화장품 좋아요", 중국 SNS 스타

(7) KBS뉴스, 체험 마케팅으로 위기 돌파

02 (심화학습) 학습한 내용을 응용하여 아래의 물음에 대하여 답하시오.

(1) '고객 중심의 마케팅 믹스는 기존의 4P가 아니라, 4C이다.'라는 말이 무엇을 의미하는 지 설명하시오.

(2) 고객전도사evangelist란 무슨 의미인지를 사례를 들어 설명하시오.

(3) 미국마케팅협회(AMA)는 2004년 "마케팅은 기업과 주주들의 이익에 보탬이 되면서 고 객들에게 가치를 창조하고 촉진하며 유통하고, 고객들과의 관계를 관리하는 과정"이라 고 정의를 내린 바 있다. 그 취지가 무엇인지를 구체적으로 설명하여 보시오.

(4) 고객가치와 고객생애가치, 시장점유율과 고객점유율의 차이점을 설명하시오.

(5) 고객주도 마케팅의 사례를 들고, 자세히 설명하시오.

(6) 나이키 "Just do it"은 어떤 종류의 체험마케팅인지 밝히고 자세히 설명하여 보시오.

(7) 체험마케팅의 하나인 관계마케팅(RELATE marketing)을 사례를 들어 설명하여 보시오.

CHAPTER

16   서비스 마케팅

1. 서비스 마케팅이란?

(1) 서비스의 정의와 분류

서비스란 무엇인가? 경제학에서는 거래대상을 재화와 용역(서비스)으로 구분하여 재화는 유형재, 서비스는 무형재로 설명하고 있다. 즉, 유형재는 형태가 있는 생산품을 말하며, 서비스는 교육, 통신, 금융, 법률 등과 같이 형태가 없는 생산품을 말한다.[1] 따라서 제16장에서는 제품을 '형태가 있는 제품'과 '형태가 없는 제품'으로 구분하여 '유형재'와 '서비스 상품'이라 부르고자 한다.

미국마케팅학회AMA는 "서비스는 ① 판매 목적으로 제공되거나 ② 제품 판매와 연계하여 제공되는 모든 활동·편익·만족"이라고 정의한다. 즉, ① '그 자체가 서비스'이거나 ② 제품 판매에 '부가된 서비스'를 서비스로 정의하고 있다.

따라서 제품 판매에 포함된 서비스의 비중에 따라 순수 유형재, 서비스 수반 유형재, 하이브리드, 제품 수반 서비스, 순수 서비스로 구분한다.

---

1   제9장에서 설명한 제품의 3대 요소 '핵심제품·유형제품·확장제품' 중의 하나인 '유형제품'과 여기서 설명하는 '유형재'는 다르다. '유형제품'은 3대 요소의 하나로 설명한 것이지만, '유형재'는 3대 요소를 보유한 제품 중에서 서비스를 제외한, 형태가 있는 제품을 말한다.

- 순수 유형재: 서비스 비중이 전혀 없는 제품

- 서비스 수반 유형재: 서비스의 비중이 20~30%인 제품

- 하이브리드: 서비스의 비중이 50%인 제품

- 제품 수반 서비스: 서비스의 비중이 60~90%인 서비스 상품

- 순수 서비스: 서비스 비중이 100%인 서비스 상품

▌그림 16-1 서비스의 비중에 따른 분류

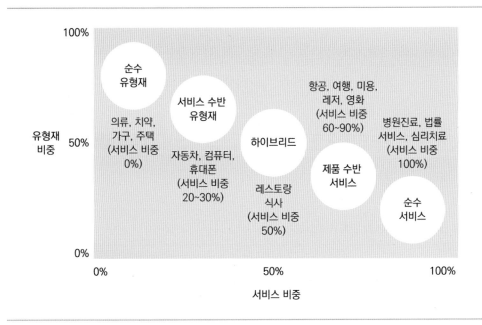

그리고 유형재와 서비스 상품을 제품의 속성에 따라 구분할 수도 있다. 제품의 속성에는 탐색속성, 경험속성, 신뢰속성이 있다.

① 탐색속성search attributes은 제품을 구매하기 전에 탐색을 통하여 제품의 품질을 파악할 수 있는 속성을 말한다. 유형재는 구매하기 전에 인터넷을 통하여 정보를 탐색하고 매장을 방문하여 품질을 평가할 수 있지만, 서비스 상품은 실제 구매하기 전까지는 품질을 평가하기 어렵다. 예컨대 TV는 구매하기 전에 탐색과정에서

대리점을 방문하여 TV 실물을 보면서 평가할 수 있다. 그러나 병원 진료는 본인이 직접 구매하기 전까지 평가할 수 없다.

② 경험속성experience attributes은 제품을 구매하는 과정이나 구매한 후 소비과정에서 품질을 평가할 수 있는 속성을 말한다. 예컨대 항공사의 서비스 상품은 구매하기 전에는 평가할 수 없으나, 항공권을 구매하고 탑승하거나 탑승한 이후에는 품질을 평가할 수 있다.

③ 신뢰속성credence attributes은 구매한 이후 또는 소비한 이후에도 정확하게 평가하기 어려운 속성을 말한다. 예컨대 와인을 평가할 때 와인을 잘 아는 소비자들만 와인의 맛을 정확하게 평가할 수 있다. 즉, 신뢰속성은 전문지식을 보유한 사람만이 정확하게 평가할 수 있고, 일반소비자들은 품질을 평가하더라도 서로 다르게 평가하는 속성을 말한다.

이와 같이 제품의 속성 또는 평가의 난이도에 따라 제품을 분류하면, 탐색재, 경험재, 신뢰재로 구분된다.

▌그림 16-2 제품의 속성에 따른 분류

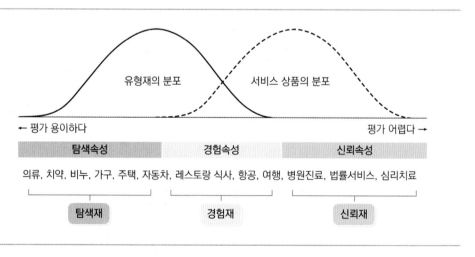

- 탐색재: 탐색속성이 높은 제품으로, 구매하기 전에 눈으로 보거나 손으로 만져보면서 평가할 수 있는 유형재가 여기에 속한다.
- 경험재: 경험속성이 높은 제품으로, 경험하지 않고는 제대로 평가하기 어려운 유형재 또는 서비스 상품이 여기에 속한다.
- 신뢰재: 신뢰속성이 높은 제품으로, 경험하거나 체험한 후에도 전문가가 아니면, 정확하게 평가하기 어려운 서비스 상품이 여기에 속한다.

(그림 16-2)는 탐색속성·경험속성·신뢰속성 측면에서 제품을 구분한 것이다. 대부분의 유형재는 탐색속성이 높고, 대부분의 서비스 상품은 신뢰속성이 높다는 것을 알 수 있다. 즉, 유형재는 구매하기 전에 탐색을 통하여 품질을 평가할 수 있지만, 서비스 상품은 구매하기 전에는 품질을 평가하기 어렵다는 것을 보여준다.

(2) 서비스 마케팅의 특성

— 기본 특성

지금까지 제품의 종류를 유형재와 서비스 상품으로 구분하고 서비스 상품의 특성에 대하여 살펴보았다. 이번에는 서비스 마케팅의 특성을 살펴보자. 서비스 마케팅은 교육·금융·병원 등과 같이 '그 자체가 서비스'인 서비스 상품의 마케팅을 말한다. 서비스 마케팅은 무형성, 생산과 소비의 비분리성, 이질성, 소멸성이라는 4가지 기본 특성을 가지고 있다.

① 무형성intangibility이다. 서비스 상품은 유형재와는 달리 형태가 없어 만질 수도 없고 볼 수도 없고 맛을 보거나 냄새를 맡을 수도 없다. 오감을 통해 느낄 수 없으므로 진열하거나 설명하기 어렵고, 가격 책정도 어렵고, 특허로 장기간 보호가 곤란하며, 경험해 봐야 평가할 수 있는 경험속성이 매우 강한 제품이다. 따라서 서

비스를 제공하는 장면을 사진이나 동영상으로 고객에게 보여줌으로써 간접적으로 유형성을 제공하고자 노력한다.

② 생산과 소비의 비분리성inseparability이다. 유형재는 공장에서 생산되고 유통되는 과정을 거쳐 소비자가 구매하고 소비하는 단계를 거친다. 시간적으로 공간적으로 생산과 소비는 분리되어 있다. 그러나 서비스는 생산과 소비가 동시에 발생한다(동시성 simultaneity). 소비자는 서비스 제공자로부터 직접 서비스를 제공받으면서 소비한다. 그리고 서비스가 제공되는 과정에 종업원과 고객이 상호작용을 하면서 서비스가 제공된다.

예컨대 병원의 진료를 상상해 보라. 의사가 '진료'를 생산하는 과정에서 환자가 '진료'를 소비하게 된다. 그리고 아픈 증상을 대화로 전달하고 '진료'를 받으면서 상호작용하게 된다. 따라서 서비스 상품은 대규모 생산이 곤란하며 종업원과 고객의 상호작용이 품질을 결정하는 데 많은 영향을 미친다.

▌표 16-1 서비스 마케팅의 특성

유형재 마케팅	서비스 마케팅	세 부 내 용
유형성	무형성 (intangibility)	• 형태가 없다. • 특허로 보호받기 어렵다. • 진열하거나 전달하기 어렵다. • 표준가격 설정이 어렵다.
분리성	비분리성/동시성 (inseparability/ simultaneity)	• 생산과 소비가 동시에 발생한다(동시성). • 고객이 직접 거래에 참여하고 상호작용한다. • 대규모 생산이 어렵다.
표준성	이질성/변동성 (heterogeneity/ variability)	• 고객마다 제공하는 서비스가 다르다. • 서비스 품질은 종업원 등 많은 요인에 의해 좌우된다. • 인간적인 요소가 포함되므로 표준화가 어렵다.
비소멸성	소멸성 (perishability)	• 생산되는 즉시 소비되므로 재고로 저장이 불가능하다. • 사전 생산이 불가하여 수요·공급 균형을 맞추기 어렵다. • 서비스의 반품이 어렵다.

③ 이질성heterogeneity이다. 유형재는 표준화·규격화되어 모든 소비자에게 동질의 제품을 제공한다. 그러나 서비스는 누가, 언제, 어디에서, 어떤 상황에서, 누구에게 서비스를 제공하는가에 따라 서비스의 품질에 많은 차이가 발생한다(변동성 variability). 병원의 진료에서 동일한 병명이라도 환자에 따라 진료하는 방법이 다를 수 있다. 서비스 품질은 변동성이 많아 표준화·규격화하기 어렵고, 품질관리도 어렵다. 따라서 서비스 제공자인 종업원의 교육을 강화하여 동질의 서비스를 제공할 수 있도록 노력한다.

④ 소멸성perishability이다. 유형재는 생산된 이후 판매되기까지 물류창고에 보관하며, 구매한 후에는 소비자가 보관할 수 있다. 그러나 서비스는 생산되는 즉시 소비되므로 재고로서 저장이 불가능하며, 구매 즉시 소멸되므로 소비자가 보관하기 어렵다. 서비스는 사전 생산이 불가능하며, 수요와 공급의 균형을 맞추기 어렵고, 서비스를 구매한 후 반품도 불가능하다. 따라서 서비스 마케팅은 고객이 많은 시간대에 따라 피크 타임·비피크 타임, 성수기·비수기, 우수 종업원·초보 종업원 등으로 구분하여 서비스 가격을 차별화하기도 하고, 서비스 예약제를 통하여 부분적으로 보완한다.

― 서비스 마케팅 3요소(서비스 삼각형)

유형재는 기업과 고객의 2자 간에 발생하지만, 서비스 상품은 기업·고객·종업원의 3자 간에 발생하는 특징이 있다. 여기서 기업은 서비스를 제공하는 조직화된 회사를 말하며, 종업원은 실제로 서비스를 제공하는 직원을 말하며, 고객은 서비스를 제공받는 손님을 말한다.

따라서 서비스 마케팅은 3요소로 구성된다. 서비스 마케팅 3요소란 외부마케팅, 내부마케팅, 상호작용 마케팅을 말한다. 이를 서비스 삼각형service triangle이라고 한다. 서비스 마케팅이 성공하려면 서비스 마케팅 3요소가 모두 제대로 진행되어야 한다.

▌그림 16-3 서비스 마케팅 3요소(서비스 삼각형)

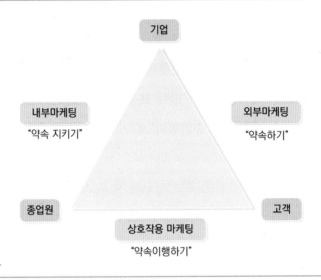

① 외부마케팅은 기업이 고객에게 서비스 상품을 어떤 가격에 어떤 품질로 판매하겠다는 약속이다. 예컨대 어떤 은행이 정기예금을 모바일로 가입하면 '금리 0.5% 추가 제공'하겠다는 광고를 할 때 이는 외부마케팅이며, '고객과의 약속하기'에 해당된다. 고객들은 이러한 외부마케팅에 자극을 받아 서비스 상품을 구매하게 된다.

② 내부마케팅은 기업이 종업원에게 하는 마케팅이다. 기업은 종업원이 고객에게 서비스를 제공하는 과정에서 '고객과의 약속'을 지키도록 종업원들을 교육시키고 동기를 부여하고 보상하는 활동을 한다. 만약 서비스를 제공하는 직원이 고객을 만족시키지 못한다면, '고객과의 약속'은 지키지 못하며 서비스 삼각형은 무너지게 된다.

③ 상호작용 마케팅은 서비스가 제공되는 과정에서 서비스를 제공하는 종업원과 서비스를 제공받는 고객 사이에 주고받는 상호작용 활동을 말한다. 서비스 마케팅은 유형재 마케팅과는 달리 생산과 소비가 동시에 같은 장소에서 발생하므로

374　PART 05 마케팅의 응용

종업원과 고객의 상호작용에 따라 서비스 품질과 고객 만족도는 달라진다. 예컨대 병원 진료에서 고객이 의사에게 자신의 아픈 부위나 증상을 정확하게 전달할수록 더욱 정확한 진료가 가능하다. 상호작용 마케팅을 고객접점 마케팅, 리얼타임 마케팅 또는 공동생산이라고 한다.

이와 같은 서비스 마케팅은 3요소 중 어느 하나라도 제대로 이루어지지 않으면, 성공할 수 없다. 그만큼 서비스 마케팅은 유형재 마케팅보다 훨씬 까다롭다는 것을 보여준다.

— 서비스 마케팅 믹스(7P)

서비스 마케팅은 유형재 마케팅보다 까다로운 만큼, 유형재 마케팅에 적용되는 마케팅 믹스도 4P에서 7P로 확대된다. 서비스 마케팅믹스 7P는 유형재 마케팅에 적용되는 제품·가격·유통·촉진의 4P 이외에 사람person, 물리적 증거physical evidence, 서비스 제공과정process가 추가된다.

1 사람은 종업원과 고객을 말한다. 종업원은 기업의 최초 고객이라고 할 만큼 중요하다. 기업은 종업원들이 고객들에게 서비스를 잘 제공할 수 있도록 신규 채용부터 교육훈련, 동기부여, 적절한 보상 등을 통하여 인재로 육성하여야 한다. 그리고 고객은 서비스 마케팅의 핵심이다. 고객만족이 없으면, 기업도 종업원도 무용지물이므로 고객만족을 위하여 '고객과의 약속'을 하고 상호작용을 통하여 실행하려고 노력한다. 그리고 판매 후에는 고객만족도 조사를 통하여 피드백한다.

2 물리적 증거는 서비스가 고객에게 전달되고 고객이 접촉하는 환경을 말한다. 회사 건물, 간판, 내부 색상, 엘리베이터, 명함, 팜플렛, 광고, 웹 사이트 등 모든 요소들이 물리적 증거가 된다. 이러한 물리적 증거는 고객들에게 첫 인상이 되고 구매를 자극하는 요인으로 작용한다. 자극－반응 모델에서 설명한 바와 같이 자극은 소비자의 구매행위에 크게 영향을 미친다. 물리적 증거는 자극에 해당된다.

③ 서비스 제공과정은 서비스가 제공되는 프로세스를 말한다. 서비스는 종업원과 고객에 따라 제공되는 과정이 이질적이다. 이질적인 서비스의 제공은 고객 불만의 원인이 된다. 따라서 기업은 동질적인 서비스를 제공하도록 서비스 제공과정을 표준화하고, 시스템화하며, 직원 교육을 강화하기도 한다. 예컨대 은행 대출의 경우 대출심사를 할 때 종업원들마다 심사기준이 다르고 금리 결정이 다르다면 어떻게 될까? 은행 본부에서는 대출기준, 대출요건, 신용등급, 대출기간, 대출금리 등을 표준화하여 직원들에게 제공하고 있다.

▌표 16-2 서비스 마케팅 믹스의 7P

마케팅믹스	세 부 내 용
제품(product)	• 제품 특징, 품질수준, 제품계열, 패키징, 보증, 브랜딩
가격(price)	• 단위당 원가, 가격조건, 가격차별, 할인, 공제
유통(place)	• 점포 입지, 유통경로, 중간상, 물류 수송, 보관, 경로관리
촉진(promotion)	• 광고, 판매촉진, PR과 홍보, 인적 판매, 직접판매
사람(people)	• 종업원: 최초의 고객, 채용, 교육, 보상, 조직문화 • 고 객: 상호작용, 만족도 조사
물리적 증거 (physical evidence)	• 외부환경: 건물 외형, 간판, 주차장, 주변 환경 등 • 내부환경: 장식, 표지판, 색상, 가구, 공기의 질, 온도, 향기 등 • 기타환경: 직원들의 외모, 유니폼, 명함, 광고, 웹 사이트 등
서비스 제공과정 (process)	• 직원과 고객의 상호작용 • 서비스 제공의 표준화 · 맞춤화, 시스템화

2. 서비스 제공 프로세스

(1) 서비스 청사진

서비스 청사진service blueprint이란 서비스 제공과정을 각 단계별로 종업원과 고객이 수행하여야 할 역할들을 한눈에 파악할 수 있도록 설계한 지도를 말한다. 즉, 건설업의 설계도면과 같이 서비스 프로세스의 모든 단계와 흐름을 시각적으로 볼 수 있도록 그린 그림 또는 흐름도flowchart라고 할 수 있다.

서비스 청사진은 서비스 제공과정을 단계별로 표준화하는 데 도움을 주며, 동질적인 서비스를 제공하게 만든다. 또한 업무 지침서manual와 결합될 경우 자주 발생하는 서비스 실패에 대한 주의사항, 필요 조치사항 등을 기술할 수 있고, 구매 후 고객의 만족도를 반영하면, 고객들을 감동시킬 수 있는 수준으로 재설계도 가능하다.

이와 같은 서비스 청사진은 서비스가 생산과 소비의 비분리성이라는 특성을 보완해 주며, 상호작용 마케팅이 잘 진행되도록 만들어 주고, 이질성이라는 특성을 보완하여 서비스 품질을 표준화하도록 만들어 주는 효과가 있다.

(2) 서비스 청사진 사례

서비스 청사진을 은행예금 개설 사례를 통하여 살펴보자. 먼저 어떤 고객이 신문기사 또는 광고를 통하여 고금리 예금을 시판한다는 정보를 입수하고, 자세한 내용을 얻기 위하여 은행 홈페이지를 방문하여 탐색하거나 은행의 콜센터에 전화하여 문의하거나 이메일을 보내 자세한 내용을 파악하게 된다.

고객이 정보 탐색한 결과 예금 가입을 결정하면, 첫 거래인 경우 은행을 방문하게 된다. 은행 근처에 도착하면, 은행 건물, 표지판, 주차장 등을 보면서 은행에 대한 이미지를 갖게 된다. 건물 안으로 들어와 엘리베이터를 타고 은행 출입문을 열면, 청경의 안내를 받고 번호표를 뽑고 순서를 기다리게 된다. 기다리면서 은행 내부의 인테리어, 공기의 질, 온도, 향기, 음악 등을 자신도 모르는 사이에 인지하고 평가하게 된다.

번호표 차례가 되면, 창구직원과 예금 상담을 하면서 통장을 개설한다. 개설하는 과정에서 모르는 사항은 문의하고 필요한 사항은 요청하게 된다. 통장 개설이 완료되면, 예금통장을 받고 청경의 안내를 받으면서 엘리베이터를 타고 주차장으로 돌아온다.

이후 예금을 인출하고자 할 때에는 은행을 방문하거나 ATM, 텔레뱅킹, 인터넷 뱅킹, 모바일 뱅킹 등을 이용한다. 만약 예금을 해지하고자 할 경우에는 다시 은행을 방문하여 절차를 밟으면 된다.

▌그림 16-4 서비스 청사진 – 은행예금 개설 사례

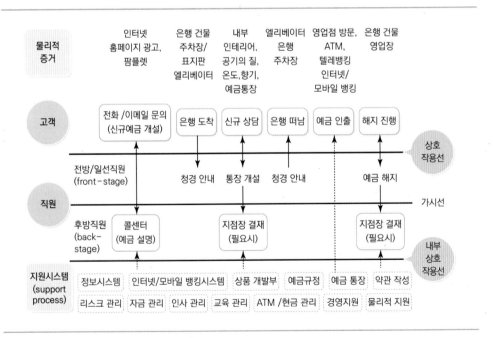

지금까지 설명한 내용을 서비스 청사진으로 표현한 그림이 (그림 16-4)이다. 광고, 인터넷 홈페이지, 표지판, 엘리베이터, 내부 인테리어, 공기의 질 등이 모두 물리적 증거가 된다. 물리적 증거를 통하여 은행을 인지하고 평가하게 된다.

　　고객이 접촉한 직원과 청경을 일선직원 또는 전방직원front-stage이라고 한다. 직원과 대화하면서 예금통장을 개설하였는데, 이를 상호작용이라 하고, 직원과의 접촉선을 상호작용선line of interaction이라고 한다. 서로 대화하면서 부족한 부분을 보완하면, 서비스의 품질은 향상된다.

　　그리고 고객은 눈으로 관찰하지 못하였지만, 업무를 보조한 콜센터 직원, 지점장 등을 후방직원back-stage이라고 한다. 전방직원이 후방직원과 접촉하는 선을 가시선line of visibility이라고 한다. 가시선은 고객에게 노출되느냐 노출되지 않느냐의 경계선이 된다.

　　그밖에 전산시스템, 인터넷 뱅킹시스템, 예금 약관, 예금 통장 등을 지원프로세스(또는 지원시스템)support process라고 한다. 지원시스템과 전방직원, 후방직원을 구분하는 선을 내부 상호작용선line of internal interaction이라고 한다.

　　서비스 청사진 사례를 종합하면, 다음과 같다. 서비스는 고객과 종업원 사이에서 진행되지만, 모두 4개 영역으로 구성된다. 4개 영역은 고객, 전방직원, 후방직원, 지원 프로세스이다. 그리고 4개 영역을 구분해 주는 3개 수평선이 있다. 3개 수평선은 상호작용선, 가시선, 내부 상호작용선이다.

　　그리고 은행(서비스 제공 기업)과 고객의 관계는 외부마케팅-'약속하기'에 해당되며, 종업원과 고객의 관계는 상호작용 마케팅-'공동생산자'에 해당되며, 은행과 종업원의 관계는 내부마케팅-'약속 지키기'가 된다. 이렇듯 서비스 청사진은 서비스의 표준화를 통하여 서비스 품질을 높여주고 고객만족으로 연결된다.

3. 서비스 품질

(1) 서비스 품질이란?

서비스 마케팅에서 제일 중요한 것은 서비스 품질이다. 왜냐하면 서비스 상품은 무형성, 비분리성 등 4대 특성이 있으며, 상호작용이라는 독특한 특성도 있어 고객의 만족도와 직접적으로 연결되기 때문이다. 유형재를 생산한 기업은 자사 제품이 잘 팔리지 않을 경우 핵심제품, 유형제품, 확장제품의 3대 속성을 점검하여 수정하면 품질을 높일 수 있으며, 불만족한 고객은 제품을 반품하거나 수리를 의뢰하면 문제를 해결할 수 있다.

그러나 서비스 상품은 무형성, 이질성, 비분리성, 소멸성의 기본특성으로 인하여 서비스 품질을 정의하기 어렵고, 서비스를 제공하기 전에 품질을 평가할 수 없는 경험속성이 강하다. 또한 서비스 품질에 대한 평가는 소비자에 따라 주관적으로 이루어지는 신뢰속성이 강하며, 불만족할 경우 반품하기도 어렵다.

서비스 품질은 학자에 따라 3가지 기준으로 정의한다.

① 객관적인 품질과 지각된 품질이다. 객관적인 품질objective quality은 신뢰할 수 있는 기관이 서비스를 평가한 객관적인 등급을 말하고, 지각된 품질perceived quality은 서비스를 이용한 고객이 평가하는 주관적인 만족도이다. 예컨대 호텔을 1성급~5성급으로 구분하는 것은 객관적인 품질이며, 고객이 숙박한 후의 평가는 주관적인 품질이 된다.

② 과정품질과 결과품질이다. 과정품질process quality은 서비스 상품을 고객에게 제공하는 과정에서 고객이 어떻게 서비스를 제공받았는지 또는 어떻게 경험하였는지를 평가하는 것이다. 결과품질outcome quality은 고객이 무엇을 제공받았는지, 즉 결과물로서의 품질을 평가하는 것이다. 과정품질이 어떻게how의 문제라면, 결과품질은 무엇what의 문제이다. 유형재의 품질은 결과품질에 해당되지만, 서비스의 품

질은 결과품질과 과정품질을 모두 포함한다.

③ 기대와 성과의 차이이다. 서비스 품질은 기대expectation와 성과performance의 비교에서 결정된다. 예컨대 5성급 호텔을 이용하고 고가를 지급한 경우 기대는 매우 높을 것이다. 그러나 고객의 기대에 부응하지 못하면 성과는 낮게 평가된다. 많은 소비자들은 기대와 성과를 비교하여 기대보다 성과가 높으면 서비스 품질을 높게 평가하고, 기대보다 성과가 낮으면 서비스 품질을 낮게 평가한다.

이와 같은 서비스 품질의 3가지 정의 중에서 일반적인 정의는 세 번째 정의를 말한다. 즉, 일반적으로 서비스 품질이라 할 때 '고객이 사전에 기대한 서비스와 실제 지각한 서비스의 차이'를 말한다.

(2) 서비스 품질의 측정

서비스 품질은 신뢰성, 반응성, 확신성, 공감성, 유형성의 5개 차원에서 측정되고 평가된다.

① 신뢰성reliability은 서비스를 제공하는 기업이 '고객과의 약속'을 정확하게 수행할 수 있는 능력을 말한다. 고객과의 약속을 제대로 이행하지 못하면, 품질이 낮다고 평가된다.

② 반응성responsiveness은 서비스가 적시에 제공되고 고객의 요구에 적절하게 반응하는 능력을 말한다. 직원이 서비스를 제공할 준비가 충분한지, 능동적으로 서비스를 제공하는지, 서비스 제공이 실패할 경우 빠르게 응답하고 복구하는지를 평가한다.

③ 확신성assurance은 서비스를 제공하는 직원이 고객으로부터 신뢰감과 확신을 얻고 있는지를 말한다. 직원이 충분한 기술과 지식을 보유하는지, 친절하고 예의바르게 서비스를 제공하는지를 평가한다.

④ 공감성empathy은 서비스 기업이나 직원이 고객을 친구나 친척인 것처럼 고객 니즈를 정확하게 파악하고 고객의 관심사를 알고 있으며, 고객 이야기를 청취하고 고객을 적극적으로 도와주려는 자세를 말한다.

⑤ 유형성tangibles은 서비스 기업이나 직원이 고객의 구매력을 자극하고 서비스를 제공할 시설을 갖추고, 고객들에게 다양하게 정보를 제공하는 물리적 증거(건물의 외형, 건물 내부의 시설, 장비, 광고, 웹 사이트 등)를 보유하고 있는지를 말한다.

┃그림 16-5 서비스 품질 측정

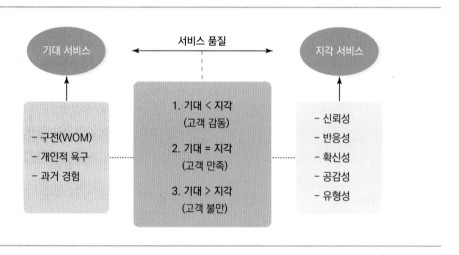

이와 같은 5개 차원에서 고객들을 만족시킬 때 고객들은 서비스 품질은 높게 평가된다. 평가방법은 5개 차원에 대하여 '기대한 서비스'와 '실제 지각한 서비스'의 차이를 측정하는 것이다. 통상 표적집단 인터뷰를 통하여 이루어진다.[2]

만약 기대한 서비스보다 지각한 서비스가 크면 고객은 '감동'하게 되고, 기대

---

2 서비스 품질 평가모형에는 SERVPEF 모형과 SERVQUAL 모형이 있다. SERVPEFservice performance 모형은 서비스가 이루어진 이후에 5개 차원, 22개 항목에서 성과를 측정하는 모형이며, SERVQUALservice quality 모형은 5개 차원, 22개 항목에서 '기대한 서비스'와 '실제 지각한 서비스'의 차이를 측정하는 모형이다.

한 서비스와 지각한 서비스가 같으면 '만족'하며, 기대한 서비스보다 지각한 서비스가 작으면 고객은 '불만족'하게 된다. 따라서 서비스 품질의 측정은 고객의 측면에서 이루어진다는 의미에서 고객지향적인 측정방법이라고 할 수 있으며, 서비스 이전과 이후를 비교하므로 상대적인 평가방식이라고 할 수 있다.

(3) 서비스 품질 관리

서비스 품질을 높이려면, 기대 서비스와 지각 서비스의 차이를 줄여야 한다. 기대 서비스와 지각 서비스의 차이를 줄이는 것을 서비스 품질 관리라고 한다. 서비스 품질관리의 대표적인 모델이 서비스 품질 갭 모델이다.

서비스 품질 갭 모델은 서비스 기업이 고객의 기대와 실제 성과의 차이gap를 찾아내고 이를 해결하는 모델이다. 서비스 품질 갭 모델은 서비스 진행과정에 모두 5가지 갭이 존재한다고 설명한다.

갭 1은 고객이 기대하는 서비스와 경영진이 생각하는 서비스의 차이를 말한다. 이를 시장 정보 갭이라고 한다. 고객이 원하는 서비스를 기업의 경영진들이 제대로 파악하지 못하거나 오해함으로써 발생한다. 그 이유는 마케팅조사가 불충실하여 고객 니즈를 정확하게 파악하지 못하였거나, 기업과 고객 사이에 커뮤니케이션이 제대로 이루어지지 않았거나, 소비자의 정보는 정확히 수집하였지만 이를 중간관리자와 최고경영자에게 잘못 전달하였기 때문에 발생한다.

갭 2는 경영진이 파악한 정보를 정확하게 설계하지 못하여 발생하는 차이를 말한다. 이를 서비스 기준 갭이라고 한다. 갭 2가 발생하는 이유는 고객의 기대를 정확하게 파악하였지만 이를 제대로 설계하지 못하였거나, 경영진의 판단 잘못으로 제대로 설계하지 못하였거나, 경영진이 시장상황과는 관계없이 단기이익을 지향하였을 때 또는 고객중심의 서비스 마인드가 부족할 때 발생하는 갭이다.

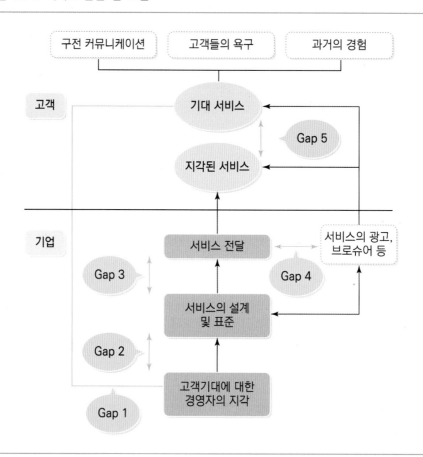

갭 3는 설계는 제대로 하였으나, 종업원이 서비스를 제대로 전달하지 못할 때 발생하는 차이를 말한다. 이를 서비스 전달 갭이라고 한다. 원인은 직원들이 업무지식이 부족하거나, 직원 보상시스템, 권한위임, 동기부여, 적절한 평가수단 등 직원들의 유인요소가 부족하거나, 유통시스템에 문제가 있기 때문이다.

갭 4는 기업이 제공하겠다고 약속한 서비스와 고객에게 전달한 서비스 사이의 차이를 말한다. 기업은 광고 등을 통하여 '고객과의 약속하기'를 하면, 고객들은 그 약속을 믿고 찾아오지만, 실제 제공받은 서비스는 약속한 서비스와 다를 수 있다.

원인은 과대광고를 하였거나, 영업부서와 운영부서 또는 유통점 간에 커뮤니케이션에 문제가 있기 때문이다. 이를 내부 커뮤니케이션 갭이라고 한다.

갭 5는 고객의 기대와 실제 서비스의 차이를 말한다. 고객의 기대 서비스는 입소문, 과거의 경험, 고객의 욕구, 객관적인 등급 등으로 형성되며, 실제 서비스는 위에서 설명한 갭 1~4의 누적으로 나타난다. 따라서 갭 1~4은 기업의 잘못으로 발생한다는 측면에서 기업 갭provider gaps이라 하고, 갭 5를 고객의 기대와 성과 사이의 차이에서 발생한다고 하여 고객 갭customer gap이라고 한다.

서비스 품질관리는 결론적으로 고객 갭을 축소하는 데 있다. 기업 갭(갭1~4)을 모두 제거해야 고객 갭(갭5)을 줄일 수 있으며, 서비스의 품질은 향상되고 고객만족도는 향상된다.

4. 서비스 마케팅 믹스

(1) 사람

서비스 마케팅 믹스에서 사람people이란 외부고객과 내부고객을 말한다. 외부고객은 서비스를 제공받는 고객, 즉 일반적으로 말하는 손님을 말한다. 내부고객은 서비스를 제공하는 직원, 즉 종업원을 말한다. 외부고객을 대상으로 하는 마케팅을 외부마케팅이라고 하고, 내부고객을 대상으로 하는 마케팅을 내부마케팅이라고 한다.

— 내부마케팅

서비스 마케팅에서 내부마케팅은 직원들에 대한 마케팅을 말한다. 서비스 마케팅에서 직원의 중요성은 아무리 강조하여도 지나치지 않는다. 왜냐하면, 대부분의 서비스는 접점 직원이 서비스를 제공하기 때문이다. 종업원이 서비스 기업을 대표하고, 종업원에 의하여 기업 이미지가 형성되므로 직원은 '살아 있는 광고판'이라고 할 수 있다.

만약 종업원이 자신의 역할을 충실히 수행하지 못할 때 서비스 품질은 나빠지고 고객들에게 좋지 않은 이미지가 형성된다. 칼 알브레히트Karl Albrecht는 서비스 7 거지악을 "무관심, 무시, 냉담, 건방떨기, 로봇화, 규정 핑계, '뺑뺑이' 돌리기"를 지적한 바 있다. 그만큼 종업원들의 고객지향적 사고가 중요하다.

따라서 기업이 직원을 최초의 고객으로 보고 직원들에게 서비스 마인드와 고객지향적 사고를 심어주는 것이 중요하다. 그리고 직원들이 더 좋은 성과를 낼 수 있도록 동기를 부여하고 직원들을 정확하게 평가하는 것도 중요하다.

— 외부마케팅

서비스 마케팅에서 외부마케팅은 기업이 서비스 상품을 외부에 알리고 고객을 만족시키는 활동을 말한다. 즉, 고객의 니즈를 파악하고 이를 상품화하여 고객들에게 약속하는 행위와 '고객과의 약속'을 믿고 찾아오는 고객을 만족시키도록 노력하는 행위이다. 서비스 상품은 복제 가능하기 때문에 서비스 기업이 제공하는 서비스 상품은 장기간 차별화될 수 없다. 반면에 고객서비스는 차별화가 가능하며 모방이 불가능하므로 그만큼 더 중요하다고 할 수 있다.

(2) 물리적 증거

물리적 증거(또는 물적 단서)physical evidence란 서비스가 전달되는 과정에서 등장하는 모든 물리적 환경을 말한다. 물리적 증거에는 외부환경, 내부환경, 기타 환경이 있다.

　외부환경은 건물의 외형, 간판, 표지판, 주차장 등을 말하고, 내부환경은 장식, 색상, 가구, 공기의 질, 온도, 향기, 음악, 화장실 등이며, 기타 환경은 직원들의 외모, 유니폼, 명함, 브로슈어, 각종 서류, 광고, 웹 사이트 등을 말한다.[3]

　서비스 상품에서 물리적 증거가 중요하다. 그 이유는 첫째, 물리적 증거들이 고객의 첫 인상이 되며, 부지불식간에 기업에 대한 이미지가 형성되고, 기업을 평가하는 요소가 되기 때문이다. 둘째, 물리적 증거가 고객의 구매를 자극하는 요인으로 작용한다는 것이다. 소비자행동이론의 자극－반응 모델에서 물리적 환경은 고객의 심리에 영향을 주고 고객을 자극하여 고객의 행동에 영향을 미치게 된다. 이러한 이유로 많은 서비스 기업들이 물리적 환경에 많은 관심을 갖게 된다.

　흔히 서비스 마케팅은 하드웨어hardware, 소프트웨어software, 휴먼웨어humanware로 구성된다고 한다. 하드웨어는 물리적 증거를 말하며, 소프트웨어는 고객이 경험하는 프로세스를 말하며, 휴먼웨어는 직원들의 역량을 말한다.

(3) 프로세스

　서비스 제공절차에서 설명한 서비스 청사진은 서비스 제공과정을 각 단계별로 종업원과 고객이 수행하여야 할 역할을 자세히 그린 지도이다. 서비스 마케팅에는 서비스 청사진 이외에 '서비스 사이클'이라는 용어가 있다. 서비스 사이클service cycle이란 고객들이 서비스 기업 또는 직원들과 접촉하는 접점을 순서대로 그린 그림을 말한다. 고객들이 접촉하는 모든 접점들은 매순간 서비스 품질과 고객만족도에 큰 영향을 미치는 중요한 순간들이므로 이를 진실의 순간 또는 결정의 순간(MOT)

3　서비스 기업이 제공하는 환경을 서비스 스케이프(service scape)라고 한다. 서비스와 자연환경 (landscape)의 합성어이다. 따라서 서비스 스케이프는 '인간이 창조한 환경'이다.

moments of truth이라고 한다. 서비스 사이클을 MOT 사이클이라고도 한다.

예컨대 해외여행 계획이 있는 홍길동의 항공사 이용과정을 살펴보자. 먼저 인터넷을 통하여 항공정보를 검색하고 댓글, 블로그, 카페 등을 통하여 후기를 일독하여 마음에 드는 항공사를 선택한다. 항공사를 결정하였으면, 홈페이지를 방문하여 온라인으로 항공권을 예매한다. 출발하는 날에는 공항에 도착하여 항공권을 교환하고 수하물을 발송한다. 이후 출국 수속을 밟은 다음, 탑승 전 대기를 한다. 탑승시간이 되어 탑승하면 비행기가 이륙하고 기내 서비스를 받게 된다. 이후 비행기가 착륙하면 비행기에서 내려 목적지로 향하게 된다. 이와 같은 일련의 과정을 그림으로 나타내면, (그림 16−7) 서비스 사이클이 된다.

▌그림 16-7 항공사의 서비스 사이클

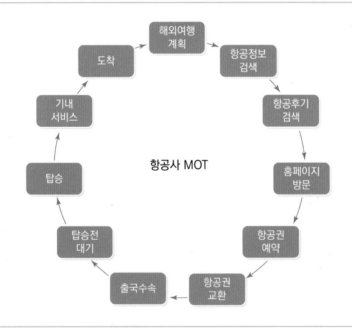

홍길동이 항공사를 이용하는 모든 접점들이 진실의 순간 또는 결정의 순간(MOT)이 된다. 원래 MOT는 스페인의 투우 경기에서 투우사와 소가 일대일 대련하는 최후의 순간을 의미한다. 이 순간에 승패가 갈린다는 의미에서 '결정의 순간'이라고 한다. 당초 리처드 노먼Richard Norman이 고안한 MOT 개념을 서비스 수준관리에 처음으로 사용한 사람은 얀 칼슨Jan Carlson이다. 얀 칼슨은 39세에 스칸디나비아 항공 사장으로 취임하면서 MOT 개념을 적용하여 크게 성공하였다. 이후 MOT 경험담을 수록한 「고객을 순간에 만족시켜라: 진실의 순간」이 1987년 발간되면서 MOT 개념이 널리 알려지게 되었다.

얀 칼슨은 스칸디나비아 항공의 한 해 1천만 명의 승객이 각각 5명의 종업원들과 접촉하므로 승객이 종업원과 만나는 회수는 모두 5천만번이며, 1회 접촉시간은 평균 15초가 된다는 것이다. '15초의 순간'이 고객을 평생단골로 만드느냐 고객이탈로 만드느냐를 결정하므로 고객들에게 진실된 모습을 보여야 한다고 역설했다. 그 결과 취임한 후 불과 1년 만에 연 800만 달러의 적자를 7,100만 달러의 이익으로 전환시켰다.

'15초의 순간'은 지극히 짧은 순간이지만 고객들에게 서비스의 품질을 보여 주는 좋은 기회가 되므로 이를 잘 활용하여야 한다는 것이 MOT 마케팅이다. 서비스 기업의 MOT 마케팅은 구매과정에만 적용되는 것이 아니다. 구매 전 행동과 구매 후 행동에도 적용된다.

서비스 구매 전에는 서비스를 기다리는 시간이 된다. 항공권 구매 전 대기시간, 탑승 전 대기시간 등 대기시간이 길게 느껴질수록 고객의 불만족은 커진다. 대기시간을 줄이거나 짧게 느껴지도록, 그리고 대기시간 동안 편안하도록 만들어 주어야 한다. 대기 시설을 충분하게 만들고, 예약시스템을 만들고, 번호표 등 공정한 대기시스템을 만들고, 대기 예상시간을 알려주며, 대기하는 상황을 이해하도록 하고, 대기시간 동안 읽을거리나 관심거리를 제공하면, 고객들의 만족도는 높아진다.

그리고 서비스 구매 후에는 만족도 조사를 실시하여 MOT의 모든 순간들을 점검한다. 예약과정이 친절하였는지? 주차장에서 불편함이 없었는지? 식당의 경우 음식은 제때 나왔는지? 맛은 좋았는지? 구매 전 기대한 서비스와 실제로 제공받은 서비스에는 차이가 없었는지? 등을 조사하여 반영하여야 한다.

구매 후 나타나는 행동은 온라인 입소문으로 나타나고, 구매 후 부조화 현상으로 나타날 수 있고, 불만족할 경우 불만족의 원인을 외적 귀인 탓으로 할 수도 있다. 외적 귀인이란 어떤 행위의 원인을 외부 요소(서비스 제공자) 탓으로 돌리는 경우를 말한다.

(잠깐만!) MOT 관련 법칙
• 곱셈의 법칙: 고객이 느끼는 서비스의 만족은 각 접점에서의 만족도 합이 아니라 곱으로 결정된다는 법칙. 어느 한 접점에서 0점을 받으면, 총점은 0이 된다.
• 깨진 유리창의 법칙: 공터에 유리창이 깨진 자동차를 주차하면, 일정기간 후 그 차량은 파손된 모습으로 바뀌고, 반대로 깨끗하게 세차된 자동차를 주차하면, 주변에는 좋은 차량들이 주차한다는 법칙
• 100-1=0의 법칙: 고객은 가장 나빴던 서비스만 기억하고 좋았던 서비스는 잊어버리는 경향이 있으므로 100가지 서비스 중 하나라도 불만족되면 전체 서비스는 0점이라는 법칙
• 통나무 물통의 법칙: 나무로 된 통나무 물통은 한 부분이 깨질 경우 물통에 물을 가득 채울 수 없고 물이 모두 빠진다는 법칙으로 서비스의 한 부분이 누수되면 전체 서비스의 품질은 낮아진다.

EXERCISE

향상학습 및 심화학습

01 (향상학습) 아래 유튜브 동영상을 시청하면서 학습한 내용을 복습하시오.

  (1) 경영지도사300, 서비스 마케팅믹스

  (2) 메인에듀TV, 서비스 청사진 구성요소

  (3) 박창준, 서비스 품질

  (4) 숭실사이버대학교, MOT 분석 및 관리

02 (심화학습) 학습한 내용을 응용하여 아래의 물음에 대하여 답하시오.

  (1) 유형재와 서비스의 차이를 탐색속성, 경험속성, 신뢰속성의 3대 속성으로 설명하여 보시오.

  (2) '서비스 마케팅은 마케팅믹스에서 7P를 강조하는 만큼 유형재 마케팅보다 더 까다롭다.'라고 하였을 때 그 이유가 무엇인지 서비스 마케팅 삼각형과 7P를 근거로 설명하시오.

  (3) 여러분이 저가 항공사 사장이라고 가정하자. 항공업계의 치열한 경쟁에서 살아남기 위해 서비스 청사진을 통하여 고객의 불만을 찾아내고 품질을 향상시키려고 한다. 저가 항공사의 서비스 청사진을 그리고, 품질을 향상시킬 수 있는 방안이 무엇인지 설명하시오.

  (4) 여러분이 음식점 사장이라고 가정하자. 적극적인 마케팅으로 어떤 방송국의 프로그램 '생활의 달인 맛집'으로 선정되었다. 서비스 품질을 더욱 향상시키기 위하여 서비스 품질 갭 모델을 사용하여 정밀하게 분석하고자 한다. 갭 1~갭 5를 설명하여 서비스 품질을 향상시키는 방법을 설명하시오.

  (5) 여러분이 도서관의 품질 관리를 담당하고 있다고 가정하자. 도서관의 서비스 사이클을 작성하고 MOT를 설명해 보시오.

  (6) 한국표준협회, 서울시 등에서 실시하는 '서비스 품질지수'에 대하여 설명하시오.

PART 06

4차 산업혁명시대의 마케팅

마케팅은 어떻게 하는가?

제6편에서는 4차 산업혁명시대에 적용될 마케팅에 관하여 설명한다.

제17장에서 마케팅의 뉴 트렌드와 마케팅 전략의 변화에 대하여 설명하고,

제18장에서 디지털 마케팅이란 무엇이며 디지털 마케팅 믹스에 대하여 설명한다.

제19장에서 4차 산업혁명시대의 새로운 마케팅에 대하여 구체적으로 설명한다.

CONTENTS

마케팅공부 _ MARKETING

※ '향상학습 및 심화학습'의 유튜브 동영상 찾는 방법
   – 유튜브 검색창에 키워드를 입력하여 검색하면, 해당 동영상이
      상단에 노출된다.

CHAPTER

17 새로운 마케팅

1. 마케팅의 뉴 트렌드

── 마케팅은 죽었다

미국 마케팅 전문가 빌 리Bill Lee는 2012년 하버드 비즈니스 리뷰에 "마케팅은 죽었다"Marketing is dead라는 글을 게재했다. 빌 리는 광고, PR, 브랜드와 같은 전통적 마케팅은 이미 죽은 패러다임이라고 주장한 것이다.

그 이유는 첫째, 구매자들은 더 이상 전통적인 마케팅에 귀를 기울이지 않는다는 것이다. 구매자들은 이제 세일즈맨에게 의존하지 않고 직접 자신의 방식으로 인터넷 검색, 입소문, 댓글 등을 통하여 제품을 선택한다는 것이다.

둘째, 마케팅은 이제 회사의 성장에 적합하지 않다고 CEO들은 주장한다는 것이다. 2011년 런던에 있는 퍼네즈 마케팅 그룹Fournaise Marketing Group의 조사에 따르면, CEO 600명 중 73%는 마케팅최고책임자(CMO)들은 사업 성장을 창출하는 역량과 신뢰성이 결여되어 있으며, 72%는 CMO가 어떻게 사업 성장을 창출할지에 대한 구체적인 설명도 없이 자금 지원을 요청한다는 것이다. 그리고 77%는 회사의 지분가치나 재무지표와 실질적으로 연결될 수 없는 브랜드 자산만을 이야기한다는 것이다.

셋째, 오늘날과 같이 소셜 미디어 시대에서는 전통적인 마케팅과 영업 논리는 더 이상 작동하지 않는다는 것이다. 예컨대 페이스북에서 전통적인 마케팅 논리를 확장하더라도 효과가 없다는 것이다. 따라서 전통적 마케팅은 죽었으며, 새로운 마케팅 시대가 도래하였다고 주장하였다.

― 새로운 마케팅 시대의 도래

마케팅의 아버지 필립 코틀러도 2010년 『마케팅 3.0』, 2017년 『마케팅 4.0』, 2021년 『마케팅 5.0』을 발간하면서 새로운 마케팅을 주장하였다.[1]

코틀러가 설명하는 마케팅 1.0은 제품 중심의 마케팅을 말한다. 제품을 표준화하고 공장 규모를 키우며, 생산비용을 최소화하여 낮은 가격으로 대량 생산하는 데에 집중하는 초기단계의 마케팅을 말한다.

마케팅 2.0은 정보화 시대와 함께 시작되어 소비자들이 필요한 정보를 인터넷에서 확보하고 유사한 제품들을 비교하면서 구매제품을 스스로 선택하는 단계를 말한다. 이 시기에 기업들은 시장을 세분화하고 소비자 중심으로 생각하고 고객만족을 위하여 노력하는, 소비자 지향적인 마케팅을 추진하였다.

마케팅 3.0은 인간중심 마케팅으로서 2000년대 이후 시작되었지만, 아직도 소수의 기업만 이행하고 있다고 코틀러는 지적한다. 마케팅 3.0은 2.0과 마찬가지로 고객만족을 기본으로 하지만, 2.0보다 '차원 높은 고객만족'을 추진해야 하는 단계라는 것이다. 왜냐하면 소비자들은 이미 물질적으로 만족상태에 도달하여 이제 인류의 질병, 절대빈곤, 빈부격차, 환경파괴 등과 같은 사회·환경문제에 관심을 갖고 있는, '수준 높은 소비자'로 변화되었기 때문이다. 따라서 기업은 '수준 높은 소비자'들의 영혼까지 감동시키고 사회·환경·윤리 문제를 중시하는 사회지향적 마케팅으로 이행하여야 한다고 설명한다.

---

1 필립 코틀러, 『마켓 3.0』(안진환 옮김, 타임비즈, 2010), 『마켓 4.0』(이진원 옮김, 더 퀘스트, 2017), 『마켓 5.0』(이진원 옮김, 더 퀘스트, 2021)을 참고하였다.

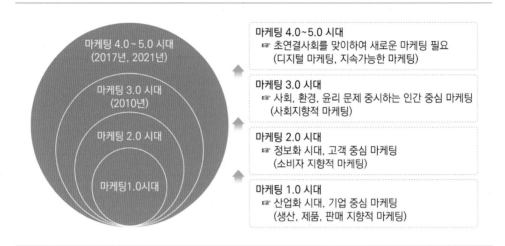

마케팅 4.0은 초연결성과 초지능화의 특성을 갖고 있는 4차 산업혁명의 도래로 새로운 마케팅을 추진해야 한다고 주장한다. 초연결성은 모바일, 인터넷, IoT 등으로 서로 연결되어 정보를 공유하고 상호작용하는 것을 말하며, 초지능화는 AI, 나노기술, 로봇공학 등을 활용하여 사물에 지능을 부여하여 고객들에게 맞춤 콘텐츠를 제공하는 것을 말한다.

마케팅 5.0은 마케팅 3.0의 인간중심과 마케팅 4.0의 기술중심 요소를 융합한 마케팅을 말한다. 차세대 기술을 인간중심 마케팅에 응용하는 것이다. 차세대 기술이란 4차 산업혁명의 핵심기술인 AI, NPL, 센서, 로봇공학, 증강현실AR, 가상현실 VR, IoT, 블록체인 등을 말한다. 마케팅 5.0시대에는 점차 심각해지고 있는 세대 차이, 부의 양극화, 디지털 격차 등 사회적인 문제를 해결해야 하고, 환경문제도 해결해야 하는 시기이다. 따라서 마케터들은 처음부터 데이터 중심적이며 차세대 기술을 활용하여 고객 경험 전반에 걸쳐 가치를 창출·전달·제공·강화하여야 한다고 코틀러는 주장한다.

2. 마케팅 전략의 변화

— 소비자행동의 변화

먼저 디지털 기술의 발달은 소비자행동을 크게 변화시키고 있다. AIDA 모형으로부터 출발한 소비자의 구매의사결정과정은 AIDMA 모형으로 발전하였고, 인터넷 시대에는 AISAS 모형, AISCEAS 모형으로 발전하여 왔다.[2]

AIDA 모형은 주의attention-관심interest-욕구desire-구매action의 단계로 소비자들의 구매의사가 결정된다는 전통적인 이론이다. 이러한 AIDA 모형은 1920년대 TV 광고가 등장하면서 TV 광고를 머릿속에 기억memory하는 단계를 거쳐 구매하게 된다는 AIDMA 모형으로 수정되었고, 이후 인터넷이 도입되자 인터넷에서 검색search하고 구매 이후에는 경험을 공유share하는 단계를 거친다는 AISAS 모형으로 수정되었다.

▌그림 17-2 소비자들의 구매의사결정 모형 변화

단계	AIDA 모형	AIDMA 모형	AISAS 모형	AISCEAS 모형
인지	주의(Attention)	주의(Attention)	주의(Attention)	주의(Attention)
감정	흥미(Interest) 욕망(Desire)	흥미(Interest) 욕망(Desire) 기억(Memory)	흥미(Interest) 검색(Search)	흥미(Interest) 검색(Search) 비교(Comparison) 검토(Examination)
행동	행동(Action)	행동(Action)	행동(Action) 공유(Share)	행동(Action) 공유(Share)

---

2 AIDA 모형은 1898년 E.S 루이스, AIDMA 모형은 1924년 Rolland Hall, AISAS 모형은 1995년 일본 광고대행사 덴츠, 2004년 AISCEAS 모형은 일본 안비 커뮤니케이션즈가 개발하였다.

AIDMA 모형이 소비자들이 외부의 자극을 받아 수동적으로 반응하는 모형이라면, AISAS 모형은 인터넷을 통하여 검색하고 경험담을 공유하는 능동적이고 적극적인 소비과정을 설명하는 모형이라 할 수 있다.

그리고 AISAS 모형은 인터넷 사용 확대와 모바일 기기 도입으로 AISCEAS 모형으로 수정되었다. 채널이 더욱 다양화되고 정보량이 풍부해짐에 따라 검색단계가 검색search − 비교comparison − 검토examination단계로 더욱 세분화된 것이다. 제품을 구매할 때 소비자들은 검색단계를 통과하면, 여러 가지 정보를 종합하여 비슷한 제품의 장점과 단점, 기능, 가격 등을 상세히 비교하는 비교단계를 거치게 된다는 것이다. 비교단계에서 나름대로 확신을 갖게 되면, 실제 점포에 전화를 걸어 문의하거나, 점포를 방문하여 제품을 시용하고 확인하는 검토단계를 밟게 된다. 제품을 검토한 결과 확신이 있으면, 구매를 하게 되고, 구매한 이후에는 정보를 공유하게 된다.

이와 같이 디지털 시대의 소비자들은 다양한 채널을 통하여 예전보다 꼼꼼하게 따질 만큼 까다로워졌으며, 구입제품의 정보와 경험담을 블로그나 소셜 네트워크에 올려 다른 소비자들과 공유하고 소통하는, 자연스러운 과정을 거치고 있다.

한편 코틀러도 4차 산업혁명시대를 맞이하여 소비자들의 구매경로가 변화한다고 주장한다. 그동안 널리 사용되어 온 AIDA 모형은 4A에서 5A로 바뀐다. AIDA 모형이 몇 차례 수정되어 왔지만, 데릭 러커Derek Rucker는 4A로 수정한 바 있다. 4A는 고객들이 제품을 인지aware하면, 제품을 좋아하거나 싫어하는 태도attitude를 보이고, 구매여부를 결정하는 행동act으로 나타나게 되고, 재구매할 가치가 있으면 반복 행동act again으로 나타난다는 것이다. 반복행동(재구매)은 고객 충성도를 평가하는 강력한 수단이므로 4A에 포함시킨 것이다.

소비자 구매경로 4A가 마케팅 2.0~3.0시대에 적용되었다면, 마케팅 4.0~5.0시대에는 5A로 바뀐다. 고객이 제품을 인지aware하면, 어떤 제품에 대하여 호감

appeal을 갖게 된다. 호감이 있는 제품에 대하여 더 많은 정보를 찾기 위하여 친구, 가족, 커뮤니티에서 물어보는 질문ask단계를 거쳐, 최종 구매를 결정하는 행동act을 하게 된다. 구매 이후에는 재구매 또는 다른 사람들에게 추천하는 옹호advocate단계로 이동하게 된다.

┃그림 17-3 4차 산업혁명시대의 소비자 구매경로 변화

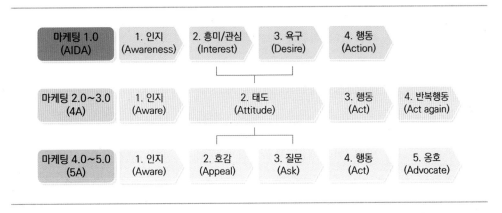

따라서 4차 산업혁명시대의 구매경로는 3가지 변화하게 된다. 첫째는 구매를 결정할 때 '커뮤니티'의 영향을 많이 받는다는 것이다. 개인적인 의사결정에서 친구, 가족, 커뮤니티에 물어보는 사회적 의사결정으로 바뀌는 것이다.

둘째는 태도를 결정할 때 '질문'단계를 거친다는 것이다. 제품을 구매하기 위하여 커뮤니티에 질문을 던지면, 긍정적인 의견과 부정적인 의견이 교환되면서 고객들 간에 서로 연결되고 제품에 대한 호감이 강화되기도 하고 약화되기도 한다. 제품에 대한 질문과 호감의 재확인은 브랜드에 강력한 영향을 미치게 된다.

셋째는 고객 충성심은 기존에는 재구매로 끝났지만, 4.0~5.0시대에는 '옹호'로 나타난다는 것이다. 적극적인 옹호자들은 부탁을 받지 않더라도 자발적으로 경험담을 커뮤니티에 게재하고 다른 사람에게 추천한다는 것이다.

─ 시장 세분화전략과 마케팅 믹스

제4차 산업혁명이 몰고 온 환경의 변화는 시장 세분화와 마케팅 믹스에 크게 영향을 미친다. 전통적인 마케팅은 시장을 인구통계학적, 지리적, 사회심리학적, 행동학적 변수에 따라 집단을 세분화하고, 이 중에서 목표시장을 선정한 다음, 자사 제품을 차별적인 이미지로 포지셔닝하는 것이었다.

그러나 4차 산업혁명 시대에는 고객들이 커뮤니티를 통하여 서로 연결되어 있다. 커뮤니티는 곧 커뮤니티 회원들이 자발적으로 세분화해 놓은 고객집단이 된다. 따라서 마케터들은 시장을 세분화하려고 노력할 것이 아니라 '커뮤니티'라는 이미 세분화된 시장에 진입할 수 있도록 허락을 받아야 한다. 마케팅 메시지를 보내기 위해서도 사전에 고객의 동의를 받아야 한다. 이를 허락 마케팅permission marketing이라고 한다. 허락을 받은 이후에는 친구처럼 행동해야 한다. 고객들은 친구의 요청을 언제든지 수용할 수도 거절할 수도 있다. 이제 기업과 고객은 수평적인 망 속에서 사회적으로 서로 연결되어 있다.

그리고 포지셔닝 방법도 변경해야 한다. 전통적 마케팅에서는 경쟁사와 경쟁하기 위하여 제품을 차별화하였으며, 차별화는 독특한 이름과 로고로 구성된 브랜드를 통하여 이루어져 왔다. 그러나 디지털 경제에는 고객들이 포지셔닝을 평가하고 결론을 내린다. 그동안 기업이 일방적으로 하던 포지셔닝은 이제 커뮤니티 고객들로부터 동의를 받지 못하면, 브랜드로서 성공할 수 없다.

마케팅 믹스도 바뀌어야 한다. 전통적 마케팅에서 마케팅 믹스는 4P를 중심으로 이루어졌으나, 4차 산업혁명시대에는 공동창조co-creation, 통화currency, 공동체활성화communal activation, 대화conversation라는 4C로 바뀌어야 한다.

먼저 신제품 개발은 공동창조로 바뀌어야 한다. 기업 단독으로 이루어졌던 신제품 개발은 이제 구상단계부터 고객을 참여시켜 공동으로 창조한다면, 제품의 맞춤화와 개인화가 가능하여 성공확률을 높여줄 것이다.

가격 책정방법도 기존의 표준화된 가격책정에서 역동적인 가격책정으로 진화하여야 한다. 역동적인 가격책정이란 시장 수요와 생산시설 가동률에 따라 가격을 유연하게 결정하는 방법을 말한다. 마치 시장수요에 따라 출렁이는 통화의 가치와 유사하다고 하여 가격을 통화로 표현한다. 현재에도 호텔이나 항공사 등 일부 산업에서는 시장수요와 이용률에 따라 가격을 변경하고 있다. 향후 디지털 시대에는 빅데이터 분석을 통하여 가격을 얼마든지 유연하게 책정할 수 있다.

채널의 개념은 공동체 활성화라는 개념으로 바뀌어야 한다. 에어비앤비, 우버 등과 같은 공유경제는 개인과 개인 간의 유통(P2P)peer-to-peer을 가능하게 만들고 있다. 향후에도 공유경제라는 공동체 활성화를 통한 유통은 더욱 확산될 것이다.

촉진의 개념 역시 대화라는 개념으로 바뀌고 있다. 판매촉진은 전통적으로 기업이 고객에게 일방적으로 메시지를 전달하였으나, 이제 소셜 미디어의 확산으로 기업과 고객, 고객과 고객 사이의 대화로 전달되고 있다. 앞으로 고객이 기업을 평가하고 자신들의 경험담을 주저 없이 제시하는 상황은 증가할 것이다.

─ 차세대 기술을 활용한 마케팅전략

대표적인 차세대 기술은 빅데이터, AI, NLP, 센서, 로봇공학, 증강현실AR, 가상현실VR, IoT, 블록체인 등이다. 빅데이터를 활용하면, 시장세분화가 가능하여 고객과 1:1 맞춤형 마케팅 전략을 구사할 수 있다.

인공지능AI을 활용하면, 인간을 대신하여 더 정확하고 더 효율적인 서비스 제공이 가능하다. 가령 IBM에서 개발한 인공지능 컴퓨터 Watson AI는 이미 병원, 법률, 유통, 금융, 스포츠, 교육 등 모든 분야에서 활용되고 있다. 병원 진료에서 의사를 대신하여 환자를 진단하고 개인맞춤형 치료법을 제시하고 있으며, 법원서비스 분야에서 AI와 법률이 결합된 Legaltech는 법률과 판례를 검색하여 각종 법률자문, 소송문 작성, 변호사 추천, 판결 예측 등 종합법률 서비스를 온라인으로 제공하고 있다.

그리고 콜 센터 기능(챗봇)을 수행할 수 있으며, 예측 배송, 음반 제작, 라디오 방송 진행, 실시간 맞춤형 광고 등도 가능하다. 특히 AI의 예측 알고리즘의 도움을 받으면, 신제품 개발과정에서 시장조사와 콘셉트 테스트를 더 빠르고 정확하게 할 수 있으며, 시장세분화와 상향판매up-sell, 교차판매cross-sell의 도움도 받을 수 있다.

자연언어처리(NLP)natural language processing 기능을 활용하면, 컴퓨터가 인간의 언어를 이해하여 사람과 대화가 가능하고 외국어의 번역과 음성인식이 가능해진다. 안면인식 스크린 또는 카메라와 같은 센스기술을 이용하면, 무인점포 운영이 가능하고 쇼핑객의 인구통계학적 특성을 추정하여 적절한 판촉활동도 가능해진다.

증강현실AR과 가상현실VR을 활용한 마케팅도 다양하다. 자동차 앞 유리에 내비게이션이나 교통상황을 겹쳐서 표시하는 AR 기술을 활용하면, 위치 기반 광고나 판매촉진을 진행할 수 있다. 즉, 특정매장에 입장하였을 때 AR 앱을 작동시키면 스마트 폰으로 각종 프로모션이나 할인 쿠폰을 받을 수 있다. 또한 VR 기술을 활용하면, VR 스포츠, VR 공연, VR 여행 등 집안에 있으면서도 VR 헤드셋을 착용하고 스포츠, 쇼핑, 공연, 여행을 즐길 수 있다. 이를 메타버스metaverse라고 한다.

그리고 근거리 무선통신기기(NFC, RFID, beacon 등)와 VR, IoT기반 음성 대화 기술을 조합하면, 언택트 마케팅, 온디맨드 마케팅 등도 가능해진다. 언택트 마케팅 untact marketing은 판매직원과 접촉이 필요 없는 무인서비스 또는 비대면 마케팅이다. 혼술과 혼밥, 카페 또는 호텔을 이용할 때 무인계산대를 이용할 수 있다. 아마존이 운영하는 무인편의점 아마존고amazon go에서 물건을 구입하고 그냥 걸어 나오면 계산이 이루어진다. 온디맨드 마케팅on-demand marketing은 소비자가 원할 때 언제든지 제공되는 서비스이다. 배달의 민족, 카카오택시, 에어비앤비 등이 모두 우리가 이미 경험한 온디맨드 서비스이다. 따라서 마케터들은 향후 차세대 기술을 활용한 마케팅 전략을 적극 전개하여야 할 것이다.

EXERCISE

향상학습 및 심화학습

01 (향상학습) 아래 유튜브 동영상을 시청하면서 학습한 내용을 복습하시오.

(1) 체인지그라운드, 세계적 마케팅 거장이 말하는 5단계 성공법칙

(2) 곽팀장, 마케팅 트렌드와 뉴스를 가장 빠르게 파악하는 방법

(3) EO, 4차 산업혁명시대에 마케팅은 어떻게 바뀔까?

(4) 곽팀장, 디지털 시장조사를 단 10분 만에 끝내는 방법

(5) IBM Korea TV, 전문가30문30답, Data & AI 전문가가 꼽은 AI 성공사례

(6) 미래채널 MyF, 메타버스 적용사례 총정리

(7) 위세아이텍, IBM Watson을 활용한 인공지능 사례

02 (심화학습) 학습한 내용을 응용하여 아래의 물음에 대하여 답하시오.

(1) '마케팅은 죽었다'라는 말은 어떤 의도에서 출발한 것인지를 설명하시오.

(2) 필립 코틀러가 주장하는 마케팅 1.0~5.0을 차이점을 중심으로 한 줄씩 설명하시오.

(3) 소비자행동 모형으로 AIDA, AIDMA, AISAS, AISCEAS 등 다양한 모형을 설명하고 있다. 소비자행동 모형을 강조하는 이유가 무엇인지 자세히 기술하시오.

(4) 4차 산업혁명시대에서 소비자의 구매경로는 '인지-호감-질문-행동-옹호'의 5A로 설명한다. 사례를 들어 자세히 설명해 보시오.

CHAPTER

18 디지털 마케팅

1. 디지털 마케팅이란?

— 디지털마케팅이란?

디지털마케팅이란 인터넷에 기반을 두고 다양한 디지털 기기와 디지털 플랫폼, 디지털 채널, 디지털 기술을 활용하는 마케팅을 말한다. 디지털 마케팅은 크게 세 가지 특징이 있다.

① 인터넷에 기반을 두고 있어 기존의 한계를 초월한다. 시간과 공간을 초월하여 언제 어디서나, 실시간 또는 서로 다른 시간에, 현장 또는 원격 참여가 모두 가능하다. 그리고 참여자를 초월하여 사람뿐만 아니라 AI와 IoT도 참여할 수 있다. 방향도 초월하여 한방향이 아니라 쌍방향으로 자유자재로 상호작용할 수 있다. 양적 제한도 초월하여 인터넷을 통해서 무제한적으로 제품을 제공받을 수 있고, 기업 ⇄ 고객, 고객 ⇄ 고객, 기업 ⇄ 고객 ⇄ AI ⇄ IoT와 같이 참여자들 사이에 다양한 정보를 원하는 만큼 얻을 수 있다.

② 디지털 채널을 사용하므로 데이터 축적이 가능하다. 아날로그와는 달리 디지털 채널은 데이터로 축적되므로 측정이 가능하고 정확한 정보를 수집할 수 있으며 다양하게 활용할 수 있고 공유도 가능하다. 실시간으로 즉각 반응할 수도 있고,

자료를 소셜 CRM에 활용할 수도 있다.

③ 디지털 마케팅은 새로운 다이렉트 마케팅(직접마케팅)의 모델이 된다. 기존의 다이렉트 마케팅은 직접대면, 우편, 전화, 카탈로그 등을 사용하였으나, 이제는 온라인, 모바일, 소셜 미디어 등 다양한 디지털 기기를 사용할 수 있으므로 예전보다 도달률이 높고 상호작용이 많으며 맞춤형 마케팅도 가능해진다. 디지털 마케팅은 목표고객을 선정하고, 목표고객과 1:1, 1:다수, 다수:다수 마케팅도 가능하다.

── 유입마케팅과 전환마케팅

디지털 마케팅에서 제일 중요한 일은 고객을 홈페이지로 유입하고, 유입된 고객을 구매로 전환하는 작업이다. 고객을 홈페이지로 유입하기 위한 활동을 유입마케팅이라고 하며, 고객을 구매로 전환하기 위한 활동을 전환마케팅이라고 한다.

유입마케팅은 네이버, 카카오톡, 블로그, 페이스북, 구글, 유튜브 등 다양한 채널을 활용하여 고객을 홈페이지에 유입한다. 전통적 마케팅의 유통채널에서 다양한 디지털 채널이 추가된 것이다. 유입마케팅에서는 일단 유입률을 높여야 한다. 유입률을 높이기 위하여 고객들에게 전달하고자 하는 마케팅 메시지가 중요하다. 광고, 뉴스, 체험담, 사회공헌 자료 등 형식에 구애됨이 없으며, 독특하고 창의적인 콘텐츠여야 하며, 텍스트, 이미지, 동영상 등을 적절하게 배합하여 제작하여야 고객들의 관심을 끌어야 한다.

유입마케팅은 전환마케팅으로 연결된다. 유입된 고객은 홈페이지를 재방문하도록, 구매로 연결되도록 유도하여야 한다. 이메일 등 직접마케팅을 통하여 메시지를 전달하고 접촉하면서 재방문과 구매를 유도한다. 전환률(CVR)conversion rate이 중요하다. 전환률은 $\frac{전환수}{유입수} \times 100(\%)$로 계산된다. 여기서 전환은 제품구매, 다운로드, 링크클릭, 상담신청, 회원가입, 장바구니 담기 등 구체적으로 취하는 행동을 말한다.

전환률을 높이는 전략으로 마케팅 깔때기marketing funnel 전략이 활용된다. 불특정 다수를 유입하고, 유입된 고객을 전환시켜 자사 고객으로 만들기까지 필요한 전략을 말한다.

▌그림 18-1 디지털 마케팅의 프로세스

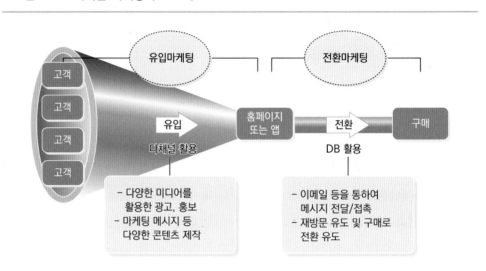

— 디지털 마케터의 역할

디지털 마케팅의 시대에서 디지털 마케터가 하는 일은 다양하다. 우선 온라인 상에 있는 다양한 마케팅 채널들을 잘 활용하고, 디지털 콘텐츠를 생산하며, 디지털 데이터를 분석하고, 이를 의사결정에 활용하는 일을 수행한다. 디지털 마케터는 수행하는 업무에 따라 콘텐츠 마케터, 퍼포먼스 마케터, 그로스 해커로 구분할 수 있다.

콘텐츠 마케터contents marketer는 고객들의 간지러움을 해소할 수 있는 콘텐츠를 만들어 고객들로부터 반응을 이끌어내는 역할을 담당한다. 고객들이 평소 궁금했던 내용 또는 향후 필요로 하는 내용을 파악하여 공감을 주도록 메시지나 콘텐츠를 기획하여 제품을 널리 알리는 역할을 담당한다. 스토리가 있는 콘텐츠 또는 상상력과 창의력이 있는 콘텐츠를 만들 수 있어야 한다.

퍼포먼스 마케터performance marketer는 웹 사이트나 앱을 방문한 유입고객을 찾아내고 추적하여 데이터를 만들고 이를 분석하여 매출로 전환되도록 하는 역할을 담당한다.

그로스 해커growth hacker는 데이터를 기반으로 매출 상승 등 회사의 높은 성장을 돕는 역할을 한다. 인터넷이나 모바일을 통하여 축적된 빅데이터를 분석하여 고객들의 행동패턴을 찾아내고 효과적인 마케팅 전략을 세우고 효과적인 광고를 통하여 회사의 성장을 돕는 역할을 한다. 퍼포먼스 마케터와 그로스 해커는 데이터를 기반으로 하므로 데이터 기반 마케터data-driven marketer라고 한다.

― 다양한 디지털 소비자 등장

디지털 시대는 소비자들의 행동에 많은 영향을 미친다. 먼저 다양한 디지털 소비자들의 출현이다. 디지털 시대의 새로운 소비자들은 리드유저, 오피니언 리더, 혁신 소비자, 시장전문가, 허브와 브로커, 프로슈머, 프로유저, 인플루언서 등이 있다.

1 리드유저lead user는 향후 시장에서 일반화될 니즈를 먼저 알아차리는 소비자로 향후 트렌드를 선도하게 된다. 신제품 개발과정이나 마케팅 깔때기 전략에 활용하면 실패확률이 크게 낮아진다. 리드유저는 개인, 전문가, 회사, 기관 등이 될 수 있다.

2 의견선도자opinion leader는 다른 사람에게 의견을 전달하여 행동이나 신념에 영향을 미칠 수 있는 사람으로 영향력 또는 발언권이 있는 유명인사를 일컫는다. 디지털 시대에는 파워 블로거들이 의견선도자의 역할을 수행하는 경우가 많다.

③ 혁신 소비자innovative consumer는 시장에 등장한 새로운 제품을 제일 빨리 수용하는 소비자를 말한다. 먼저 체험한 내용을 다른 사람들에게 전파하므로 의견을 선도할 수 있어 기업의 좋은 마케팅 대상이 된다.

④ 시장전문가market maven는 시장에 대한 정보를 많이 보유한 정보 탐색가들이다. 기술적인 측면에서 전문가는 아니지만, 풍부한 정보를 바탕으로 'smart buying'을 하고 다른 소비자들에게 광범위한 영향을 미치는 것을 즐기는 소비자들이다.

의견선도자와 혁신 소비자, 시장전문가는 서로 비슷한 개념이지만, 의견선도자는 다른 사람에게 미치는 영향력 측면에서, 혁신 소비자는 신제품을 수용하는 속도 측면에서, 시장전문가는 제품에 대한 정보의 보유량 측면에서 서로 다른 개념이다. 마케터들은 이러한 차이점을 활용하여 의견선도자는 커뮤니케이션 전략에 활용하고, 혁신 소비자는 신제품의 입소문 전파자로 활용하고, 시장전문가는 소비자의 소비행동 관찰에 활용하면 유용할 것이다.

⑤ 인플루언서influencer은 소셜 네트워크에서 수십만 명의 팔로워를 보유한 사람을 말한다. 사회적 지위가 높은 사람, 지명도가 높은 연예인과 모델, 신제품을 제일 먼저 수용하는 혁신 수용자, 그리고 인기가 많은 유튜버나 블로거 등이 인플루언서가 될 수 있다. 소비자들은 인플루언서의 말을 경청하

는 경향이 있다. 인터넷 포탈업체인 네이버는 분야별 인플루언서를 육성하고, 전문적인 정보와 콘텐츠를 생산하도록 유도하여 독자들에게 제공하고 있다.

⑥ 허브와 브로커hub & broker가 있다. 허브는 다른 사람보다 사회적 네트워크에서 많은 사람들과 연결되어 있는 소비자를 말한다. 이들은 다른 사람들과 강한 연

결관계를 바탕으로 소속된 커뮤니티에서 다른 사람들의 행동에 영향을 미치기도 한다. 브로커는 소비자의 집단과 집단을 연결해주는 소비자를 말한다. 이들은 집단 간의 약한 연결관계를 매개하면서 소비자 네트워크에서 정보 확산에 큰 역할을 수행한다.

⑦ 프로슈머prosumer는 생산자producer와 소비자consumer의 합성어로 제품의 생산과정에 직·간접적으로 참여하는 소비자를 말한다. 기업이 신제품을 개발할 때 다양한 소비자들의 의견 수렴과정을 거치는데, 프로슈머는 여기에 참여하여 새로운 아이디어를 제시하거나 제품을 평가하고 문제해결에 도움을 주는 소비자들이다.

⑧ 프로유저prouser는 기술적인 전문성을 보유한 전문가로서 제품을 직접 개량할 수 있는 소비자이다. 기업들은 자사 제품의 프로유저를 육성하기 위하여 프로유저 초청세미나를 개최하고 시상을

하기도 한다. 예컨대, 마이크로소프트는 'Microsoft MVP'제도를 통하여 자신의 지식을 커뮤니티에서 열정적으로 공유하는 기술 전문가를 90개 국가에 4,000명 이상 선정하고 있다.

— 디지털 시대의 마케팅 전략

디지털 시대의 마케팅 전략은 마이크로 마케팅이 되어야 한다. 마이크로 마케팅 (또는 미시 마케팅)micro marketing이란 소비자들을 인구통계학적, 지리적, 심리학적, 행동적 변수를 활용하여 아주 작은 시장으로 세분한 다음, 시장을 공략하는 마케팅 전략이다. 마이크로 마케팅은 소비자들이 동질하다는 전제 하에서 이루어지는 전통적 마케팅과는 다르다. 전통적 마케팅은 TV 등 매스미디어를 활용하여 많은 소비자들을 대상으로 동일한 메시지를 전달하는 매스 마케팅이다. 그러나 디지털

환경 하에서는 개인이 사용하는 스마트 기기의 데이터를 활용하면, 개인별로 데이터 수집·분석·활용이 가능하여 개인 특성에 맞는 마케팅을 할 수 있다.

마이크로 마케팅은 제8장에서 설명한 개별 마케팅과도 다르다. 개별 마케팅(또는 개인화 마케팅)personalized marketing은 매스 마케팅과는 달리 틈새시장 또는 개인시장에서 특정고객 군을 대상으로 하는 일대일 마케팅 또는 맞춤 마케팅을 말한다. 그러나 마이크로 마케팅은 개별 마케팅보다 더 개인화하여 특정개인별로 진행되는 일대일 마케팅 또는 맞춤 마케팅이다. 따라서 마이크로 마케팅은 온라인으로 쌍방향 일대일 커뮤니케이션이 가능하다. 마이크로 마케팅은 나이, 성별 등 개인의 기본적인 사항(기본데이터)과 온라인에 남긴 흔적(행동데이터)을 기반으로 사용자의 맞춤형 콘텐츠, 맞춤형 광고, 맞춤형 제품 등을 제공하게 된다.

최근에는 초개인화 마케팅hyper-personalized marketing이 활용되고 있다. 개인의 이동경로, 현재의 위치 등 온라인 자료는 물론 실제 생활 패턴, 취향, 선호하는 음식 등 오프라인 자료를 활용하여 소비자가 현재 위치한 장소, 상황, 시간대에 맞추어 실시간으로 알맞은 메시지를 전달하는 마케팅이다. 초개인화 마케팅은 과거의 자료에 추가하여 실시간으로 데이터가 업데이트되므로 최근 마케팅 기법으로 많이 활용되고 있다.

2. 디지털 마케팅 믹스

(1) 제품

　　디지털 마케팅 시대에는 디지털 제품이 등장한다. 디지털 제품이란 디지털 형태로 생산, 유통, 소비되고 저장할 수 있는 제품을 말한다. 예컨대 전자서적, 전자티켓, MP3, 게임 소프트웨어, 각종 정보 등이다. 디지털 제품에는 MP3 음악파일 등과 같은 디지털 콘텐츠 제품과 인터넷 예약·주문과 같이 다른 제품을 이용하기 쉽도록 도와주는 디지털 서비스 제품이 있다. 디지털 서비스 제품의 대표적인 예로서 스카이스캐너이다. 스카이스캐너는 항공권·호텔·렌트카의 가격 정보를 한 눈에 보여주고 소비자들이 저렴하게 예약 구매할 수 있는 정보서비스를 제공하고 있다.

　　디지털 제품은 유형재와 다른 특성을 갖고 있다.

　　① 소프트soft하다. 파일 형태의 디지털 문서, MP3 파일 등과 같은 디지털 제품은 언제든지 수정과 편집이 가능하며, 제품의 일부분만 분리하여 무료 샘플로 제공하거나 판매할 수 있고, 여러 파일을 묶어 판매할 수도 있다. 그리고 재생산이 용이하므로 일단 개발되면, 추가 생산비용이 들지 않고, 무제한 재생산과 배송이 가능하다.

② 비소멸성이다. 일단 생산되면 형태와 품질을 영구히 보존할 수 있으며, 소프트웨어의 매매는 무한정 가능하고, 주식 거래와 인터넷 뱅킹과 같이 거래도 활발하게 할 수 있다.

③ 경험재에 속한다. 디지털 제품은 탐색재·경험재·신뢰재의 분류 측면에서 경험재experience good에 속한다. 직접 경험하지 않으면, 평가하기 어려운 제품이다.

④ 정보중심적인 제품이다. 디지털 제품은 제품 자체보다 제품이 제공하는 기능이나 내용을 중시 여긴다.

이와 같은 디지털 제품의 특성은 혁신적인 신제품을 끊임없이 출시할 수 있는 동인이 된다. 업그레이드, 버전1·2·3 등과 같이 제품의 일부를 수정하거나 보완할 수 있다. 그리고 기존의 유형재를 디지털 제품으로의 전환도 가능하다. 예컨대 종이 신문을 온라인 신문으로 제작하는 사례이다.

따라서 디지털 제품의 전략이 무엇이냐에 따라 새로운 디지털 고객을 창출할 수 있으며, 특정고객군에 맞는 새로운 제품을 개발할 수 있으며, 재포지셔닝을 통하여 새로운 시장을 개척할 수도 있다.

(2) 가격

디지털 제품의 가격 책정방법은 유형재의 가격 책정방법과 다르다. 비용구조가 다르기 때문이다. 디지털 제품의 비용구조도 고정비와 변동비(운영비)로 구성되지만, 변동비의 비중이 매우 낮다. 고정비는 최초 개발비와 그 이후 업그레이드 비용이며, 변동비는 물리적 점포가 없으므로 홈페이지 제작비용과 유지비용이다.

따라서 디지털 제품은 생산량이 증가할수록 단위당 생산원가는 하락하는 규모의 경제 현상이 나타난다. 이에 따라 디지털 제품은 원가기준 가격결정방법은 의미가 없으며, 가치기준 가격결정방법이 많이 활용된다.

디지털 제품의 가격결정방법은 크게 4가지로 구분할 수 있다.

⑴ 버저닝versioning에 의한 가격결정이다. 디지털 제품은 높은 기능부터 낮은 기능까지 여러 단계의 버전을 만들어 판매할 수 있다. 제품의 버전을 다양화하여 고객들에게 선택의 폭을 넓혀주고, 가격을 달리 책정하여 많은 고객을 유인하면, 고객 확보와 이익 극대화를 동시에 달성할 수 있다. 또한 새로운 버전이 나올 때마다 가격 인상도 가능하다. 이것이 바로 가치기준 가격결정방법이다.

버저닝 방법은 여러 가지가 있다. ① 수량에 따른 버저닝이다. 1회 이용권, 10회 이용권, 1개월 이용권 등으로 버저닝하는 방법이다. ② 시간을 이용한 버저닝 방법도 있다. 예컨대 V3 백신 유료사용자는 무료사용자에 비해 더 빠른 업데이트를 제공하는 방법이다. ③ 가격에 따른 버저닝도 있다. 신문사에서 당일 기사는 무료로 볼 수 있지만, 오래된 기사 또는 심층취재 기사, 논설 등은 유료로 제공하는 방법이다. ④ 성능에 의한 버저닝은 소프트웨어를 일반인과 전문가 버전으로 구분하여 가격을 차별화하는 방법이며, ⑤ 지원 서비스 차등화는 구매 후 1년 동안 무상 서비스를 제공하지만, 1년 후에는 유료로 전환하는 경우이다.

⑵ 번들링bundling에 의한 가격결정이다. 번들링에는 상품 번들링과 가격 번들링이 있다. ① 상품 번들링은 서로 다른 두 개 이상의 상품을 하나의 상품으로 묶어 할인 판매하는 것을 말한다. 다른 종류의 상품을 하나로 묶어 판매한다고 하여 결합판매라고도 한다. 그러나 강제로 구매하도록 하는 '끼워 팔기'와는 다르다.

상품 번들링에는 순수 번들링과 혼합 번들링의 방법이 있다. 순수 번들링은 서로 다른 상품을 하나의 상품으로 묶어 판매(결합판매)하는 것을 말하며, 혼합 번들링은 묶음 판매(결합판매)뿐만 아니라 낱개 판매(개별판매)도 가능한 것을 말한다. 예컨대 통신사의 전용요금제는 순수 번들링으로 분리하여 낱개로 판매할 수 없다. 반면, 통신사의 결합상품(휴대전화, 집전화, 인터넷 등), MS office의 결합상품(MS−word, excel, power point 등)은 묶음 판매도 가능하고 개별 판매도 가능하므로 혼합 번들링에 해당된다.

② 가격 번들링은 동일한 상품을 묶어 할인 판매하는 방법이다. 예컨대 편의점에서 수입맥주 4개를 1만원으로 판매하는 사례나, '1＋1' 또는 '2＋1'로 묶어 판매할 때 할인해 주는 일종의 수량할인에 해당된다.

③ 공짜가격free price 결정방법이다. 공짜가격 책정은 소비자들에게 제품을 무료로 제공하고, 비용은 소비자가 아니라 다른 기업 또는 다른 사업에서 충당하는 방법이다. 예컨대 네이버, 다음과 같은 포털 사이트는 누구나 무료로 이용할 수 있는 검색엔진이지만, 쇼핑, 웹툰, TV 등 다른 사업에서 수익을 얻고 있다. 그리고 유튜브는 다른 기업으로부터 광고 수입을 얻은 다음, 유튜브 운영비용에 충당하고 일부를 유튜버에게 수익금으로 배분하고 있다.

④ 타임 커머스 가격책정방법이다. 타임 커머스time commerce란 모바일이나 웹을 통해 실시간으로 제품을 거래하는 시장을 말한다. 예컨대 항공권이나 호텔, 영화관에서 마감 직전에 할인 판매하는 사례가 해당된다. 판매자는 시간이 지나면 팔 수 없는 제품을 저렴하게 판매하고, 소비자는 자신이 필요한 시점에 저렴한 가격으로 구매할 수 있다.

(3) 유통

디지털 환경에서 유통경로는 크게 변화된다. 유통경로가 더욱 다양해지고 직접판매가 증가하면서 복잡한 중간단계는 축소되어 유통비용이 절감되거나, 다른 형태의 중간상이 등장하기도 한다.

디지털 시대의 유통은 크게 파이프 라인 모형, 플랫폼 모형, 기타 모형으로 구분할 수 있다.

① 파이프 라인 모형pipeline model은 생산자와 소비자 사이에 존재하는 중간상이

생략되고 생산자와 소비자가 직접 연결되는 경우이다. 제11장에서 설명한 직접유통경로에 해당된다.

② 플랫폼 모형platform model은 다수의 생산자가 특정 플랫폼을 통하여 소비자들에게 제품을 판매하는 경우이다. 플랫폼이 중간 유통을 담당하는 형태가 된다. 플랫폼 모형에는 다시 2가지 유형으로 구분된다.

① 플랫폼 제공 유통회사이다. 네이버 쇼핑, 다음 쇼핑과 같이 플랫폼을 생산자들에게 제공하고 입점한 생산자가 배송을 책임지는 형태이다. 입점한 생산자는 플랫폼 제공 유통회사에게 수수료를 지급하게 된다.

② 직매입 중심의 유통회사이다. 쿠팡이나 티몬 등은 직접 플랫폼을 만들고 제품을 판매하고 배송하는 형태이다. 유통업자가 여러 생산자로부터 다량의 제품을 구매하여 제품을 직접 소유하고 물류 창고에 보관하고 있으면서 고객들이 주문을 하면 직접 배송하게 된다.

❙ 그림 18-2 디지털 시대의 유통경로

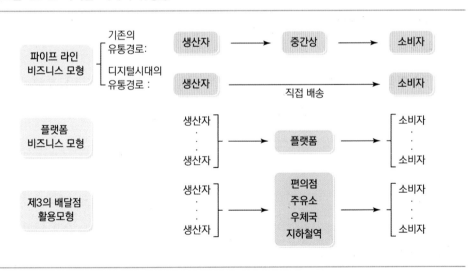

두 유통회사의 차이점은 유통회사가 제품 소유권을 보유하느냐에 있다. 플랫폼 제공 유통회사는 소유권을 보유하지 않으며, 직매입 중심의 유통회사는 소유권을 보유하고 빠른 배송에 주안점을 둔다.

③ 유통점을 제3의 배달점으로 활용하는 사례이다. 편의점, 슈퍼마켓, 주유소, 우체국, 지하철역 등을 배달점으로 활용하는 방법이다. 소비자들은 제3의 배달점에서 주문한 제품을 찾게 된다.

한편 디지털 시대에 소매업종의 변화도 크게 나타난다. 소매업의 비즈니스 모형에는 채널 지원형, 카테고리 킬러형, 경매형, 역경매형, 수직적 포탈, 공동구매 등이 있다.

① 채널 지원형은 패스트푸드점에서 활용하는 방식으로 온라인과 오프라인에서 동시에 제품을 판매하고, 고객에게 가장 가까운 매장에서 직접 찾거나 배달받는 형태이다. 예컨대 롯데리아 등 대부분의 패스트푸드 체인점은 온라인 판매와 오프라인 판매를 병행한다.

② 카테고리 킬러형은 특정품목을 집중 취급하여 가격을 대폭 할인해서 판매하는 소매업이다. 예컨대 아마존은 책, CD 등 특정제품 카테고리에서 월등한 경쟁력을 보여주고 있다.

③ 경매형과 역경매형이 있다. 제품의 구매자와 판매자들이 입찰을 통하여 판매를 결정하는 형태이다. 경매형은 미국의 e-Bay, 우리나라의 옥션 등과 같이 가장 높은 금액을 제안한 사람에게 제품을 판매하는 방법이며, 역경매형은 조달청의 역경매시스템과 같이 가장 낮은 가격을 제시한 판매자의 제품을 구매하는 방식이다. 조달청의 역경매시스템 '나라장터'는 구매자가 구매하고자 하는 제품의 품목과 예정가격을 제시하면, 판매자가 판매가격을 제시하게 되고, 그중에서 가장 낮은 가격을 제시한 판매자가 낙찰을 받게 된다.

④ 수직적 포탈vertical portal은 특정산업이나 특정카테고리에 특화하여 서비스를

제공하는 사이트로 보털vortal이라고도 불린다. 특정 사용자 층을 대상으로 공통적인 관심사나 전문지식에 특화된 사이트로 주로 B2B 전자상거래에 많이 사용되고 있다.

⑤ 공동구매형은 구매에 참여하는 구매자의 수에 따라 구매물량이 확대되는 대신 공급가격은 낮아지는 방식이다.

(4) 촉진

디지털 환경 하에서 촉진전략도 크게 변화되고 있다. 디지털 시대에 변화된 촉진믹스의 특징은 크게 3가지로 축약할 수 있다.

① 촉진믹스의 구조 변화이다. 촉진수단은 온라인, 모바일 등으로 고객과의 접점이 다양화되었으며, 기존의 광고, PR 및 홍보, 판매촉진, 인적 판매, 직접판매의 방법은 온라인, 모바일, 소셜 커뮤니티의 수단을 활용하고 있다. 이에 따라 광고비용이 크게 감소하였고, 축적된 데이터를 활용한 데이터베이스 마케팅, 빅데이터 마케팅이 가능해졌으며, 고객과 기업의 쌍방향 커뮤니케이션이 가능하여 통합적 마케팅 커뮤니케이션(IMC)이 더욱 효과를 발휘하고 있다.

② 인터넷 광고효과 측정이다. 인터넷 및 모바일 광고가 널리 사용되면서 히트수, 방문자 수, 지속시간, 페이지 뷰와 같은 용어가 사용되고 있으며 광고효과 측정방법은 CPC, CPS, CPA, CPI, CPM 등이 사용되고 있다.

히트수는 방문자가 웹 사이트에 접속하였을 때 연결된 파일의 숫자를 말하며, 방문자 수는 특정 웹 사이트에 한 번 이상 접속한 사용자 수를 말한다. 지속시간은 방문자가 특정 웹 사이트에 머문 평균시간을 말하고, 페이지 뷰는 웹 사이트가 방문자에게 제공하는 총 페이지 수를 말한다.

그리고 CPCcost per click는 클릭당 광고단가를 뜻한다. 해당 광고를 클릭한 숫자만큼 광고 수익을 얻게 된다. 구글 애드센스의 광고는 CPC에 의하여 수익을 지급하고 있다. CPA$_{cost per action}$는 어떤 행위가 발생할 때 광고 수익이 들어오는 경우를 말한다. 예컨대 어떤 사이트에 잠재고객이 회원가입을 했을 때 광고 수익이 들어오는 사례이다. CPS$_{cost per sale}$는 광고를 클릭하여 고객이 유입되고 상품을 구매하였을 때 수익금을 지급하는 경우를 말한다. CPI$_{cost per installation}$는 고객이 다운로드를 받을 때 수익을 받는 경우를 말하며, CPM$_{cost per mile}$는 웹 페이지를 1,000번 노출할 때 드는 비용을 말하며, CTR$_{click through rate}$은 배너광고를 실제로 클릭하여 광고주의 웹 사이트로 옮겨간 사용자 수를 말한다.

③ 구전(WOM)$_{word-of-mouth}$의 중요성이 크게 증가하고 있다. 입소문에는 자연스러운 입소문과 조성된 입소문이 있다. 자연스러운 입소문$_{natural WOM}$은 소비자들의 자발적인 입소문이라면, 조성된 입소문$_{stimulated WOM}$은 기업에 의해 자극된 구전이다. 조성된 입소문은 사람들의 구전을 촉진하기 위하여 기업이 이야기할 만한 이야깃거리를 제공해 주거나 기업에서 보상해 주는 마케팅이라고 할 수 있다. 여기에는 의견선도자, 혁신소비자, 고객전도사 등을 활용하는 방법이 있다. 자사의 홍보대사로 위촉하거나 체험단을 운영하거나, 제품의 샘플을 보내주기도 한다. 그리고 커뮤니티 마케팅을 활용하는 방법도 있다. 자사 브랜드와 관련하여 형성된 커뮤니티에 콘텐츠, 정보, 샘플 등을 지원하는 활용이다.

향상학습 및 심화학습

01 (향상학습) 아래 유튜브 동영상을 시청하면서 학습한 내용을 복습하시오.

(1) 투이 컨설팅, 디지털 마케팅

(2) EBS 비즈니스 리뷰, 디지털 트랜스포메이션, 새로운 마케팅의 필요성

(3) EO, 데이터를 활용한 마케팅, 그로스해킹이 뜬다

(4) 프로슈머, 프로슈머 마케팅이란?

02 (심화학습) 학습한 내용을 응용하여 아래의 물음에 대하여 답하시오.

(1) 퍼포먼스 마케터(performance marketer)와 그로스 해커(growth hacker)를 비교 · 설명하시오.

(2) 디지털 시대의 소비자행동 모형인 AISCEAS 모형을 사례를 들면서 설명하여 보시오.

(3) 하드 카피(hard copy)는 인쇄된 문서를 말하며, 소프트 카피(soft copy)는 문서의 파일을 말한다. 이를 디지털 제품과 물리적 제품으로 구분하여 설명하시오.

(4) 통신사의 전용요금제와 '휴대전화+TV유선방송+인터넷'의 묶음판매에서 적용되는 가격책정전략을 설명하시오.

(5) 디지털 시대의 구전(WOM)의 중요성에 대하여 설명하시오.

CHAPTER

19 4차 산업혁명시대의 마케팅

2020년 이후 4차 산업혁명시대의 새로운 마케팅은 어떤 모습일까? 제17장과 제18장에서 설명한 바와 같이 향후 바람직한 마케팅은 고객중심 마케팅과 사회지향적 마케팅이 기본이 되면서 4차 산업혁명시대의 차세대 기술을 융합한 마케팅이 될 것이다. 따라서 향후 바람직한 마케팅은 '고객중심을 기본으로 하면서 현재와 미래 세대를 위하여 삶의 질을 풍요롭게 하고, 다양한 디지털 기기를 활용하여 고객의 소리를 반영하고 지속가능한 발전을 도모하는 마케팅'이라고 생각한다. 따라서 제19장에서는 인간중심 마케팅, 콘텐츠 마케팅, 옴니버스 마케팅, 고객참여 마케팅, 지속가능한 마케팅의 5개를 중심으로 자세히 설명한다.[1]

▍그림 19-1 4차 산업혁명시대의 바람직한 마케팅

---

1 필립 코틀러, 『마켓 3.0』(안진환 옮김, 타임비즈, 2010), 『마켓 4.0』(이진원 옮김, 더 퀘스트, 2017), 『마켓 5.0』(이진원 옮김, 더 퀘스트, 2021)을 참고하였다.

1. 인간중심 마케팅

코틀러는 2010년 기준으로 대부분의 기업들은 '마케팅 1.0 단계'에 머물러 있고, 일부는 '2.0 단계'를 선도하고 있으며, 아주 극소수만이 '3.0 단계'를 향해 움직이고 있다고 진단하였다. 마케팅 3.0은 인간중심 마케팅이라고 설명하였다.

여기서 '인간'이란 누구이며, '인간중심'이란 무엇을 의미하는가? '인간'은 단순한 소비자가 아니라 '수준 높은 소비자'를 의미한다. 자신의 욕구를 충족시키는 제품을 좋아하겠지만, 사회적인 문제와 환경적인 문제를 동시에 해결하는 기업의 제품을 더 좋아한다는 것을 의미한다. 사회적인 문제와 환경적인 문제를 해결하려고 노력하는 기업은 '수준 높은 소비자'를 만족시키고, 결국 소비자들의 영혼까지 감동시키는 기업이 된다. 따라서 '인간중심 마케팅'이란 수준 높은 소비자를 만족시키는, 소비자의 영혼까지 감동시키는 마케팅을 의미한다.

인간중심 마케팅이 '하이테크 · 하이터치'라는 4차 산업혁명의 기반 위에서 이루어질 때 이를 마케팅 5.0이라고 한다. 4차 산업혁명시대에는 디지털 기기와 인공지능, 사물인터넷이 실생활에 도입되는 시기이므로 현명한 소비자들은 하이테크 기기를 활용하면서 고객의 목소리를 적극 표출하는 하이터치의 소비를 한다. 따라서 마케팅 4.0~5.0은 4차 산업혁명 시대의 차세대 기술 위에서 이루어지는 '제품 중심＋고객 만족＋영혼 감동'의 마케팅이라고 할 수 있다. 즉 마케팅 5.0시대의 영혼 감동 마케팅은 물리성, 지성, 사회성, 감성, 인격성, 도덕성의 6가지 특성이 브랜드에 반영되어야 한다.

① 물리적 특성은 사람들이 신체적으로 매력적인 사람에게 감성이 발생하듯이 브랜드도 물리적인 매력을 넣어 멋지게 디자인해야 고객들이 빠져들게 된다는 것이다. 예컨대 구글은 새해 첫날, 크리스마스, 밸런타인데이, 유명인의 출생일 등을 기리기 위해 홈페이지의 로고를 끊임없이 바꾸고 있다. 구글의 로고를 두들doodle

이라 부른다. 특별한 날에 로그를 바꾸는 구글두들google doodle을 통하여 큰 비용을 들이지 않고 인간중심적인 구글을 홍보하고 있다.

② 지성을 살리는 마케팅은 브랜드 작명에서 많이 사용된다. 외국 브랜드는 유명인 이름을 많이 사용한다. 포드 자동차는 자동차 왕 '포드'의 이름을 사용하였으며, 테슬라는 현대적인 전기조명 시스템을 개발한 '니콜라 테슬라'의 이름을 사용하였다.

③ 사회성을 살리는 마케팅도 인간중심적인 감동스토리 그 자체이다. 인터넷 쇼핑몰 자포스Zappos는 어떤 고객이 입원 중인 어머니께 드릴 신발을 자포스에서 구매하였는데, 어머니는 한 번도 신어보지 못하고 사망하였다는 이야기를 듣고 기꺼이 신발값을 환불해 주었으며 장례식에 근조화환과 카드를 보낸 것이다. 또한 자포스는 콜센터나 고객센터라는 명칭을 사용하지 않고 콘택트센터contact enter라는 명칭을 사용한다. 이 곳은 전화뿐 아니라 메일, 라이브 채팅 등을 통하여 다양하게 고객과 접촉한다. 특히 고객이 요청할 경우 콘택트센터 직원이 몇 시간동안 고객과 수다를 떨기도 한다. 사회성을 살리는 대표적인 마케팅이라 할 수 있다.

④ 감성을 불러일으키는 마케팅도 퍽 인간적이다. 미용·위생용품 생산자인 도브Dove는 비둘기라는 브랜드 이름부터 매우 감성적이다. 도브는 슈퍼모델보다 '아름다운 내 아내'를 모델로 하고 있으며, "당신은 당신이 생각하는 것보다 아름답다."는 리얼 뷰티real beauty를 강조한다.

⑤ 인격성을 반영하는 마케팅도 중요하다. 렌터카 2위 업체인 AVIS는 시장선도자 Hertz와의 광고경쟁에서 "Avis is only No.2, so we try harder"라는 메시지로 고객들에게 정직하고 신뢰성 높은 기업임을 호소하고 있다. 도미노 피자는 2010년 "피자가 골판지 같다, 소스는 케첩 같다, 지루하고 맛이 없다, 가공한 피자이다."와 같은 부정적인 리뷰가 많이 등장하자 새로운 CEO 패트릭 도일Patrick Doyle는 "맞다, 우리는 형편없다."Yes, we suck.라고 솔직하고 용감하게 인정하고, 대부분의

레시피를 변경한 결과 당시 9달러에 불과했던 주가는 2016년 160달러로 치솟았다.

⑥ 도덕성 마케팅morality marketing 또한 인간중심 마케팅이다. 도덕성 마케팅은 크게 세 가지가 있다. ① 기업이 사회에 도덕적인 교훈을 던져주기도 한다. 아이스크림 회사인 벤앤제리스BEN&JERRY'S는 동성결혼을 지원하였다. ② 어떤 기업은 판사와 같이 잘못을 저지른 사람들에게 적절한 처벌을 부과하기도 한다. 영국 프리미어리그 첼시는 반유대주의 구호를 외친 팬들에게 '아우슈비츠 견학'을 제안하기도 했다. ③ 어떤 기업은 사회정의를 실현하기 위하여 가격차별제를 운용한다. 마드리드에 있는 로빈후드 식당은 부유한 고객들에게 할증가격을, 가난하고 홈리스 고객들에게 할인가격을 적용한다고 한다.

이와 같이 마케팅 4.0~5.0시대에는 소비자들의 영혼까지 감동시키는 인간중심 마케팅이 브랜드의 매력을 높인다. 인간적인 특성을 가진 브랜드가 더욱 차별화될 것이다.

(잠깐만!) 사회지향적 마케팅 · 사회적 마케팅 · 코즈 마케팅

- 사회지향적 마케팅(societal marketing): 소비자 욕구 · 기업 목표 · 사회 복리의 3개가 균형을 맞춘 마케팅이다. 고객만족을 기본으로 하면서 사회적 책임(윤리경영, 환경보호, 사회공헌 등)을 완수하고, 지구의 지속가능 발전에 기여하는 마케팅을 말한다.
- 사회적 마케팅(social marketing): 금연, 음주 운전 방지 캠페인 등과 같이 개인의 이익과 사회의 공익을 증진시키기 위하여 고객의 행동에 영향을 미치는 마케팅 활동을 말한다.
- 비영리 마케팅(nonprofit marketing): 정부, 종교단체, 정당, 교육기관, 문화단체 등 비영리 사회 기관들에 의해 이루어지는 마케팅을 말한다.
- 코즈 마케팅(cause-related marketing): 소년소녀 가장 돕기, 에이즈 퇴치운동 등과 같이 판매수익의 일부를 자선활동이나 공익에 기부하는 마케팅을 말한다. 대의명분 마케팅, 공익연계 마케팅이라고도 한다.
- 그린 마케팅(green marketing): 기업이 제품의 생산과정에서 환경을 훼손하지 않으며, 적극적으로 환경을 개선하고 환경을 보호하는 활동을 말하며, 환경 마케팅, 녹색 마케팅이라고도 한다.

2. 콘텐츠 마케팅

콘텐츠 마케팅contents marketing이란 고객 집단에게 필요하고 흥미롭고 유용한 콘텐츠를 창조·관리·배포하는 마케팅 활동을 말한다. 콘텐츠 마케팅은 고객들에게 고품질의 독창적인 콘텐츠를 흥미롭게 전달하여 잠재고객을 일깨우고 수익성 있는 고객으로 전환하는 전략적 마케팅 방법이다.

과거에도 콘텐츠의 중요성을 강조하여 왔다. 제12장 촉진관리에서 설명한 TV, 라디오, 신문, 잡지의 4대 매체를 통한 전통적 마케팅에서도 창의적인 콘텐츠를 강조하였고, 지식경영시대에는 알짜 콘텐츠를 중시하였으며, 소셜미디어 시대에는 콘텐츠 과잉으로 가치 있는 콘텐츠만 선별되어 읽히고 있다.

우선 전통적 마케팅과 콘텐츠 마케팅의 차이점을 살펴보자. 전통적 마케팅은 일반대중을 향한 대중mass 마케팅, 기업중심의 한방향 커뮤니케이션, 아웃바운드 outbound·ATLabove the line·푸시push형 마케팅을 특징으로 한다. 그러나 콘텐츠 마케팅은 명확하게 설정된 고객과 1:1 맞춤 마케팅이면서 쌍방향 커뮤니케이션으로 이루어지며, 고객들이 콘텐츠를 읽고 호기심을 갖고 자발적인 참여와 질문 형태로 진행되므로 인바운드inbound·TTLthrough the line·풀pull형 마케팅이라는 특징이 있다.

따라서 콘텐츠 마케팅은 잠재고객들과의 소통을 통하여 관계 형성이 가능하고 전환률conversion rate을 높일 수 있으며, 많은 리드유저와 인플루언서를 생산할 수 있으며, 검색엔진최적화(SEO)search engine optimization에 도움이 된다.[2]

콘텐츠 마케팅은 네이티브 광고, 브랜디드 콘텐츠와도 다르다. 네이티브 광고 native advertising란 제품이나 서비스 판매를 목적으로 만든 콘텐츠 형식의 온라인 광고를 말한다. 광고주(기업)가 '광고'임을 표시하고 기사 형태로 노출된다. 브랜디

---

2 검색엔진최적화(SEO: search engine optimization)란 네이버, 다음, 구글 등 검색 엔진에서 검색했을 때 상위에 노출되도록 관리하는 작업을 말한다.

드 콘텐츠branded contents는 콘텐츠 속에 브랜드의 이미지나 메시지가 포함된 단편 영상, 웹툰, 게임 등 다양한 형태로 디자인된 콘텐츠를 말하며, 네이티브 광고의 한 부류에 속한다. 그러나 콘텐츠 마케팅은 소비자들의 관심사항을 콘텐츠로 만들고 흥미와 유용한 정보를 전달하고 함께 대화하고 질문하고 브랜드를 평가하고 제안하는 체제로 운영된다. 고객과의 관계를 강화할 수 있고 대화내용을 신시장 개척이나 신제품 기획에 활용할 수 있다. 장기적으로 기업의 매출과 브랜드 인지도를 높이는 데 큰 도움이 된다.

따라서 콘텐츠 마케팅이 성공하려면 다음과 같은 조건이 필요하다.

① 콘텐츠 마케팅에서 마케터의 역할은 브랜드 기획자가 아니라 이야기꾼이나 출판사 사장이 되어야 한다. 콘텐츠는 고품질의 독창적이고 상상력이 풍부하여야 하며, 소비자들의 삶과 연관되어야 소비자들에게 가치 있는 콘텐츠가 된다. 가치있는 콘텐츠는 광고를 포함한 다양한 촉진활동, 빅데이터 마케팅, 모바일 마케팅, 소셜미디어 마케팅 등 모든 마케팅의 기반이 된다.

② 콘텐츠 형식이다. 보도자료, 기사, 사례연구, 책 등 문자형태의 콘텐츠도 있고 인포그래픽, 인터랙티브 그래픽, 프레젠테이션 슬라이드, 만화, 게임, 동영상, 영화 등으로 시각적인 콘텐츠도 있다. 만약 회사 내부에서 콘텐츠를 창작할 능력이 없으면 언론인, 시나리오 작가, 만화영화 제작자, 비디오 예술가 등 외부의 전문가에게 콘텐츠 창작을 맡기면 된다.

③ 콘텐츠를 널리 퍼뜨리는 영향력 있는 인플루언서의 도움이 필요하다. 소비자들은 신뢰받는 사람들로부터 추천받기를 좋아한다. 콘텐츠 마케팅은 인플루언서 마케팅의 하나이다. 인플루언서는 최고의 콘텐츠 마케터들이며, 이들은 제품을 직접 광고하지 않지만, 브랜드를 인지하고 추천한다. 그리고 프로슈머, 프로유저들도 중요하다. 이들은 소셜 미디어가 기존의 대중매체 역할을 하도록 만들어 주고 있다.

④ 콘텐츠 마케팅은 롱테일 법칙에 활용되어야 한다. 롱테일long tail 법칙이란

비인기 상품 80%가 인기상품 20%보다 훨씬 높은 가치를 창출한다는 이론이다. 이를 역파레토 법칙이라고도 한다. 파레토 법칙은 상위 20%의 상품(또는 고객)이 매출의 80%를 창출한다는 이론(80:20의 법칙)이다. 파레토 법칙이 오프라인의 전통적인 마케팅에서 중요시되었다면, 롱테일 법칙은 온라인의 4차 산업혁명시대의 마케팅에서 중요시된다.

인터넷 서점 아마존닷컴에서 연간 몇 권밖에 팔리지 않는 80%의 인기 없는 책들이 상위 20% 베스트 셀러의 매출을 추월했다고 한다. 좁은 오프라인 매장에서 비치조차 되지 않던 비인기 책들이 온라인 매장에서 다양한 콘텐츠로 비치되면서 발생한 현상이다. 롱테일 법칙이 온라인 미디어 시장에서 효과를 발휘하면서 콘텐츠 마케팅의 중요성을 강조하는 근거가 되고 있다.

┃ 그림 19-2 파레토 법칙과 롱테일 법칙

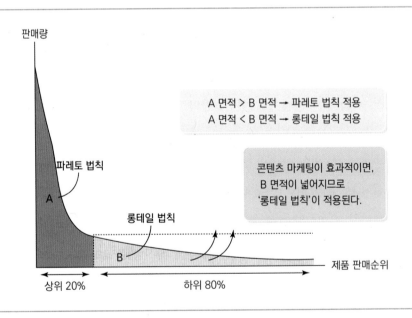

3. 옴니채널 마케팅

디지털시대에 나타나는 소비자들의 구매행태는 크게 5가지 유형으로 구분된다. 이미 여러분들도 체험해본 유형들이다.

① '나우경제'의 모바일 전자상거래이다. 나우경제now economy란 고객들이 인터넷을 통하여 실시간으로 구매하는 경제를 말한다. 대표적인 예가 우버와 아마존이다. 우버 택시는 실시간으로 택시를 이용하는 사례이며, 아마존은 당일 배송하는 사례이다. 모바일 폰을 이용한 실시간 구매는 앞으로 더욱 증가할 것이다.

② 오프라인 채널에서의 쇼루밍이다. 쇼루밍showrooming이란 고객이 어떤 제품을 구매하기 위하여 오프라인 매장에서 제품들을 비교 검토한 후 온라인 매장에서 주문하고 결제하는 형태이다. 주문할 때 스마트폰을 사용하면, 이를 모루밍morooming이라고도 한다.

③ 온라인 채널에서의 웹루밍이다. 웹루밍webrooming이란 쇼루밍과는 반대로 소비자들이 어떤 제품을 온라인 매장에서 검색하고 품질과 가격 등을 비교 검토한 후 가까운 오프라인 매장에서 구매하는 행태를 말한다. 역쇼루밍이라고도 한다.

④ 기계와 기계가 연결된 사물인터넷을 이용한 구매이다. 미국의 애플스토어, 게임스탑(비디오 게임 판매점) 등은 오프라인 매장의 제품에 비콘beacon(근거리 무선통신 모듈), NFCnear field communication(비접촉 근거리 통신방식), RFIDradio frequency identification(무선전자 태그)의 센서를 부착하여 온라인 매장과 동일한 효과를 만들고 있다. 고객이 오프라인 매장에 입장하면 자동적으로 고객의 위치, 관심 제품 등을 실시간으로 파악하고, 고객의 이동경로에 따라 스마트폰으로 맞춤 정보를 보낸다. 고객은 맞춤 정보를 활용하여 구매한다.

⑤ AR·VR을 이용한 가상매장 쇼핑이다. 온라인 채널에 가상매장을 만들어 오프라인 쇼핑과 동일한 경험을 하도록 만든다. 고객이 가상매장에서 경험한 후

온라인으로 주문을 하면 집으로 배달되는 형태이다. 이마트 가상스토어 앱, 롯데홈쇼핑의 VR 스트리트 등이 대표적이다. 롯데홈쇼핑은 2018년 9월 VR 기술을 활용해 실제 매장에 있는 것처럼 쇼핑이 가능한 VR 스트리트 서비스를 도입했다. 3D 화면을 통해 원하는 매장을 선택해 바닥을 터치하며 실제 걸어 다니듯이 매장을 둘러볼 수 있으며, 관심 있는 상품을 선택해 정보를 확인한 후 구매할 수 있다.

이와 같은 모바일 상거래, 웹루밍, 쇼루밍, AR·VR을 이용한 가상매장 쇼핑 등은 옴니채널의 역할을 한다. 옴니채널omni channel이란 온라인, 오프라인, 모바일 등 다양한 디지털 채널을 자유롭게 넘나들며 소비할 수 있도록 운영되는 채널을 말한다. 카탈로그, 인터넷 쇼핑 사이트, 오프라인 매장 등 여러 판매채널이 유기적으로 연결되어 고객의 쇼핑 경험을 극대화하는 판매형식이다.

따라서 옴니채널 마케팅은 마케팅 4.0~5.0시대에 더욱 강조된다. 전통적인 매장과 디지털 미디어, 그리고 경험이 통합하여 고객들이 다양한 접점에서 구매할 수 있도록 다양한 조합을 제공한다. 이때 마케터는 온라인 채널의 편리성과 신속성, 오프라인 채널의 친근감을 통합하여야 한다. 그리고 모든 고객의 구매 데이터를 실시간으로 수집하고 빅데이터 분석을 통해 고객의 불편함과 요구사항을 파악하여 맞춤형 서비스를 제공하는 것이 중요하다.

(잠깐만) 4차 산업혁명시대의 MZ세대를 자극하는 마케팅
- 팬덤(fandom) 마케팅 : 특정 연예인의 팬클럽과 같이 열성적인 팬을 활용하는 마케팅
- 보이스(voice) 쇼핑 : 인공지능 스피커를 활용하는 쇼핑. "알렉사, 우유 1리터 주문해줘" 명령을 내리면, 주문이 들어간다. 향후 소비자들의 브랜드 선호경향은 크게 줄어들 전망
- 메타버스(metaverse) 마케팅 : AR·VR을 이용한 쇼핑보다 진일보한 메타버스를 활용한 마케팅. 아바타, 게임 등이 결합한 메타버스 플랫폼은 향후 주요 마케팅 채널이 될 전망

4. 고객참여마케팅

제15장에서 고객을 만족시키고 고객가치를 증가시키는 고객중심 마케팅의 중요성을 강조하였으며, 고객중심 마케팅은 디지털 시대에는 고객참여 마케팅과 고객주도 마케팅으로 발전한다고 설명하였다. 고객중심 마케팅과 고객참여·고객주도 마케팅의 큰 차이점은 고객중심 마케팅이 기업중심으로 진행된다면, 고객참여·고객주도 마케팅은 고객중심으로 진행된다는 점이다.[3] 4차 산업혁명시대의 마케팅은 다양한 소셜미디어와 고객의 자발적·능동적인 참여를 기반으로 한다. 소비자의 구매의사결정단계에서 '질의'단계와 '옹호'단계를 강조한 이유이다. 소비자들의 구매결정은 다양한 소셜 커뮤니티에서 제품에 대한 질의·응답 과정에서 이루어지며, 구매 후에는 경험담을 공개하고 있다. 옹호가 가진 힘은 더욱 막강해졌다.

4차 산업혁명시대에는 콘텐츠 마케팅, 소셜미디어 마케팅, 빅데이터 마케팅, 옴니채널 마케팅, 인공지능 마케팅, 소셜 CRM 등 무수히 많은 마케팅 이론이 등장한다. 그러나 공통점은 고객참여의 확대와 효과적인 활용이다. 고객참여를 확대하는 전략은 크게 모바일 앱의 활용, CRM 활용, 라이브 커머스 확대, 게임화 등이 있다.

⊡ 모바일 앱 활용이다. 오늘날 대부분의 사람들은 스마트폰과 함께 시간을 보내고 있다. 스마트폰은 고객 참여를 유도하는 최고의 채널이다. 따라서 스마트폰 앱을 다목적용으로 만들어 고객들의 마음을 사로잡는 방법이 필요하다.

① 모바일 앱은 콘텐츠(동영상, 게임 등)용 미디어로 출시될 수 있다. 예컨대 포켓몬 고 앱은 사람들이 서로 다른 장소를 방문하면 서로 다른 포켓몬이 앱 화면에 등장한다. 사람들로 하여금 더 많이 돌아다니면서 포켓몬을 수집하도록 유도한다.

---

3   제16장에서 '고객중심 마케팅 → 고객참여 마케팅 → 고객주도 마케팅'으로 발전한다고 설명하였다. 그러나 제19장에서는 '고객참여 마케팅 + 고객주도 마케팅'을 고객참여 마케팅으로 일컫고자 한다.

② 모바일 앱은 고객이 계좌 정보에 접근하거나 거래를 할 수 있는 셀프서비스 채널로 출시될 수 있다. 예컨대 자사 앱에서 계좌를 관리하고 자사 할부금을 낼 수 있고 필요한 쿠폰을 내려 받을 수 있도록 만들고 있다.

③ 모바일 앱은 제품의 기능을 확장시켜 주거나 서비스를 경험하는 수단이 된다. 예컨대 BMW 앱은 자동차 문을 여닫거나 자동차 경적을 울릴 때 또는 자신의 차를 찾을 때 사용할 수 있도록 기능과 서비스를 확장하고 있다.

② CRM을 활용한 고객참여이다. 소셜 CRM은 소셜 미디어에서의 고객관리를 말한다. 기존 CRM과 소셜 CRM의 차이점은 무엇인가? 기존 CRM이 기업 중심으로 추진되었다면, 소셜 CRM은 고객 중심으로 추진된다. 기존 CRM은 기업이 이메일이나 콜센터를 활용하여 자신들이 선호하는 아웃바운드outbound 채널을 사용해 고객과 소통을 시작하였다. 그러나 소셜 CRM은 고객이 소셜 미디어를 통한 인바운드inbound로 질문함으로써 기업과 소통이 시작된다. 소셜 CRM은 업무시간이 따로 없고, 즉각적인 대화도 가능하다.

또한 기존 CRM이 개별 고객의 특성을 분석하여 장기 고객화하는 기법이라면, 소셜 CRM은 소셜 미디어에서 고객의 활동한 흔적, 질의, 다른 고객과의 관계 등을 활용한 CRM이라고 할 수 있다. 소셜 CRM은 빅데이터 분석기술을 활용하여 데이터 마이닝data mining(정형 데이터 분석)에 추가하여 텍스트 마이닝text mining(비정형 데이터 분석), 오피니언 마이닝opinion mining(평판분석), 소셜 네트워크 분석social network analytics(SNS에 게재된 정보 분석)을 통하여 데이터를 활용할 수 있다.

그리고 소셜 CRM은 고객의 다양한 목소리를 경청할 수 있다는 장점이 있으므로 기업이 고객들의 많은 참여를 유도할 수 있다면, 충성고객을 만들기 쉽고, 악성댓글이나 브랜드 위기가 발생하더라도 소셜 CRM을 활용하여 쉽게 해결할 수도 있다.

따라서 소셜 CRM은 고객에 의한 관계관리라고 할 수 있다. 고객에 의한 관계관리customer-managed relationship란 고객들이 자발적으로 소셜 미디어를 통하여 기업과 관계를 맺거나 다른 소비자들과 관계를 맺는 것을 말한다. 요즘 고객들은 소셜 미디어에서 브랜드와 고객, 그리고 커뮤니티 고객들과 대화를 진행한다. 자신의 구매 경험담이나 브랜드에 대한 의견, 그리고 궁금한 사항은 물론 사진, 동영상 등을 적극적이고 자발적으로 SNS 등 소셜 미디어에 게재하고 소통에 참여하려는 경향이 강하다.

브랜드는 소셜 미디어에서 고객들의 대화를 경청하고 대화에 참여하여 의견을 제시하거나 대화에 영향을 미치며, 브랜드 위기를 가져올 수 있는 불만들을 다루기도 한다.

그러나 소셜 미디어에는 대화가 너무 많다. 방대한 양의 대화를 효율적으로 관리하기 위하여 소셜 리스닝 알고리즘이 필요하다. 알고리즘은 중요한 대화와 잡담, 긍정적인 대화와 부정적인 대화, 브랜드 위기로 이어지는 불만 등을 구분할 수 있어야 한다. 그리고 브랜드를 대표할 수 있는 소셜 CRM 대리인을 채용하여야 한다. 소셜 CRM 대리인은 브랜드를 대표하므로 브랜드의 역사, 성격, 태도, 지식을 갖추고 있어야 하므로 적절한 교육과 훈련이 필요하다. 또한 모든 대화에 대응한다는 것이 불가능하므로 장기적으로 기업이 대화 자체에 참여하기보다는 충성스러운 옹호자를 자원봉사자로 만들어야 한다. 고객들은 충성스러운 옹호자 또는 동료 고객의 설명을 더 신뢰하기 때문이다.

③ 고객의 참여를 높이는 방법으로 라이브 커머스 확대와 게임화가 필요하다. 라이브 커머스live commerce란 실시간 동영상 스트리밍을 통해 상품을 소개하고 판매하는 소매형태를 말한다. 약 20년 전 온라인 쇼핑이 소매업을 크게 변모시켰듯이 최근 라이브 커머스가 e커머스 시장과 소비자들의 쇼핑 습관을 크게 변모시키고 있다. 라이브 커머스는 스트리밍 비디오streaming video와 e커머스e-commerce의 합성어이다.

원래 라이브 스트리밍은 주로 게임, 엔터테인먼트에서 사용되었으나, 중국의 바이두, 알리바바, 텐센트 등 주요 전자상거래 업체들이 쇼핑과 스트리밍을 결합하면서 라이브 커머스가 등장하였다. 중국에는 현재 900개가 넘는 라이브 스트리밍 사이트가 있다.

라이브 커머스의 형태로는 온라인 시장, 실시간 경매, 인플루언서 스트리밍, 실시간 이벤트 행사 등이 있다. 진행방법이 매우 흥미롭고 저렴하게 구매할 수 있는다는 측면에서 TV 홈쇼핑과 유사하다. 그러나 라이브 커머스는 실시간으로 쌍방향 소통을 통해 궁금증을 해소할 수 있고 직접 운영도 가능하다는 측면에서 더 유용하다. 라이브 커머스는 네이버, 카카오, 블로그, 유튜브, 페이스북 등 다양한 인터넷 플랫폼을 통하여 간편하게 운용할 수 있고, 방송 송출, 스튜디오, 쇼 호스트 등이 필요 없으므로 비용이 저렴하다. 고객들이 큰 부담 없이 직접 운영자로서 또는 구매자로서 참여할 수 있고, 누구나 유명한 인플루언서가 될 수가 있다는 점에서 향후 새로운 유통채널로 자리매김할 가능성이 높다.

그리고 게임화란 기여도가 많은 고객들에게 더 많은 혜택을 부여하여 서로 경쟁하듯 기여하도록 만드는 인센티브를 말한다. 게임화에는 충성 프로그램과 고객 커뮤니티 등급이 있다. 충성 프로그램은 항공사의 마일리지 제도처럼 자사 항공기를 이용할 때 포인트나 마일리지를 적립하고 이를 사용하게 하는 방법이다. 고객 커뮤니티 등급은 포인트나 마일리지 대신 등급별 배지를 부여하는 방법이다. 예컨대 네이버 카페에서 씨앗, 새싹, 잎새 등으로 등급화하여 차등 지원해 줌으로써 등급을 높이도록 유인하고 있다.

(잠깐만!) 데카르트 마케팅techart marketing

데카르트 마케팅은 기술(tech)과 예술(art)의 합성어로 휴대폰, TV, 냉장고, 자동차 등과 같이 뛰어난 기술과 예술적인 디자인이 결합된 제품을 통해 소비자의 마음을 사로잡는 마케팅 전략이다. 정확한 발음은 '테카르트'지만 프랑스 철학자 겸 수학자인 '르네 데카르트'와 발음이 비슷하여 데카르트라고 표현한다.

5. 지속가능한 마케팅

코틀러는 마케팅 3.0은 인간중심 마케팅이라 하였다. 인간중심 마케팅은 제품뿐만 아니라 인간의 영혼까지 감동시키는 마케팅이다. 따라서 생산자들은 소비자들의 영혼을 감동시키는 기업이 되어야 한다. 사람들의 영혼을 움직이는 기업이 시장에 대한 영향력을 높이고 시장점유율을 넓혀가며 수익을 얻을 수 있기 때문이다.

코틀러는 이를 사회지향적 마케팅이라고 하였다. 사회지향적 마케팅societal marketing은 소비자 욕구 · 기업 목표 · 사회 복리의 3개가 균형을 맞춘 마케팅이다. 즉 기업은 고객이 필요로 하는 제품을 생산하여 소비자의 욕구를 만족시키면서, 이윤 극대화라는 기업 목표를 달성하고, 사회의 복리 향상에도 기여하는 것이다. 이는 결국 지구가 지속가능하여야 기업도 지속가능하다는 것을 전제로 한다. 이러한 관점에서 코틀러는 지속가능한 마케팅을 강조한다.[4]

— 지속가능한 마케팅

지속가능한 마케팅sustainable marketing은 사회적 · 환경적으로 책임 있는 행동을 추구하는 마케팅이다. 소비자나 기업이 현재의 필요를 만족시킬 뿐 아니라 미래 세대들의 필요도 만족시킬 수 있도록 환경을 보존하고 개선하는 것을 목표로 하는 마케팅이다. (그림 19-3)은 지속가능한 마케팅 개념을 마케팅 개념, 사회지향적 마케팅 개념, 전략적 계획 개념과 비교하여 설명하고 있다.

① 마케팅 개념은 고객이 현재 필요로 하는 바를 제공하여 기업의 단기 매출, 성장, 수익을 만족시키는 데에 초점을 맞추는 개념이다. 고객과 기업 모두 '현재'에 초점을 두고 있다.

---

4 코틀러 & 암스트롱, 『코틀러의 마케팅 원리』, 안광호외 옮김, 제16판, 시그마프레스

② 사회지향적 마케팅 개념은 소비자들이 이제 수준 높은 소비자가 되었기 때문에 수준 높은 고객을 만족시키기 위하여 미래세대의 복지까지 고려하여 제품과 서비스를 생산하여야 한다는 것이다. 기업 수익 증대라는 현재의 목표는 미래 소비자의 필요까지 반영할 때 달성될 수 있다는 것이다.

▌그림 19-3 지속가능한 마케팅의 개념

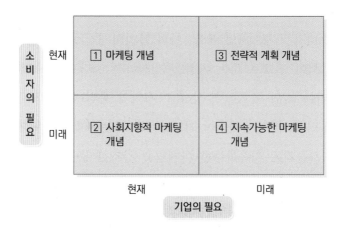

③ 전략적 계획 개념은 기업이 고객의 현재 니즈를 충족시키면서 기업의 장기목표를 달성하려는 전략이 포함된 개념이다. 예컨대 대형마트나 슈퍼에서는 일회용 비닐봉투 대신 종이박스, 종량제 봉투만 사용한다든가, 플라스틱 용기는 재활용하기 쉽도록 만들고, 생수나 음료수 등은 무색 페트병만 사용하는 것, 커피전문점에서 스트로를 없애고 텀블러를 사용할 때 가격을 할인하는 것 등이 모두 전략적계획 개념이다.

④ 지속가능한 마케팅 개념은 고객과 기업 모두 현재의 필요와 미래의 필요를 동시에 만족시켜 사회적·환경적으로 책임 있는 행동을 한다는 개념이다. 현재의 소비자들은 수준 높은 소비자들이므로 지속가능한 마케팅을 전개하는 기업의 제품

과 서비스를 선호한다는 점에 주안점을 둔 것이다.

기관투자자를 비롯한 많은 투자자들은 지속가능한 마케팅을 전개하는 기업이 향후 지속적으로 발전할 가능성이 높다고 판단하므로 이들 기업에 더 많은 투자를 한다. 2000년대 초반부터 우리나라에도 사회책임투자(SRI)social responsible investment 가 크게 증가하였다. 기업의 재무적 성과뿐 아니라, 도덕적이고 투명한 기업, 환경 친화적인 기업, 지역사회 공헌도가 높은 기업 등 다양한 사회적 성과를 잣대로 금융이 지원되는 경향이 보편화된 것이다.

최근에는 ESG의 개념이 강조되고 있다. ESGenvironmental, social and governance 란 기업의 비재무적 요소인 환경·사회·지배구조를 의미한다. 투자자들은 기업의 재무적 성과 이외에, 장기적 관점에서 기업의 가치와 지속가능성에 영향을 주는 ESG의 비재무적 요소를 반영하여 평가한다. 많은 투자자들이 금융을 지원할 때 ESG 평가정보를 활용하고 있으며, 다수의 국가에서 ESG 정보를 의무 공시하도록 하고 있다. 지속가능한 발전을 위하여 기업과 투자자들의 사회적 책임이 중요해지고 있다.

그리고 미국의 200대 기업 협의체인 비즈니스라운드테이블(BRT)은 2019년 '기업의 목적'을 수정하였다. 핵심은 '주주가치 극대화'라는 문구를 삭제하는 대신, 사회의 다양한 이해관계자와 협력하며, 단기이익보다는 장기이윤창출을 추구하는 것으로 변경된 것이다. BRT는 성명서에서 "주주에 대한 봉사와 이윤 극대화라는 가치를 넘어 종업원과 고객, 협력업체, 지역사회 등 모든 이해 당사자들에 대한 사회적 책무를 강화하겠다."라고 발표한 것도 같은 맥락이라고 할 수 있다.

─ 지속가능한 마케팅의 5개 마케팅 원칙

따라서 지속가능한 마케팅은 현재와 미래의 고객가치를 창출하고 고객과의 관계를 강화하는 마케팅이라고 할 수 있다. 기업이 지속가능한 마케팅을 하려면, 다섯 가지의 마케팅 원칙이 실행되어야 한다. 소비자 지향적 마케팅, 고객가치 창출 마케팅, 혁신적 마케팅, 기업사명 실현 마케팅, 사회지향적 마케팅이다.

① 소비자 지향적 마케팅consumer-oriented marketing은 기업이 소비자의 관점에서 추진하는 마케팅을 말한다. 기업의 관점에서 마케팅을 추진하는 것이 아니라 오로지 고객의 관점과 고객의 입장에서 마케팅을 추진해야 지속가능하다는 것이다. 여기서 고객의 관점이란 소비자들의 현재 요구와 미래의 요구 모두를 인식하고 만족시키는 활동을 말한다.

② 고객가치 창출 마케팅consumer-value marketing은 기업의 모든 노력과 많은 자원을 고객가치 창출에 집중하는 마케팅을 말한다. 기업이 자사의 단기목표를 달성하기 위하여 마케팅을 하는 것이 아니라 소비자들의 가치를 창출하기 위하여 노력할 때 비로소 기업의 가치도 상승한다는 것이다. 고객가치를 증가시킬 때 고객생애가치도 상승하며, 고객과 장기 거래관계가 구축되며, 고객과 기업 모두 성공하는 윈-윈 관계가 성립한다는 논리이다.

③ 혁신적 마케팅innovative marketing은 기업이 끊임없이 제품과 마케팅의 개선점을 찾기 위하여 노력하는 마케팅을 말한다. 갈수록 기업 간 경쟁이 치열해지고, 소비자들은 더욱 똑똑해지므로 끊임없이 신제품을 개발하고 고객들에게 새롭고 더 나은 방법으로 접근하려는 노력이 필요하다. 자사 제품이 경쟁력을 잃을 때 기업은 존재할 수 없으므로 끊임없는 혁신적 마케팅이야말로 가장 기본적이면서 가장 어려운 마케팅이라고 할 수 있다.

④ 기업사명 실현 마케팅sense-of-mission marketing은 기업이 사회적 역할을 달성하려는 창업주의 설립취지와 설립목적을 달성하려고 노력하는 마케팅을 말한다. 제7장에서 마케팅 목표를 설정할 때 최상위 개념인 기업사명mission을 충실히 실현하는 마케팅 목표를 설정하고 이를 달성하도록 노력하여야 한다고 설명하였다. 기업사명은 창업주의 회사 설립목적을 의미하며, 대부분의 기업들은 국가 또는 사회

적 역할을 기업사명으로 설정한다.

예컨대 "인류의 풍요로운 삶"을 기업철학으로 설정한 두산그룹은 창립 이래 120년 동안 기업사명 실현을 위한 경영을 하고 있다. ① "삶의 필요를 채우는 두산"으로서 1950년대에는 무역업을 시작하고 OB맥주를 설립하였으며, 1960년대에는 건설, 식음료, 기계산업 및 언론, 문화 등의 분야로 사업을 확장하였고, 2000년대에는 중화학공업으로, 2010년대에는 삶에 더욱 필수적이며 발전의 근간이 되는 에너지와 깨끗한 물, 도로, 시설, 건물 등을 제공하는 비즈니스로 사업 영역을 변화시켜오고 있다.

② "변화를 두려워하지 않는 두산"으로서 일련의 인수합병 과정을 거쳐 세계적 경쟁력을 갖춘 기업으로 도전하고 있으며, ③ "세계로 뻗어나가는 두산"으로서 인도에 전기를 공급하는 거대한 발전소를, 중동에 깨끗한 물

을 제공하는 담수화 플랜트를, 중국의 넓은 터전을 일구어주는 건설기계, 사용량이 급증하는 에너지 저장장치와 연료전지 등 세계 곳곳에서 인류의 삶의 가치를 높이고 있다. ④ "미래를 준비하는 두산"으로서 협동로봇과 모바일 연료전지, 건설기계 자동화·무인화 기술 개발 등 핵심기술을 개발하고 있다. 이 모든 경영활동이 "인류의 풍요로운 삶"이라는 기업사명에 중점을 둔 두산그룹의 생각이다.

그러나 사명감 마케팅은 기업 실적이 수반될 때 효력을 발휘한다. 사명감 마케팅은 기업이 성공하기 위한 필요조건에 불과하다. 기업이 지속적으로 이익을 창출할 때 충분조건을 충족한다. 기업실적과 사명감 마케팅 모두 충족되면 필요충분조건이 충족되어 기업은 지속가능한 발전이 가능하다.

⑤ 사회지향적 마케팅societal marketing은 소비자들의 요구, 기업의 필요요건, 소

비자들과 사회의 장기 이해관계 등을 고려한 마케팅을 말한다. 여기서 소비자들의 요구는 고객 중심의 고객 만족을 의미하며, 기업의 필요요건은 이윤을 극대화하면서 사회적·환경적·윤리적 책임을 다하는 모습이며, 소비자들과 사회의 장기 이해관계란 현재뿐만 아니라 미래 세대들을 위한 지속가능성을 의미한다.

따라서 지속가능한 마케팅은 현재와 미래의 즐거움과 유익함을 모두 제공한다. 지속가능한 마케팅을 전개하는 기업은 바람직한 제품을 만든다. 바람직한 제품이란 높은 단기만족과 높은 장기편익을 모두 제공하는 제품을 말한다. 그리고 사회적·환경적·윤리적으로 책임 있는 행동을 통하여 고객들에게 높은 가치를 창출하는 기업이다.

결론적으로 지속가능한 마케팅은 오늘의 고객에게 필요와 욕구를 채워주며, 내일의 고객에게 풍요로움을 제공하는 것, 그리하여 소비자, 기업, 정부, 비정부기구, 비영리단체, 협력업체, 그리고 사회 전체의 가치를 창출하여 모두 공존하고 밝은 미래를 약속하는 활동이라 할 수 있다.

향상학습 및 심화학습

01 (향상학습) 아래 유튜브 동영상을 시청하면서 학습한 내용을 복습하시오.

(1) 안병민 교수, 필립 코틀러의 마켓 3.0

(2) CreativeTV, 필립 코틀러의 마켓 4.0

(3) 윌라 오디오북, 마켓 4.0시대의 브랜드 마케팅 전략

  1) 인간중심 마케팅   2) 콘텐츠 마케팅   3) 옴니채널 마케팅   4) 참여 마케팅

(4) 살아있는 책 산책, 필립 코틀러의 마켓 5.0

(5) 삼정KPMG, ESG시대, 기업은 무엇을 준비해야 하는가?

(6) 삼성SDS, AI기반 디지털 마케팅 플랫폼, 인공지능(AI)이 함께하는 영업 및 마케팅

02 (심화학습) 학습한 내용을 응용하여 아래의 물음에 대하여 답하시오.

(1) 필립 코틀러는 마케팅 3.0시대에는 "소비자의 영혼까지 감동시켜라."라고 주장한다. 어떤 의미인지를 설명하시오.

(2) 옴니채널 마케팅에는 웹루밍 형태와 쇼루밍 형태의 구매형태가 있다. 이 중에서 '온라인의 가상매장에서 경험을 한 후 온라인으로 주문을 하면 집으로 배달되는 형태'는 어디에 해당되는가? 그리고 웹루밍과 쇼루밍을 자세히 설명해 보시오.

(3) 고객참여 마케팅에서 TV 홈쇼핑과 라이브 커머스의 차이점을 설명하시오.

(4) 5개 지속가능한 마케팅 원칙은 무엇인가? 5개 원칙을 각각 추진하여야 하는가? 아니면 통합적으로 추진하여야 하는가? 학생은 어떤 의견을 갖고 있는지 설명하시오.

(5) 지속가능 보고서와 ESG 보고서의 차이점을 설명하여 보시오.

참고문헌

교육부·한국산업인력공단(2014), 『NCS 국가직무능력표준(마케팅)』, www.ncs.go.kr

Philip Kotler·Gary Armstrong(2017), 『Kotler의 마케팅 원리』, 안광호·유창조·전승우 옮김, 시그마프레스

Philip Kotler·Hermawan Kartajaya·Iwan Setiawan(2010), 『마켓 3.0』, 안진환 옮김, 타임비즈

_____(2017), 『마켓 4.0』, 이진원 옮김, 더퀘스트

_____(2021), 『마켓 5.0』, 이진원 옮김, 더퀘스트

미국마케팅협회, www.ama.org

강미선·김운한(2020), 『4차 산업혁명과 마케팅』, 커뮤니케이션북스

김귀곤·김솔·이명호·이주현·조남신·조장연(2018), 『경영학으로의 초대』, 박영사

김종배(2019), 『광고론』, 무역경영사

김환표(2014), 『트렌드 지식사전』, 인물과 사상사

독학학위연구소(2020), 『독학사 2단계(마케팅원론)』, 시대고시기획

박기안·신건철·김준석(2013), 『마케팅』, 무역경영사

박민우·송홍민·전해운(2020), 『경영지도자 2차 마케팅』, 시대고시기획

박종오·권오영·편해수(2012), 『마케팅』, 북넷

박흥수·하영원·우정·강성호(2019), 『신상품마케팅』, 박영사

사경환·이정미(2019), 『사회조사분석사 2급』, 퀘스천

서용구·구인경(2017), 『브랜드 마케팅』, 창명

소정현(2020), 『사회조사분석사 2급』, 시대고시기획

안광호·임병훈(2017), 『마케팅조사원론』, 창명

유필화·김용준·한상만(2019), 『현대마케팅론』, 박영사

이명식(2019), 『서비스 마케팅』, 박영사

이명식·구자룡·양석준(2017), 『마케팅 리서치』, 형설출판사

이유재(2019), 『서비스 마케팅』, 학현사

이종환(2015), 『사회과학 조사방법론』, 공동체

이훈영(2017), 『마케팅』, 청람

정진섭(2019), 『4차 산업혁명 시대의 경영사례』, 박영사

한상만·하영원·장대련(2019), 『경쟁우위 마케팅전략』, 박영사

Bernd Schmitt(2013), 『체험마케팅』, 윤경구·금은영·신원학, 김앤김북스

Booz, Allen & Hamilton(1982), 『New Product Management for the 1980s』, Booz, Allen & Hamilton Inc.

Charles W. Lamb·Joseph F. Hair·Carl D. McDaniel(2015), 『마케팅』, 박현정·김진병·박주식·신정신·이선수·장형유·진창현 옮김, 한경사

Dhruv Grewal(2016), 『마케팅』, 맥그로힐에듀케이션코리아

Earl R. Babbie(2002), 『사회조사방법론』, 고성호 외 역, 그린

Everett Rogers(2003), 『Diffusion of Innovations』, FREE PRESS

Geoffrey A. Moore(2015), 『제프리무어의 캐즘마케팅』, 윤영호 번역, 세종서적

Jan Carlzon(2006), 『결정적 순간 15초』, 김영한 번역, 다산북스

Leon G. Schiffman·Joseph Wisenblit(2016), 『소비자행동론』, 황용철·김나민·김소현·박소진·박영근·서재범·손민희·이재환·황연희 옮김, 시그마프레스

Michael R. Solomon·Greg W. Marshall·Elnora W. Stuart(2019), 『(솔로몬의) 마케팅』, 황용철·강민정·김미리·손민희·전주언·황연희 옮김, 시그마프레스

Michael R. Solomon(2016), 『소비자행동론』, 황장선·이지은·전승우·최자영 옮김, 경문사

Valarie A. Zeithaml·Mary Jo Bitner·Dwayne D. Gremler(2006), 『서비스마케팅』, 전인수·배일현 번역, 한국맥그로힐

William M. Pride·O. C. Ferrel(2012), 『마케팅 파운데이션』, 김도일·김학윤·이호배·최혜경 옮김, 박영사

마케팅 용어(유튜브 동영상)

■ 내일컨설팅(주)는 주요 마케팅 용어에 대한 설명을 유튜브 동영상으로 제작하여 무료 제공하고 있다. 유튜브 검색창에 '내일컨설팅'과 설명을 듣고자 하는 '마케팅 용어'를 입력하여 검색하면, 해당 동영상은 상단에 노출된다.

Part 1 마케팅 소개	Chapter 1 마케팅의 이해	마케팅 정의, 마케팅과 영업의 차이, 마케팅 발전과정, 판매자 시장과 구매자 시장, 마케팅 근시안, 더 나은 쥐덫 오류, 마케팅의 범위, 소비자의 욕구충족단계, 시장/고객, 매트릭스 사고법, 경쟁우위/경쟁열위, 절대우위/비교우위, 분석수준, 가치제안, 가치사슬
	Chapter 2 마케팅의 추진절차	마케팅 추진절차, 상시 마케팅과 특별 마케팅, 마케팅 시스템, PDCA 사이클
Part 2 시장환경 및 경쟁력 분석	Chapter 3 마케팅조사	마케팅조사와 문제정의, 마케팅조사 종류(탐색적, 기술적, 설명적), 실험법, 패널/코호트 조사, 신디케이트/애드호크/옴니버스 조사, 개인면접법, 집단면접법, 명목/서열/등간/비율척도, 평정/리커트/서스톤, 보가더스/소시오메트리/거트만, 어의차이/스타펠 척도, 표본추출방법
	Chapter 4 소비자행동 분석	소비자 구매의사결정단계, 대안평가방법, 관여도, 자극과 반응, 구매후 행동, AIO 분석, 선택적 주의/보유/기억, 스키마 이론, 프로스펙트이론, 맥락효과, 소유효과, 식역
	Chapter 5 마케팅환경 분석	마케팅환경, 4C 분석, PEST 분석
	Chapter 6 경쟁력 분석	경쟁력 분석, 산업구조분석 모델(5 force), BCG매트릭스, GE-맥킨지 매트릭스, 본원적 경쟁우위론, 앤소프 매트릭스, SWOT 분석
Part 3 마케팅목표와 마케팅전략	Chapter 7 마케팅목표 설정	마케팅목표, 마케팅목표 수립절차(SMART), 매출액목표 설정방법
	Chapter 8 마케팅전략	마케팅 전략(STP), 시장 세분화, 세분화 요건과 절차, 시장 세분화 사례분석, 베이붐/X/Y/Z/MZ 세대, 시장 표적화, 목표시장의 종류, 목표시장별 마케팅전략, 게릴라/매복/스텔스 마케팅, 포지셔닝, 포지셔닝 종류, 포지셔닝 맵 작성방법, 포지셔닝 맵 해석과 유의사항, 포지셔닝 사례, 자기잠식

찾아보기

내일컨설팅(주)

내일컨설팅㈜는 김태룡, 김영식, 손무일 등 대학교수와 금융기관 임원 출신으로 구성된, 기업 컨설팅, 경제 및 마케팅 관련된 서적 저술과 강의 등을 전문적으로 수행하는 컨설팅 회사이다.

2020년 6월 설립된 이후, 많은 중소기업들에게 컨설팅을 진행하였으며, 「마케팅 공부」, 「경제학 공부」를 저술· 출간하였으며, 유튜브 채널을 운영하고 있다.

내일컨설팅㈜의 영문 명칭은 「NEW consulting」으로 영어 유튜브를 제작하여 유튜브에 게재하고 있다.

향후 기업 컨설팅은 물론 마케팅, 경제학 등 다양한 분야에 전문적인 저술작업을 계속하고, 그 결과를 출판, 유튜브 및 블로그에 게재할 예정이다.

제2판
4차 산업혁명시대의
마케팅 공부

초판발행	2021년 7월 15일
제2판발행	2023년 7월 25일
지은이	내일컨설팅(주)
펴낸이	안종만·안상준
편 집	전채린
기획/마케팅	김한유
표지디자인	이솔비
제 작	고철민·조영환
펴낸곳	(주)**박영사**
	서울특별시 금천구 가산디지털2로 53, 210호(가산동, 한라시그마밸리)
	등록 1959. 3. 11. 제300-1959-1호(倫)
전 화	02)733-6771
f a x	02)736-4818
e-mail	pys@pybook.co.kr
homepage	www.pybook.co.kr
ISBN	979-11-303-1833-2 93320

copyright©내일컨설팅(주), 2023, Printed in Korea

정 가   28,000원